1904

谨以此书祝贺

桐城师范高等专科学校办学一百二十周年

2024

桐城师范高等专科学校
校 史

《桐城师范高等专科学校校史》编写组　编

北京师范大学出版集团
BEIJING NORMAL UNIVERSITY PUBLISHING GROUP
安 徽 大 学 出 版 社

图书在版编目(CIP)数据

桐城师范高等专科学校校史 /《桐城师范高等专科学校校史》编写组编. -- 合肥 ：安徽大学出版社，2024. 10. -- ISBN 978-7-5664-2864-6

Ⅰ. G659.285.44

中国国家版本馆 CIP 数据核字第 2024M7R736 号

桐城师范高等专科学校校史

Tongcheng Shifan Gaodeng Zhuanke Xuexiao Xiaoshi 《桐城师范高等专科学校校史》编写组 编

出版发行：北京师范大学出版集团
安 徽 大 学 出 版 社
(安徽省合肥市肥西路 3 号 邮编 230039)
www.bnupg.com
www.ahupress.com.cn

印 刷：江苏凤凰数码印务有限公司
经 销：全国新华书店
开 本：710 mm×1010 mm 1/16
印 张：33.25
字 数：450 千字
版 次：2024 年 10 月第 1 版
印 次：2024 年 10 月第 1 次印刷
定 价：118.00 元

ISBN 978-7-5664-2864-6

策划编辑：刘德萍
责任编辑：汪 君 吴泽宇 李加凯 范文娟
责任校对：陈宣阳
装帧设计：李 军 孟献辉
美术编辑：李 军
责任印制：陈 如 孟献辉

桐城师范高等专科学校校名沿革

1904 年秋	桐城公立中学堂师范班
1917.01	桐城县立中学附设简易师范班
1939 年春	安徽省立第二临时中学附设简易师范科
1941 年秋	桐城县立中学附设简易师范科
1944 年春—1949.04	桐城县立简易师范学校(1949 年 4 月,安徽省立第一女子师范学校有部分师生并入其中。)
1949.04—1949.08	桐城县师范学校(1949 年 8 月,学校并入桐城县立中学。)
1951.07—1951.10	皖北区桐城县乡村师范学校
1951.10—1952.10	桐城县初级师范学校
1952.10—1957.06	安徽省桐城初级师范学校
1957.06—1963.07	安徽省桐城师范学校
1963.07	学校停办
1970.03—1981.04	桐城县"五·七"大学
1981.04—2010.03	安徽省桐城师范学校
2010.03—	桐城师范高等专科学校

百廿桐师　继往开来
（代序）

天下文章，其出于桐城乎？

“冠盖满京华，文章甲天下”的桐城文化，以“义理、考据、辞章、经济”，以“学行继程朱之后，文章介韩欧之间”，以文统和道统，统领清代文坛两百余年，将风雅桐城推向一个时代。

桐城文化之中，孕育着桐城教育。桐城派四祖戴名世、方苞、刘大櫆、姚鼐都曾热衷于教育。姚鼐在南京中山书院、安庆敬敷书院任山长。吴汝纶科举高中，入幕曾府，才学得到曾国藩褒扬，桐城派也得以襄举。他以“学行起家，出为世用”的理学经世思想任知州十年后，主持晚清最大的书院——莲池书院。

吴汝纶弃官从教，1902 年任京师大学堂总教习（相当于今日北京大学校长）。意犹未了，旋即回到家乡桐城创办桐城学堂，走出一条“废科举、倡西学、兴学堂、育人才、强国家”之路，彰显着桐城派大师的教育理念与实践。吴汝纶弟子马其昶，秉承先师遗志，于 1904 年，在桐城公立中学堂开设师范班，桐城师范办学由此发轫。

如今，吴汝纶、马其昶的铜像，已肃然端立于桐城师范高等专科学校新校区内。

源远流长的桐师，120 年一路走来，八易校名，六易校址，历经桐城公立中学堂师范班、桐城县立简易师范学校、安徽省桐城师范学校，2010 年经教育部批准升格为桐城师范高等专科学校，终至新时代现代化高校。历年培育学子 4.4 万余人，社会培训 8 万余人，海纳百川，桃李天下，为国家和地方经济社会发展作出了重要贡献。坐落于县域办高校，甘苦自知，难以言表。从初师到中师、从中师到高专，每一时期都饱含着艰难困苦，血水中有汗水，汗水中有泪水，终孕育出辉煌成就。比如兴盛时期桐城师范中考录取分数线要超过安徽省重点中学桐城中学数十分，困难时却一度招生难以为继。在师范学校布局调整时，安庆市 8 所中师全部撤并，唯有桐城师范顺利通过教育部评估，升格为大专，后顺利通过高职院校人才培养工作评估。全校上下辛勤耕耘，负重前行，甘洒热血，无怨无悔。先师前贤，灿若星辰；经师人师，浇灌杏坛；红烛功德，彪炳史册。我们铭记为学校建设发展付出辛劳的每一位先贤、领导和教职工。学校培育的学子，既有学者精英、企业翘楚、政界栋梁、社会中坚，在浩浩荡荡世界潮流中勇立潮头；更有扎根基层基础教育、默默奉献乡村振兴的一代代“人类灵魂工程师”，甘为人梯，一支粉笔写春秋。奋斗在国家各条战线的每一位校友，都令学校为之自豪、为之骄傲！

历经天华成此景，世间万事出艰辛。在安庆市委、市政府和桐城市委、市政府的重视、支持下，规划面积 1000 亩的新校区一期建成，办学条件达标，通过省厅核查。2021 年 9 月，学校迁至学苑路新校区。新校区环境优美怡人，不惟门楼高大，学校高质量发展也迈上新台阶。学校贯彻落实党的教育方针，传承桐城派文化中西合璧的教育思想、文理兼备的治学理念、经世致用的专业定位，教育教学内涵建设、干部和教师队伍建设、基础设施建设、校风教风学风建设同步发力，德智体美劳“五育并举”，育德育智育心“三元育人”，办学实力、办学活力、办学影响力全面提升。

近年来，学校招生区域由5个增加至9个，每年招生规模突破2000人，招生计划100％完成，目前在校生近7000人，6个院系24个专业，创历史新高。2024届毕业生升本率达57.3％，就业率在95％以上。学校获批安徽省“双高”计划建设单位、“双特”专业群培育单位。2022年，学校开启与安庆师范大学专升本联合培养工作，本科联合办学和高等职业教育质量年报均获得省厅A级优秀等次。教学诊改复核四个“显效”、六个“有效”。《聚焦师范专业认证的“主线”与“底线”，构建学前教育专业高质量人才培养体系——桐城师专学前教育专业人才培养的创新实践》获得省教学成果奖一等奖。小学教育(文)、小学教育(理)、学前教育3个专业获得教育部批准免试教师资格证。安徽省高职院校第一家、唯一的学前教育专业高质量通过教育部组织的师范类专业认证。学校还获批艺术设计类专业产教融合省级职业教育研究基地。大数据技术和旅游管理专业获批省级特色专业。各专业“1＋X”职业技能等级考试通过率在98％以上，获“全国十佳试点院校”称号。学生在金砖国家职业技能大赛国际总决赛中获得一等奖，在国内外竞赛中获奖百余项。从2017年开始，学校每年举办全国性桐城派学术研讨会，弘扬桐城派文化当代价值，桐城派文化研究成为学校文化和学术品牌，受到中国社会科学院的充分肯定。晋升一批教授、副教授，引进一批博士、硕士研究生，新招录教师、辅导员60余名，师资队伍不断壮大，发展后劲持续增强。新时代新气象，凝结着全校教职工的爱校敬业，彰显了桐师人的责任担当。

天下英才，其出于桐师乎？

一个区域有独特的文化气质，一所学校也有自身的精神谱系。一个区域的厚重文化支撑着一所高校的砥砺奋进。有桐城文脉的引领，有桐城文化的熏陶，有桐城教育的厚植，桐城师范高等专科学校山高水长，泱泱然矗立在这里，浩浩然走向未来。

读史可以明智。历史既是一面镜子，也是一面旗帜，它记载往昔、教育后人、传承现代、激励未来，是传承发展的宝贵财富。编纂校史，旨深义远。读学校鼻祖吴汝纶、马其昶之志，悟"后十百年人才奋兴胚胎于此，合东西国学问精粹陶冶而成"之义，百年师范深厚的文化积淀总是激励着桐师人和莘莘学子，勉成国器，为国抡才。捧读这本校史，从旧时光里读出中华优秀传统文化的教育根脉；在新时代中必将激发中华民族伟大复兴的教育使命担当。

在 2024 年的全国教育大会上，习近平总书记指出，建设教育强国是一项复杂的系统工程，需要我们紧紧围绕立德树人这个根本任务，着眼于培养德智体美劳全面发展的社会主义建设者和接班人。要实施弘扬教育家精神铸魂强师行动，加强师德师风建设，提高教师培养培训质量，培养造就新时代高水平教师队伍。提高教师政治地位、社会地位、职业地位，加强教师待遇保障，维护教师职业尊严和合法权益，让教师享有崇高社会声望、成为最受社会尊重的职业之一。强国必先强教，强教必先强师。教育强国事业对师范教育的期待，对教育科技人才的呼唤，比以往任何时候都更为迫切。

2024 年 10 月 17 日，习近平总书记来到安徽安庆桐城市考察，了解六尺巷历史及其传承，察看"桐城派"相关文物资料，听取当地传承弘扬中华优秀传统文化、加强精神文明建设等情况的介绍。他强调，要加强历史文化保护，坚持创造性转化、创新性发展，在发展社会主义先进文化、弘扬革命文化、传承中华优秀传统文化上协调发力，打牢社会治理的文化根基。总书记殷殷嘱托，给予我们以强大的文化自信和教育自信，给我们指明了前进方向，为我们加快高质量发展注入了强劲动力。

时值中华人民共和国成立75周年，我们躬逢盛世；恰逢桐师办学双甲子庆典，我们豪情万丈。我们要坚持以习近平新时代中国特色社会主义思想为引领，贯彻落实《中共中央 国务院关于弘扬教育家精神加强新时代高素质专业化教师队伍建设的意见》，在省教育工委、省教育厅，安庆市委、市政府的坚强领导下，奋力推进学校高质量发展。在中国式现代化的新征程中，全校上下胸怀“国之大者”，增强文化自信和教育自信，赓续文脉，继往开来，锲而不舍地建设“大楼、大师、大学”，远谋近施深化改革，夙兴夜寐教书育人，为早日建成本科院校，努力培养德智体美劳全面发展的社会主义建设者和接班人而不懈奋斗。

硕果累累的植物总是把身躯躬向太阳的方向，这是一种无言的感激和感恩。祝贺《桐城师范高等专科学校校史》出版，并借此致敬、感恩为学校各个时期建设发展作出贡献的师长先贤、历届校领导、全体教职工和广大校友，致敬、感恩关心支持学校建设发展的各级领导和社会各界朋友们！

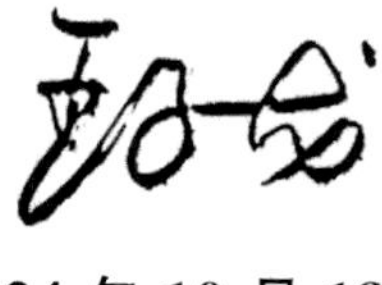

2024年10月18日

目　录

概　述

桐城师范高等专科学校坐落于安徽省桐城市。桐城市为安庆市代管的省辖县级市，位于安徽省中部偏西南、长江北岸、大别山东麓，是皖西南的交通枢纽和承东启西的通衢之地。

桐城历史悠久，人杰地灵，自古尊师重教，崇文尊道，"城里通衢曲巷，夜半诵声不绝；乡间竹林茅舍，清晨弦歌琅琅"，清代诞生了中国文学史上最大的散文流派——"桐城派"，有清一代，桐城有"文章甲天下，冠盖满京华"之誉。这里还是清代朝廷重臣、民间惯称为父子双宰相的张英、张廷玉的故里。张英，便是闻名遐迩的"六尺巷"故事的主人公。

甲午战争后，维新思潮兴起，创办新式教育的呼声日益高涨。此时的桐城派后期代表人物顺应时代潮流，积极投身于新式教育实践。1902年5月，清政府下诏开办新学，吴汝纶被举荐为京师大学堂总教习，后率考察团东渡日本考察教育，为国家全面开办新式教育作准备。

吴汝纶赴日考察归来，便在家乡筹建桐城学堂，邀约桐城派中一些重要的桐城籍人物，以及朝野的桐城籍名流共77人草拟《禀请开办学堂公呈》，联名上书安徽巡抚，要求创办桐城学堂。1903年，吴汝纶病故后，桐城学堂仍按原计划于1903年春正式开学，校舍借用安庆武备学堂旧址，1904年迁回桐城。

1904年1月，清政府颁布《奏定学堂章程》，要求各地"宜首先急办师范学堂"。鉴于此，同年秋，马其昶秉承吴汝纶生前注重发展师范教育的思想，从桐城公立中学堂中遴选出20名学生，设立师范班，此举开创了桐城师范教育的先河。桐城公立中学堂师范班成为桐城师范教育的源头。

1904年，为了解决师资奇缺的问题，桐城公立中学堂响应清政府决定，从师范班中选送6名学生赴日本学习速成师范，此举开创桐城县派出留学生之先河。

依托留日速成师范生作为师资，桐城公立中学堂开始尝试举办不同于师范班的师范学堂，其毕业生成为当时桐城小学堂的主要师资，直至1910年宣统政权通令停办简易师范科。

1912年9月，中华民国政府教育部颁布“壬子学制”，推行新学制。同年10月颁布的《师范教育令》规定初级师范学校以省立为主，所以安徽各县均未单独设立师范学校。1917年1月，桐城县教育委员会为解决师资问题，在县立中学附设简易师范班。此外，受陶行知重视乡村教育思想的影响，1927年秋，桐城著名教育家李光炯在自己主办的宏实小学附设乡村师范，在一定程度上解决了小学师资不足的困难。

抗日战争全面爆发后，各地均出现了严重的“师荒”。1938年，日军侵入桐城。1939年春，孙闻园受命在桐城黄甲铺筹建安徽省立第二临时中学，并附设简易师范科。虽是简易师范，但课程设置、学生管理、教育实习均十分严格和规范。

1944年2月，方来同受桐城县政府委托，负责筹办四年制桐城县立简易师范学校，这是桐城历史上第一所独立设置的师范学校。因办学经费短缺，学校三次易址，直至迁至文庙及旧时桐溪女子小学内才稳定下来，至此，桐城县立简易师范学校开始有了自己相对稳定的校舍。

1949年2月5日，桐城解放。桐城县立简易师范学校与安徽省立第一女子师范学校部分师生合并为“桐城县师范学校”。同年8月，桐城县师范学校合并到桐城县立中学，名为“皖北安庆行政区第一中学”，这是中华人民共和国成立后桐城县域成立的第一所公立学校。

1951年7月，根据皖北区第一行政专员公署要求，桐城县人民政府筹建师范学校，称“皖北区桐城县乡村师范学校”。后“皖北区桐城县乡村师范学校”相继更名为“桐城县初级师范学校”“安徽省桐城初级师范学校”“安徽省桐城师范学校”，人才培养从以初师为主转为以中师为主，教职员工从 1951 年的 13 位发展到 1962 年的 43 位。教育教学工作严格遵守教育部颁布的相关文件规定及要求，在摸索中逐步走上规范化轨道。

1963 年 7 月，安徽省教育厅作出撤销“安徽省桐城师范学校”的决定，安徽省桐城师范学校停办。

1966 年，全国各地遵循毛泽东主席“五·七”指示精神，建立各种形式的“五·七”大学。1970 年 3 月 29 日，桐城县正式创办“五·七”大学。同年 9 月，“五·七”大学校址从孔城区古井公社团结圩白兔湖畔东坂窑前沟迁至县城西门外三里街。为了解决教学及学生活动场地不足的问题，学校领导及教师带领学生移坟开荒，扩展校园。

1972 年，桐城县“五·七”大学设立师范班。它的设立在桐城师范学校的发展史上有着承前启后的历史意义和独特的历史价值。

1978 年，中国进入改革开放的历史时期，教育事业迎来了发展的春天。1981 年 4 月 13 日，安庆地区行署根据安徽省人民政府办公厅〔1980〕98 号文件，正式设立“安徽省桐城师范学校”，撤销桐城县“五·七”大学，并明确安徽省桐城师范学校为县办师范学校，实行行署、县双重领导，以县为主，行署教育局主要负责业务指导、招生和毕业生分配。学校的任务是培养新教师，办好民师班和培训在职小学教师。桐城师范教育迎来了快速发展的黄金时期。

1984 年，黄志杰任校长。学校领导班子以创建安徽省“一类师范”为目标，带领全体师生员工努力拼搏，办学条件得到了较大的改善。学校在办学实践中总结出“学高为师，德高为范”的校训，形成了“敬业、精业、务实、创新”的教风和“求真、求实、博学、乐群”的学风。在普师班、民师班的基础上，拓展了多种类型的招生模式，通过分配、选调等多种方式建立高素质的教师队伍。学校主动跟上教育政策调整，积极进行课程改革，逐步形成了必修课、选修课、课外活动、教育实践“四大块”课程体系。教学上发挥教研组作用，提高教学质量。最能体现师范学校办学特色的“双推”工作和“学陶师陶”活动效果显著，提升了学校的整体办学水平。

1994 年，安徽省委教育工委组织办学水平评估专家组对学校进行评估，学校在这次评估中获得了优异成绩，跻身全省 12 所“一类师范”学校行列。此次评估为学校在其后师范布局结构调整中站稳了脚跟，未被“停、转、并”，保留了下来。1996 年，学校通过安徽省委教育工委体卫工作验收组专家的检查验收，取得“双优”成绩，获得安徽省“体卫工作双优学校”称号。

1998 年 3 月，杨红调任学校校长。1999 年 3 月，教育部出台《关于师范院校布局结构调整的几点意见》。同年，国家取消了计划招生和统一分配的政策，学校面临调整转轨或者升格转型的选择。同年 5 月，罗德泉调任校长。领导班子审时度势，在全省中等师范学校中率先提出“创建桐城师范高等专科学校”的战略目标，作出了“抢抓机遇，提升学校办学层次，申办师范高等专科学校”的抉择，并采取一些卓有成效的措施。一方面，学校积极争取安庆、桐城两级市委、市政府的政策和资金的大力支持，同年 7 月，桐城市六大班子负责人在学校召开争创桐城师范高等专科学校现场办公会，标志着申专工作的正式启动。另一方面，学校拓展办学渠道，提升办学层次。2000 年秋季，中专普师班毕业生不包分配、停止招生，学校挂靠安庆师范学院开展高中起点三年制初等教育专业招生，掀开了学校办学史的新篇章。三年制大专班的成功举办，为学校摸索和积累了一定的专科办学和管理的经验，并在安庆地区乃至安徽省形成了较大的竞争优势，为未来学校的升格奠定了良好的基础。2002 年，学校开始初中起点五年制专科招生，定位在专科、定性在教育、定向在小学。学校夯实基础，强化内功，外出考察学习，启动校长负责制、岗位责任制、全员聘任制、校内结构工资制的“四制”改革工作，完善教学管理机制等，这些都为成功升格奠定了一定的基础。

2003年2月，占峰调入学校，任校长兼党支部书记。在深入调研的基础上，学校提出了“全面贯彻党和国家教育方针，高举‘争创’大旗，多渠道办学，扩大生源规模，走内涵发展之路，提高人才培养质量”的工作总体思路。

为了衔接专科学校教育教学、管理及招生就业工作的实际需要，学校增设文科部、理科部、中专部、艺术部和招生就业办公室。调整、充实二级机构负责人，继续实施内部管理体制改革，探索新的办学模式。特别是在内涵发展、基本建设、师资队伍建设、教科研工作及扩大招生规模、拓宽就业渠道等方面精准发力，成果丰硕，增强了办学实力，扩大了社会影响。

其时，学校坚持走内涵发展道路，坚持因材施教，不断更新观念，针对起点不同、层次不同、培养规格不同的学生给管理带来的挑战，开展分层教育、分性别教育、分阶段教育，建立了上下协调、多方联动的德育工作网络和职责分明的德育运行机制。继续贯彻执行“教书育人不分课内课外，管理育人不分教学后勤，服务育人不分干部职工”的全员育人战略，加强学生管理队伍建设，坚持两代师表一起抓。同时，学校不断完善教学管理机制，规范教学管理，提高人才培养质量。

教科研一直是学校发展的短板，学校通过一系列措施，不断强化教科研工作。2005年4月，安徽省桐城派研究会在学校挂牌，安徽省小学语文教学法研究中心落地学校。学校在桐城派与桐城文化传承、研究及小学语文教育研究等方面形成了具有校本意义的教科研特色。2009年12月，全国高等学校设置评议委员会专家组对学校进行实地考察时，高度评价了学校的教科研工作。

招生就业是这一时期重中之重的工作。学校转变思路，提出让学生“升学有基础，就业有技能”，实现“进口旺，出口畅，中间是保障”的目标。2003 年开始实施全员招生的政策，坚持奖惩相结合。至 2009 年，在校学生数 2500 余人。就业方面，学校重视和强化学生的动手实践能力，练好内功，通过激励自考提升毕业生学历层次，鼓励毕业生参加专升本考试，同时多渠道促进就业。毕业生初次就业率由 2003 年的54.7%上升到 2009 年的 99.2%。

为了适应快速发展的需要，学校加大基础设施改造、建设的力度，先后建成学生食堂、教学楼、学生浴室、实验楼、图书馆、学生公寓、校大门、操场、艺术楼、体育活动中心，办学条件得到明显改善，基本达到教育部颁布的专科学校办学标准。

学校在强化内功的同时，全力以赴围绕争创做文章。2009 年 12 月 21 日至 22 日，以教育部信息中心主任咸立亭为组长的全国高等学校设置评议委员会专家组对学校的申报工作进行现场考察。2010 年 1 月 21 日，桐城师范高等专科学校申报工作在第五届全国高等学校设置评议委员会第四次会议上评议通过。5 月 8 日，桐城师范高等专科学校揭牌庆典举行。经过长达 10 年的艰苦奋斗和顽强拼搏，学校成功实现了申办桐城师范高等专科学校的宏伟目标，几代桐城师范人的梦想最终得以实现。

学校升格后，领导班子没有懈怠，主动作为，借梯登高，积极探索学校发展的新路子。开展教育思想大讨论，先后选派 5 批干部到高校挂职学习，邀请多位高校领导、教授到校作讲座。形成了定内设机构、定人员编制、定领导职数的“三定方案”。并在理顺管理体制、内部治理、新校区建设等方面进行诸多努力。

2013 年 1 月，朱宏调任学校党委书记。学校实行党委领导下的校长负责制，落实省、市共建，以安庆市为主的管理体制。2015 年 7 月，沈波调任学校党委副书记、校长。同年 11 月，经中共安庆市十届市委第67次常务委员会会议研究决定，安庆市政府全额化解学校在建设过程中所欠的债务。办学定位逐步明确，内部治理结构不断完善，大学管理制度逐步建立并健全。

学校升格后，有高中起点三年制专科、初中起点五年制专科、普通中专及面向社会人员的高职扩招四种招生类型。2016年3月，学校实施分类考试招生政策。9月，学校开始接收小学教育全科学生培养工作。2019年起，学校开始面向社会人员进行招生。截至2021年6月底，学校全日制在籍学生超过5000人。

随着招生规模的扩大，学生管理及后勤保障压力增大。学校通过引进、培养、使用、考核、发展等诸多举措，加强学生管理队伍建设，重视学生思想政治教育，确立“阳光健康、文化浸润、榜样示范、资助筑梦、实践砺行”五大工程建设，将其作为学生思想政治教育工作的抓手。不断完善“奖、助、贷、借、补、减、免、勤”八位一体的学生资助工作体系，完善以国家资助为主体、生源地助学贷款为支撑、校内资助为基础、社会资助为辅助的资助体系。转变后勤管理理念，加大后勤社会化改革力度，逐步健全财务制度，继续完善基础设施建设。

学校通过鼓励在职教师提升学历、晋升职称、表彰激励、培养培训、引进高学历人才等措施，激发教师潜力，提高教师整体素质，自聘专业教师和一线小学兼职教师，解决学生规模不断扩大导致的师资不足难题。不断完善教学管理制度，落实教学中心地位。2012—2015年，学校每年围绕教学工作的一个方面开展专题建设年活动。2015年9月，学校根据国家产业升级和地方经济发展形势，扎实推进专业建设，逐渐明确了专业发展定位“做优做强师范类专业，做精做特高职类专业”，以师范类专业为主体，与电子信息类、旅游类、财经类、艺术设计类专业融合发展。

根据教育部相关规定，学校自升格起，有三届毕业生须接受教育部组织的人才培养工作评估。2014年9月，学校正式启动人才培养工作评估。坚持“以评促建、以评促改、以评促管、评建结合、重在建设”的方针，组织评建业务培训，外出考察学习，开展教学督导，找差距，补短板。2015 年 12 月 14 日至 17 日，以安徽机电职业技术学院党委书记张光胜为组长的专家组正式到校开展人才培养工作评估。评估组肯定人才培养工作取得的成绩，对教师队伍建设、教学条件改善和教育教学改革提出了指导意见。2016 年 4 月，教育厅反馈，桐城师范高等专科学校人才培养工作评估获得通过。

学校顺利通过人才培养工作评估后，创新人才培养模式，强化实践教学，探索职业教育教学改革新路，学校整体教学质量不断提升。2017 年 10 月，根据教育部印发的《普通高等学校师范类专业认证实施办法（暂行）》，学校研究确定申请参加第二级认证。2018 年 11 月 4 日，学校召开师范类专业认证工作动员大会，正式启动师范类专业评估认证工作。2019 年 4 月，学校启动“学历证书＋若干职业技能等级证书”（简称“1＋X”证书）制度试点工作。2020 年 4 月，学校率先在商贸与电子信息系试点“1＋X”证书制度，获批成为业财一体信息化应用职业技能等级证书、大数据平台运维职业技能等级证书等 8 个资格证书的试点院校。

值得一提的是，桐城派与桐城文化传承、研究在学校发展过程中逐渐成为办学的一大特色。学校成立了桐城派学术研究中心，聘请中国社会科学院研究员王达敏担任中心主任，将桐城派与桐城文化融入人才培养方案，组织教师自编教材，以课程和讲座形式，在学生中间传承桐城派与桐城文化。从 2017 年开始，学校每年举办桐城派学术研讨会，搭建平台，邀请省内外及海外桐城派学者参会，桐城派文化研究成为学校文化和学术品牌。每年邀请桐城派研究专家来校讲学，开展惜抱人文讲坛。以桐城歌为对象，学校成功申报安徽省首批非物质文化遗产教育传习基地。

社会服务是大学的功能之一，学校升格后，坚持“以服务求支持，以贡献谋发展”，将职后教育培训作为学校发展的重要补充，承担了安徽省“国培项目”，安庆市小学、幼儿园教师培训，桐城市中小学继续教育培训。2016年，学校开始承接安庆市中小学教师资格证面试工作。根据安庆市委、市政府扶贫攻坚决策部署，学校于2016年开始帮扶桐城市唐湾镇唐湾村，选派王胜利驻村担任第一书记，110位党员干部参与结对帮扶70户贫困户。2019年，70户贫困户全部脱贫。2021年6月，学校选派第八批驻村干部汪定贵、汪彪、阮铖赴唐湾村助力乡村振兴，汪定贵任工作队队长。2024年6月，学校选派第九批驻村干部汪定贵、朱振芳、蒋欢赴唐湾村任职。

2020年初，突然暴发的新冠疫情对学校教育教学、学生管理、后勤保障是个重大考验，学校积极应对，研究部署和落实疫情防控工作，确保学生安全，保证了教育教学有序开展。

2021年5月，王子龙调任学校党委书记。学校进一步加强同安庆、桐城两级市委、市政府的联系与沟通，积极推进新校区的建设和搬迁工作。7月，新校区完成搬迁。9月，新校区开始运行。9月27日，学校举行新校区启用仪式暨2021年秋季开学典礼。

学校事业开启了新征程，取得了丰硕的办学成果。学校获批安徽省“双高”计划建设单位、“双特”专业群培育单位。小学教育(文)、小学教育(理)、学前教育3个专业获得教育部批准免试教师资格证。安徽省高职院校第一家、唯一的学前教育专业顺利通过教育部组织的师范类专业第二级认证。2023年12月，《聚焦师范专业认证的“主线”与“底线”，构建学前教育专业高质量人才培养体系——桐城师专学前教育专业人才培养的创新实践》课题项目获得省教学成果奖一等奖。同月，学校获批艺术设计类专业产教融合省级职业教育研究基地。同年11月，学校教学诊改复核结果四个“显效”、六个

“有效”。大数据技术和旅游管理专业获批省级特色专业。各专业“1＋X”职业技能等级考试通过率98％以上，获“全国十佳试点院校”称号。学生在金砖国家职业技能大赛国际总决赛中获得一等奖，在国内外竞赛中获奖百余项。

2022年9月，学校与安庆师范大学开展专升本联合培养工作，在小学教育专业、学前教育专业开始本科层次办学。学校在安徽省教育厅联合培养工作评估中获得A类等次。学校根据《安徽省教育厅关于做好高职专业学院、高职中专分校设置试点工作的通知》文件精神和办学实际，分别与舒城职业学校和安庆工业学校开展合作办学。2023年、2024年，学校与俄罗斯阿尔泰国立大学、叶列茨基国立大学签署合作办学协议，开启国际合作办学新篇章。

自新校区办学三年多来，学校招生区域由5个增加至9个，自2022年始，每年招生规模突破2000人，100％完成招生计划。目前在校生近7000人，有6个院系23个专业，创历史新高。2024届毕业生升本率达57.3％，就业率95％以上。学校晋升一批教授、副教授，引进一批博士、硕士研究生，新招录教师、辅导员60余名，师资队伍不断壮大，发展后劲持续增强。学校新建4幢总面积为24926.60平方米的宿舍楼，2024年5月，顺利通过省厅的办学条件达标核查。

2023年7月，学校完成6个党总支和26个党支部的选举、成立工作，组建党总支、党支部委员会，党建工作干部队伍人数达75人。2024年6月，学校成立马克思主义学院、马克思主义学院党总支。同年7月，桐城师范高等专科学校社会科学界联合会成立，学校成为安徽省第三所拥有社科联组织的高职高专院校。

从1904年创办的桐城公立中学堂师范班发展至今日的桐城师范高等专科学校，学校走过了120年的办学历程。改革实践和办学经验得到了教育主管部门和社会各界的充分肯定和高度评价。学校发展的每一步，都凝聚了桐城师范人的汗水和智慧。站在新时代，谋划新发展，新的桐城师范人将接过先辈的旗帜，传承创新，砥砺前行，在奋力谱写中国式现代化建设中贡献桐城师范人的力量。

第一章　艰难前行——中华人民共和国成立前的桐城县师范教育

（1904—1949.09）

自1904年马其昶秉承吴汝纶遗志开设桐城公立中学堂师范班，至1949年中华人民共和国成立后创办桐城县师范学校，桐城师范教育经历了艰难而曲折的发展历程，学校为桐城基础教育培养了一批又一批师资，推动了桐城近代教育的发展。

第一节　桐城公立中学堂师范班

桐城公立中学堂师范班的开设，是吴汝纶和马其昶师范教育思想的探索和实践，标志着桐城师范教育的开端，开创了安徽新式师范教育的先河。

一、吴汝纶奠定桐城新式教育之基

吴汝纶（1840－1903），字挚甫，一字挚父，安徽桐城人，桐城派晚期代表人物。少年登科，曾先后入曾国藩、李鸿章幕府，后又出任深州、冀州知州。1889年，吴汝纶辞官从教，出任保定莲池书院山长，走上教书育人之路。

图1-1　吴汝纶先生像

（一）吴汝纶的教育思想

甲午战争后，越来越多的有识之士意识到兴办教育、培养人才才是中国真正的立国强国之路。吴汝纶在废除科举、兴办学堂、发展新式教育上，观点非常鲜明突出。他在莲池书院先后开设了东、西文学堂，聘请外国人任教，教授外国语言与科学知识，开始探索新的教育发展方向。吴汝纶认为，中国只有推行国民教育，才能强国富民。吴汝纶主张在中国设立兼学中西的新式学堂，并且“不得但设三数西学而止，势必使各行省、府，县县各有学，学校林立，乃望有真才出于其间，充异日政法之用”。

吴汝纶认为，要在全国广立学堂，必然会面临“苦乏教员”的局面。鉴于此，他大力提倡师范教育，尤其是速成师范，主张“莫若先立师范学堂，取成学之士，延外国教习，教之以粗浅图算格致普通之学，盖不过期年旬月，可望速成，成以散之县乡……不以求师为难。窃谓当今急务，莫先于此”。因此吴汝纶在日本考察学制期间还详细考察了日本的各级师范学校。

(二)吴汝纶创办桐城学堂

吴汝纶对家乡的教育发展一直非常关心，对家乡后学之辈多有提携。1902 年，吴汝纶在东游日本考察学制之际，听闻家乡拟创办学堂，立即表示愿意帮助代揽教习，并对如何创办学堂提出指导性意见。回乡后，吴汝纶请马其昶出面主持，并派门人李光炯予以协助。他还邀约姚永朴、姚永概、方季常、李光炯、叶玉澄等桐城籍重要人物，以及朝野的桐城籍名流共 77 人草拟《禀请开办学堂公呈》，联名上书安徽巡抚，要求创办桐城学堂，并获得了桐城县令蒋少由的支持。1902 年底，桐城学堂正式建成。从筹划到建成桐城学堂，历时半载，吴汝纶事必躬亲，费尽心智，撰写楹联和匾额，楹联是“后十百年人才奋兴胚胎于此，合东西国学问精粹陶冶而成”，匾额是“勉成国器”，明确了桐城学堂的办学宗旨和教学方针，成为桐城学堂的办学目标。

桐城学堂募集资金 7000 银圆，并移取培文书院、县考棚及崇文洲地租 6000 石为基金。至于校舍，因“县中尚无合用房屋”，暂借安庆武备学堂旧址为校舍。吴汝纶将桐城学堂定为三年制的专门学堂，招收 20 岁左右“确能文理雅畅”的“秀异子弟”入学，考核后录取正额 52 名（由学校给予津贴伙食），附额 60 名（自带伙食费）。

吴汝纶在《办学公文稿》中设定课程为：读经、算学、词章、中外史学、中外地理、外国文、经济、博物、物理、化学、体操、图画等。后因教师缺乏难以聘请，诸多课程无法开设，实际只开设了国文、日文、法学、经济、算学五科，历史、体操等课程“间或课之”。日文、法学、经济皆由吴汝纶从日本聘请的教师早川东明指导教授，国文由姚永概指导教授，体操由杨众先指导教授。

学堂的教学管理和学生管理按吴汝纶拟定的《学堂学规》严格执行，要求尊师重教，严禁不良行为，严戒慵惰散漫，严明考核奖赏，督促学生勤于学习、敏于求知，体现了近代学校教学管理和学生管理的新观念。

开学准备工作安排妥当后，吴汝纶回桐城故里过年，不幸染疾，未见学堂开学而先逝。吴汝纶病故后，桐城学堂仍按原计划于 1903 年春正式开学，校址借用安庆武备学堂旧址。

1904 年 7 月，校舍落成，桐城学堂迁回桐城，遵照清政府颁布的中学令，将“桐城学堂”改名为“桐城公立中学堂”。校舍建筑由日本人早川东明绘图，陈淡如督工构造，校址在今桐城中学校园内。

二、马其昶设立桐城公立中学堂师范班

图 1-2　马其昶先生像

马其昶（1855—1930），字通伯，晚号抱润翁，清末民初桐城人，出身于翰墨世家，师事同邑方存之、吴汝纶。吴汝纶创办桐城学堂时，马其昶大力襄助。1904—1910 年，马其昶出任桐城公立中学堂总理。

(一)桐城公立中学堂设立师范班

1904 年 1 月,清政府颁布《奏定学堂章程》,这是中国近代第一个以教育法令颁布并在全国实行的学制,亦称《癸卯学制》。章程规定,师范教育分为优级师范学堂和初级师范学堂两类,将师范教育从普通教育中剥离出来,成为一个独立的系统。与此同时,清政府要求各地"宜首先急办师范学堂"。此后,师范教育得到一定的重视,有识之士认为"师范教育为教育之母,初级师范为小学之源泉。师范学堂不良,地方学务永无发达之望"。

清政府颁布《奏定学堂章程》后,各地兴办的新式学堂如雨后春笋般不断出现。此时桐城县已有潘缙华、孙发绪发起成立的公立崇实高等小学堂,学生 55 人;潘剑甫创立的私立崇治高等小学堂,学生 30 人。与此同时,各地创办师范教育的积极性也十分高涨。1904 年 7 月,迁回桐城县的桐城公立中学堂,由知县为监督,马其昶为总理。上学期正月增加招收一班,下学期八月续招一班,共三班。1904 年秋,为培养小学堂师资,马其昶在桐城公立中学堂内将原招的两班学生(正额 52 名,附额 60 名)合为一班,依据年龄大小、智力优劣、家庭环境、个人志愿、社会需要等因素,遴选出 20 人,设立"桐城公立中学堂师范班"。

师范班学制一年半,开设历史、地理、数学、物理、日文、法学、教育学等课程,采用以讲授为主的教学方法,培养以"济世救民"为理想的小学教师。1905 年 12 月,师范班张肇乾等 20 名学生毕业,这是桐城公立中学堂师范班成立后的第一届毕业生。

(二)选送师范班学生留日学习速成师范

《辛丑条约》签订后,清政府为挽救危局,变革新政,重视育才兴学。为了解决当时师资奇缺的问题,清政府决定向日本派遣速成师范生。派遣方式为公费、自费两种,课程设置主要为西学,学习年限一至两年不等。

1904 年，桐城公立中学堂响应清政府决定，从师范班 20 名学生中选送房秩五、孙楚伯、吴竹其、史磊水、苏荫伯、张基 6 人赴日本学习速成师范。此举开创桐城县派出留学生之先河。1905 年 7 月，选马光祖、张珽、汪仁晖、周大寿、陈树藩、施普、黄位堃、方体华、吴宣纶、胡渭北 10 人赴日本学习速成师范。每人每年补助津贴 100 元，回国后，襄尽本校义务。1905 年底，房秩五归国。1906 年，其余五人学成归来。

（三）开办师范学堂

1906 年，桐城已有公立、私立小学堂 10 所，学生总数 348 人。同年，桐城公立中学堂借用考棚作为校舍，借用税捐仓谷计 3000 石作为办学经费，依托留日速成师范生作为师资，开始创办师范学堂，培养小学教师。

从学校名称、地址和经费推断，此时的师范学堂在学习年限、课程设置、师资来源方面不同于桐城公立中学堂师范班，地址设在崇实高等小学堂内。由于没有常规经费，属于即办即停性质。

几年中，师范学堂为桐城县的中小学堂输送了一批急需师资，也培养了李光炯、房秩五等近代教育家。正是这些经过师范“速成”教育，主要学习科学和教学法的毕业生，成为当时桐城小学堂的主要师资，有力地推动了桐城近现代教育的进步和发展。

第二节　桐城县立中学附设简易师范班

1912 年，蔡元培任南京临时政府教育总长，对封建教育进行一系列重大改革。1912 年和 1913 年，中华民国教育部相继颁布了一系列有关学校教育的法令，史称“壬子癸丑学制”。其中的《师范教育令》等文件规定初级师范学校以省立为主，但是“县因特别情事，依本令之规定，由省行政长官报经教育总长许可，得设立师范学校为县立师范学校”。安徽省在新学制颁布后，相继建立了14所省立师范学校，并无一所县立师范学校。

桐城县小学因缺乏师资，1917年1月，经县教育会议决议，在桐城县立中学(1912年，“桐城公立中学堂”易名为“桐城县立中学”)附设简易师范班，一班60人，学制一年，师范班课程均按照教育部颁发的《师范学校课程标准》，比照简易师范科课目设置，有修身、读经、教育、国文、数学、博物、物理化学、图画、手工、农业、乐歌、体操共12门课程，注重教育课和实践，经费在全县学款项目下补助800元，不收学费，每月津贴膳费大洋2元，学员寄宿在校外，另请管理员指导。

20世纪20—30年代，桐城教育名流李光炯受到陶行知教育思想的影响，率先倡导乡村教育，他阐明的教育宗旨为：“自基层启发民智，激扬民气，以达到改造和提高乡村文化和经济。”李光炯为了实现自己的主张，鼎力开办乡村师范教育，他说：“乡村师范，大约有款大办，无款小办，总之不能不办。”因此，1927年秋，他在自己主办的宏实小学试办乡村师范(校址设于桐城南乡李兰庄)，所招的学生是：高小毕业生、年轻优秀的塾师，私塾中文学水平较高的学生。对所招学生分作两学期训练。第一学期，将毕业于新式小学的学生与来自私塾的学生分开编班，对毕业于新式小学的学生侧重于国文训练；对来自私塾的学生侧重于算术训练。第二学期合班授课。1929年以后，宏实小学附近农村有“短小”10所，农民夜校5班，妇女识字班4班，露天学校1班。其教师多来自宏实小学附设的乡村师范。1937年，抗日战争全面爆发后，李光炯避乱入蜀，这所附设于小学的乡村师范停办。

第三节　桐城县立中学简易师范科

1937年，日本发动全面侵华战争，安徽省大部分地区沦陷，次年6月28日，桐城县城沦陷。在动荡不安的社会环境下，一直附属于公立中学设立的简易师范科依然在战火中坚守，既避免了学生流离失所，又在一定程度上缓解了战时小学师资严重缺乏的局面，更为战后人才的培养作出了贡献。

一、安徽省立第二临时中学附设简易师范科

抗日战争的全面爆发，使得中等师范教育遭到严重破坏，初等教育的不平衡性进一步加深，小学教育出现严重的“师荒”现象。国民政府为解决中等师范教育所面临的危机，消除小学教育的“师荒”，在抗日战争期间十分重视对中等师范教育的推进。1938年4月，国民党临时全国代表大会通过了《战时各级教育实施方案纲要》，其中明确规定“对师资之训练，应特别重视，而亟谋实施”。

为了推进中等师范教育事业的发展，国民政府制定了一系列方针政策，采取了一些相应的措施。最主要的措施有两项，一是增设师范学校，充实师范教育设施。1938年5月，中华民国教育部拟定《第一次师范教育方案》，以1938年至1941年为实施期限，规定各省每一行政监察员区，5县左右，为一师范学校区，至少应设男女师范学校各1所，县立简易师范每3县必须有1校。按照这一规定，各省市纷纷划分师范学校区，增设师范学校、简易师范学校。1940年2月，中华民国教育部拟定《特别师范科及简易师范科暂行办法》，规定特别师范科及简易师范科以附设于师范学校为原则，但公立中学及公立高级中学内附设特别师范科，公立中学及公立初级中学内附设简易师范科。二是调整师范学校的课程设置。1940年3月，中华民国教育部正式公布了《修正师范学校与简易师范学校教学科目及各学期每周各科教学时数表》，各科课程标准为文史、自然、教育、地方自治和技术科学五类。1945年4月，又公布了《三年制简易师范学校教学科目及每周各科教学时数表》。此后，除在师范学校课程中增设选修科目卫生教育学及医学常识两科外，没有其他变更。至于分科师范课程，除1944年先后

公布的幼稚、劳作、童子军、师范科教学科目及各学期每周各科教学时数表外，也没有其他变化。

1939年春，安徽省奉令实施政教合一，除在各临时中学酌设师范班、简师班（师范与中学再度合办）外，并在省军政干部训练班等干训班内设师资组，加授教育科目，在初中三年级增开师范课程，多方培养小学教员，以应急需。

1938年，日军侵入桐城，因经费困难，桐城中等教育瘫痪。1939年春，合肥、安庆及县内主要城镇遭日军侵占或骚扰，学校不能开课，孙闻园受命至桐城黄甲铺筹建安徽省立第二临时中学。他亲临场地，勘察运筹，利用当地祠堂庙宇，并抢建土墙草屋100余间，招收各地学生1000余人。一时耆德硕学咸集其中，师生弦诵，朝夕不辍。孙闻园任校长，方林辰任教导处主任。其中附设一年制简易师范科一个班（具体人数不详），招收初中毕业生入学。同年秋，又设四年制简易师范科一班，招收高小毕业生56人。学生于1943年暑期毕业，分赴小学任教。

图1-3　孙闻园先生像

学校实行严格的军事管理，“学生不论男女，一律穿土布军服、打裹腿，扎土腰带，戴军帽，穿草鞋……”虽是临时性、过渡性的学校，但全体师生员工都一直保持着艰苦奋斗和朝气蓬勃的精神面貌。除常规上课外，师生们还组织一些抗战宣传活动，成立歌咏队、话剧团、标语宣传队等。

二、桐城县立中学附设简易师范科

1941年秋，奉安徽省教育厅令，经桐城县行政会议决定，桐城县立中学（今桐城中学）设简易师范科，聘请徐洁行为简易师范科主任。同年招收初中毕业生及同等学力者41人（男生36人，女生5人），编成一个班，学制为一年，为抗战时期的乡、保国民小学校培养师资。

1942年春，桐城县立中学复招收半年制简易师范训练班，学生50人。同年秋，第一届简易师范科学生40人毕业，续招第二届学生55人，学制一年。1943年秋，44人毕业。同年招一年制简易师范科1个班，学生51人。1944年，吴勉生任简易师范科主任。

表1-1　1941—1943年桐城县立中学简易师范科招生情况一览表

时间	学制	名称	招生数（人）
1941年秋	一年	简易师范科	41
1942年春	半年	简易师范训练班	50
1942年秋	一年	简易师范科	55
1943年秋	一年	简易师范科	51

学校的教学内容，按部颁标准开设。简易师范科的课程，桐城县立中学根据省教育厅训令，并结合本校实际，作了相应调整，安排如下表。

表1-2　一年制简易师范科教学科目及每学期每周教学时数表

科目	第一学期	第二学期	备注
三民主义	1	1	包括三民主义及孙文学说
公民	1	1	包括新生活运动纲要、国民精神总动员纲要及其实施
体育	2	2	
军事训练军事救护（女子）	3(3)	3(3)	
卫生	2		包括学校卫生、公共卫生、医药常识
国语及注音符号	1		
应用文		2	包括各种应用文体及公文大要
历史	2		注重我国疆域沿革、民族扩展、文化政治社会之演进、近百年国际
地理		3	注重我国国防形势、抗战地理交通建设物主情形、疆域情形、本省乡土地理

续表

科目	第一学期	第二学期	备注
农工艺及实习、家事及实习(女子)	3(3)	3(3)	
音乐	1	1	注重民族意义之陶冶及民众歌咏指导
教育通论	2		按部颁课程标准
教育行政		2	按部颁课程标准
教材及教学法	3	3	按部颁课程标准
教育心理	2	2	按部颁课程标准
测验及统计	2	2	按部颁课程标准
童军教育	2		
地方自治	2	2	包括地方自治开始实行法、地方自治法规、乡保行政代政、经济文化警卫参议制度
农村经济及合作	2	2	
实习	4	7	第一学期注重乡保、行政及地方建设,学校教导去参观与见习
每周教学总时数	35	36	

教育实习包括实习、见习和参观等活动。参观和见习内容为学校行政事务、训导实施、社会教育事业、县及乡(镇)保教育行政、乡(镇)保一般自治及行政事务。教育实习包括小学部、民众教育部各科教学,单式和复式年级的教学实习。行政实习包括学校行政、社会教育行政、地方自治及行政。实习成绩由指导人员考核,报实习指导委员会评定。实习成绩不及格的学生,不予毕业。

为了加强对学生的教育和指导,简易师范科采取了一系列办法和措施。抗战初期,学校(桐城县立中学)贯彻《战时各级教育实施纲要》,训导工作的中心是“四维”“八德”和“十二守则”教育,要求导师对学生的思想、行为、学业及身心均需体察个性,严加训导。

每日下午课余,导师指导学生自修作笔记、日记,并随时注意、指导学生的言论、行动。上操或出队，导师全体参加，辅助军事教官及童子军教练员实施军训管理和童训。制定相应的操行考核及奖惩制度，凡学生早起、升旗、早操、课堂、饭堂、课外活动、自修、沐浴、就寝、出队及一切日常生活方面，均由训导主任、级导师、军事教官、童子军教练员分别按操行考核标准加以考核。分守纪律、勤学业、服务勤怠、公德表现各项内容，制定奖状、奖章、奖金颁发，暨训、诫、警告、记过、升退等条例予以实施。

学校制定《桐城县立中学学则(含师范)》，涉及教学、训育、考查、奖惩等内容共 20 条，具体如下。

《桐城县立中学学则(含师范)》

一、本校各级教学科目与每周教学时数，均遵照部颁中学教学科目及各学期每周教学时间表规定之。

二、各科教学标准与教材内容，及各种训练，均遵照部颁修正中学课程标准办理之。

三、训育标准以三民主义为最高原则，并辅以礼、义、廉、耻之校训，力求新生活之实践。

四、施行军训及童训管理，以充实军人及童子军之生活。

五、本校设立高初中两部，并附设简易师范科。其修业年限：高初中各三年期满，简易师范科一年期满，均经教育厅考试及格者，发给毕业证书，转学或辍学者，得经呈请发给证明书。

六、于规定缴费注册截止日期未到校者，新生则取消其入学资格，旧生则以休学论。

七、旷课两小时，事假十小时，病假二十小时，均扣学业总平均分一分，旷课达二十小时者，令其退学，旷课或请假扣分致学业总评不及格者降级，请假缺课满一学期教学总时间三分之一者，不得参加学期考试。

八、学生于学期终了时因患病经校医证明，或有特别事故经学校准假者，如缺考得予补考；未经准假，缺考一科或全部，不得补考。

九、学生各科学期成绩考查，分平时、月考、期考三种，计算法：平时及月考，各占学期成绩百分之三十，期考占学期成绩百分之四十。

十、凡学科每周教学在两时以下者，一学期举行月考两次，在三时以上者，每月举行月考一次，期考应试验各科一学期所授教材全部。

十一、学业成绩总评，与各科学期成绩分配，均采用百分法，八十分以上为甲等，七十分以上为乙等，六十分以上为丙等，丙等以上为及格，六十分以下为不及格。至学业成绩总评，系先以各科教学时数乘各生各科所得分数，再以各科教学总时数除其总和得之。

十二、学生操行成绩考查，系以学期中学生受课、自修、休寝、运动、集会、服务、劳动等场所生活为单位，各定记分标准，合各生各单位所得分数，再定甲、乙、丙、丁四等，丙等以上为及格，丁等为不及格。

十三、学生体育成绩考查，分早操、健身操、田径运动、爬山、游泳、体格强弱、运动、品行与爱好运动等十项目各定十分为记分标准，合为百分，各生一学期体育成绩六十分以上为及格，并分甲、乙、丙三等，六十分以下为不及格。

十四、每学期学生升降与奖惩，依各生体育、学业、操行等成绩评定之。

十五、每学期凡学生体育成绩，各科学业成绩、操行成绩，均能及格者，予以升级。

十六、每学期凡学生体育成绩不及格者，遵章留级，其他学科有一、二科不及格者，应俟下学期注册期间补考后，再定升级或试读，三科以上不及格者留级，但连续留级第三次者，令其退学。

十七、凡学生学业、体育、操行成绩俱列甲等，并于一学期内全未缺课，或缺课未逾十小时者，酌予奖金。

十八、各项运动竞赛当选者，演说竞赛或各科比赛当选者，服务勤劳或有特殊美德表现者，给与奖章或锦旗。

十九、课外活动及制定服务，工作不力者，或存意规避者，怠荒学业专事游嬉者，习染不良品行不端者，思想不纯行动不法致危害者，分别轻重予以训诫、警告、记过、斥退等惩戒。

二十、本细则如有未尽事项，得随时修正之。

第四节 桐城县立简易师范学校

在社会动荡、物价飞涨、民不聊生的战争年代，一代又一代的教育工作者凭借着对师范教育的赤子之情，不畏艰辛，知难而上，桐城师范教育在历史的嬗变中新生，终于从附属迎来了独立，并不断成长。

一、桐城县立简易师范学校的成立

1942 年至 1945 年，教育部实施《第二次师范教育方案》，要求各省市要达到每一师范区有师范学校 2 所，每县有简易师范学校 1 所。1944 年 2 月，安徽省教育厅批准桐城筹办四年制简易师范学校 1 所，曾任安徽省教育厅督学、省教材编审组编审的方来同受桐城县政府委托，负责筹办。因上级拨款 15 万元(法币)添置费，不足以购置必需的教学设备，方来同四处奔走，八方募捐，筹集 5 万元资金补充。同年夏，桐城县立简易师范学校筹建成功，方来同任校长，徐洁行任教导主任。

如此，附设于桐城县立中学的简易师范科奉令撤销，单独成立桐城县立简易师范学校。

(一)桐城县立中学原高中部办学

桐城县立简易师范学校成立后,招高小毕业生 101 人,编 2 个班,加上原有桐城县立中学所附设一年制简易师范科第二学期 1 个班,共计 3 个班。借桐城县立中学原高中部教学。当时,住校生占一半,校长、教导主任、训育(导)主任、级任老师负责学生的思想、行为、学业等管理工作,教官负责宿舍卫生、童子军训练、上操、军事训练等。1944 年 8 月,招新生 1 个班,学生 51 人(男生 39 人,女生 12 人),并从各地聘请 19 名教师。同年暑期,方来同辞去校长职务,程海曙继任校长。

(二)张氏谱馆独立办学

1944 年 8 月,程海曙接任校长。学校借用操江巷张氏谱馆(今北街小学内)及私人住宅为校舍,一切仍因陋就简。至此,桐城县立简易师范学校开始有了独立的办学空间。

1944 年 12 月,国民党安徽省主席、第五战区副司令长官李品仙到桐城考察教育,在视察桐城县立简易师范学校时,看到部分学生年龄太小,认为他们毕业后不能胜任教师工作,宣布“饬令退学”,这样江鲲池(当时 12 岁)等 12 名学生转学至孟侠、三育(今桐城市第二中学)等中学就读。

(三)文庙及旧时桐溪女子小学办学

1945 年春,学校奉令从张氏谱馆迁出,以圣庙(即今日文庙)及旧时桐溪女子小学(今北街小学内)房屋为校舍,称“桐城县立简易师范学校”。同年 8 月,招新生 1 个班,学生 77 人。至此,全校共有 4 个班,教职工 21 人。学生享受公费,每人每月领糙米 3 市斗,并有微薄的副食费。

1946年8月，程海曙辞去桐城县立简易师范学校校长职务，尹宽继任。秋季，招新生1个班，学生54人。尹宽任职后，着力整顿校务，筹资修理校舍，购置图书，请增学生津贴，并常向学生评说时政，发动学生举办小型油印班刊及墙报、板报，激励学生立志奉献教育。

1948年秋，张燕卿继任桐城县立简易师范学校校长。8月，招新生1个班，学生63人(男生48人，女生15人)。全校共有5个班级，学生共250人(男生225，女生25人)，教职员共23人(专任教员16人，专任职员7人)。自本年10月份始，学生由每月领糙米3市斗减至2市斗3升，副食费亦减少一半，生活艰苦。

表1-3 1944—1948年桐城县立简易师范学校招生情况一览表

时间	招生数(人)
1944年	152
1945年	77
1946年	54
1948年	63

二、教学管理

自1944年夏，附设于桐城县立中学的简易师范科奉令单独设立，成立桐城县立简易师范学校后，在教学管理上较之前有了一些变化。

在课程设置方面，由于中等师范学校的教育目标被重新确立为培养健全的小学教师，与战时政教合一体制相配套的有关课程，如地方自治、地方建设及地方行政等课目被删除，课程的其他方面则大体如旧。

1944年后，学生成绩考查包括学业、实习、操行、体育4项。1946年后，包括学业，操行(含社交活动)，体育，劳作(含生产劳动、实习、军训或童训)。学校规定，学生各项成绩考查及格者，准予升级或毕业；实习、操行、体育成绩中有一项不及格，或学业成绩三科以上不及格，或公民、国文、数学、理化、劳作及各教育学科中有两科不及格者，均予留级；学业成绩一科不及格，或两科不及格，而非上述公民等学科的，允许补考一次，补考及格予以升级或毕业，补考仍不及格予以留级，应届毕业生发修业证书，勒令退学。

学校严格学生管理，对学生操行成绩列甲等者，由校长颁发褒奖状；对违反校规者，给予警戒，直至勒令退学。

桐城县立简易师范学校办学条件虽然简陋，但是内涵建设不断在完善。学校确立了旨在培养合格的小学教师，以求国民教育的改进和普及的办学目标，设计制作了校徽；创立了校训：文行忠信；填词谱曲了校歌。1948 年，桐城县立简易师范学校第一届 42 名(30 名男生，12 名女生)学生顺利毕业。

图 1-4　桐城县立简易师范学校校徽

图 1-5　桐城县立简易师范学校校训

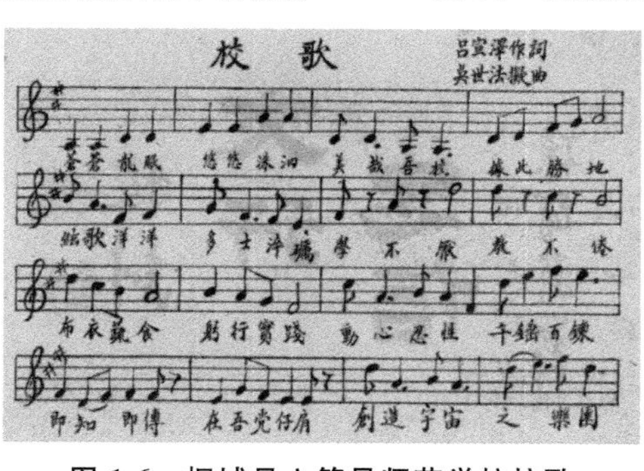

图 1-6　桐城县立简易师范学校校歌

第五节　桐城县师范学校

1944 年独立办学后的桐城县立简易师范学校，经历了几年短暂发展后，先后与安徽省立第一女子师范学校、桐城县立中学合并，桐城县师范学校的发展暂告一段落。

一、更名为“桐城县师范学校”

1949 年 2 月 5 日，桐城解放。桐城民主县政府在组建地方政权的同时，成立了桐城县政府教育科，开始接管全县教育，各区配备专职文教区员。

1949 年 4 月，安庆解放，根据上级决定，安徽省立第一女子师范学校部分师生返回桐城，与桐城县立简易师范学校合并为“桐城县师范学校”，方来同被任命为校长。

二、桐城县师范学校合并到桐城县立中学

1949 年 8 月，桐城县师范学校合并到桐城县立中学，名为“皖北安庆行政区第一中学”，校长由桐城县人民政府副县长杨在选兼任，任命方晓庵为第一副校长，方来同为第二副校长，主持校务工作。李相勖、方令完为教务主任，姚伯将为辅导主任，伍宗儒为总务主任。

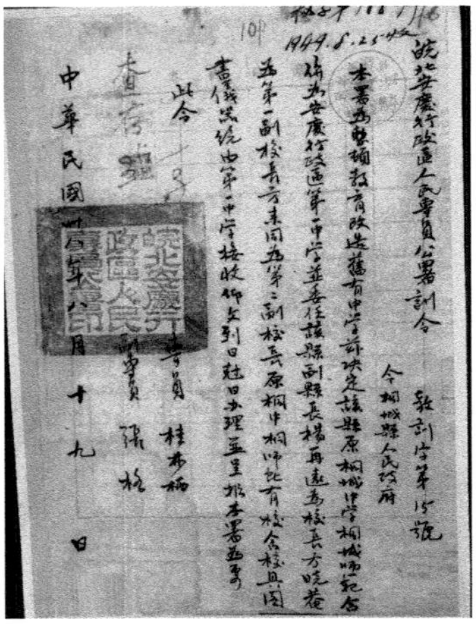
皖北安庆行政区人民专员公署训令
教副字第15號
令桐城縣人民政府
本署為整頓教育改造舊有中學，茲決定該縣原桐城中學、桐城師範合併為安慶行政區第一中學，並委任該縣副縣長楊再遜為校長，方曉庵為第一副校長，方來同為第二副校長，原桐中、桐師所有校舍、校具、圖書儀器統由第一中學接收，仰即到日趕日辦理並呈報本署為要
此令
專員 桂
副專員 張
中華民國卅八年八月十九日

图 1-7　皖北安庆行政区人民专员公署训令

学校部分学生转入桐城

县立中学初中部和高中部继续学习。8月30日，桐城县政府教育科派员到校监督交接，由前任校长吴劲负责移交。9月2日，开始接收桐城县师范学校的教具及图书仪器设备。桐城县师范学校的房屋旋奉桐城县政府通令收回另用。

第二章　更上层楼——中华人民共和国成立至“文化大革命”前的桐城师范学校

（1949.10—1965）

自中华人民共和国成立至1963年，学校先后开办多种类型、学制不一的初师班、速成班、中师班、幼师班，同时开展在职小学教师的培训，为桐城县及安庆地区输送了一批急需的合格小学教师、幼儿教师，为初等教育的普及和发展作出了贡献。

第一节　中华人民共和国成立初期的学校办学

中华人民共和国成立初期，学校经历了“皖北区桐城县乡村师范学校”“桐城县初级师范学校”“安徽省桐城初级师范学校”“安徽省桐城师范学校”四次校名的变更。学生人数逐渐增加，办学规模不断扩大，学校基础设施持续完善，其过程艰难曲折。

一、学校名称变化

中华人民共和国成立初期，国家面临的主要任务是恢复和发展国民经济，大力发展教育事业同时被提上日程。1949年12月23日至31日，第一次全国教育工作会议召开，会议提出教育必须为国家建设服务，学校必须向工农开门。1950年12月29日，毛泽东为湖南省立第一师范学校题词：要做人民的先生，先做人民的学生。时任教育部部长的马叙伦专门召开了师范教育工作会议。自此，全国各地各类各层次学校蓬勃兴起，各地小学如雨后春笋般出现，小学师资的培养尤为迫切。

1951年7月，皖北行署第一行政专员公署文教科作出决定，要求桐城县人民政府筹建“皖北区桐城县乡村师范学校”，隶属县教育科，这是中华人民共和国成立后桐城的第一所师范学校。“皖北区桐城县乡村师范学校”的校名只存在3个月时间，同年10月16日，学校奉皖北行署文教处教中字369号指示，更名为“桐城县初级师范学校”。1952年10月，学校奉安徽省人民政府教育厅教中字008号指示，更名为“安徽省桐城初级师范学校”。1957年6月21日，安庆专员公署(57)安教字第700号《关于将桐城初级师范改名为桐城师范学校的通知》要求，学校更名为“安徽省桐城师范学校”。同年秋，启用“安徽省桐城师范学校”公章。学校开始招收初中毕业生，举办中等师范教育，此举在学校办学史上具有里程碑的意义。

二、筹建学校

1951年7月底开始筹备建校，筹建人员仅有1名副校长、3名职员、1名工友。面临校址未定、人员缺乏的双重困难，学校借用桐城中学房舍为临时筹备处，后择定桐城羊子巷竹叶亭，即原桐城联合第一小学为校址。原桐城联合第一小学面积较大，但可用房屋不多，只有2进正屋，每进5间，皆是民房且有10多户居民居住。后经政府动员协调，原有住户陆续搬离。

筹建新校的过程异常艰难，为了保证工程进度，教职员工主动参与拆墙、搬砖、传瓦、挑石渣等工作，协助工人修建。学校精打细算，除石灰必须购买外，其余材料一律利用旧材。老房子的旧钉、旧椽、一砖一石，全部派上用场。教室是在原房舍基础上，通过拆墙、立柱、加瓦，重新翻盖而成。为了解决活动场所缺乏的问题，全体员工齐动手，清除瓦砾、搬运石渣，填井平坑，建成大操场1个、篮球场2个、排球场1个。最后修成教室5间，办公室、阅览室各1间，学生会、青年团办公室各1间，游艺室、教师学习室各1间。男女生宿舍、厨房、厕所、洗澡室齐备。

1951年9月开学后不久，学校组织新生参加建校劳动，各班分配拆墙平地的任务，开展劳动竞赛。在建校过程中涌现出了简师班的饶平邦、潘必庆，初师班的倪钟鸣、姚国哲、雷春阳、雷著文、姚季超等劳动积极分子。

学校还购置了必备的教学、办公及生活用具。用具购置采用两种办法，教室、办公室及需要统一的校具均是新买和新做的。其他各室的家具，均是从市面上购买旧的，目的是节省开支。购置校具1057件、教具56件、生产用具85件、食事用具266件，运动、康乐及其他用具233件，合计1697件。根据材质区分，木器1200件、篾器76件、铁器134件、陶器127件、瓷器118件、旗帜及其他42件。同时购买图书杂志10类644册，挂图60幅，连同皖北行署文教处统一发放的共有图书杂志12类1071册。

因筹建时间紧，1951年9月学生开学时，住宿条件尚极为简陋、艰苦。男生宿舍没有床铺，只能睡楼板，且每人不到两尺宽。女生宿舍没有厕所，只能暂用马桶，经常发生学生被毒虫咬伤的情况。

此后，学校基础设施一直持续不断地建设，至1952年1月，建成1幢楼房，上下10间，用作总务处办公室、出纳室、工友室、膳食仓库、物资储存，又利用原有4间平房改造成饭厅，兼作大会会场。至同年10月，学校建有办公室5间(包括团、队、学生会、工会等)，教室7间，宿舍48间，图书室1间，厕所4间，其他房舍50间，合计115间。校具、教具、图书报刊、体育卫生设备均有增加。教具中标本63种，均系教员自己采集制作。图书刊物中一般读物929种，学生读物220种，教师参考书545种。1953年8月，由安庆市建筑公司承建的1000平方米的两层砖木结构教学楼竣工交付使用，共8间，改善了办学条件。

其时学生读书，学校不收学费，办学经费完全依靠政府拨款，用于教职员工薪酬、办公费等。

随着学生人数的增加，教学和办公用房数量也不断增加，至 1958 年，校舍建设基本完工。学校于当年初启动整修美化校园工作，制定了《绿化校园方案》。校园美化工作总体遵照利于教学、利于生产、利于学生身心健康、利于培养学生审美情趣的原则，根据各区域地形及实际需要，将校园划分为三个区：体育锻炼区、花草区、果木区，校园环境不断改善。

三、附属学校

根据 1952 年教育部颁布的《师范学校暂行规程(草案)》规定：为了研究、实验新的教学方法，给学生以优良的示范和有效地进行教育实习，师范学校(包括各初师)要办附属小学(或幼儿园)。1956 年，桐城实验小学更名为桐城师范附属小学。1962—1963 学年度学校第一学期工作计划中显示，有关于加强和改进附小、幼儿园工作的内容。

> 一是请示县文教局，调配附属小学及幼儿园的行政领导，选调优秀教师充实附小、幼儿园师资队伍。对附小教师进行附小任务、性质的宣传教育，加强其工作责任感，努力提高办学质量，满足师范学校学生实习、参观要求。二是进一步密切师范同附小、幼儿园之间的工作联系。师范行政领导干部参加附小、幼儿园校(园)务会议，附小、幼儿园行政领导干部参加师范校务会议。附小、幼儿园工作总结和重大问题应提交师范校务会讨论研究。三是加强对附小业务指导。师范教研工作内容之一是帮助附小改进教学，到附小听课，指导附小教师学习教学大纲，召开师范与附小教师业务座谈会，总结教学经验。四是在可能范围内帮助补充一些教学设备、图书、资料等，帮助附小、幼儿园搞好生产，改进教师生活。

1963 年 8 月，随着安徽省桐城师范学校的停办，附属小学、附属幼儿园相继更名为“桐城县实验小学”“桐城县实验幼儿园”。

四、两份协议解决生产园地不足的问题

生产技术教育是学校教育的一项重要内容，为了解决生产园地不足的问题，学校先后两次同石河人民公社签订协议，获得生产园地地块。一次是 1958 年 1 月，副校长王琳、姚伯将代表学校与石河人民公社签订协议：将三里农业社与学校毗邻的一块土地赠予桐城师范学校，学校回赠三里农业社一些肥料。另一次是 1961 年 1 月，经桐城县委同意，副校长潘世杰代表学校同石河人民公社签订协议书：毛河生产队将祈雨岭以北山头直到杨塘凹、徐湾等范围以内的熟田熟地计 40 余亩，以及天主堂后的一片开荒地划拨给桐城师范学校作为生产园地，学校按照等价交换的原则，一次性支付人民币 4200 元给毛河生产队。

第二节　党政机构及群团组织

一、党的建设及组织发展

1951 年 7 月刚建校时，学校没有中共党员，教职员工的思想政治教育由中共桐城县委员会领导。1953 年 12 月，桐城县委调派县政府主任秘书张良才任校长，1954 年 2 月到任。张良才是学校第一位中共党员。

1954 年 10 月，中共桐城初级师范学校支部成立。至 1956 年 10 月，有 4 名中共党员：校长张良才、总务主任江兴泰、教导副主任潘世杰、专职团干孙鼎。1959 年教职员中有党员 10 名。1960 年 7 月，发展中共党员 12 名，其中教职员工

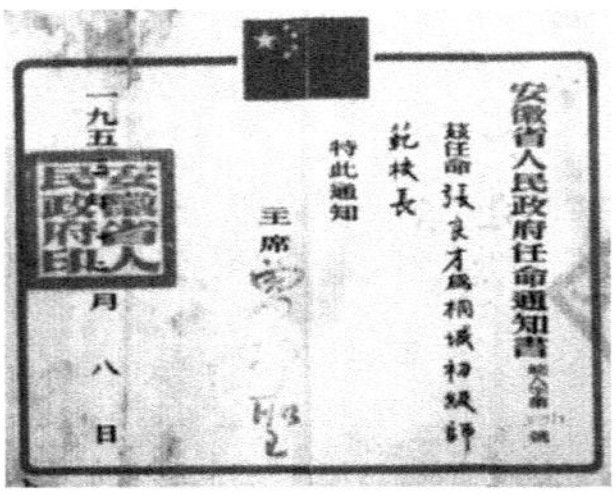
安徽省人民政府任命通知书
兹任命张良才为桐城初级师
范校長
特此通知
主席
一九五
月　八　日
安徽省人民政府印

图 2-1　张良才校长任命书

党员 5 名,学生党员 7 名。新发展的 12 名中共党员是学校的骨干力量,他们政治热情高,干劲大,同群众联系密切。其中,教职员工党员有 4 名被评为省、县文教战线先进工作者和县社会主义积极分子,7 名学生均是团支部书记或团委委员。此间因调出和退休,至 1960 年底,学校共有潘世杰、孙鼎、桂辉华、程显杨、胡锦纶、赵大权、陈振根、方尧成、胡耀宗 9 名教职员工党员。

二、校长的变动

1951 年 7 月,姚伯将任“皖北区桐城县乡村师范学校”第一任副校长,筹建并主持学校工作。同年 10 月 16 日,学校改名为“桐城县初级师范学校”,桐城县县长杨在选兼任校长,姚伯将仍为副校长,继续主持学校工作。1952 年 10 月,学校名称改变,桐城县县长杨在选兼任安徽省桐城初级师范学校校长。1953 年 12 月,桐城县委调派县政府主任秘书张良才任校长。1957 年 9 月,桐城县文教局成立,张良才任局长,同时兼任安徽省桐城师范学校校长。同月,王琳调入任副校长。1960 年 3 月,张良才任校长,王琳继任副校长,潘世杰任副校长。

校长不仅处理学校宏观层面的工作,还抓具体而细致的教育教学管理工作。如 1953—1954 学年第二学期工作计划中呈现校长的工作内容:一是经常有目的地深入检查教学工作,支持教研组开展工作,并具体掌握一个教研组和一个班的工作,帮助总结经验,推进工作。除平时检查外,期中全面检查教育质量一次。二是审查各部门、教研组、班主任的工作计划,并检查计划执行情况。三是掌握教师在职学习情况,提高教师水平,培养教师和干部。团结、关心全体教师,发挥教师的积极性和创造性。四是经常检查教学笔记,抽查作业,听课、参加教研组会议和班务活动。五是普遍联系教师,听取改进意见,以改进工作,提高教育质量。

三、学校行政机构

1951 年底，学校各项工作基本步入正轨。行政机构由校长、两处主任、工会主席、教师代表组成。校长以下设教导、总务两处。教导处负责计划、组织、检查全校教学、学生实习和生活指导等事项，统辖管理教务员、男女生辅导员、图书管理员。总务处负责全校事务工作，统辖管理会计、出纳、食堂和其他生活设施。

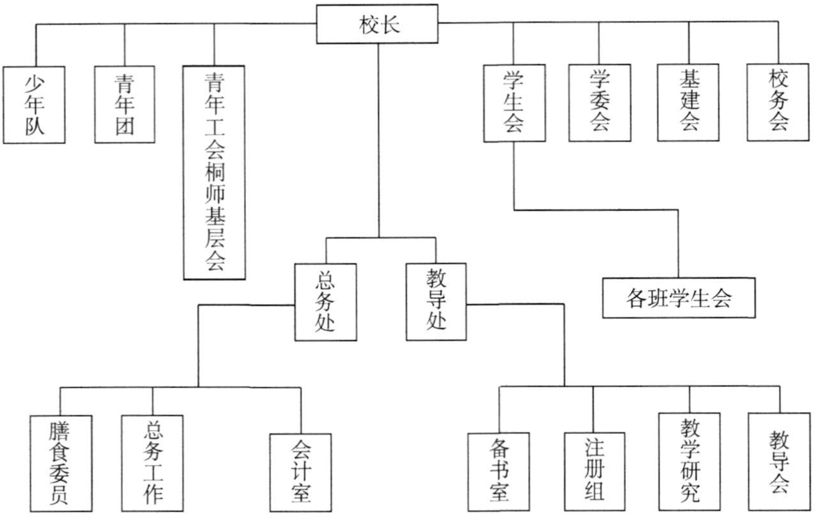

图 2-2　1951 年 10 月，桐城县初级师范学校行政结构图

四、学校会议制度

这一时期学校管理较为民主、规范，教职员工参与度高，学校主要是通过会议和各级委员会部署落实相关工作。

(一)全体教职员会议

学校一般每学期召开三次全体教职员会议。开学初举行一次，通过本学期工作计划。期中举行一次，报告期中检查总结。期末举行一次，布置寒假或暑期工作。必要时临时召开。

(二)校委会

校长、副校长、工会、青年团负责人和教导处、总务处两部门负责人组成校委会，每月举行一次会议，总结和布置工作，讨论工作实施和计划执行情况，审核预决算和有关全校性的重大问题。校委会负责全校教育、教学工作，管理学校财经和师生生活。

(三)学委会

行政、工会、青年团三方负责人组成学委会，在校长领导下，管理教师的政治、文化、业务学习。每月举行一次，必要时临时召开。

(四)部门联席会议

两周召开一次部门联席会议，研究部门分工，决定两周内应做的工作、计划和检查，以推动工作。

(五)教导处、总务处处务会议

每月召开一次教导处、总务处处务会议，布置本处工作，检查、研究改进工作。

(六)实习指导委员会

本校教师、县文教科和各小学教师联合组成实习指导委员会。

(七)班主任会议

每两周举行一次班主任会议，由校长或者教导主任主持。

五、统战工作

根据 1956 年 12 月 12 日潘世杰副校长所写的一份关于学校统战

工作的总结，可推定学校彼时对统战工作的开展与重视。学校通过多层次统战工作会议，认识到统战工作是党的重要任务之一，对“长期共存，互相监督”的方针有了一定认识，同时作了一些具体工作。一是尊重党外人士的职权、劳动，使他们有职有权，如任命姚伯将担任副校长。二是党员与党外人士建立密切合作的良好关系。三是根据党外人士的工作能力，安排适当工作，如任用张羽为速师班班主任，任用邢炀高、王开敏等为工会委员（邢炀高是民盟盟员，也是学校唯一的民主党派成员）。四是培养党外知识分子中的积极分子为入党对象，如拟于1957年发展江潮为党员。五是帮助党外人士解决生活困难等问题。

六、群团组织

（一）工会

1957年9月，学校工会由江潮担任主席，陈乐山、方农生、张羽、孙季芳分别任组织委员、宣教委员、福利兼稽核委员、财务委员。为了方便工作，将全体会员分成四个小组，每组设组长。

工会主要做了以下工作：协助做好教师的在职学习，举办职工夜校；配合学委会组织工会会员开展政治理论学习，提高政治水平和业务能力；在会员中开展增产节约运动，贯彻“勤俭节约”办学方针；围绕教学，工会召开“如何通过课堂教学贯彻思想政治教育”的会议；与桐城中学工会基层委联合举行“教师日”活动；组织教工进行校内外义务劳动；关注教工福利。会员生病，工会上门慰问送温暖，为困难职工争取困难补助。1955年开始建立互助储金制度。工会与县医院订立合同，工会会员家属看病持工会介绍信，可以暂不缴费，月底由工会一次性结账，从而解决了教工家属看病临时筹集药费的困难。加强教工间联系，主办“教工板报”。工会常态化组织校际篮球赛等师生各类文体活动。

(二)青年团、共青团、少先队

学校团员人数不断增加,团组织规模不断扩大,团组织名称先后更名为“青年团学校总支桐师支部”“共青团桐城师范总支委员会”“共青团桐城师范委员会”,张荣先、程鹤鸣、孙鼎先后任书记。学校设专职团干,负责团组织的具体工作。

1951 年 9 月,学校团员共 38 名。1956 年 9 月,登记团员 165 名。1962 年 7 月,有团支部 9 个。其中,学生团支部 6 个,团员 79 名;教职员工团支部 3 个,团员 26 名。

学校团组织针对青年学生的思想特点,坚持组织团组织生活会,不定期举行“学习研究会”“青年联欢会”及“团日”“团课”等活动,特别是“团日”活动,经常组织团员外出参观、访问,开调查会,以深入社会、增长见闻,其活动内容丰富、形式多样。在班级支部中进行“红旗团支部”评选,在广大团员中进行“六好团员”评选,教育和引导团员发挥模范带头作用,广泛团结组织青年教职员和青年学生。

学校建校之初就建立少先队组织,先后在校团支部、校团总支、校团委领导下开展工作,实行“队课”“队日”制度。利用“队日”,组织开展多种校内活动。同时,野外露营、爬山竞赛、采集标本、野外宣誓、集体游戏等野外活动也很频繁。

(三)学生会

学生会响应学校号召,围绕学习、政治思想教育、健康、福利等开展工作。设主席 1 人、副主席 2 人,秘书长 1 人、副秘书长 2 人。下设 4 个部:学艺部、生活福利部、文娱部、体育部。每部设部长、副部长各 1 人。

第三节　招生

一、招生录取条件

1952 年 7 月，教育部颁布《师范学校暂行规程(草案)》，对初级师范、简易师范、中等师范招收的学生学历、入学年龄、入学后待遇及毕业去向等作出规定：中等师范招收初级中学毕业生或具有同等学力者，入学年龄暂定 15 至 30 周岁，对工农子女、工农干部和少数民族青年，在入学年龄、入学资格等方面予以适当放宽；初级师范或简易师范招收 25 周岁以下的小学毕业生或具有同等学力者，初师班：学制三年。1958 年、1959 年招收的初师班：学制四年；简师速成班：学制一年；中师班，即招收初中毕业生为小学培养师资的班级，学制三年；幼师班，招收高小毕业生，为幼儿园培养师资，学制三年。

二、招生概况

学校筹建时遵照规定，拟开设初师班 2 个、简师班 1 个，招收 150 人。

1951 年 8 月中旬开始招生，成立招生委员会，聘请校外教师 6 人，负责出题评卷工作。报名人数合计 402 人，8 月 27 日、28 日两天考试，借用桐城联合中学为考场。同年 9 月，招收中师速成班 1 个，学生 30 人，学制一年；招收三年制初师班学生 129 人，其中，男生 93 人，女生 36 人，开设 2 个班，分别取名“和平班”“民主班”。

1952 年录取初师班学生 235 人，男生、女生分别为 182 人、53 人，开设 5 个班，分别取名“劳动班”“康乐班”“友爱班”“幸福班”“团结班”；录取中师速成班学生 46 人，男生、女生分别为 35 人、11 人，开设 1 个班。

1952 年，初师班考试科目为语文、算术、常识，速成班考试科目较多，有语文、数学、自然、历史地理、政治常识。最终录取的依据是考生的总成绩。无论是初师班还是速成班，录取考生的单科成绩悬殊都很大，如初师班算术科目，最高分是满分100分，最低分仅11分。速成班自然科目，最高分91分，最低分5分。根据政府要求，学校降低分数录取工农出身的学生，但比例较小。如初师班，降低分数录取的工农出身的学生占录取总人数的3.8%，速成班占录取总人数的1.3%。

1953年，招录初师班学生400人，分设8个班。1954年9月，招录初师班学生138人，分设3个班。附设的初级师范函授，招收小学教师轮训班学员130人，学制三年。1955年9月，招收新生172人，其中三年制初师3个班135人、一年制速成师范1个班37人。

1956年8月，共招收新生407人，分三种类型。第一种是两年制初师速成班203人，开设4个班，学生均是小学毕业生。除1人来自庐江县外，其余均为桐城本地人。第二种是两年制师范速成班104人，开设2个班，学生均是初中毕业生，来自桐城、枞阳、宣城、潜山、怀宁、太湖、青阳、铜陵、贵池等地，经过政治常识、语文、数学三个科目的文化课考试及口试，按总分从高分到低分依次录取。第三种是首次招收三年制中师班100人，开设2个班。

三年制中师由安庆专区统一招生，中师生入学在学校办学史上具有重要意义，标志着学校办学层次的提高。

根据安庆专员公署教育科〔56〕教中函134号通知，在该年各校招收的中师生、幼师生中，可招免试保送学生。学生填写志愿经过安庆专员公署教育科审核最终确定保送学校及专业。分配给桐城初师的100名中师生中，免考保送学生16人，桐城中学初中部、桐城初级中学、潜山初中初师班、怀宁第一初中分别保送7人、5人、3人、1人。16名保送生毕业考试成绩均优秀，其中15名操行等第是甲等。

1956年7月，两年制和三年制小学教师轮训班学员合计328人奉令提前一年结业。学员去向由安庆专员公署教育科审查决定，大部分是回到入学轮训前工作的地方任教。同年，学校保送初师班许丽华、吴章秀、李静莲、宋宜芬4位女同学至安庆师范学校三年制幼师班学习。

1957年秋季招收新生207人，其中，三年制初师班65人、三年制中师班105人、一年制速成班37人。1958年8月，安徽省桐城师范学校招收新生285人，其中，四年制初师班学生首次招收54人、三年制初师班学生108人、三年制中师班学生123人。1959年8月，招收新生453人，其中，首次招收三年制初级幼儿师范生100人、三年制中师班学生101人、四年制初师班学生152人、三年制初师班学生100人。

1959年7月，桐城县教育部门在县城东郊乌石岗新建初级师范学校1所，名称是“桐城县初级师范学校”，时任安徽省桐城师范学校总务主任的江兴泰任负责人。根据1959年9月所填的《中共桐师支部初师小组党员及积极分子登记表》，知悉桐城初师党小组是在中共桐师支部之下建立的，初师党组织属桐城师范支部领导。

桐城县初级师范学校秋季招生300人，开设6个班。教师共12人，1人速师毕业，11位中师毕业。

1960年2月，桐城县初级师范学校被评为“桐城县社会主义建设先进集体”，在先进事迹材料中有如下内容：建校仅半年，开荒35亩，养猪31头。建立蔬菜生产基地，实现蔬菜自给，学校被评为“桐城县蔬菜生产先进单位”，获奖旗一面；在全县中学生运动会中，获得男女丙组冠军；本着“一主二辅三结合”的原则，从事科研活动，改良土壤10亩。采用新的生猪饲养方法。正在进行南瓜卫星、水稻卫星、红棉花等20多种科学试验。教师吴多禄被评为“社会主义建设先进工作者”，并作为桐城县教育方面代表出席桐城县社会主义建设代表大会。同年5月，遵照中央指示，大力整顿教学秩序，狠抓教学质量，成绩显著，桐城县初级师范学校获得安徽省人民委员会嘉奖。同年6月，学校在共青团桐城县委、桐城县文教局、妇联共同举办的庆“六一”普通话演讲比赛中成绩优秀，获得表彰。

1960 年,安徽省桐城师范学校秋季招收新生 205 人,其中,三年制初师班学生 117 人、三年制中师班学生 88 人。1961 年秋季招收新生 150 人,其中,三年制中师班学生 103 人、一年制小学教师轮训班学生 47 人。1962 年秋季招收三年制中师班学生 84 人、三年制小学教师轮训班学生 63 人。1963 年 3 月招收一年制小学教师轮训班学生 27 人。

表 2-1　1951—1963 年学校招生情况一览表

年度	招生类型	学制	招生人数	班级个数	备注
1951 年	速师	1	30	1	女生 2 人
	初师	3	129	2	女生 36 人
1952 年	速师	1	46	1	女生 11 人
	初师	3	235	5	女生 53 人
1953 年	初师	3	400	8	女生 11 人
1954 年	初师	3	138	3	
	轮训班	3	130	3	
1955 年	速师	1	37	1	
	初师	3	135	3	
1956 年	速师	2	104	2	1956 年 9 月,在校生均是新生,原有老生已全部离校
	初师	2	203	4	
	中师	3	100	2	
1957 年	中师	3	105	3	
	初师	3	65	2	
	速师	1	37	1	
1958 年	中师	3	123	3	
	初师	3	108	3	
		4	54	1	
1959 年	中师	3	101	2	1959 年 7 月,首届中师班 85 人毕业,分配至初中、小学任教的分别为 51 人、15 人,留校 3 人,深造 16 人
	幼师	3	100	2	
	初师	3	100	2	
		4	152	3	

续表

年度	招生类型	学制	招生人数	班级个数	备注
1960 年	初师	3	117	3	
	中师	3	88	2	
1961 年	中师	3	103	3	
	轮训班	1	47	1	
1962 年	中师	3	84	2	
	轮训班	3	63	2	
1963 年	轮训班	1	27	1	

第四节　教职员工

一、教职员工基本情况

1951 年，学校教职员工共 13 人。1952 年 10 月，增至 41 人：教员 19 人，职员 8 人，工友 14 人，其中，中共党员 1 人，共青团员 7 人，女性 1 人。1953 年，学校有教职员工 27 人。1954 年底，学校有教职员工 45 人。1960 年春，学校有教职员工 61 人。1962 年，经分流调整后学校有教职员工 43 人。

学校教员来自安庆、池州、宣城、芜湖等地区。建校初时，教员授课任务繁重，周课时在 20 节左右，但教员觉悟较高，没有抱怨，努力做好自己的业务，帮助学校度过最困难时期。

当时，学校师资力量较强，教员的毕业学校层次高，很多教员能够跨学科授课。如时任副校长姚伯将肄业于复旦大学中文系，教导主任奚友松毕业于复旦大学新闻系，总务主任孙君谟毕业于上海美术专科学校，宋普庆肄业于安徽学院数学系，陈乐山肄业于安徽大学历史系，汪音纯毕业于中华民国中央政法大学教育系，洪人英肄业于武昌大学数学系。当时每位教员均带多个学科，教授跨度较大的学科也是常态。如奚友松教授教育学、心理学，孙君谟教授地理、美术，洪人英教授语文、历史，宋普庆教授算术、物理、化学，唐家军教授算术、植物。

> 教员教学认真负责，肯钻研，教风正。蔡元淡、卢醒儒、姚伯将、方淑文、方裕民五位语文教师对学生影响较大。还有教授数学的李济高、教授教育学的张安之、教授美术的黄叶村，教育教学成绩也很突出。李济高毕业于日本早稻田大学数学系，任教时40岁。方裕民高中毕业，自学成才，课堂语言丰富，业余时间勤于文艺创作，常有作品发表于《安徽日报》。张安之教授的教育学生动有趣，深受学生喜爱。黄叶村是安徽芜湖人，勤于美术课教育教学研究，其油画作品常在上海、北京展览馆展出，尤其擅长画竹，其《墨竹》曾获得“江南一枝竹”的美誉。教学相长，名师出高徒。初师班涌现出一批品学兼优、专业思想坚定的学生，如严云绶、潘耕莘、项义发、唐述明、倪钟鸣、李培垣、吴正恺等，三年级学生操鹏创作发表了中华人民共和国成立后安庆地区第一篇小说《在和平的日子里》，也是安徽省首篇以反特题材创作的“反特小说”，1957年由上海文化出版社出版，首次发行3000册。
>
> ——根据操鹏先生的口述整理

学校建立后不久，一方面以学生为中心开展教学工作，另一方面将教职员工的学习提升放在重要位置。1951年10月，学校成立职工夜校，因夜校仅有12名学员，故采取单级复式教学法，开设政治、国语、常识、算术和珠算五门课程，除政治一科由学校教员担任外，其他课程均由速师班学生担任教学工作。每晚上课两小时，直到参加夜校学习的每位职工都学会写字、记笔记，职工夜校才停办。

二、教职员工的政治思想教育

学校党组织成立之前，教职员工的政治思想教育工作由学校工会负责。党支部成立后，学校依托学习委员会（简称“学委会”）对教职员工进行政治思想教育工作。在学委会领导下，将教职员工分成四个学习小组，每组设正副组长各一人。

1951 年 9 月开始，以抗美援朝、思想改造、增产节约和“三反”四个单元为内容对教职员工开展教育。教职员工除在学校接受教育外，学校还派相关人员参加校外的学习。1954 年，学校贯彻提高教育质量会议及政务院“关于改进和发展中等职业教育”精神，明确师范教育为国家总路线服务，加强自我教育，开展自我批评，批判资产阶级思想，提高社会主义觉悟。1957 年主要结合“反右”开展活动；1958 年主要学习大跃进、总路线、人民公社“三面红旗”方面的内容；1959 年学校根据党的八届六中全会精神，贯彻“教育为无产阶级政治服务，教育与生产劳动相结合”的方针，狠抓思想政治教育，抓教学、抓生产劳动、抓生活；1960 年贯彻“调整、巩固、充实、提高”的八字方针，主要为反右倾、鼓足干劲方面的内容；1961 年结合“大办农业，大办粮食”，抓紧整风学习和加强劳动生产锻炼，加速教师思想改造。

第五节　学生工作及政治思想教育

初师班、速成班、中师班、幼师班、轮训班的学生入学时，年龄差距较大，文化程度也参差不齐，但入学后都非常珍惜来之不易的学习机会，求知欲很强，互帮互学蔚然成风，学风较好。

一、学生管理及待遇

学生工作归教导处管理，每班配 1 名班主任具体负责。班主任由教导处在全校教员中选拔任用,待遇高于一般教员。如 1952 年 10 月的上报统计表显示,副校长每月待遇是 18 级,教导副主任是 20 级,班主任是 21 级至 22 级,教员则是 21 级至 24 级。同时全校配备有女生辅导员 1 名,统筹配合班主任做女生工作,学校要求女生辅导员广泛深入、接触女生,了解女生学习、生活、健康情况,及时进行思想教育。

学校建立初期,基础设施差,学生思想不稳定,针对此种情况,学校一方面开展“大破”“大立”的辩论和思想教育,调动教师教学和学生学习积极性;另一方面建立与学生同食、同住、同学习、同劳动、同提高的“五同”制度,加强日常管理。经过师生的共同努力,在全县 16 所中学参加的第一次期中统考中,语文、数学两科平均分名列第六。期末安庆专区组织统考,语文、数学、政治三科平均分在全县名列第二。

全校班主任会议每两周举行一次,班主任汇报班务,学校布置安排相关工作。班主任每周六召开班会,且每两周将计划执行情况记入班主任记事簿内。班主任还在班级举办小型体育活动、班级文娱晚会,组织阅读、参观、展览、访问、板报等活动。学校要求班主任联系科任教师,对路近的学生家长不定期组织访问、路远的家长每学期以信件形式联系一至两次。

班级设有班委会、团支部和各类小组。班委会负责人称为“班主席”,配有生活班委、文体班委、学习班委;团支部配备有团支部书记、团小组长。班级成立学习小组、读报小组、黑板报编辑小组、锻炼小组、音乐小组、文体小组、社会活动小组、行政小组、财经保管小组,每个小组配有组长,配合班委会、团支部开展工作。

学生大部分来自农村,基本在校住宿,在食堂就餐。轮训班学员带薪学习,初师班、速师班、中师班、幼师班学生享受公费待遇,家庭经济特别困难的学生可以申请学习用品、书籍、蚊帐、棉衣、棉被等补助。

> 伙食费每月九元,一天三餐,一稀两干,早餐一个小菜,有时是花生米拌豆腐干。中饭和晚饭都是一菜一汤。一周加餐一次,

加餐是八个人一桌，由桌长分饭，围桌吃菜。过节时，学校将食堂喂的猪杀了给师生加餐。除伙食免费，还享有人民助学金，助学金分上、中、下三等，由学生自报公评，报班主任审定。虽说钱不多，理发、买日用品还是够的。

——陶孝义先生的文章《我在桐师我爱桐师》

为了做好膳食工作，学校成立了膳食委员会，委员一班一人，由各班选举产生。膳食委员会每周开一次会，主管伙食的事务人员参加，听取意见，研究改进办法。同时膳食委员会委员轮流进厨房帮厨，并对厨房工作进行监督。

二、学生守则

1952年，安徽省教育厅出台《安徽省中学、师范学校学生守则（草案）》，各地中学、师范学校遵照执行。学生必须遵守下列规定。

（一）努力学习。做到功课好、品行好、身体好。准备为建设祖国、保卫祖国而服务。

（二）热爱祖国。热爱人民领袖。尊敬国旗、国徽。

（三）遵守学校规则和制度。听从校长和教师的教导。

（四）遵守作息时间。不无故缺课。

（五）上课前要准备好上课用具。上课时，要坐端正，专心听讲，不随便说话或做其他事情。出入课堂或离队归家，须经教师允许。

（六）回答教师问题时要起立。要求回答问题先举手。

（七）积极钻研。准时、认真地做好作业。

（八）热爱劳动。积极参加课外活动。做好值勤工作。做好规定的校内劳动和社会公益劳动工作。

（九）尊敬校长和教师。上课和下课，都对教师行礼。在校外遇见校长、教师，也要行礼。

(十)对同学要真诚、友爱、团结、互助。

(十一)尊敬家长。帮助父母做事。敬爱哥哥姐姐。照顾和教育弟弟妹妹。

(十二)对老、幼、病、弱的人，要亲切、关心、让路、让座，并给予可能的帮助。

(十三)对人要有礼貌。不出恶言粗语。不妨碍别人工作、学习和休息。

(十四)不吸烟，不赌博。不私自拿别人的东西。

(十五)爱护公共财物。对自己和别人的东西要同样爱护。

1956年5月29日，教育部颁布的《师范学校规程》第四十三条规定师范学校学生必须做到的事项，成为师范学校学生守则。

(一)努力学习，积极提高社会主义觉悟，掌握文化科学知识和教育专业的知识技能，增强体质，使自己成为一个全面发展的小学教师或幼儿园教养员。

(二)善于支配自己的时间，准时上课，按时复习，独立完成作业，认真地进行教育实习。

(三)尊敬校长、教师，上课下课要起立致敬，在校外相遇要行礼。听从校长、教师的教导，自觉地遵守学习纪律和学校各项规则。

(四)尊敬附属小学的校长、教师(或附属幼儿园的园长、教养员)，在进行教育实习的过程中，听从他们的指导。

(五)对待同学做到真诚友爱、团结互助。

(六)热爱儿童，能根据小学学生守则帮助他们，使自己的言行成为儿童的模范。

(七)对人有礼貌，尊敬长者，帮助年老、体弱和有病的人。

(八)热爱劳动,做好值日和各项服务工作。

(九)爱护学校的一切公共财物。

(十)注意公共卫生和个人卫生。经常保持整洁的仪表。

(十一)积极地参加文娱、体育活动。

(十二)爱护学校和班级的荣誉,劝止同学一切不良的行为。

(十三)随身佩戴校徽或学生证,谨慎保存。

三、学生的政治思想教育工作

学生的政治思想教育工作有三条线:第一条是各科课堂教学;第二条是校团支部、团总支、团委、班级团支部组织的教育活动;第三条是女生辅导员、班主任组织开展的教育。学生政治思想教育工作抓得实,每学期有计划、有总结,还有单项的总结,如劳动教育。

各科课堂教学具有政治性、思想性,以爱国主义、国际主义为基础,以专业思想教育为方向,结合国家进行社会主义伟大建设的实际事例,解放军、志愿军和劳动模范、英雄模范的事迹,培养学生热爱革命领袖毛主席、热爱共产党、热爱祖国,团结友爱,以及爱集体、爱劳动等良好品质和牢固的专业思想。

除一直持续利用课堂教学主渠道对学生进行爱国主义教育、集体主义教育和自觉自律教育等政治思想教育外,专业思想教育、劳动教育、卫生健康教育等也是这一时期的教育重点。

(一)专业思想教育

毕业后当小学教师,这是由师范教育的性质决定的。初师开办时,社会上有“家有三斗粮,不当孩子王”的说法,加之当时读书升学不难,不读书就业的门路也多,因而简师班部分学生把学校当跳板,认为“小学教师没前途,没有政治地位,待遇薄”。1953 年春,安徽省师范教育工作会议明确提出"面向小学、面向农村"的办学方针，昭示了专业思想教育的长期性。由于学生思想现状和上级会议的要求，使得学校领导和教师深刻认识到对学生进行专业思想教育的重要性和必要性。

专业思想教育内容如下：一是进行"随着经济建设高潮的到来，必将出现一个文化建设的高潮"的教育；二是培养"教师是人类灵魂的工程师"的光荣感和责任感；三是灌输"教书就是为人民服务"的思想。

1962 年，因受干部、工人下放回乡支援农业生产的热潮影响，学生产生"读多读少，早晚都是回乡生产"的想法，学校通过课堂教学主渠道、校长面向全体学生作报告、请小学优秀教师谈从教体会、召开学生代表座谈会等途径加强对学生的专业思想教育。

(二)劳动教育

1953 年以前，劳动教育未被列入正式教学计划，学校对学生的思想政治教育仅限于爱国主义教育、集体主义教育、专业思想教育和自觉自律教育，劳动教育未被重视。1953 年开始，学校贯彻上级指示精神，纠正学生"脑力劳动比体力劳动好，工人劳动比农民劳动好"的错误思想，正确对待体力劳动与脑力劳动的社会分工，正确理解"劳动的伟大""劳动创造了世界，劳动创造了人"的道理，向学生明确"学校是社会主义性质的""学习就是为了更好地劳动"的观点。

学校一方面通过课堂教学，结合各学科教学内容经常对学生进行劳动教育。如地理老师讲地理知识时，联系祖国铁路等建设，引导学生认识到这些基础设施都是劳动创造的；化学老师讲化学反应时联系化肥生产等，让学生感受到劳动创造了一切。1954 年，中华人民共和国第一部宪法诞生，结合《中华人民共和国宪法》中"劳动是中华人民共和国公民的光荣职责"，加强对学生的劳动教育。树立典型模范，如因积极防汛受到县委表扬的金佩环同学，因积极开荒和帮助灾民解决困难而受到省里工作同志表扬的项秀云同学，因在开荒劳动中被评为模范的周鼎同学等，学校在大会上予以表扬，号召其他同学学习，充分发挥模范激励作用。

学校另一方面，积极开展社会实践。学校主要采取组织学生参加建校劳动，参观工厂、农场、农业生产合作社，访问劳动模范，请劳动英雄作报告，和劳动青年联欢，阅读具有劳动教育意义的读物等方式对学生进行劳动教育，收到了很好的效果。1954年上半年，学校发动和鼓励学生参加校内外劳动，如打扫卫生，为食堂搬运大米，为建学生宿舍搬运木料等，培植向日葵近1000株，并给向日葵除草、施肥、浇水。学校在暑期开垦20多亩荒地，种上玉米和荞麦；下半年课外活动时，组织学生轮流除草、施肥、浇水，直至收割，收获玉米610斤，荞麦80斤，葵花籽三担三斗。1957年，学生以班为单位，经常与三里农业社联系，帮助农业社收割、送肥、挖塘泥、挑塘泥等。无特殊情况，学校每两周安排学生参加一次义务劳动。1959年暑期，桐城严重干旱，学校组织留校师生投入东门大河和钓鱼台的开河挖水战斗，同时参加白马公社的抢割抢插工作。开学后抗旱工作仍未停止，除周日全部出动外，每天下午抽出200人轮流参加抗旱。

（三）卫生健康教育

部分学生进校时年龄小，家庭环境艰苦，加之学校硬件设施配套不到位，夏天学生因蚊虫叮咬导致疾病频发，冬天生疥疮的也较多。鉴于此，学校对卫生健康教育一直常抓不懈。

学校引导教育学生搞好环境卫生，定期打扫教室、寝室，定期给寝室床铺喷洒消毒防虫药，定期检查内部卫生，督促学生勤洗澡、换衣、洗被、晒被，培养学生爱整洁讲卫生的良好习惯。与此同时，学校医疗预防工作不断改进，如将生疥疮的同学进行隔离，每周多发几次洗澡水，且督促其清洗到位。学校安排专人做豆腐、养猪，一方面节约开支，另一方面给学生增加营养，改善伙食。

四、学生课外活动

这一时期学校开展的课外活动，依据课外活动内容，可分为两个阶段。

1955 年以前，因教学设备不全，便以文娱、体育活动为主，充分发扬艰苦奋斗的精神。各班均制定课外活动安排表，每周、每月开展活动，内容丰富、形式多样，课外活动基本实现制度化。

学校开展多种多样的文娱、体育活动，每日上午第二节课间和下午课外活动时间，各班开展舞蹈、跳绳、歌咏、球类和柔软体操等活动。当时学生跳青年舞已成风气，每生至少会一种舞蹈，半数以上学生会两种舞蹈。周末举行班级之间的篮球赛，有时举行学生联队与教工队的比赛。学校每年举办春季运动会，每月举行全校文娱晚会一次，节目形式多样，有话剧、黄梅剧、舞蹈、机械运动表演、诗歌朗诵等，节目内容体现政治性、思想性、科学性、教育性。

> 学校成立了学生剧团，各班推荐会唱会跳的学生参加。剧团排的话剧《李树井》剧目在桐城剧院(胡家祠堂)公演了三场，产生了较好的社会反响。学校还成立了一个军乐队，由各班抽选的 10 名学生组成，军乐队有一面大鼓和六面小鼓，一个指挥棒和两把号，军乐队队员几乎每天的课外活动时间都在不停地练习，因西洋的军乐队就桐城师范一家拥有，所以县里老兵退伍、新兵入伍，军乐队都走在队伍前面迎接和欢送。
>
> ——陶孝义先生的文章《我在桐师我爱桐师》

黑板报比赛也是学校业余活动的一大特色，团委、学生会每学期组织黑板报比赛。这项赛事既训练了学生写作、绘画的技能，又发展了学生的兴趣爱好。各班黑板报，每月出刊两次，一次文字刊，一次图画刊。逢纪念节日，刊出文字与图画混合的板报，报头学生自己画，内容自己写，每个班每个组都想把最好的内容、最好的版面展现出来，因此黑板报这块学生园地越办越好，常办常新，也极大地鼓舞了同学们学习的热情。学校的黑板报——“人民桐师”，每两周出刊一次，内容围绕学校中心工作、学生生活、组织纪律、学习情况展开。

自 1952 年 10 月开始，学校成立学生学习互助小组，既让学生互助互爱，又解决了各班文化程度落后生的辅导问题。

1955 年以后，随着学校教学设备的逐步充实，教师数量的增多，各科相继成立课外研究小组，各项课外活动与课堂教学紧密结合起来。除了继续抓好文娱活动，小组活动更具有针对性和实效性。先后成立的有语文小组、普通话小组、几何小组、国乐小组、美术小组、饲养小组、工艺小组、体育技巧队等。小组研究内容为各科教材的内容及各科教学中联系小学课堂实际的内容，是课堂教学的延伸，有助于提高教学效果，培养学生兴趣爱好和钻研的习惯。各科教研组老师帮助学生制定小组活动计划，并指导活动开展，班主任也参与协助和督促检查。

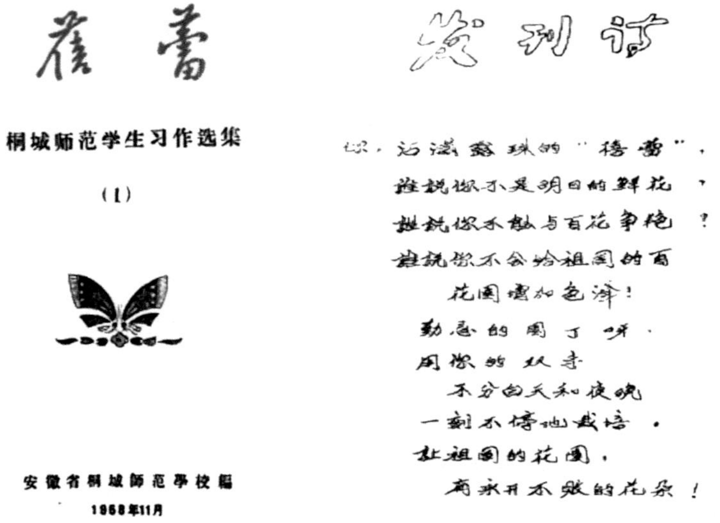

图 2-3　1958 年 11 月刊印的桐城师范学校学生习作选集《蓓蕾》

课外活动除在校内进行外，学校还经常组织学生到校外参加活动。1957 年第二学期，学校组织学生访问三里农业社，请劳模、荣休院战斗英雄、优秀小学教师来校作报告，组织速师班学生与小学教师联欢等。

表 2-2　安徽省桐城师范学校各科课外活动小组一览表(1957 年 9 月)

序号	小组名称		组长	指导教师
1	文学组	作品分析小组	李立武	张先哲
		创作小组	廖承久	蔡元淡
		诗歌小组	刘绍生	方裕民
2	几何组		高鹏飞、汪诗海	胡志政
3	物理组	中二	胡家胜	宋普庆
		中一	赵大权	方一德
4	教育组		陈德先、方金龙	王开敏
5	观测组		程伊高	张安之 汪音纯
6	动物组		孙宝才、程希祥、黄志方	唐家兆
7	体育组	男子一组	汪镇一、茂江	江　潮
		男子二组	汪福海、方玉和	
		女子组	宋宜芬	
8	戏剧组		张津商、张发生	方农生
9	美术组	中师	洪秀芳	邢炀高
		初师	朱征启	
10	国乐组	中师	孟琼、吴乾坤	邢序海
		初师	倪渐恒	
11	合唱队		汪镇一、宋宜芬	

第六节　教学管理及教学改革

这一时期，学校教育教学工作在摸索中逐步规范。教育教学工作严格遵守1952年、1956年教育部颁布的《师范学校暂行规程（草案）》和《师范学校规程》的规定及要求，常规管理抓得细抓得实，教学改革也在逐步推进，各类课程基本开齐，教育实习效果明显，党的教育方针得到贯彻和落实。

一、教学常规管理

这一时期的教学逐步规范，学校对教学常规有着具体细致的规定和要求。如备课，要求任课教师在熟悉教学大纲、钻研消化教材的基础上，体会学科的教学目的和教材的科学性、系统性、政治性、思想性；结合学生水平和年龄特征写好教学笔记；同一学科教师集体研究教材的教学法，统一教学进度，克服上课进度先松后紧的现象；小组观摩、互提意见，及时修改完善教案。再如作业，要求教师精细批改。作文应有眉批或总批，其他各科也应有指导性批语，不宜只打等第或符号。发放作业要及时，严格执行作业计划，本周作业应于上周填表送教导处，以便教导处全面掌握各班作业情况，避免作业过多或过少现象。

学校每周进行教学观摩，语文、教育学、自然等学科的教学观摩分散在不同周次。如1955年春季学校语文组到桐城中学观摩语文教学。每学期开学初、期中、期末三个时段进行教学检查，开学初检查教师教学用具准备情况、期中进行教学质量检查、期末进行各科成绩分析检查，并将检查结果在全体教职员会议上公布和总结。

每学期每学科授课教师都要对本学科教学进行总结，且选择较优秀的教学经验汇编成册。如1956年3月，选取洪人英的《我在历史教学上的一点做法》、方裕民的《语文课语言直观教学几点体会》、江兴元的《怎样开展学生文艺学习活动》、张先哲的《我是怎样运用语文总结课进行政治思想教育》、张安之的《我是怎样搞好集中实习的》等教学经验进行汇编，发给每位教师学习。

二、学籍管理

1951年10月，皖北行署文教处出台《皖北区中等学校学籍处理暂行办法》。学校在招生、插班、转学、休学、复学、退学、毕业等环节一直严格遵照执行。

1954年7月，三年制初师“民主班”和“和平班”101名学生毕业，79人分配工作(其中2人缓发毕业证书)，20名同学继续学习，1人留级，1人因病休学。“和平班”一学生因集中实习成绩不及格，操行评定是丙等，加上其向来散漫，本应予以斥退，但念其年幼给予留级处理。此班另一学生因操行不及格，集中实习不认真，学校将其以实习生名义分配至小学实习，待实习学校证明其完成教学任务，即准予毕业并发给毕业证书。又一学生毕业考试时，数学、物理两科不及格，根据成绩改查办法，令其在下一届毕业班毕业考试时予以补考，补考及格后发给毕业证书。

1963年，中师一个毕业班共计42人，其中7名同学因尚有学科不及格，经学校审核不得毕业，学校发修业期满证明书，待第二年补考及格后准予毕业。

学校对学习态度端正、思想进步、专业思想坚定、各门功课都很优秀的毕业生，给予其继续深造的机会。1954年7月，三年制初师班继续深造者有20人，“和平班”“民主班”各10人。“和平班”为江培文、孙有苗、郭庆如、黄志平、孙杰、徐秀华、项义发、严森、杨咏秋、叶竞成。“民主班”为陶惠芬、唐家同、唐竞生、方尧成、潘国泰、缪钧德、唐述桯、张先晁、姚希逸、严云绥。

三、课程设置

1952年至1955年间，国内掀起“学习苏联教育经验”的热潮，初师及中师课程堪称学习苏联师范教育经验的典型。1952年7月16日，教育部颁布《师范学校暂行规程（草案）》，规范了师范学校的教学计划。1953年7月29日出台《师范学校教学计划（修订草案）》。安徽省教育厅根据1952年部定的教学计划制定出《安徽省初级师范学校教学计划表》，学校的课程设置一直以此为基本标准。1956年5月，教育部废止了1952年《师范学校暂行规程（草案）》，颁布了《师范学校规程》，内容更完备具体。

遵照《师范学校规程》，自1956年下半年始，中师班开设语文、数学、历史、地理、图画、音乐学科及六科教学法；另外还开设物理、化学及矿物学、人体解剖生理学、达尔文主义基础、政治、心理学、教育学、少年先锋队的工作、学校卫生学、自然教学法、教学工厂实习、农业生产基本知识及实习、教育实习等课程。党的教育方针政策和中共中央关于教育工作的指示及时事政策法规等纳入政治课教学中。

四、教材使用

当时我国没有自己的师范专业教材，教育学、心理学、学校卫生学、阅读教学法、算术教学法、自然教学法、音乐教学法及地理教学法均采用苏联的教材。

1958年春，安徽省教育厅设立教材编审室，兼负编写补充教材、乡土教材和教学参考资料等任务。各师范学校除采用部编教学大纲和教材外，生物课仍用高中课本，由省教材编审室提出使用意见；算术、代数、几何及手工劳动与农业实习，采用省编教材或补充教材。1961年后，中师各年级的政治，一、二年级的语文，数学、史地等科，暂用高中课本，由省教育厅提出精简使用意见，编选必要的补充材料；物理、化学、算术教材教法采用师范课本，另编补充教材；三年级的语文、语文教材教法、教育学等科由安徽省教育厅编写必要的篇目、提纲、教学参考资料和参考书使用意见。

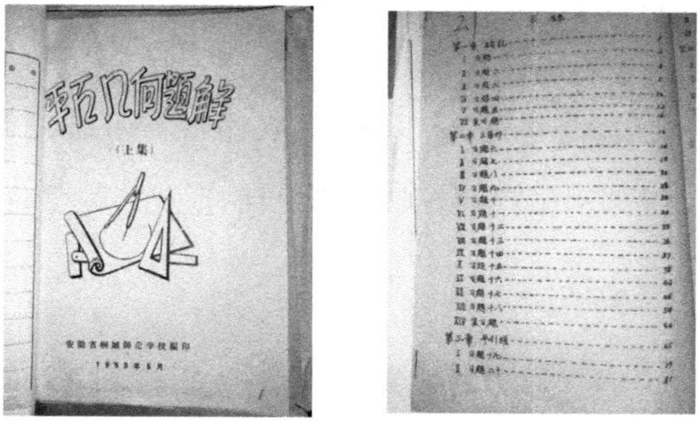

图 2-4　1959 年 5 月编印的《平面几何题解(上集)》

五、教学改革

1951 年，学校决定成立学科研究小组，开展教学研究。1952 年，学校成立了社会科学、自然科学、康乐三个教学研究小组，并开始一、二年级文史科的集体备课。1953 年，学校成立语文、数理、教育、史地、艺术五个教研组，研究本组业务，改进教学方法，培养师资。据 1952—1953 学年第一学期工作计划显示，教研组每月组织教师相互传阅教学笔记、检查作业批改 2 至 3 次，且进行书面小结，每月召开各科课代表座谈会及不同层次学生代表会议。为了保证教研活动顺利开展，各教研组建立会议制度、业务学习制度、听课制度、改查制度、教学经验交流制度等，促进了教研组工作的规范化、常态化开展。

1953 年，全国各师范学校兴起学习苏联先进经验的热潮，特别是学习苏联教育专家普希金推崇的凯洛夫教育学。学校于 1953—1954 学年第二学期首先在语文组试行普希金推崇的教学方法，教学方法改革蔚然成风，各科教学大部分采用上述教学方法。学校按教育学要求,确立以教学为主的思想,建立各项教学制度,加强教学管理,教师的教学水平和学校教学质量有了一定程度的提高。

1961 年开始,根据安徽省教育厅意见,各师范学校实行教学责任制。各科教师根据大纲和教学计划共同研究制定各年级教学总要求,即要达到的教学标准。每位教师根据总要求制定具体的执行计划,期中、期末各科各年级考试命题、阅卷、成绩评定均请校外老师或者教研组长承担。此举调动了教师教学的积极性,形成了教学竞争氛围。

六、推广普通话

1958 年 2 月,《汉语拼音方案》公布。为了落实《汉语拼音方案》,各班级成立普通话小组,推广普通话。学校要求教师用普通话授课,学生用普通话答问。自 1958 年始,学校每天安排一节晨读辅导课,语文老师跟堂辅导。同年 4 月,学校举行全校性普通话演讲会。1961 年始,学校开展拼音教学,各年级学生全面学习文字改革出版社出版的《常用汉字拼音表》中的 4046 个汉字,并达到“四会”标准,即“会认、会读、会写、会用”。

七、实习管理

实习分两个阶段,第一阶段是毕业年度的上学期,安排毕业班学生到小学参观学习,即现在所称的见习;第二个阶段为集中实习。

第一阶段:如 1953 年 10 月,学校安排“民主班”学生在向阳小学、北街小学参观学习,校长和教导主任亲自组织。一个班为一大组,一大组又分为若干小组。时间为一整天,上午在小学听教师介绍备课情况,观摩语文、数学各一堂课。下午回校以小组为单位交流评议,评议结束后召开大组交流会。

第二阶段:集中实习工作安排在最后一学期,时间为一个月左右,地点以城内小学为主。当时城内小学实习班级是单式班教学,农村小学实习班级还有少量复式班教学，存在一定的差别。下面以 1954 年第二学期集中实习为例，说明这一时期学生实习的情况。

实习地点在吕亭区，以中心小学为中心，附近 9 所小学为实习区域。分别是：吕亭中心小学、吕亭小学、鲁棋小学、前进小学、黄岗小学、新河小学、农元小学、高塘小学、双联小学、狮山小学。安排在农村实习，此举是吸取上届毕业生不愿到农村，特别是条件差的小学实习的教训，以此锻炼学生，锤炼学生的意志品质。实习生住在实习学校，生活条件艰苦，吃饭得自己动手，住宿是大通铺硬板床，教学设备也很简陋。

实习生 185 人，分成 31 个小组，每组 5 至 6 人，其中 12 个小组有复式班教学。实习指导老师 13 人，中心学校有校长、团委、教育、教法教师 4 人，其余每个实习学校有 1 位指导老师负责。总的领导机构为实习指导委员会，直接领导机构是中心小组。县区两级文教科也是实习指导委员会和中心小组成员，他们给予了多方面协调，帮助解决实习中的困难。

实习生除完成德育的实施、课堂教学及班主任工作等基本实习任务外，了解小学的校内外社会活动也是实习任务之一，如进行家庭访问、时事政策宣传、识字教育等。实习时间为 28 天。每位实习生在语文、算术两科中必选一科，音乐、体育、图画三科中任选一科进行教学。试教前写好教案，担任班主任的实习生写好班主任工作计划，交由原小学教师、班主任分别审阅签名后试教。第一次课堂教学和班主任工作前，举行观摩和评议会，与会老师提出建议。实习所用的教具由各实习生利用废旧物品制造而成，试教实习生两周共制作教具 544 件。

实习成绩评定由课堂教学、班主任工作、一般表现三部分组成，占比分别为 50％、20％、30％。成绩优良的实习生在实习总结会上予以表扬，成绩不及格的实习生则不予毕业。

实习结束，吕亭区文教行政部门为实习生组织欢送晚会。回校后，学校相继召开“四会”：在校学生组织的欢迎会、实习生经验交流会、成绩展览会、实习总结大会。成绩展览会的展品之一是实习生实习期间制作的生字卡片、图画、模型标本等教具。

八、函授教育

1956 年，学校贯彻落实《安徽省小学教师业余文化学习实施办法(草案)》精神，并于该年 12 月，开办了安徽省函授师范学校桐城分校，在全县范围内大力宣传函授师范教育思想，开展小学教师函授教育，提高国家过渡时期的师资质量。当年寒假招收语文科函授学员 100 多人，在全县范围内分片建立了 12 个讲授站，采用由本校专职教师和聘请辅导员定期面授及个别辅导相结合的教学方式，教学效果普遍反映良好。

1957 年，学校在暑假期间举办假期讲习会。95 名函授学员参加，为期 14 天。同年秋，增设算术科函授班，学员 100 余人。

1962 年，针对函授学员底子薄、水平低的实际情况，遵循“系统提高与教啥学啥、缺啥学啥相结合”的原则，以区为单位成立函授教学辅导站，加强函授辅导，增加面授时间，改进教学形式和内容，使学员的基础知识和基本技能得到有效提高。

第七节 学校停办

1961 年夏，根据上级党委指示，学校响应“大办农业、大办粮食”的号召，停办初师班。初师原有 7 个班，学生 346 人。实际上自 1961 年春季，初师学生就在分流。因农业生产发展的需要，县委先抽调 163 名成分好、表现好、年龄大、工作能力强的初师学生到各公社生产队做会计及统计工作，后有 41 名学生因家庭缺乏劳动力自动要求回家支援农业生产。

初师停办通知下达到学校时，在校初师学生142人，其中，一年级60人、二年级82人，二年级82人中有初幼学生44人。初师部有教师16人，其中，5人学历达专科以上文化程度、11人达中师和相当于中师水平。初师停办，师生分流。学校组织班主任、政治课教师及其他学科教师，深入学生，了解掌握学生思想动态。一方面组织142名学生学习“全党动员、全民动员，大办农业、大办粮食”“巩固树立以农业为基础的思想”等精神，认识回乡参加农业生产的重要性。另一方面根据学生实际情况，采取不同对策。愿意继续上学的，由学校出面与相关初中联系，集体办理转学手续，转入改制的农村初中学习；愿意回乡参加农业生产的，学校发给肄业证书。学校杀猪、做豆腐，为学生加餐，组织学生看电影和戏剧，安排中师学生为他们送行。1961年6月30日，142名学生全部离校。学生离校后，学校遵照县委指示，组织12名教师对142名学生进行家访，帮助学生解决实际困难，稳定学生情绪。

初师部的16名教师，学校根据他们政治条件、业务能力等进行分类施策。6名教师留下来担任小学教师轮训班的教学及行政工作，4名教师调至农村中学从事教学工作，3名教师调至附小和幼儿园工作，3名教师退职或作编外人员处理。

1962年，中央“调整、巩固、充实、提高”方针在学校得到贯彻落实。根据县委统一部署，各单位都要精简整编。学校43名教职员工中有34人写了愿意下放回乡生产的申请书，最后学校批准了6名教职员工的申请，为他们开了欢送会，并帮助解决实际困难，从而完成了整编任务。

1963年7月，安徽省教育厅作出撤销“安徽省桐城师范学校”的决定。学生全部并入安庆师范学校，教师实行分流，部分调至外县，部分调至县内中学任教。

第三章　曲折历程——“文化大革命”时期的桐城师范学校

（1966—1976）

桐城县“五·七”大学自1970年成立至1976年“文化大革命”结束期间，为农村培养了农机、农技、卫生、电工、兽医等方面的技术人才，同时开展教师培养与培训工作，为安庆地区农村基础教育的发展作出了一定的贡献。特别是自1972年始，桐城县“五·七”大学开设“师范班”，此举在桐城师范学校发展史上有着承前启后的意义。

第一节　安徽省桐城县“五·七”大学创办

1967年，全国各地遵循毛泽东主席“五·七”指示精神——“大学还是要办的……要从有实践经验的工人农民中间选拔学生，到学校学几年以后，又回到生产实践中去”，在县城建立“五·七”大学。

一、“五·七”大学创办

1970年3月29日，根据桐革字(70)75号文件，桐城县正式创办“五·七”大学。建校时间在安庆地区较早，安庆行署所属八县一市皆派员出席第一届学员入学开学典礼。

桐城县“五·七”大学地址位于孔城区古井公社团结圩白兔湖畔东坂窑前沟，原桐城县农垦学校旧址，基础设施仅有砖瓦房27间。学校办学主要面向农村，服务农业生产。师生耕种200余亩田地，自行解决伙食，办学条件极为艰苦。1970年六七月份，桐城水涝成灾，

“五·七”大学校区处于低洼圩田区，校舍和农田损失惨重，无法继续办学，只得搬迁，此举得到县革委会支持。同年 8 月，“五·七”大学迁至县城西门外三里街，原桐城县农业技术学校旧址。原桐城县农业技术学校荒废已久，仅几间草房，无围墙，教室、宿舍混杂在三里街村民房屋之中，周边是草场和坟地，因而只得借用安徽省荣军康复医院、县农业科技研究所闲置房舍给学生居住，借用桐城中学空余教室上课。

为了解决教学及学生活动场地不足的问题，张志高校长带领师生移坟开荒，扩展校园。学校、县农科所、三里大队地处桐城城关西门外，三者毗邻，因地界问题学校与村民矛盾纠纷不断，经常发生打架冲突事件。为了彻底解决这一问题，桐城县委组织由县生产指挥组、县政工组、县农林局、县文教局、石河公社三里大队等六个单位代表组成的调查组进行了调查，反复协商，最终明确了学校的四方界限，1975 年 12 月 4 日达成协议，形成《关于三里大队与国有土地矛盾处理的意见》。

二、党政主要负责人变动情况

1970 年 3 月，桐城县“五·七”大学成立，桐城县人武部政委佟锦成兼任校革委会主任，姚松庭、朱东云分别任副主任，姚松庭主持日常工作，刘乐乡任校革委会委员。同时，成立中共桐城县“五·七”大学党支部，姚松庭任支部书记，朱东云任副书记，刘乐乡任支部委员。9 月，钱奕舟任“五·七”大学革委会委员。11 月，增补江兴泰为“五·七”大学革委会委员，张风英任工宣队队长、“五·七”大学革委会副主任、党支部副书记，其他工宣队队员参加革委会会议。

1971 年 9 月，原桐城县化肥厂革委会副主任张志高调入“五·七”大学任革委会第一副主任、支部书记，朱正如、朱东云为支部副书记，江兴泰为支部委员。10 月，中共桐城县委员会任命张志高为“五·七”

大学革委会主任。

1972年3月,钱奕舟任“五·七”大学革委会委员。9月,经桐城县直机关委员会批复同意,在“五·七”大学师训班建立民兵连组织,朱正如任指导员,刘乐乡任副指导员,姚育俊任连长,何永喜任副连长。11月,王旷任“五·七”大学革委会副主任。1973年3月,增补王旷为“五·七”大学支部委员。1974年4月,陈舟才任“五·七”大学党支部副书记。

1975年5月,桐城县教委批准学校成立政教组、后勤组,刘乐乡任政教组组长,陈伯平任后勤组组长。6月,桐城县委常委会研究决定,工宣队队长程平兼任学校革委会副主任。9月,桐城县直机关委员会增补程平为“五·七”大学党支部副书记。11月,任命刘乐乡为民兵连指导员,万桂花为副指导员,姚育俊为连长,张时贤为副连长。

三、共青团桐城县“五·七”大学委员会

1972年4月24日,学校根据安徽省桐城县革命委员会政治工作组(72)第83号文件,成立共青团桐城县“五·七”大学委员会。朱东云、刘乐乡、王华信、汪姚春、丰友胜、吴惠兵、方桂等9人组成团委会,朱东云任书记,刘乐乡、王华信任副书记,其余为委员。团委成立后,遵照毛泽东主席“路线是个纲,纲举目张”的指示,开展批修整风。

1973年6月,共青团桐城县委研究同意王贵云、刘松平任“五·七”大学团委委员。1974年11月、1975年4月,万桂花先后任“五·七”大学专职团干、团委副书记。团委主要配合学校党支部对学生进行思想政治教育,在每年“五一”国际劳动节、“五四”青年节、“十一”国庆节及元旦等重要节日举办活动。

四、学生工作

在学生管理方面，每班配 1 名班主任，此外，学校配备 1 名女生辅导员，负责女生工作。学校办学条件极为艰苦，为了节约成本，基础设施建设除了大工，搬砖、平场地等小工活几乎都由学生完成，学校每个班级轮流参加建校劳动。学生珍惜难得的学习机会，学习勤奋努力。早上安排有早操、早读，上午四节课，中午有读报课，下午一般安排三节课，晚上安排晚自习。

“五・七”大学时期，学校教革组主持编印《校报》，每学年出刊 5 至 6 期，刊载学生的习作投稿和介绍学校大事的文章。

第二节　教职员工

桐城县“五・七”大学刚建校时，教职员工人数少，学历较低，均为男性。《安徽省桐城县“五・七”大学干部简明登记表》(1970 年 8 月 28 日填写)显示学校教职员工 28 人，其中，大学本科学历 8 人、专科学历 2 人、中专学历 1 人、高中学历 2 人、初中学历 4 人，高小(小学五、六年级) 毕业的 6 人、初小(小学一至四年级)毕业的 5 人。

自 1972 年开办师范班后，随着学生数的增加，教职员工人数逐年递增。至 1975 年年底，教职员工总人数达到 41 人，学历也在不断提升。在 41 位教职员工中，有 3 位女性分别从事教师、专职团干及行政管理工作。

一、实用技术培训班师资

1970 年建校时实用技术培训班师资来源有两个渠道，一是从桐县城农业科技研究所调入王寿信、朱永久、朱传荣、胡云才、胡玉生、张甫进、王大如、光求满、光求祥等。二是从桐城各地排灌站、农技站、卫生局、医院、兽医站等单位调入。

1971年，为了解决师资不足的问题，学校一方面从外单位选调专业课老师，如兽医蔡传仁、中医钟毅清、西医王建德。另一方面从1970年第一届各技术培训专业班中遴选了雷生苗、李柏生、陈伯平、丰友胜、方苗姑（后改名为方咏梅）、严浩然6位毕业生留校任教。留校生从1971年开始担任第二届专业技术培训班教学工作，雷生苗、李柏生、方苗姑教授农机班，陈伯平、丰友胜教授农学班，严浩然教授拖训班。

王寿信毕业于安徽农学院牧医专业，蔡传仁由桐城兽医站调入，二人分别从事牧医专业的理论与实践教学。朱永久毕业于安徽农学院农学系，从事农机专业理论课教学。张恒元为拖训班教授理论知识，王大如、余永根、光求满为拖训班教授实践课程。

卫生班师资主要来源于桐城县卫生局及县医院。来自县医院的王建德担任卫生班理论教学工作，从大关医院调入的中医钟毅清及药剂师钱怀璋担任卫生班实践教学工作。

二、师范班师资

1972年，桐城县“五·七”大学开设师范班。学校多方奔走，多途径解决师范班师资缺失的问题。从外地、外单位调入多名教师担任各科教学及学校管理工作，如刘珍元、张超、叶桐高、黄玉华、江道甫、何开宗、王旷等。

师范班主要学科授课教师有：赵正斌、张恒元教授数学，汪姚春教授政治，李庆甫教授教育革命课程及地理，方泽志、江学煌教授物理，徐文武教授化学，何开宗教授历史。外语教师培训班师资基本外借，本校仅何开宗参与英语培训班授课。

表 3-1　安徽省桐城县“五·七”大学教职员工简明登记表(1975 年 1 月 20 日填写)

序号	姓名	性别	出生年月	文化程度	现任职务	政治身份
1	张志高	男	1928.11	大学本科	革委会主任	党员
2	朱东云	男	1936.4	初中	革委会副主任	党员
3	王　旷	男	1926.5	专科	革委会副主任	党员
4	尹光中	男	1926.5	大学本科	革委会副主任	
5	姚育俊	男		初师	教师	
6	唐述静	女	1931.12	初中	教师	
7	李庆甫	男	1933.4	专科	教师	党员
8	江道甫	男	1936.3	专科	教师	
9	江学煌	男	1945.3	大学本科	教师	
10	徐文武	男	1940.12	大学本科	教师	
11	黄志杰	男	1938.10	大学本科	教师	
12	钟毅清	男	1936.10	大学本科	教师	
13	张　超	男	1938.10	中师	教师	
14	钱奕周	男	1935.7	大学本科	教师	
15	叶桐高	男	1930.2	大学本科	教师	
16	赵正斌	男	1938.12	大学本科	教师	
17	张恒元	男	1938.9	大学本科	教师	
18	张承杰	男	1928.12		教师	
19	万桂云	女	1954.8	初中	团干	党员
20	孙季芳	男	1933.7	初中	职员	
21	陈伯平	男	1948.11	初中	工人	党员
22	朱永金	男	1942.7	高小	工人	
23	童德才	男	1939.11	初中	工人	
24	孙开银	男	1938		工人	
25	张甫进	男	1939.12		工人	
26	程占顺	男	1938.3		工人	
27	王大如	男	1942.10		工人	

续表

序号	姓名	性别	出生年月	文化程度	现任职务	政治身份
28	光求满	男	1934.4		工人	
29	朱传荣	男	1929.10	高小	工人	
30	光求祥	男	1937.1		工人	党员
31	徐继发	男	1930.9		工人	
32	胡玉生	男	1929.7		工人	
33	丰友胜	男	1948.7	高中	工人	
34	王寿信	男	1944.8	大学本科		
35	李柏松	男	1951.6	初中		
36	黄传杰	男	1942.1	中技		
37	余永根	男				
38	何开宗	男	1931.11	大学本科		
39	刘珍元	男	1937.4	师专		
40	刘乐乡	男	1935.12	专科		党员
41	方咏梅	女	1947.12	高中		

第三节　招生

一、实用技术培训班招生概况

实用技术培训班生源从全县基层中选拔，基本条件是政治过硬、身体健康，具有相当于初中文化程度的学历，18至25周岁的贫下中农子女、复退军人和基层干部，以及经过一至两年劳动锻炼的下乡、回乡知识青年。两个月以下的短期训练班学员和在职人员培训不受年龄限制，但个别专业，如中型拖拉机驾驶员培训班的学员除了满足基本条件，还有具体要求：身高在1.5米以上，视力在1.0以上，性别为男性。

招生程序是桐城县先将各专业学生招生名额分配至各区，经过本人申请、贫下中农讨论同意、大队推荐、区(社)审查，桐城县革委会文教局和“五·七”大学革委会共同审批，最终取得入学培训资格。

1970年，拖训班、农机班、农学班、卫生班四个技术培训专业招收学员139人，其中，拖训班41人、农机班49人、农学班28人、卫生班21人，学制为八个月至一年。

1971年，根据省革委会指示和桐革字(71)24号文件精神，桐城县“五·七”大学春季招生开设农机、卫生、牧医、电工四个专业，学制有长有短。农机专业开设两种类型培训班，一是中型拖拉机驾驶员班，学制六个月，学员25名；二是手扶拖拉机驾驶员短训班(与桐城县机械工业局合办)，学制一个半月，学员123名。卫生专业，一是中医班，学制六个月，学员30名(从区社在职西医人员中选调)；二是赤脚医生班，学制一年，学员38名(从生产大队赤脚医生中选调)。牧医专业班，学制一年，学员29名。电工专业班，学制半年，学员32名。秋季开设初中物理教师“三机”培训班，学制三个月，学员60人。

1972年，实用技术培训班分春季和秋季招生。春季有三个专业班招生，一是电工班，学员27人，学制六个月；二是卫生班(中医)，学员43人，学制六个月；三是小型拖拉机驾驶员班(第二期)，学员52人，学制一个月。秋季有两个专业班招生，一是卫生班(中医)，学员18人，学制六个月；二是中型拖拉机驾驶员班(第三期)，学员52人，学制四个月。

另外，根据安庆地区革委会工业局安机字(72)141号《关于委托桐城“五·七”大学代训中型拖拉机驾驶员的通知》文件，桐城县“五·七”大学代训中型拖拉机驾驶员52人，其中，桐城20人、枞阳16人、太湖4人、岳西4人、安庆市8人，以适应安庆地区农业机械化发展的需要。1972年10月10日，代训中型拖拉机驾驶员培训班开学。

1973年11月，举办第四期中型拖拉机驾驶员训练班，招收学员

43 名，学制四个月。1974 年 9 月 10 日，赤脚医生培训班开学，学制四个月，学员 59 人。学员除进行政治思想学习外，主要学习中西医基础理论和临床实践知识。1975 年，春季、秋季分别招生，春季开设两种类型培训班，一是赤脚医生培训班，学员 57 人；二是农村小水电班，学员 20 人。秋季开设赤脚医生培训班，学员 59 人。1976 年春季，开设全县中学物理教师测绘专业培训班，学员 60 人，学制两个月。1977 年春季，开设赤脚医生培训班，学员 52 人，学制四个月。

二、师范班招生概况

根据文件要求，小学教师招生条件为政治思想好，经过一年以上劳动锻炼，具有相当于初中以上文化水平，下放、回乡未婚知识青年，倾向于招收一些年龄较大的女性知识青年及 1968 年前下放的老三届学生。高中生年龄可以放宽至 25 周岁左右，贫下中农和复员军人的年龄放宽至 28 周岁，应届高中毕业生不得超过招生名额的百分之三十。招生过程中提出应贯彻"有成分论，不唯成分论，重在政治表现"的招生政策。招生程序为基层推荐、群众评议、桐城县革委会文教局审查批准。

1972 年，安庆地区革委会分配桐城县"五・七"大学的小学教师培训指标为 210 名，后因达到高中毕业生要求的中学老师未招齐，所以由初中毕业生递补，因此桐城县"五・七"大学当年实际招收小学教师培训名额为 221 名。学员来自桐城县、枞阳县、怀宁县、安庆市，其中桐城籍小学教师 50 名。1972 年 2 月 25 日，桐城县"五・七"大学小学教师培训班正式开学，培训时间为一年。1972 年 4 月，经安庆地区文教字(72)051 号文件指示，将师资培训班学制延长半年，改为一年半。学生在校的生活费用按国家规定发放。

1973 年，学校培训教师的类型增多，培训时间则长短不一。除秋季招收师范班学员外，春季还举办了在职公办教师轮训班，暑期举办了小学教师普通话培训班、高中物理教师短期培训班及语音、体育教师训练班。

第一期在职公办教师轮训班是桐城县革委会政治工作组为了适应教育革命新形势发展的需要，迅速提高教师的政治业务水平而举办的。轮训对象是教学水平较低、年龄较轻、身体较好、能坚持学习的在职公办小学教师。第一期招收学员 80 人，学制半年，学员结业后仍回原地区任教。1973 年 2 月 20 日开班，学员入学时，将粮油户口关系、党团组织关系一并转入学校。同年暑期，桐城县革委会文教局举办语音、体育教师训练班。抽调“五・七”大学刘乐乡负责语音班教学工作，聘请“五・七”大学黄玉华及其他区抽调的教师担任语音班教员。暑期全县 80 名小学教师参加普通话培训，全县 50 名高中物理教师参加短期培训。根据安庆地政字(73)164 号文件指示，秋季招收师范班学员 90 名，学制两年。

1974 年继续招收师范班学员，招生指标为 52 名。桐城县革委会发布《关于培训民办中学教师的通知》[桐革政字 74(61)号]指出，根据国务院科教组《关于一九七四、一九七五年教育事业计划的初步意见》，在“四五”期间，县、镇争取普及初中教育，提升高中招生能力，农村中学一般维持现有规模，有条件的地方可以适当发展。桐城县革委会研究决定，在桐城县“五・七”大学开设初中民办教师短期培训班，以解决桐城县师资不足的问题。同年 11 月，104 名民办教师由公社推荐，区革委会批准入学，分语文、数学两科进行培训，时间为三个月，学习期间国家每人每月补助生活费 15 元，培训结束后回原公社担任中学民办教师。

1975 年春季，学校招收师范班学员 160 人、社来社去培训班学员 30 人、外语教师培训班学员 40 人。1976 年春季招收师范班学员 106 人。安徽大学在桐城县“五・七”大学设立政教专业大专函授教学点，开办两个班，学制两年。

表 3-2　1970—1976 年桐城县"五·七"大学招生情况一览表

年度	招生类型	学制	招生人数	班级个数	备注
1970 年	拖训班	一年	41 人	1	
	农机班	八个月	49 人	1	
	农学班	九个月	28 人	1	
	卫生班	一年	21 人	1	
1971 年	农机（中型拖拉机驾驶员班）	六个月	25 人	1	
	农机（手扶拖拉机驾驶员短训班）	一个半月	123 人	1	与桐城县机械工业局合办
	卫生（中医班）	六个月	30 人	1	
	卫生（赤脚医生班）	一年	38 人	1	
	牧医	一年	29 人	1	
	电工	六个月	32 人	1	
	初中物理教师"三机"培训班	三个月	60 人	1	
1972 年	师范班	一年半	221 人	1	
	电工班	六个月	27 人	1	春季招生
	卫生班（中医）	六个月	43 人	1	春季招生
	小型拖拉机驾驶员班	一个月	52 人	1	春季招生
	卫生班（中医）	六个月	18 人	1	秋季招生
	中型拖拉机驾驶员班	四个月	52 人	1	秋季招生
1973 年	师范班	两年	90 人	1	秋季招生
	在职公办教师轮训班	六个月	80 人	1	
	语音、体育教师训练班 小学教师普通话培训班 高中物理教师暑期培训班	短期	200 余人	1	短期培训
	中型拖拉机驾驶员训练班	四个月	43 名	1	

续表

年度	招生类型	学制	招生人数	班级个数	备注
1974年	师范班	两年	52人	1	
	初中民办教师培训班	三个月	104人	1	
	赤脚医生培训班	四个月	59人	1	
1975年	师范班	两年	160人	1	春季招生
	社来社去培训班	三个月	30人	1	
	外语教师培训班	三个月	40人	1	
	赤脚医生培训班	四个月	57人	1	春季招生
	农村小水电班	四个月	20人	1	春季招生
	赤脚医生培训班	四个月	59人	1	秋季招生
1976年	师范班	两年	106人	1	春季招生
	中学物理教师测绘培训班	两个月	60人	1	春季招生

第四节 实用技术培训班

工学结合、农学结合是“五·七”大学办学的重要特色。桐城县“五·七”大学实用技术培训班自1970年开始招生,1977年停止招生,有农机、农技、牧医、电工、卫生、掩训6个专业,为桐城广大农村培养了各种实用技术人员,他们将学到的知识,特别是将农业科学技术与实践相结合,起到了扫盲、传播农业技术的作用,推动了农村经济社会发展。

一、在校待遇

根据省革委(71)7号文件精神,实用技术培训班学生在校的生活费,采取国家、集体和个人三结合的办法解决,学制长短不同,待遇也不同。学制一年以上的,国家发给每人每月基本生活费10元(包括合作医疗 0.5 元在内)。学制六个月以上的,每人每月生活费 8 元。学制两个月及以下的短训班学生,生活费由推荐单位和学生自己解决。学生学习期间的书籍簿本及其他费用,一律自行解决。关于粮油供应,在校学习一年以上的农业人口学生,可将临时粮油关系转至学校,由国家按大学生每月 36 斤标准供应(包括劳动补助粮),食油按当地居民标准供应,结业后仍转回原生产队。学制为六个月以上的农业人口学生,每月带足口粮 30 斤,不足部分由学校补给。学制为两个月及以下的短训班,由学生自带口粮,学校不给予补助。

二、教材及实践保障

实用技术培训班使用的教材基本上来自两个渠道,一是授课教师四处搜集的资料。如电工班使用的教材《农村电气化手册》《农村电工培训教材》是江学煌从同学处借来的。二是授课教师编写的教材,当时每位授课教师都能自己编写讲义,以铁笔刻写,油印机印刷。

安庆行署给桐城县“五・七”大学配备两台拖拉机,用于实践教学。一台是中型 28“东方红”拖拉机,另一台是小型手扶拖拉机。另外,学校还购置了基本的劳动工具,配备了工具保管员。

三、结业去向

关于桐城县“五・七”大学首届毕业生工作分配问题,桐城县革委会政治工作组下发《关于做好“五・七”大学首届毕业生分配工作有关问题的通知》。根据农村三大革命运动新形势及农业学大寨的需要,1970 年 3 月入学的农机、农学两个专业的学生提前结业,分别于当年 11 月、12 月按照“社来社去”(指民办公助招生分配制度,即学生从人民公社来,毕业后仍回到原社、队当不脱产的“赤脚技术员”)的原则,结业回社、队,直接为三大革命服务。考虑各社、队机械多少不一,机工有多有缺,各地进行了统筹安排。

第五节　师范班

1972年,周恩来总理“关于加强基础理论教学”的号召下达各地,全国各级学校复课整顿。如何解决中小学师资匮乏的问题摆到了安庆地区革命委员会面前,安庆地区革命委员会根据安徽省教育厅的意见,研究决定招收培养1000名教师,其中,中学教师、小学教师各500名。根据安庆地区革命委员会革政字〔1971〕118号文件,桐城县“五·七”大学承担部分小学教师的培训任务。

1981年8月4日,安徽省教育厅教中专字(81)199号《关于我省原各地、县“五·七”大学师范班是否属于中等专业学校等问题的答复》中明确:“一九七二年以来,纳入省统一招生计划,办学时经省、地、市有关部门研究确定的部分没有中师的地、县‘五·七’大学附设的师范班,均属于全日制中等专业学校。”由此说明,1972年桐城县“五·七”大学开设培养小学教师的师范班,在桐城师范办学史上具有承上启下的地位和作用,开启了桐城县“五·七”大学崭新的发展进程。

一、教学情况

师范班课程设置遵循“精简”原则,开设政治、语文、数学、教育革命、工业基础知识(物理、化学)、史地、革命文艺、军体等8门课程,举办卫生、农常、美术等专题讲座。当时没有统编教材,绝大部分教材都是教师自己编写的。

小学教师培训工作强调用政治统帅业务,将转变学生的思想放在首位,要求上好政治课和社会主义文化课,“学文”和“兼学别样”结合。组织师生到农村、工厂、街道参加扫盲和普及教育,组织师生学军,开展战备教育、民兵活动。

1973年12月3日至1974年1月5日，学校组织师范班学员进行“教育革命调查”活动，成立了由朱东云、刘乐乡、钱奕舟、姚育俊、叶桐高、赵正斌、江道甫组成的社会调查领导小组，朱东云任组长，刘乐乡任副组长。社会调查领导小组下设三个调查队，分别赴青草乡、大关乡、石河乡和城关镇进行社会调查。调查内容围绕领导问题，普及教育及扫盲情况，教育领域斗、批、改问题，征求办好“五·七”大学的意见四个方面进行。历经调查前准备、社会调查、总结提高三个阶段。学员们进入调查地点，一是深入社会，开调查会、听取经验介绍、访贫问苦；二是深入课堂，听课、备课、讲课；三是参加一定的生产劳动。结束后写调查报告和调查心得，相互交流学习心得。同时将学员分成高年级组和低年级组，开展对小学语文、数学等主要学科教材的研究并进行教案的撰写和试教。

通过一个多月的调查实践活动，学员们书写了研究性教案和语数两科教学计划、团队活动计划、体育活动计划等材料。学校对从基层群众征求来的意见作了归纳整理，作为办好师范班的参考。

二、毕业分配

1972年至1976年，师范班学生毕业政策有所变化。1972年入学的221名师范班学生毕业分配上遵循“社来社去”的原则，回原地区任教，实行民办公助，部分由国家统一分配。1973年，根据安庆地区革政字(73)4号文件，安庆地区教育系统有400名公办教师指标，分别为安庆市60名，区文教局8名，桐城县、怀宁县、岳西县各40名，宿松县、潜山县、太湖县、望江县各42名，枞阳县44名。

在1972年入学的221名师范班学生中，桐城籍的有50名。1973年毕业时，桐城县革命委员会政治工作组经研究批准李元应等40人录用为国家公办教师，分配到经济条件较差、就地选拔教师有困难的地区担任中小学教师。桐城县“五·七”大学首批获得国家公办教师身份的40位学员是：李元应、占双庆、钱晓东、王付忠、姚俊霞、胡凯夫、鲁和平、尹振宇、崔执谋、陈梅林、方齐林、韩道香、钱让铎、张正雄、汪崇善、江守平、姚大元、齐德稔、宋志斌、周齐林、许和英、汪桂华、项蔼、程斯明、汤涛、叶玉琴、胡礼忠、吴惠松、陈伏生、施伯鳌、彭依兰、高雄生、谈大宜、江潮哲、王泉、王华信、李健宁、张双梅、张复安、蒋尚江。其余10名学员由桐城县革委会文教局分配当民办(代课)教师。根据安徽省委(72)65号文件，分配的民办(代课)教师工资待遇可略高于同类民办教师，中学民办教师每人每月国家补助18元，小学民办教师每人每月补助15元，按月发给教师本人，不足部分由集体补助。

1973年入学的师范生毕业分配按省革委会(73)42号文件规定执行。与前两届不同的是，1974年招收的师范班学生全部统一分配。根据省革政字(74)63号文件，自1974年开始招收统一分配的师范班学生，安徽省革委会分配至安庆地区师范学校的招生指标共320名，其中，桐城县“五·七”大学招生指标52名，生源来自桐城县、怀宁县、安庆市等地。学制两年，为国家统一分配的工农兵学员。此项政策的出台对桐城师范教育的发展具有重要意义，师范教育由社来社去的培训性质转入国家计划分配的正式学历教育。1975年、1976年招收的师范生均实行国家统一分配政策。

第四章　春风化雨——改革开放后的桐城师范学校(上)

(1977—1998)

这一时期,在学校发展史上占有重要的地位,特别是20世纪80年代中期至90年代中期,是学校中师教育最辉煌的时期。全体师生员工奋发图强、艰苦创业,在政治思想教育、教育教学改革、后勤及基本建设等方面进行了卓有成效的努力,取得了一系列成绩,学校成功进入安徽省十二所"一类师范"的行列,为后来的跨越式发展奠定了坚实基础。

第一节　新时期的学校发展

1977年后,国家进入崭新的历史时期,教育事业迎来了发展的春天。为了加强和发展师范教育,解决师资紧缺问题,教育部于1978年10月12日颁布《关于加强和发展师范教育的意见》。《关于加强和发展师范教育的意见》提出:必须大力发展和办好师范教育,加强教师队伍的建设。要尽量争取在三五年内经过有计划培训,使文化水平较低的小学教师大多数达到中师程度,初中教师和高中教师在所教学科方面必须达到师专和师范学院毕业程度,努力办好中等师范学校。

一、设立安徽省桐城师范学校

1981年4月13日,安徽省安庆行政公署根据省人民政府办公厅〔1980〕98号文件精神,决定设立"安徽省桐城师范学校",同时撤销桐城县"五·七"大学。文件明确安徽省桐城师范学校为县办师范学校，实行行署、县双重领导，以县为主，行署教育局主要负责业务指导、招生和毕业生分配；学校的任务是培养新教师，办好民师班和培训在职小学教师。

图 4-1　安徽省桐城师范学校老大门

安徽省桐城师范学校与枞阳、怀宁、太湖、岳西、宿松等师范学校办学模式相同，既是师范学校，又是小学教师进修学校。1981 年 5 月 25 日，由安庆行署教育局颁发的安徽省桐城师范学校角质公章正式启用，原桐城县"五·七"大学公章作废。

二、学校党政领导班子配备与建设

1977 年 3 月，中共桐城县直属机关委员会增补尹光中为"五·七"大学支部委员。桐城县革委会政治工作组研究决定谭传发、杨昌汉任"五·七"大学工宣队员。1977 年 12 月，张志高调出，尹光中主持学校党支部工作。1978 年 7 月，吴福培调入任副校长、支部委员，王旷任副校长。同年10月，桐城县"五·七"大学党支部改选，张云高任支部书记，主持学校日常工作。1978年10月，中共桐城县委组织部任命张云高为桐城县"五·七"大学第一副校长、支部书记。1982年5月，学校党支部改选，张云高继续任支部书记，吴福培任组织、纪检委员，王旷任宣传委员。1983年，张云高任校长，成为学校恢复校名后的第一任校长，吴定国调入任副校长、副书记。

1984年7月，黄志杰任校长，主持学校全面工作。8月，陈伯平任副校长、支部委员，吴定国任专职支部书记。9月，中共桐城师范支部改选，吴定国、陈伯平、程斯法组成支委会，吴定国任支部书记，陈伯平任组织、纪检委员，程斯法任宣传委员。1985年7月，吴定国调出，陈伯平主持支部工作。9月，学校党支部增补江学煌为支部委员，委员重新分工：陈伯平任支部副书记，程斯法任宣传、纪检委员，江学煌任组织委员。当时各单位行政负责人都同时担任党组织负责人，因黄志杰1985年10月才入党，所以未在支部任职。1986年1月，学校党支部改选，黄志杰任支部书记，陈伯平任副书记。1987年，黄志杰兼任桐城县教委副主任。同年2月，吴福培调入任副校长，并增选为支部副书记。1990年8月，刘乐乡调入学校任督学。1995年9月，江学煌任副校长、吴福培任督学。1998年3月，黄志杰退休，杨红调入任校长。

领导班子带领全体师生员工顺应飞速发展的形势，把握师范教育发展脉搏，不断转变观念，善抓机遇，再闯师范教育新路，推动学校建设和管理上新台阶，迈入超常规发展快车道。在教育教学实践中形成"学高为师，德高为范"的校训，"热爱教育，崇尚文明，胸怀理想，勤奋求索"的校风和"敬业、精业、务实、创新"的教风。

有一个好校长、好领导班子，这是学校发展迅速的一个必不可少的条件，而且起着关键作用。以黄志杰同志为首的领导班子，目光远大、忠心耿耿、勇于进取、艰苦创业、廉洁奉公、吃苦在前、享受在后，一抓建设，二抓改革，三抓管理。领导班子思想水平高，工作艺术高。桐师的发展，意义不仅仅在桐师，而且对全省其他师范，尤其是发展滞缓的学校很有启发、促进。

——1994年12月10日，安徽省中师办学水平评估专家组组长周景江在对学校评估后的反馈会上的讲话

1986年，省教委主任朱仇美视察学校，对学校的办学成绩给予了充分肯定。1986年3月，安庆地区行署授予学校“教育工作先进单位”称号，中共安庆地委、安庆地区行署授予学校“教育工作先进集体”称号，桐城县委、县政府颁予学校“团结奋斗，再展宏图”奖状。1989—1992年，学校连续4年被安庆市教委评为“电化教育先进单位”。1994年4月，学校被安庆市委、市政府评为安庆市“文明单位”。1995年7月，学校党支部获得桐城市“先进党支部”、安庆市“社会治安综合治理先进单位”称号。1996年，学校获得安庆市“文明单位标兵”称号。1997年7月，《安徽教育》第七期以“向管理要质量，以改革求发展”为题对学校作了长篇报道，《安徽日报》《安庆日报》等亦发表了相关报道学校的文章。

学校在获得各类荣誉称号的同时，领导班子成员也获得诸多表彰。1990年，吴福培被桐城县县直党委评为“优秀共产党员”；1992年，吴福培被安庆市读书指导委员会评为“读书先进个人”；1995年，吴福培获安庆市“优秀教育工作者”称号。1994年，黄志杰获得安徽省档案局授予的机关事业单位“档案管理升级先进工作者”称号，安庆市教委授予黄志杰“师训工作先进工作者”称号，桐城县人民政府授予黄志杰“先进工作者”称号。

三、二级机构人员配备及变动

安徽省桐城师范学校校名恢复前，学校有校办公室、总务处、教导

处等二级机构。

1978年9月，桐城县委组织部任命胡志强为“五·七”大学教导处主任。1979年10月，陈光熙任教导处副主任。1984年，江学煌任教导处主任，汪长春任教导处副主任。1988年，汪长春调出后，汪习军任教导处副主任。1989年，章志宏任校办室主任。1998年，章志宏调出后，杨雪松接任校办室主任。1995年9月，江学煌任副校长后，杨雪松接任教导处主任。

1978年9月，桐城县革委会文教局任命戴宝礼为总务处副主任，后任总务处主任。1979年，程斯法调入任总务处主任。1986年，学校成立师生服务部，隶属总务处，主要管理校办印刷厂、桐师商店。

1983年，学校成立函授部，张恒元任主任。1998年，郑玉梅任函授部主任。

1989年，学校成立政教处，李雪磊任副主任，主持政教处工作。1998年，李雪磊调出后，陈宝平任政教处主任。

四、群团组织

学校在近20年艰苦创业过程中，群团组织发挥着重要作用，在推动学校办学水平进入“一类师范”目标过程中作出了重要贡献。

（一）中国教育工会桐城师范学校委员会

学校工会在党支部领导下，对教职工进行政治思想教育，关心每一个职工。

> 工会组织健全、活动正常、措施落实是桐师又一特色。工会协助学校开展了大量工作，组织读书活动，成绩显著，受到省级奖励。
>
> ——1994年12月10日，安徽省中师办学水平评估专家组组长周景江在对学校评估后的反馈会上的讲话

1979年3月,中国教育工会安徽省桐城县“五・七”大学委员会成立,委员会由王旷、钱奕舟、丰友胜、陈伯平、叶桐高、江建华、朱传云、张甫进、童德才9位同志组成,王旷任工会主席,钱奕舟任副主席。1984年5月,工会改选,吴定国、叶桐高、陈伯平、江学煌、江建华、张普进6位同志组成工会基层委员会,吴定国任主席,叶桐高任副主席。1985年3月,工会换届选举。1988年11月,焦发生调入任专职工会主席。

在学校发展的每一个关键节点,每一项重大建设中,工会都号召全体教职工发挥主人翁精神,关心支持并参与学校建设,推进民主管理和民主监督。特别是在迎接全省中师办学水平评估工作中更是全力以赴。李雪磊、琚诒忠在材料搜集与整理,茅云禄、陈宝平等人在布置校史展室时均是没日没夜地工作。在保障教职工民主权利方面,逐步建立和健全教代会制度。1985年12月,学校建立教代会制度,第一届教代会选举产生,黄志杰任主任委员,陈伯平任副主任委员。1987年2月,增补吴福培为教代会副主任委员。从学校发展规划的制定到个人利益的分配,从规章制度的建立到工作计划的执行监督与评估,从基建工程的招标到大额资金的使用,教代会代表均参与讨论决策。

同时,工会关心教职工利益,发挥纽带作用,让教职工感受到学校的关爱和温暖。根据1979年1月的会议记录记载:该年底学校对患肝炎和胃下垂的两位职工每人补助15元。对离退休教职工,工会组织春节前带着礼品前往慰问。对去世的职工,工会为其主持丧葬。1980年10月,工会为方便教职工生活,统一购买煤、柴分发给教职工,每人1000千克煤,500千克柴,费用在工资中扣留。1985年6月,工会组织女职工体检。对生病的教职工,工会安排人员慰问。司务长钱叶祥患病期间,从医疗费的筹措到护理人员的安排,从手术前的关心到主刀医生的选择,工会均周到安排,其家属感动不已。

教职工文体活动在工会的组织下开展得有声有色。1985年4月,组织“五四”青年节活动；5 月，出版“五一”专刊；常态化组织教职工的篮球赛、乒乓球赛；与兄弟学校及县直机关单位联谊比赛也常有开展。1990 年 5 月，学校在桐城县直机关青年职工“庆五四、迎亚运”环城赛跑中获得团体第二名。1994 年 9 月，校职工篮球队在全县教育系统“第十个教师节”篮球比赛中夺得冠军。

在工会开展的各项活动中，值得一提的是在教职工中开展的读书活动。20 世纪 80 年代初，正是我国改革开放大潮风起云涌之时，举国上下人心振奋，广大教职工中兴起了为振兴中华而读书的热潮。学校工会组织全体教职工扎实有效地开展读书自学活动，经过长期刻苦自学和实践，教职工在各自的工作岗位上作出了突出贡献。因参与人数多、持续时间长、成效好、有特色，1993 年 6 月，桐城县职工读书自学活动现场会在学校召开，校工会代表在会上作经验介绍。

1987 年 11 月，桐城县总工会授予学校工会“先进单位”称号。1993 年，桐城县总工会授予教代会主任黄志杰“工会荣誉积极分子”称号。1994 年 4 月，学校被安徽省工会评为“职工读书自学活动先进集体”。1995 年 9 月，学校工会获得安庆市“关心下一代先进集体”称号。

(二)中国共产主义青年团

1977 年 2 月，共青团桐城县委研究同意程兰英为“五·七”大学团委会委员。1979 年 5 月，共青团“五·七”大学委员会改选，委员会由张云高、万桂花、丰友胜、朱其生、孙亚、余庆生、严云江 7 人组成，张云高任书记，万桂花任副书记。1983 年，团委改选，梅建设任团委书记，方正明任副书记。1986 年，梅建设调出，方正明任团委书记，章志宏任副书记。校团委根据团员青年的特点，开展丰富多彩的文体活动，连续六年被团县委评为“先进集体”。

政教处成立前，学生工作由团委负责。1985 年学校工作计划指出:“共青团在党支部的领导下,搞好学校青年学生的政治思想教育工作,搞好团的组织发展和思想教育工作。同时管理好学生会、广播室、板报及其他宣传工作。”1989年政教处成立后,团委与其合署办公,对学生进行思想政治教育,发挥党的助手作用(参见本章第二节),开展适合青年学生特点的各类活动,如1985年4月,团委举办新团员入团宣誓大会,组织学生春游,组织学生祭扫革命烈士墓活动。5月,团委举办“五四”画展、“五四”小型体育音乐对抗赛、“青春音乐会”。5月底及6月中旬,给团员青年上团课两次。6月,组织学生与少先队的联谊活动。

为了服务教学,团委组织了作文竞赛、推普晚会、演讲比赛、书画大赛、庆元旦文艺晚会等活动,活跃了学生的第二课堂。组织学生观看《焦裕禄》《孔繁森》等优秀影片。为了净化学校语言环境,团委配合学校设立推普监督岗,对学生进行文明礼仪规范教育,促进校风转变。团委还组织团员青年积极参加社会活动,如1984年10月,桐城县举行庆祝中华人民共和国成立35周年大型活动,主体活动是街头行进演出,学校组织学生积极参加。1986年农历正月初八,学校组织学生参加桐城县街头行进演出。两次行进演出规模大、要求高,参与单位包括桐城师范学校、百货公司、五交化公司等在内的8家国有企事业单位,琚诒忠带领学生自制各类道具,指导节目编排,两次均获得节目评选第一名。

学校团委工作受到省、市团委的肯定和表彰。1984年10月,桐城县举办庆祝中华人民共和国成立35周年文艺汇演,校团委推荐的《摘石榴》《骏马奔驰保边疆》等节目获一等奖。1985年2月,团县委授予校团委“新长征突击队”称号。1990年10月,校团委在本年度创建文明县城共青团工作竞赛中成绩优异,获团县委嘉奖。1991年5月,校团委获共青团桐城县委授予的“基层团委工作竞赛先进单位”称号。1996年,校团委被共青团桐城县委授予“‘八五’建功集体”称号。

第二节　思想政治教育

这一时期，学校领导班子坚定不移地贯彻党的路线方针政策，坚持两代师表一起抓，政治思想教育常抓不懈，针对普师班学生、函授学员的不同特点，实施不同的教育方式和举措，不同阶段，政治思想教育的侧重点也不同。因为教职工和学生的思想政治教育工作抓得实，所以调动了师生员工的积极性，促进了学校发展。

一、学生的思想政治教育工作

中师生尽管入学时文化课成绩拔尖，但由初中升入，年龄较小，世界观、人生观、价值观尚未成熟；部分学生认为考取中师，等于端上了“铁饭碗”，锐意进取的精神有所松懈；有的学生选择师范，纯粹是为了端上“铁饭碗”，并不真正热爱自己选择的、日后将从事的农村小学教师工作，对文化课和教育教学技能的学习、训练劲头不足，存在得过且过的思想；少数学生缺乏职业道德规范意识，自我要求不严。针对这种情况，学校更加重视对中师生的思想政治教育，建立健全思想政治教育组织机构，确立思想政治教育工作内容。

20 世纪 80 年代中后期，在全国中等师范学校中，学生思想政治和道德教育体系、有效的教育管理模式均未形成，学校领导提前规划，率先成立专门机构。1989 年，学校成立政教处，任命李雪磊为副主任(后任主任)，主持政教处工作，建立起由校长负责，政教处牵头，团委、班主任共同参与的学生思想教育与管理体系，加强对学生的思想政治教育和管理。1990 年 3 月，学校成立德育工作领导小组。

中师学生的思想政治教育工作以《中等师范学校德育大纲(试行)》和《中等师范学校学生行为规范(试行)》两个部颁文件出台为界限，可以分为两个阶段。

第一阶段,1977 年至 1990 年,思想政治工作队伍由校长室、教导处、工会、共青团、班主任共同组成,思想政治教育以共产主义思想主题教育为主线,结合当时形势,针对学生实际,安排不同的内容。

1979 年,着重进行"坚持四项基本原则,特别是增强党的观念"教育。1980 年,学校开展新时期党的总路线教育。1981 年,开始进行建设社会主义精神文明教育。每年抓好三月份的"文明礼貌月"活动,按照中央精神对学生进行文明礼仪教育。1982 年,学校进行热爱祖国的教育。1983 年,学校则以爱国主义教育为主线,主要抓"三热爱(热爱祖国、热爱社会主义、热爱共产党)"教育。1984 年,学校主要进行革命传统教育和建设有中国特色的社会主义教育。1987 年 2 月 15 日,学校根据中央文件精神和李鹏副总理在国家教委工作会议上的指示,印发了《安徽省桐城师范学校关于深入进行四项基本原则教育的意见》,明确 1987 年学校政治思想工作的重点是深入进行四项基本原则教育,反对资产阶级自由化。一方面要求学校各处室、教代会、工会、团委、学生会根据本身工作特点,扎实开展四项基本原则教育。另一方面要求各学科寓德于教,特别是语文、政治学科,在教学中贯彻四项基本原则教育。

除进行主题教育外,学校组织的道德品质教育、专业思想教育、劳动教育、国防教育也持续进行。

道德品质教育,主要通过对学生进行学生守则教育和"五美四讲"教育来开展。

专业思想教育具有经常化和集中性特点。经常化体现在学校的各种教育活动都贯穿专业教育思想;集中性体现在每年秋季开学时的迎新活动、春季的教育实习和暑假的毕业分配时,采取的方式有:请优秀小学教师作报告,请优秀校友谈经历,请上级领导宣讲国家政策,组织毕业生谈理想前途等。1994 年以后,学校对学生的专业教育形成了自身特色,即"一种精神""两项基础""三种意识""五项素质"。"一种精神”是指扎根乡村、爱岗敬业、献身教育的红烛精神;“两项基础”是指大纲规定的从事小学教育的基础知识和基本技能;“三种意识”是指确立现代教育理论意识、“合格加特长”意识、创新意识;“五项素质”是专业基本功的五个重要方面,包括一手好字、一双巧手、一口普通话、一篇好文章、一副好仪表。

学校本着培养学生劳动观念、劳动习惯,使之在劳动中学习一些生产知识和技能的主旨,每学期安排学生停课一周参加劳动,每周上两节劳动课,劳动内容主要是美化学校。1984—1986 年,在老师的带领和参与下,学生为学校周边植树 2 万余棵,拓宽了校园主干道,填平了操场,完成了学校办公楼前的花园、台阶土方工程。

开展勤工俭学是全面贯彻党的教育方针,加强学生劳动观点教育和劳动技能训练,提高教育质量,培养全面发展的社会主义新人的重要途径之一,也是学校加强革命传统教育,学习贯彻陶行知创办乡村师范教育思想的需要。学校摆正勤工俭学在师范教育中的地位,抓勤工俭学基地建设,建成校办印刷厂、师范商店、馍馍房。学校安排学生参观工厂、商店、食堂,与工人师傅、营业员交流,在食堂帮厨。

此外,劳动教育还包括开展第二课堂活动,让学生手脑并用,学做合一,理论联系实际。物理组让学生动手制作实验仪器,指导修理收音机和家用电器;数学组让学生制作教具;生物组教师指导学生做生物标本。地理老师琚诒忠带领学生通过实测,制作出学校第一个沙盘。学校还购置成套设备,让学生掌握摄影技术。老师也指导学生走出课堂,如讲授《书籍的变迁》等说明文时,带领学生实地查看校办印刷厂的工作过程,指导学生写出了高质量的《书籍的印刷》说明文。

国防教育也是这一时期思想政治教育的重要内容。1986 年 5 月至 6 月,安庆军分区确定桐城师范学校作为学生军训试点单位,对学生进行军训,为全面开展高级中学(中专)学生的军事训练积累经验。其时,成立桐城师范学生军训领导小组,桐城县人武部部长操礼怀任组长,桐城县教委副主任杨拙成、校长黄志杰任副组长。领导小组下设教学、管理、器材保障三个组和学校一、二年级四个班组成的四个区队,杨雪松、黄洪沫、张耀庭、方正明分别任区队长。军训主要利用每天下午的课外活动时间进行,持续四周。军训内容包括国防观念教育、解放军简史介绍、现代战争特点、内务、纪律条令教育、军兵种知识、战伤救护、队列训练、投弹、爆破、轻武器射击训练及实弹射击考核等。

第二阶段,即 1991 年至 1998 年。学生德育工作的主线是贯彻《中等师范学校德育大纲(试行)》和《中等师范学校学生行为规范(试行)》。党支部书记亲自分管德育工作。学校建立了自上而下的德育工作网络和职责分明的德育运行机制,提出了"教书育人不分课内课外,管理育人不分教导后勤,服务育人不分干部职工"的全员育人战略,坚持两代师表一起抓。

1984 年,学校启动了铸造师魂的"1345 德育工程",形成"一根主线,三大层次,四条渠道,五个步骤"的德育工作特色,其经验曾被《安徽教育》等报刊报道,是学校在德育内容和实施途径上的探索和实践。一根主线:扎根农村,献身基础教育的专业思想教育。三大层次:在全面贯彻《中等师范学校德育大纲(试行)》的同时,按不同年级将德育内容分为三大层次,确立重点。普师一年级着重进行爱国主义、中国近代史、基本国情、中华民族传统美德和优秀传统文化、行为规范教育;普师二年级着重进行邓小平建设中国特色社会主义理论、党的社会主义初级阶段基本路线、集体主义、理想和人生观、个性心理品质教育;普师三年级着重进行马列主义基本观点、自力更生、艰苦奋斗、专业思想、职业道德、民主法制、国防教育,而爱国主义教育、专业思想和行为规范教育等又一以贯之。四条渠道:课堂教学渠道、校园文化和管理渠道、社会实践和见习实习渠道、家庭和社会教育渠道,形成学校家庭社会立体化、开放式的德育工作三维教育模式。五个步骤:指开展德育工作的具体环节和方式。即“学”（理论学习）、“思”（个人行为对照检查）、“谈”（学习交流）、“做”（规范自己行为）、“评（小结及表彰），实现了理论性与实践性、科学性与灵活性、广泛性与针对性的三个结合。

> 桐城师范学校德育工作机构合理，网络分明，有计划、有安排，措施得力，全校教职员工人人都是德育工作者，齐抓共管，效果显著。德育工作的“三个层次”“四条渠道”“五个步骤”符合德育的基本规律。最基本的德育工作经验是狠抓课堂教学的德育渗透工作，抓住了要点，德育工作有声有色，特别是创建文明教寝室活动，坚持十年之久，成绩显著，受到省领导的表扬，实事求是地说，该校文明教寝室的文明化程度确实很高。
>
> ——1994 年 12 月 10 日，安徽省中师办学水平评估专家组组长周景江在对学校评估后的反馈会上的讲话

学校在对学生进行行为规范和纪律教育的过程中，对违规违纪的学生绝不姑息，严肃处理。如 1996 年 5 月，普师二年级 3 名学生、1994 级幼师班 1 名学生，未经班主任同意，私自到安庆参加成人高教自学考试，不参加学校组织的政治学科期中考试，学校依据校纪校规，给予其记过处分，政治学科不予补考。

另外，学校紧跟国家形势，贯彻中央精神，开展主题教育。1991 年，苏联解体，东欧剧变，国际形势风云变幻，学校把师生的思想政治工作放在重中之重的位置，确保学校稳定发展。1992 年秋季，学校领导通过不同的方式向学生传达了邓小平南方谈话精神，要求学生认识到我国的经济已由计划经济向市场经济过渡，一切都要适应社会主义市场经济的要求。通过学习，广大学生从更深层次上理解了市场经济对社会主义建设的巨大作用。

1995 年至 1996 年，学校认真贯彻实施《中共中央关于进一步加强

学校德育工作的若干意见》《爱国主义实施纲要》精神，开展爱国主义系列活动。1995 年，通过随机抽测、抢答赛、点答赛方式，学校开展“我是中国人”“中国精神”读书竞赛活动。1996 年，学校开展“我们爱黄河，我们爱长城”演讲比赛活动，弘扬了爱国主义主旋律，增强了学生民族自信心和凝聚力，激发了学生热爱祖国、献身祖国，为振兴中华而奋斗的决心。1997 年，以“四有”为核心的行为规范和基础文明的养成教育是学校“道德品质教育活动”系列的重要内容，也是德育工作的重点。从否定的行为约束如“不随地吐痰，不乱扔垃圾，不弄脏墙壁，不吸烟喝酒，不骂人打架”，到倡导性的文明素养如“仪表端庄，穿戴整洁，讲究卫生，尊敬师长，尊重他人，团结友爱，艰苦朴素，勤俭节约，爱护公物”，处处严格要求，时时严格训练，并开办了“文明素质培训班”及“文明公民学校”。1998 年 4 月，学校在一、二年级学生中组织《中华三德歌》的抽测活动。同年 10 月，面向全体学生，举办“弘扬抗洪精神，献身教育事业”演讲比赛活动。

在对中师生进行的思想政治教育过程中，学校特别注重学生的行为规范教育，同时运用毕业分配机制激励学生。行为规范教育的措施有：制定学习、生活公约，要求全体学生必须遵守。制定教室、寝室环境卫生标准和评分细则。制定奖励、惩罚办法与措施。这些公约、卫生标准、评分标准、奖罚措施十分具体化，如：学生寝室的卫生标准有 7 项指标，满分为 100 分，每项指标分值为：地面清扫（20 分）、被子折叠（20 分）、物品摆放（20 分）、鞋子摆放（10 分）、毛巾折叠（10 分）、蚊帐悬挂（10 分）、窗户擦洗（10 分）。通过日常检查、评分，学校评出最佳班级、最佳教室、最佳寝室等，根据评分结果实行奖励和惩罚。

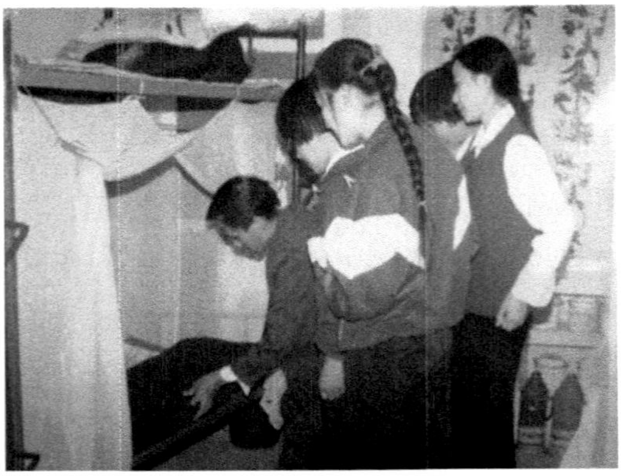

图 4-2　政教处主任李雪磊为学生示范叠被子

这一时期，每届学生毕业前，学校为欢送毕业班毕业，让食堂免费提供丰盛的菜肴，以班为单位在教室聚餐，餐后召开毕业茶话会，有的班级还举行小型文艺晚会。对在校期间表现突出、成绩优秀的学生，毕业分配时，学校给予政策倾斜。

对于函授学员，学校在加强业务培训的同时，注重对函授学员进行教师职业道德教育。针对部分学员中存在的“年龄大，基础差，三务（教务、学务、家务）忙，学不进，混文凭”的消极思想，开展“建师德、立师志、精师学、善师术”的教师职业道德教育活动。学校根据在职培训的特点，采取“一学”“二讲”“三表彰”的方法。“一学”就是选摘上级文件、各级领导关于师训工作的重要讲话，刻印发给学员自学。“二讲”是利用信函、学员来访、面授机会，单个或集体做思想工作，讲解在职进修的重要性和迫切性。“三表彰”就是评比优秀函授学员，给予精神鼓励和适当的物质奖励，表彰学习目的明确、态度端正、勤奋刻苦、成绩优良、教育教学工作出色的学员。

二、教职工的思想政治教育工作

教师是学校工作的主力军，教师形象的优劣、思想认识能力和道德水准的高低直接影响着学校人才培养质量。学校党支部重视教职工思想政治教育，每周安排周四下午或晚上集中学习。

1990年之前，学校紧跟国家形势，对教职工开展形势政策教育。在每学年的每个学期的教学工作计划、党支部工作计划中都安排具体的思想政治学习内容。1991年以后，学校要求教职工学习、执行《中等师范学校职业道德规范》，贯彻教书育人的方针，严守课堂政治纪律，坚持正面引导和教育学生，把对学生的思想教育和教学工作结合起来。加强自我教育，提高职业修养，增强责任感，为社会主义建设培养合格的师范生。

1992年，党支部明确提出"学马列、毛著、邓选，坚定共产主义信念；学时事政治，保持清醒头脑；学教育科学理论，端正教育思想"的要求，坚持每周四晚上的政治理论学习。政治理论学习的实效体现在教职工具体的实际行动上，学校在教育教学、生活服务、学校建设、校园治安等方面工作得到了有力促进。

1994年迎接全省中师办学水平评估时，全体教职工的工作积极性得到最大程度的调动。教师加班加点，辅导学生进行基本功训练，校史展室的布置工作更是没日没夜，全校园的卫生大清扫、大整理均由师生共同完成，后勤职工自己动手，勤俭节约，总务主任兼任锅炉修理工和管道工。

1997年，学校着重开展党风廉政建设和党员教育，动员教职工积极响应全国教育总工会"树师表形象，创文明校风，为实现创世纪宏伟目标作贡献"的号召，教职工忠于职守、勤于奉献、言传身教、润物无声。江道甫老师患腰肌劳损，坚持坐轮椅上课两年至退休。董芝萍老师退休前主动请缨带一届班主任。王守信老师20多年来一直独自承担生物课的教学工作，周课时16节以上，没有课时津贴，毫无怨言。

三、思想政治教育工作成果

学校对师生持续不断的思想政治教育结出了累累硕果。1987年，学校实行德育量化管理,效果显著,被评为“安庆地区德育先进集体”,并在表彰大会上交流了德育工作先进经验。同年,省委宣传部、省教育委员会、省教育工会授予学校“教书育人先进集体”称号。1989 年 11 月,安庆市教委授予学校“德育工作先进集体”称号。1993 年,学校获得“安庆市文明单位”称号及安徽省委宣传部、教委、教育工会共同授予的“教书育人先进集体”称号。1994 年 6 月,国家教委师范司司长金长泽视察学校称赞道“你们学校校园环境美,师资力量强”。9 月,安徽省副省长杜宜瑾视察学校,在了解学生管理工作后曾感慨“你们的校长是干事业的,政教工作和学生公寓管理的确做得很好,全省的中师都要向桐城师范学习”。全省中师一类师范办学水平评估时,专家、评委一致认为“桐城师范的政教和学生管理工作当属全省一流”。

1989 年,吴福培被安庆市教委评为“德育先进工作者”。1993 年,杨雪松获得学校“德育标兵”称号。

学生毕业后,99%的学生扎根农村中小学,为安庆市八县三区及原属安庆行署的贵池、东至、青阳等地的基础教育奉献青春年华和毕生心血。

> 桐师毕业生中涌现出扎根山区的金来玉、张徐春、陈石英,舍己救人的朱卫东、钱鹏飞,一心爱生的黄爱国、孙书圣等先进人物。
>
> ——在 1994 年中师办学水平评估会上的汇报材料

毕业生中获得过国家级、省级、县(市)级优秀教师、优秀班主任、先进工作者、道德模范等称号的也很多,与有效的政教工作分不开。最突出的是 1982 年 3 月,1979 级学生江兴代作为安徽省的全国优秀学生干部代表赴京出席“全国三好学生、优秀学生干部”表彰大会,受到国家领导人接见,成为中华人民共和国成立以来桐城学生赴京接受表彰第一人。1995 年 10 月,普师 202 班在全省“争先创优”活动中成绩显著,被省教委、团省委命名为“优秀班集体”。1998 年 8 月,普师

302班谢川英因在“爱祖国、讲文明”读书教育活动中成绩突出，获得赴北京参加第五届全国青少年“爱祖国、讲文明”读书教育活动表彰会和全国“读书活动夏令营”的机会。

第三节　学校建设

学校的各项建设一直在艰难困苦的条件下持续进行，从未停止，学校改善办学条件的过程是全体师生员工励精图治、艰苦创业的过程。

一、校园基本建设

1977年，学校办学条件极为落后，教学用房和学生宿舍简陋破旧，冬天宿舍窗户只能蒙以塑料薄膜挡风御寒，饮用水则向三里村、桐城中学等单位借用，以木桶及氨水袋盛之，再用板车运回。师生定量用水，学生早晚各分配一瓢水洗漱，条件艰苦。

学校地处半山坡，教学楼、办公楼、学生宿舍楼等无平地可建，须开山劈坡，建设难度大，成本高。为节约建设成本，学校号召师生员工参与义务劳动。校长及学校领导班子成员身体力行，土地平整、管道铺设、电机安装、锅炉维修、植树修路等教职工能做的，学校均不找小工。其时，每学期每个班都安排一周的劳动课，学生利用劳动课时间参与学校各项基本建设，此举既对学生进行了劳动教育，又节约了建设成本。

除学校师生员工积极参与学校基本建设外，学校的基本建设还得到了各级领导和社会各界大力支持。1984年10月省教委主任朱仇美，1985年6月省人大常委会副主任苏桦，1994年6月国家教委师范司司长金长泽，1994年9月副省长杜宜瑾、省人大常委会副主任蔡秉九、省教委主任陈贤忠，1995年4月省教委副主任柏守逊、安庆市人大常委会主任潘忠尧、安庆市委副书记王树勤，1995年9月安庆市政协副主席汤传友等领导，先后亲临学校指导工作。特别是桐城县委、县政府在学校发展的关键期，给予诸多优惠政策和建设资金的支持，使学校得以实现硬件达标，为全省中师办学水平评估取得优异成绩创造了条件。具体支持有：1993年至1997年，桐城县政府同意以捐资助学方式为学校提供发展机遇；学生生均经费逐年上升，由1991年的1137元上升至1994年的4175元。同时，不断增加拨款数额，1991年县政府拨款7万元，1992年县教委拨款5万元，1993年县教委拨款15万元。1994年，县委、县政府专门研究拨款67.5万元，为学校征地25亩，用于建设标准化操场。

（一）围墙、教学楼、办公楼等建设

学校迁建时，校园内存有桐城县农科所放养耕牛的牛栏，经多次协商，1978年12月，桐城县"五·七"大学分别同三里大队摆塘生产队、桐城县农科所签订《关于拆、迁、建农科所牛栏问题的协议》，彻底解决了牛栏存在带来的噪声和卫生问题。

学校建围墙时受到周边村民的阻挠，围墙曾多次被村民推倒。桐城县教委关心学校建设，要求新任领导班子处理好与群众的关系，争取村民支持。张云高、吴福培等学校领导主动深入周边村民家中，挨家挨户做工作。经过近两年的协调，至1981年10月，学校与三里村协商，划出了建设围墙的界限，并由村民参与建设，建成围墙210米，使学校有了相对独立的办学空间。1985年，随着校园面积的扩大，围墙增至700余米，至此真正意义上的校园形成。

学校千方百计地争取上级财政资金支持，将有限的经费用于改善办学条件。1978年12月，第一幢教学楼奠基。为节省费用，学校派教师到祁门、巢湖等地采购木材、水泥等。1982年3月开始建造行政办公楼，共22间，总面积616平方米，造价6.5万元，1983年11月竣工。

教学楼、办公楼的建成使学校的办学条件得到了较大改善。

图 4-3　学校第一幢教学楼

随着师生数量的不断增加，原有的教学楼已不能满足教学需要，学校争取到省教委的“中等师范学校维修补助经费”，解决了建设新教学楼资金不足的问题。1984 年，学校先后与三里村、桐城县农科所协商签订协议获得建设用地。同年 7 月，投资 10 万元新建三层 12 间标准教室的教学楼，总面积 1100 平方米。1985 年，新教学楼竣工并交付使用。并通过师生义务劳动拓宽了教学楼前的百米大道。

1987 年，学校建成大礼堂和学生食堂；礼堂前的空场地铺上煤渣，建成了篮球场；在教学楼后的营盘山开辟简易操场。

1991 年至 1994 年，学校用于校园建设的投资达 275 万元。1991 年，学生公寓 1 号楼竣工，建筑面积 1460 平方米。同年 11 月，将教学楼前百米沙石大道铺设成水泥大道。1993 年，全省中师办学水平评估在即，为尽快实现硬件达标，学校加大校园建设力度，学生公寓 2 号楼交付使用，建筑面积 1500 平方米。同年投入 10 万元用于校园绿化和道路建设，校园绿化率达 30%。1993 年 12 月，学校被安徽省绿化委员会和安徽省教育委员会联合命名为“花园式学校”。1995 年，投资 40 万元用于操场建设，投资 80 万元用于综合楼装修，投资 60 万元用于教职工住房建设和自来水建设。1996年，办公楼、教学楼经过装修改造，建筑面积增加了5000多平方米。学校办学条件得到了较大改善。1997年9月，艺术楼基建工程破土动工，建筑面积3200平方米，总投资250万元。

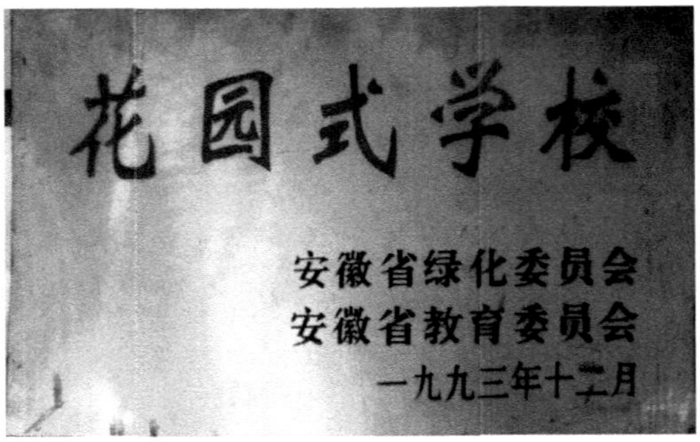

图4-4　安徽省绿化委员会、安徽省教育委员会授予学校“花园式学校”牌匾

(二)教职工宿舍建设

学校在建设发展的同时，尽力改善教职工的居住环境，先后建成五幢教职工宿舍楼。

第一幢是1989年12月竣工，6套上下两层，独立门楼。第二幢是1993年8月竣工交付使用，21套，职工集资8万元，学校自筹5万元，县教委拨款5万元，省教委拨款12万元，共计30万元，每套70平方米。分配原则是依据到校时间长短排序，其中，双职工有优先选择权，21户教职工于当年12月喜迁新居。1994年、1995年、1998年破土动工分别建设24套、32套、24套住房出售给教职工。

(三)教学设备添置

1993年，学校投资5万元添置电化设备、体艺器材。1995年，学校投资10万元安装卫星地面接收站，投资46万元建设微机房、心理实验室、全电脑语言实验室和微格教室。至1996年，学校教学设备总值超过 200 万元。至 1999 年，微格教室、语音实验室、计算机实验室、心理实验室、卫星电视机房、生物标本室、多功能生物实验室、微机室、多媒体教室等教学设施配备基本齐全。

(四)校园文化建设

学校历任领导都十分重视校园环境的美育功能，将校园文化建设贯穿于校园建设整个过程中：在教学楼前建成长 20 米、高 2 米的砖石结构宣传栏，书写陶行知名言“捧着一颗心来，不带半根草去”，激励学生“学陶师陶”，热爱乡村，献身教育事业。教学楼上则悬挂“普通话是教师的职业语言”“明日教师，今日做起”“学高为师，德高为范”之类标语；办公楼前则置“静读女”雕塑；还在校园里修建朝夕亭、蘑菇亭、假山喷泉、园丁园等文化景点。

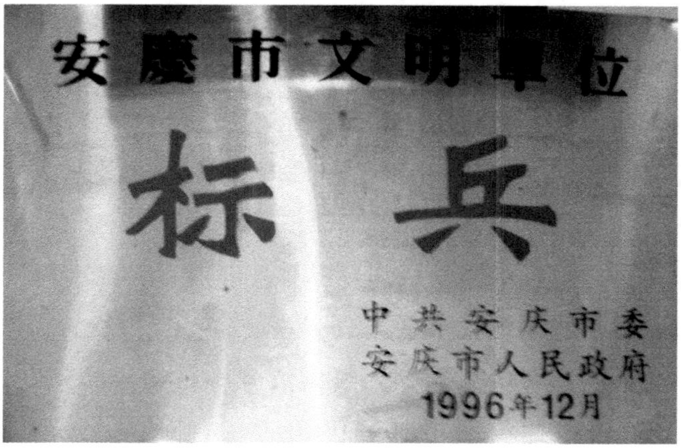

图 4-5　安庆市委、市政府授予学校“安庆市文明单位标兵”牌匾

二、后勤保障

自 1981 年学校恢复校名“安徽省桐城师范学校”后，学校后勤部门就以“咬定青山不放松”的韧劲，将“服务育人”落到实处，为教育教学活动的正常开展和师生员工的生活提供了坚实的保障。

财务工作人员严格执行财务制度，合理使用资金，努力将办学资金用在刀刃上，受到桐城县财政、审计部门好评。如1994年初，学校请县档案局人员协助整理文档，耗时两个多月，使得学校档案管理达“省一级先进”标准。同年9月，学校投资12万元从南京一次性购买微机10台，钢琴3架。

财产管理责任到人，各处室部、教研组、各班级的桌椅、柜架等财物一律编号，实行主任、组长、班主任负责制。即使领取扫帚、信签之类的物品亦需登记。

在改善办学条件的过程中，学校一直遵循“开源节流，勤俭节约，勤俭办学”的原则，开源节流，紧缩开支。庆祝教师节，学校仅发给教职工每人一张电影票。

1980年6月，学校筹备建设校医室，费用未超过500元，仅配1名校医。校医室购买一些常用药品，供教职工免费使用，感冒等常见病在校医室就能治疗。当时学生医疗费每月0.8元，由学校统一掌管，用于学生医疗。

节流的同时，学校不断开源。1984年，经桐城县劳动局批准，学校开办印刷厂和桐师商店。1986年，学校成立师生服务部，加强对印刷厂和桐师商店的管理。印刷厂为全县中小学提供所需簿本，还承做业务员在西藏等地联系的簿本业务，此举提高了工厂效益，增加了利润，解决了学校快速发展带来的部分建设资金不足的实际问题。自1984年至1986年，学校印刷厂共创产值20万元，纯收入4.8万元。学校商店、馍馍房等在1984年至1986年为学校建设和教职工福利提供了3.2万元。为改善伙食，学校选派食堂工人到桐中食堂学习制作馒头面点以及各类菜肴技术，师生对学校满意度提高。1993年，学校师生服务部总营业额达80万元，1994年达到90万元。

第四节　招生

1977年,国家改革招生制度后,学校的招生工作逐步走上正轨。学校根据上级主管部门下达的招生计划进行招生录取,学生毕业经考试合格,即由各县教育主管部门统一分配工作,生源数量和质量稳定。

一、招生制度及招生录取

1977年10月21日,全国高等学校招生制度改革工作会议召开,这次会议确定从1977年起,对高等学校招生制度进行改革,高等学校招生恢复考试录取制度,实行德、智、体全面衡量,择优录取的原则,采取"自愿报名,统一考试,市地初选,学校录取,省、自治区、直辖市批准"的办法。这种招生制度,同"文化大革命"时期的"自愿报名,群众推荐,领导批准,学校复审"的招生办法相比,扩大了招生对象的范围,重视了文化考试,提高了生源质量。国家在停止高考十一年后恢复高考的同时,也恢复了中等专业学校(简称"中专")的招生考试。中师隶属中专类,但高中、初中毕业生都可以选择报考。从此师范教育的发展同其他行业一样,呈现勃勃生机。

1978年,教育部出台了《关于加强和发展师范教育的意见》,体现国家对师范教育的高度重视。《关于加强和发展师范教育的意见》重申中等师范学校的任务是培养小学教师,强调一定要办好中师教育,并在政策方面给予大力扶持,例如解决城市户口、免收学杂费、享受人民助学金等。桐城县"五·七"大学学生每生每月获得伙食补贴13元,生活补贴3元,另外还有困难补助等。

当时,各中等师范学校都是提前录取、掐尖招生,所招学生基本上都是初级中学中名列前茅的最优质生源,尤其在乡村初中,"一流学生读中师,二流学生读高中"成为普遍现象。学校到安庆地区教育局指定的地点进行招生录取。1992年,学校招收各县委托培养生,开设美术班。录取前,学校派两个招生小组分别到安庆各县区对委培学生进行面试,面试合格者方可被录取。委培的美术班学生毕业后回委培县区,所分配的单位绝大部分同普师生一样是小学。

二、招生类型

1977年至1998年,学校招生类型有六种。普师班招生从未间断,民师班招生断断续续,1987年至1993年每年都招生。装潢班是适应社会需要仅1994年招了一届。捐资助学班是根据特殊阶段学校发展需要而招收的,一共招了五届,每届人数不等。成人中专师范专业班仅1995年招了一届。另外,还有中师函授班,函授班是提升学历的非全日制教育,其他五种类型均是全日制学历教育。

表4-1　安徽省桐城师范学校1977—1998年招生情况一览表(单位:人)

年度	普师	中(初)师函授	民师班(两年)	民师培训(一年)	捐资助学班	成人中专(三年)	其他
1977	113						赤脚医生52
1978	103						
1979	200						
1980	196		154				
1981	108						
1982	192	22	99				
1983	104	123					
1984	105			95			
1985	103		32	50			
1986	134	204					卫电 185
1987	83	98	69	50			

续表

年度	普师	中(初)师函授	民师班(两年)	民师培训(一年)	捐资助学班	成人中专(三年)	其他
1988	93	24	86				
1989	83	20	94				
1990	121	58	81				换证 320，小学校长培训班 200
1991	120		35				换证 457
1992	155	67	40				换证 119，电视高师自考班 93，初中教师大专学历自考班 592
1993	163	14	45		8		小学教师大专培训班 119
1994	185	42			60		装潢班 16
1995	153	14			41	37	小学校长培训班 234
1996	128				35		
1997	126		37		16		
1998	145	149	78				换证 133
合计	2913	835	850	195	160	37	2520

说明：换证，即高中学历的学员补学教育学理论课（一年制）后，换得中专学历证书。

(一)普师班

1977 年恢复高考制度后，中师隶属中专类，高中、初中毕业生均可报考。1977年至1983年前所招普师班学生来源于应历届初中、高中毕业生，学制三年，以文化课成绩择优录取。1983年，教育部在《关于1983年中等师范学校招生通知》中要求各地师范学校招收思想政治进步、品德良好、学习成绩优良、身体健康、志愿献身于小学教育事业的年龄不超过18周岁的初中毕业生。此后，学校中师生全部从初中毕业生中选拔录取。

（二）民师班

民师班学生绝大部分是通过桐城县组织的单独面向民办教师的考试而录取入学的，极少数民师是因获得安徽省“优秀教师”“优秀班主任”或者更高级别荣誉后，免试入学的。民师班学生入学后，转户口，待遇与普师班学生相同，学制两年。自1980年学校恢复校名以来，民师班是学校招生的重要组成部分。民师班学生学历不同，有高中学历的，也有初中学历的；学生年龄相差较大，有的学生已成家生子，农忙季节，民师班学生总是利用一切可用的空闲时间赶回家从事农业生产。他们珍惜难得的学习机会，学习劲头很足，社会经验丰富，带动了学校学风和校风的转变。

（三）装潢班

1994年9月，学校为适应市场经济对美术装潢人才的需求，经桐城县人民政府批准，设置美术装潢专业，面向初中毕业生招录装潢班学生16人。装潢班学生入学不转户口，毕业也不包分配。学制三年，中专学历，经考试合格发桐城师范学校毕业证书。在学校1994年的中师办学水平评估中，装潢班参与了校史展室的设计与制作、校园文化氛围的营造等工作，为评估作出了一定的贡献。

（四）捐资助学班

1993年，学校在迎接中师办学水平评估过程中，各项建设均需投入资金,当时桐城县政府拨付学校的经费有限。校长召集学校班子成员认真研究,提出解决资金困难的方案:以捐资助学方式招收师范生,毕业考试合格,与统招的普师生一样分配工作。此举得到桐城县委县、政府的同意并批准学校实施,缓解了建设经费不足的困难,帮助学校渡过了难关。以捐资助学招录中师生的方式共持续 5 年。1993 年是首次,学校通过竞拍方式招收师范生 8 名,分插在普师各班,捐资助学金额不等,最高 4 万,最低 3.5 万。1994 至 1997 年,每年招收捐资助学的学生数不同,捐资金额也各异。1994 年,招收 60 人,捐资助学金额为每生 2 万元。1995 年,招收 41 人,捐资助学金额为每生 3.5 万元。1996 年,招收 35 人,捐资助学金额为每生 5 万元。1997 年,招收 16 人,捐资助学金额为每生 8 万元。当时,这种捐资助学方式在安徽省中师学校中确为创新之举,省内很多中师学校先后到学校学习借鉴。

(五)成人中专师范专业班

1995 年 4 月,学校根据省教委关于 1995 年各类成人中专招收非统考生的有关规定,招收成人中专师范专业班,以迎接桐城县普教验收。招生对象及条件:一是获得县以上人民政府(党委)或地、市各系统授予的劳动模范(先进)教师、模范(优秀)共产党员、先进生产(工作)者称号的小学公、民办教师;二是具有初中文化程度且具有五年以上工龄的工作(教学)业务骨干。凡符合以上条件之一的小学公、民办教师均可报名。录取方式是:报名考生于 4 月 24 日至 25 日在学校集中复习初中政治、语文、数学三门课程后,经 26 日测试成绩合格者,报中专招生办审核录取。学制三年。经测试录取的学员,学完教学计划规定的课程(相当于中师课程),各科考试成绩合格者,学校颁发经省教委验印的师范毕业证书,国家承认其中专学历,但不负责分配工作。1995 年成人中专师范专业班招收学生 37 人。

(六)函授班

1983年,《安徽省函授教育工作意见》明确提出,恢复中师函授是师范学校的重要工作。为做好函授工作,学校召开专门会议,研究成立函授部。函授部成立后,在县内分设南、北两个授课教学点,南面教学点设在范岗区中学,北面教学点设在师范学校本部。除面授外,还分科编写自学辅导书《函授教学》分发给函授学员,作为指导自修、答疑解惑的教材。1983年,函授班招生123人,创历史新高。1986至1990年,每年都招生,其中1986年突破200人大关。

第五节 师资队伍建设

鉴于"文化大革命"给学校教师队伍造成的断档和青黄不接的状况,学校领导班子把加强教师队伍建设作为大事来抓。在重视对教师进行师德教育的过程中,注重中青年教师的培养,鼓励教师提升学历,提高专业素质和基本功素养。

一、师资队伍情况

随着在校学生人数的不断增加,教师数量也在不断上升,教师学历也在不断提高。全体教师在学校创业过程中,任劳任怨,无私奉献,从未出现因课时津贴微薄而拒绝接受超负荷工作量的现象。

表4-2 安徽省桐城县"五·七"大学教职工简明登记表(1980年11月填写)

序号	姓名	性别	出生年月	文化程度	担任职务
1	张云高	男	1936.3	高小	第一副校长
2	吴福培	男	1935.10	高中	副校长
3	王　旷	男	1926.5	大专	副校长

续表

序号	姓名	性别	出生年月	文化程度	担任职务
4	戴宝理	男	1927.10	高中	总务处副主任
5	程斯法	男	1946	初中	总务处主任
6	陈光熙	男	1927.12	大专	教导处副主任
7	黄志杰	男	1938.10	大学	教师
8	江学煌	男	1945.12	大学	教师
9	徐文武	男	1941	大学	教师
10	赵正斌	男	1938.12	大学	教师
11	姚育俊	男	1934.6	初师	教师
12	江道甫	男	1936.3	专科	教师
13	叶桐高	男	1930.2	高师	教师
14	张恒元	男	1938.9	大学	教师
15	王寿信	男	1943.8	大学	教师
16	陈伯平	男	1948.11	初中	教师
17	宋普庆	男	1924.1	大学	教师
18	章志宏	男	1959.10	中师	教师
19	林泽玉	女	1955	大专	教师
20	彭朝晖	男	1956	大学	教师
21	操　鹏	男	1940	中师	教师
22	杨雪松	男	1956	大专	教师
23	孙　亚	男	1955	中师	教师
24	江建华	男	1955.2	中师	教师
25	王锡丽	女	1953.11	大学	教师
26	高明理	男	1956	中师	教师
27	张耀庭	男	1948	大专	教师
28	丰友胜	男	1947.7	高中	政工干事

续表

序号	姓名	性别	出生年月	文化程度	担任职务
29	万桂花	女	1946.7	初中	团干
30	黄传杰	男	1942.7	中技	会计
31	钱旺盛	男	1934.12	初中	会计
32	方咏梅	女	1947.12	高中	出纳
33	钱叶祥	男	1946	高小	保管
34	刘征元	男	1937.4	专科	职员
35	张　超	男	1937	中师	职员
36	孙季芳	男	1933.7	初中	职员
37	张甫进	男	1940.12	初小	工人
38	王大如	男	1941.10	初小	工人
39	光求满	男	1936.11	初小	工人
40	朱传云	男	1939.10	高小	工人
41	胡玉生	男	1928	高小	工人
42	徐继发	男	1930.9	初小	工人
43	童德才	男	1939.11	初中	工人
44	程赞顺	男	1927.3	初小	工人
45	孙开良	男	1938.8	初小	工人
46	朱永金	男	1944.6	初中	工人
47	欧阳宗山	男	1928.12	高商	工人
48	程贻奇	男	1955.9	初中	工人
49	房章元	男	1952.5	高小	工人
50	章伟明	男	1957.9	初中	工人
51	光　辉	男	1957.3	高小	工人
52	程民生	男	1935.3	中师	
53	钱奕周	男	1935.7	大学	

续表

序号	姓名	性别	出生年月	文化程度	担任职务
54	江仁峰	男	1953.2	初中	
55	赵永根	男	1942.2	大学	
56	张　俊	男	1947.8	中专	
57	董芝萍	女	1941.2	大学	
58	汪音纯	男	1915.1	大学	
59	江兴元	男	1924.4	大学	

1980年1月4日填写的《安徽省桐城县“五·七”大学教职员工工资情况统计表》记载:学校教职员工合计42人,其中,行政15人,教师17人,工人10人。

1994年,学校有正式教职员工90人,其中教学人员52人。教师中具有高级职称的有10人,占19.23%;讲师27人,占51.92%。年龄45周岁以下的35人,平均教龄15.7年。学科结构趋于合理,初步形成了老中青相衔接的局面。

1999年11月,学校有正式教职员工90人,其中专任教师54人,占教职工总数的60%。各学科专任教师结构合理,其中,高级讲师语文学科3人,数学学科2人,教育学学科1人。高级职称教师12人,占22.22%;中级职称教师28人,占51.85%;具有大学本科及以上学历教师44人,占81.48%。

二、落实知识分子政策

其一,为错划为“右派”人员平反并恢复工作,如为王旷、欧阳宗山等被错划成“右派”的教师恢复工作。1987年9月,按照桐办发(87)15号文件规定给已离休的王旷、退休的欧阳宗山升级增资。江兴元1957年被错划为“右派”,下放至农村中小学教书,1979年得以平反,调回学校任教。原桐城师范学校教师储平战因政治历史问题被定为反革命分子，被判处有期徒刑7年、剥夺政治权利5年。1987年3月经岳西县人民法院复审，撤销对其的判决。同年10月，桐城县历史老案复查领导小组研究恢复其公职，按政策给予抚恤和遗补。

其二，在经济紧张的情况下，学校自1989年至1998年先后建成5幢教职工宿舍楼，教职工喜迁新居。学校还及时对教职工进行定级、调资、职评。尽可能地为教师解决夫妻分居问题及家属子女的工作安排问题。自1984年至1986年，校办印刷厂、商店、馍馍房安排教职工家属子女18人，解决了部分教职工家属子女的就业问题。

三、教师的来源途径

教师的来源途径有四种，第一种是原"五·七"大学的教师，均是"文化大革命"期间毕业的非师范类大学毕业生，如江学煌毕业于西安交通大学、赵永根毕业于上海交通大学、赵正斌毕业于南京大学、徐文武毕业于安徽水利学院、王守信毕业于安徽农业大学。第二种是从安徽师范大学、安庆师范学院、阜阳师范学院、安徽教育学院、池州师范高等专科学校、芜湖师范高等专科学校、宿州师范高等专科学校等高等学校统一分配到校任教的，这是教师来源的主要途径。第三种是从各乡镇中学及其他单位选调过来的，主要是数学、美术、音乐、政治等紧缺学科教师。第四种是从本校毕业生中选优留校任教的。80年代初，因大学刚恢复招生，没有大学毕业生补充师资队伍，为解燃眉之急，学校采取了在本校毕业生中选优留校任教的办法。1980年，将高明理、章志宏、孙亚三位优秀毕业生留校任教。三人留校后，教学及管理工作都很出色。高明理的物理课深受学生们的喜爱。章志宏曾在皖西片组织的中师数学优质课评比中获得第一名，后又参加全省中师数学优质课大赛获得一等奖。孙亚一直在学校工作，获得高级讲师职称，后担任学校工会主席。

四、注重中青年教师的培养

学校注重中青年教师的培养，曾在1994年全省中师办学水平评估汇报材料中作为特色被重点介绍。学校规定凡进入本校的青年教师必须过三关：教学关（上一堂试教公开课）、基本功考核关（会说一口流利的普通话、会写工整漂亮的“三字”、会画教学简笔画和实验操作）、教研关（至少发表一篇教学论文）。学校给每个教师发放了《教育评价》《教育统计学》《教育目标分类学》《基本功训练与考核》等一整套教育科学著作，以提升教师的教育理论水平。

学校还拟定青年教师成长分三步走计划，即“一年基本功达标，三年成为教学骨干，五年形成个人风格”。1986年，学校制定了《关于老中青“传帮带”工作要点》，结对求教成为青年教师的自觉行动。

学校坚持开展教学技能训练竞赛评比活动，鼓励教师在教中学，在学中练，在赛中学，在赛中练。如公开课教学由单一的课型发展到青年教师汇报课、骨干教师典型课、教改研究课、年度评优课四种课型。教学基本功除“三字一画”、普通话外，还扩展到外语、计算机、教改课题等领域。技能竞赛促进了中青年教师业务水平的提高。

图4-6　1994—1995学年第二学期学校中青年教师基本功大赛合影

学校鼓励教师提升学历和参加业务培训，学历提升采用的是脱产进修和在职进修同时进行并以在职进修为主的办法。1989年《三年制中等师范学校教学方案(试行)》实施之初，学校推荐各科骨干教师，分别参加省教委师范处举办的各科“新大纲”培训班，骨干教师们回校后积极宣讲，带头贯彻执行“新大纲”精神，并承担了所有必修课、多门选修课、课外活动、教育实习等教学及指导工作，发挥了中流砥柱的作用。1998年10月，学校出台《桐城师范关于教师参加学历进修和接受继续教育的若干规定》，加大对教师继续教育的投入，激发教师参与学历进修的积极性，提高教师学历层次，培养学科带头人，促进教师队伍整体素质的提高。

五、教师获得的奖项及荣誉

学校在艰难中不断发展，内涵建设不断提升，人才培养质量不断提高，社会影响力不断扩大，教职员工的拼搏奉献精神得到各级领导的认可。

1980年4月，江学煌被中共安庆地区委员会、安庆地区行政公署评为安庆地区教育战线“先进工作者”。同年10月，黄志杰、江学煌、赵正斌、光辉四人作为代表参加桐城县先进代表大会，受到表彰。同年12月，江学煌被桐城县革命委员会评为“先进工作者”。1988年2月，江学煌被中共桐城县委员会、桐城县人民政府评为“先进工作者”。同年4月，江学煌被中共桐城县直属机关委员会评为“优秀共产党员”。1989年9月，张恒元获国家教委、人事部、总工会授予的“全国优秀教师”称号。1992年6月，江学煌被中共桐城县直属机关委员会评为“优秀共产党员”。1996年5月，王雨辰获得安庆市“音苑园丁奖”。

学校的发展，离不开高素质教师。学校的声誉，离不开名师的影响。黄志杰、赵正斌两位老师在20世纪80—90年代的安徽省中师界享有较高知名度和影响力，分别于1995年、1998年获国家教委曾宪梓教育奖励基金会颁发的“中等师范学校优秀教师奖”。

黄志杰，1970年调入学校担任语文学科教学工作。1977年10月，桐城教育系统举行“文化大革命”后第一次文化教育先进集体先进工作者代表大会，黄志杰老师出席会议并受到表彰。1980年之前，因无配套的师范语文教材，黄志杰编写《汉语语法常识》《语言修辞常识》《古汉语常识》《谈写作与批改》《文言实词虚词释例》《小学教育教学管理》等教材，还主编了40余万字的《中师生课外阅读文选》(现代文学、儿童文学部分)。1988年，在全省中等师范学校率先开设并主讲《美学》选修课。1992年，撰写20余万字的《中师审美教育教程》讲义。在《安徽教育》《中学教育资料》《函授教学》《中师函授》等刊物发表论文数十篇。其中，《〈夏夜・秋色〉讲析》曾受到原文作者、著名作家峻青同志高度褒赞，认为文章“分析得很好，确切深刻，我读了也很受益”。

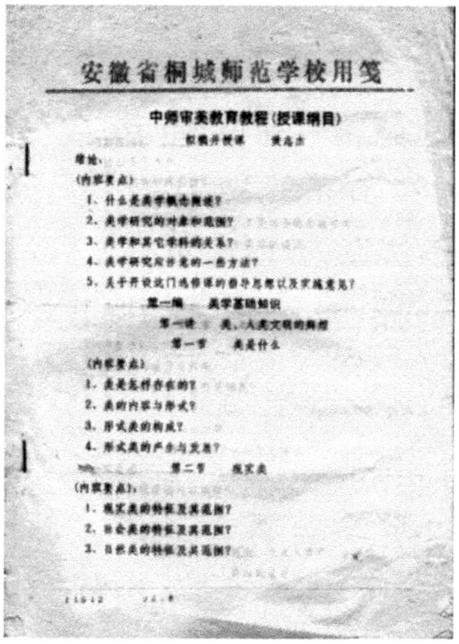
安徽省桐城师范学校用笺

中师审美教育教程(授课纲目)

绪论

(内容要点)

1、什么是美学概念概述?

2、美学研究的对象和范围?

3、美学和其它学科的关系?

4、美学研究应注意的一些方法?

5、关于开设这门选修课的指导思想以及实施意见?

第一编　美学基础知识

第一讲　美，人类文明的标志

第一节　美是什么

(内容要点)

1、美是怎样存在的?

2、美的内容与形式?

3、形式美的构成?

4、形式美的产生与发展?

第二节　现实美

(内容要点)

1、现实美的特征及其范围?

2、社会美的特征及其范围?

3、自然美的特征及其范围?

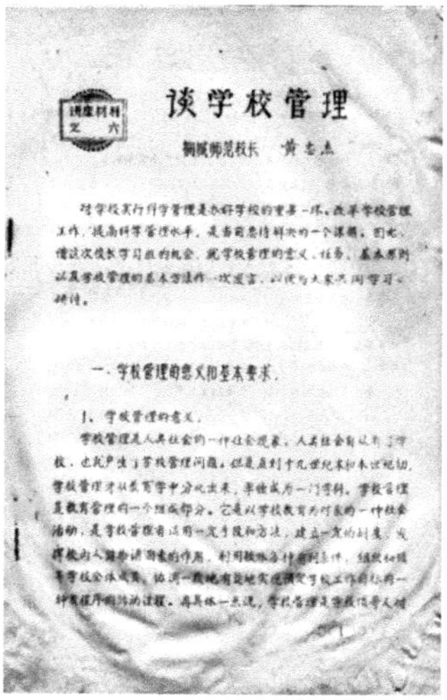
谈学校管理

桐城师范校长　黄志杰

一、学校管理的意义和基本要求

1、学校管理的意义

图4-7　黄志杰的讲稿(部分)

黄志杰在担任校长期间，贯彻中师“新教学方案”，在全省中师中最早开设《中师审美教育教程》《书法教程》《口语教程》《无线电修理》

《摄影初步》等地方性、实用性较强的选修课。他提出“四大块（必修课、选修课、课外活动、社会实践）纵横结合”模式，完成学校“四大块”教学模式的宏观建构，同时建立了如毕业生分配负责、对口挂钩联系小学、教改信息联络网、教育教学基地等社会联系制度，形成主动适应的办学机制。他提出“强化学校管理，狠抓教学质量，加速硬件建设，争创一流师范”的战略决策，带领全体教职工一起实现学校进入全省“一类师范”的目标。

赵正斌，1962 年毕业于南京大学数学天文学系，分配至学校从事数学学科教学工作。在高考制度恢复后，赵正斌多次受邀在桐城县委小礼堂、荣休院大礼堂举行高考数学讲座。1988 年 10 月、1989 年 5 月、1993 年 4 月，他三次出席安徽省中师数学教研会议并任数学论文主评委。1988 年 11 月，赵正斌出席十一省市中师数学教研会议并任数学论文评委。1983 年至 1984 年，赵正斌任安徽省中师数学教研会筹备组组长，主持安徽省中师数学教研工作并草拟《安徽省中师数学教研会章程》，任安徽省中师教育中心组皖西片片长，多次被邀请参加教育部、省、市、县组织的教材及参考资料编写和审定工作。赵正斌针对学生实际，系统钻研大学、中学、小学、师范的数学教材，研究教法，提出了许多颇具见地的教学思想和教法原则，研究出诸如“数轴法解有理不等式”等有别于传统解题的新思路、新方法，在中师数学界享有盛誉。

第六节　教学改革

学校的教学改革起步较早，站在教学改革的前沿，营造浓厚的教研氛围。探索执行“新方案”“新大纲”，必修课、选修课、课外活动、教育实践“四大块”有机结合，相辅相成，成效显著。

一、调整教学方案

1980 年,教育部召开师范教育工作会议,正式发布《中等师范学校暂行规程(试行草案)》。学校要求各教研组对照《中等师范学校暂行规程(试行草案)》要求,从课堂教学、作业批改、学科课外活动等方面制定各学科教学工作实施意见,尤其加强语文、数学两科教学,同时加强音乐、体育、美术、写字、普通话等方面能力的训练。

1984 年,学校根据对农村小学课程开设与师资知识结构现状的调查结果,在国家教委《三年制中师教学方案》(即新方案)颁布前,调整教学计划,开设劳动技术、美学、口语、书法等课程,改善了学生知识、技能结构状况,促进了学生美育的发展和职业技能的提高。黄志杰开设《美学》课程,此举开当时省内师范教育系统美学教育之先河。

1985 年,国家教委师范司颁布《中等师范学校培养目标》,学校组织教职工学习讨论,明确了面向小学的办学方向和人才培养目标,加大贯彻落实中师生基本功十项要求的力度,强化基础知识和基本技能的训练。学校制定了每周开展教研活动的制度、听课制度、教学检查制度,实行新的图书、仪器管理办法,加强教研组建设,组织学生研究小学教材教法,设计学生的实习活动。各类讲座是对课堂教学的必要补充。1985—1986 学年度第一学期,汪长春举办数学讲座 1 次,汪习军等举办语文知识讲座 3 次,江兴元举办《古典诗词阅读与欣赏》讲座 2 次,江建华、孙亚分别为学生开“音乐欣赏会”2 次。

1986 年,国家教委颁布〔86〕教师字 006 号《关于调整中等师范学校教学计划的通知》(简称“86 方案”)。学校根据“86 方案”,狠抓知识和技能的传授与训练,抓基本能力的培养。1986 年至 1989 年,为落实“86 方案”,学校将《各学科中等师范学校培养目标》要求各学科掌握的知识、技能分层次分解到各教学时段中,制定过关的具体要求和措施;分学科制定符合《各学科中等师范学校培养目标》和教学实践的评估细则；建立教学业务档案和教师业务档案。

1989 年 6 月，国家教委颁发《三年制中等师范学校教学方案（试行）》（简称“89 方案”），这是中等师范学校一次重要的教育教学改革，改革的核心内容是提出中师教育教学实行必修课、选修课、课外活动、教育实践有机结合的“四大块”模式。尽管学校未被列入首批实施“89 方案”试点学校，但是学校仍积极创造条件，主动调整并确定分过渡阶段和全面实施两阶段进行。过渡阶段主要解决 1987 级、1988 级、1989 级的教学内容向“89 方案”靠拢的问题。全面实施阶段从 1990 级新生开始。学校分别制定“四大块”的实施方案，特别是对必修课与选修课提出了具体要求。1990 年秋，“四大块”课程体系已基本形成，至 1993 年无大的变化。

1994 年至 1997 年，学校加快教学改革步伐，“四大块”模式主次分明。教学上突出必修课的主体地位，17 门必修课计 1360 余课时，任务明确的 14 门选修课也无一偏废。在选修课中，说话、书法、美学、陶行知教育思想、桐城地理等课程在安庆市率先开设。1997 年，围绕素质教育，学校大胆进行教学改革：优化学科课程、强化活动课程、开发潜在课程，同时注重这三类课程的互相结合、相互渗透。

1998 年秋，教育部对 1989 年颁发的《三年制中等师范学校教学方案（试行）》课程设置的四个板块内容进行了调整。学校结合学生实际需要，重新设置四个板块的内容。一是将必修课中的语文基础知识、文选与写作调整为阅读与写作、现代汉语知识、教师口语、小学语文教学法；数学调整为代数、几何、小学数学教学法，增加了计算机应用基础，其余科目不变。二是选修课分为必选课和任选课两种。必选课有英语、书法、健康教育、现代教育技术、音乐、美术。任选课根据内容分为文化科技类、教育理论与技能类、艺术类、体育类、劳技与其他类等五类。文化科技类调整为现代科技知识、中外名著欣赏、中国文化史简介、人口与环境；教育理论与技能类调整为教师口语、小学学科教学法、素质教育理论与实践、小学教育科研基础、小学活动课指导、小学班主任工作;艺术类调整为器乐、舞蹈;体育类调整为球类系列;劳技与其他类调整为小学教具制作、养殖;活动课调整为学科活动课、科技活动课、文化活动课、劳技活动课及讲座、相关兴趣小组;教育实践课未变动。

二、体育卫生工作

20 世纪 80 年代初,学校办学条件很差,体育、卫生的基础设施很不完备,但是全校师生克服困难,发扬顽强拼搏的精神,体育卫生工作却取得了丰硕成果。1985 年 9 月,学校组队参加安庆地区中学生田径运动会,获师范组团体总分第二名,女子 4×100 米接力赛第一名,破 18 项安庆地区师范组记录。1987 年,学校接受省教委、省卫生厅的检查验收,获得“良好”等级。当时省教委体卫处领导高度赞赏学校在十分艰苦的条件下开展体卫工作的成就。1992 年 4 月,学校代表队参加安庆市首届中专中技田径运动会,女子代表队获中专组团体总分第六名。1988 年至 1992 年,体育达标率一直在 90%以上,1993 年至 1994 年达到 91.6%。1993 年,学校卫生工作获桐城县爱卫会表彰,授予“爱国卫生先进单位”称号。1994 年,校教职工篮球赛在桐城县教委系统比赛中勇夺桂冠。1996 年,学校在全省中师体卫工作验收中取得“双优”的成绩。

1995 年 10 月,为规范体育教师的教学行为,学校教导处和体育组共同制定了《桐城师范体育教师课堂教学常规》,对体育教师课前、课堂、课后的教学常规提出了具体明确的要求。如在课前教学常规中,体育教师除制订教学计划、认真备课、写好教案外,还要有计划地做好体育部长和体育委员的培训工作,并利用课余时间进行定期训练,使他们懂得如何配合教师进行教学。在课堂教学常规中,要求教师讲解简明扼要,有目的地作出正确的示范动作,每堂课都要提出具体要求和安全措施。在课后教学常规中，除认真做好教学总结外，要统计好学生的体育成绩，学年结束时填写体育合格情况登记卡、身体素质测验登记表、达标情况等。

三、开展教育实践

教育实践对于教师职业素质和道德的培养、学校教育教学质量的检测具有特殊作用。教育实践包括两大部分：社会调查和教育见习、实习。在长期的摸索中，学校形成了长短结合、分散与集中结合、校内与校外结合、课内与课外结合，分年级、分层次的教育实践模式。

学校开展教育实践的考评，1991 年之前基本局限于毕业实习，1992 年开始确定社会调查在社会实践中的分值比重，制订了各项目的具体评分细则及学生教育实践活动计分表。

社会调查是学校教育实践的一大特色，有助于帮助学生更好地了解社会、观察社会，了解农村小学教育教学现状，是对学生进行热爱乡村、扎根农村的专业思想教育的一种很好的途径和方式。社会调查在两个时段完成，一是每年寒假、暑假的社会调查。从 1987 年暑假开始，每个学生都要根据学校整体部署开展社会调查，撰写调查报告，是新学期开学必交的作业。学校组织语文教师对调查报告进行评比，并将优秀调查报告汇编成集。如 1987 年社会调查范围：农村第一步改革（家庭联产承包责任制）成果（可调查一个乡、一个村、一个小队或几户），农村第二步改革（发展商品经济）情况（可调查一个乡、一个村），农村改革给家庭、社会带来的变化，勤劳致富典型，精神文明建设中的典型，基础教育现状等。学生在对以基础教育现状、“普九”、扫盲、毕业生跟踪等为内容的调查报告中对农村小学教育的成效、弊端及学校毕业生反映的教育差距作了如实记录。部分学生的优秀调查报告被桐城县《教育简报》、广播站录用，绝大部分的优秀调查报告在学校广播站和黑板报专题墙刊进行宣传。如 1986 级民师班学生吴彤汉的

《桐城县包圩乡双闸小学教育情况调查报告》、普师1985级(1)班学生汤爱宁的《越是改革越向前——东风小队走上改革之路的调查报告》、1986级(2)班学生鲍德宽的《丰收之际农民在想些什么》、1985级(2)班学生毛才锋的《一个自学成才、教书育人的青年教师的足迹》等调查报告,材料翔实、分析深刻、文笔流畅,得到师生较高的评价。二是实习期间的社会调查。如1987年3月,在1984级三年制中师毕业班、1985级二年制中师毕业班教育实习计划中,明确规定实习任务除跟班见习班主任、少先队工作和课外活动的组织与指导、课堂教学实践外,还要进行社会调查。每个实习小组就近调查了解农村经济改革后个人劳动致富和带领群众致富的典型事例并作出书面调查报告上交党支部。在1990年教育实习计划中明确,每个实习生实习期间要提交一篇不少于1000字的调研报告。1996年,学校暑假开展"爱心献社会,孝心献父母"活动,将暑假社会实践与当时教育工作重点的"两基"工作结合起来,面向全校学生开展了一次以"普九"、扫盲为主题的社会实践活动,重点是对文盲和初中补偿教育对象施教。学生开学将《桐城师范学生社会活动登记表》和施教对象的作业本上交后,方可办理报到注册手续,同时学校对活动中表现突出的同学予以表彰。

教育实习管理的成效,主要体现在实习制度的制定及规范可操作方面,如见习制度、成绩折算、实习规范和实习评估细则的科学规范等。

(一)建立实习领导小组

因实习工作需要得到当地教委的支持,所以学校聘请教委主任或一位副主任与师范校长、各实习学校校长共同担任实习领导小组组长。教委领导主要协调各学校,支持实习工作,师范校长及各实习学校校长则负责具体工作。如1987年3月,桐城县教育委员会关于转发《桐城师范八四级三年制中师毕业班、八五级二年制中师毕业班教育实习计划的通知》即明确规定："师范生的毕业实习是在县教委的领导下，师范学校会同有关小学组织安排的。县教委一位副主任及师范学校校长、各实习学校校长共同担任实习领导小组组长。"

(二)实习前的准备

一是选定实习学校。实习学校的条件是：师资力量较强，教学质量较好，交通条件较方便，能解决实习生食宿的小学。1992 年前，除了城关及城郊的小学，更多的是合安公路沿线的小学。1992 年后，学生实习学校主要是与城关及郊区挂钩的 8 所学校，即实验小学、城关镇中心小学、东关小学、南塘小学、城郊小学、四新小学、翻身小学、长生小学。二是分配实习生。每个实习班级安排 2～3 个实习学生，遵循男女搭配的原则，依据可供实习班级数，将实习生分配至实习学校，并分实习小组，规模大的学校以年级分组，规模小的即为一组，指定管理能力较强的实习生担任组长，选定 1 位文字水平较高的担任实习通讯员。三是安排实习指导老师。每个实习小组由学校派 1 位教师驻点指导，全程负责，有的年份 1 位指导老师指导 2～3 个实习小组。四是重视试讲环节。各实习小组自行组织试讲，因试讲教室不够，实习生在寝室试讲是很正常的现象。实习生在小黑板上板书，实习指导教师现场指导，实习生之间相互指出不足。人人过关后，方能上实习班级讲台。

(三)实习内容

一是跟班见习。每个实习生都必须跟班。二是进行教学实践。每个实习生都必须进行语文、数学两科的教学实习，音乐、体育、美术则可选一。实习结束要提供自己最满意的两个课时的语文、数学教案。三是进行实习调查，写一份实习调查报告。

(四)实习成绩评定

实习生的实习成绩主要由实习学校及师范学校指导老师采用查、

听、问、看、谈等方法，考察实习生的实习态度、教育教学工作等方面，最后按优秀、良好、及格、不及格四个等级评定。

(五)召开座谈会、评比实习小论文

实习结束后，学校召开实习学校校长座谈会、指导教师座谈会及实习生代表座谈会，对实习生撰写的实习小论文进行评比，并将优秀小论文装订成册。

(六)实习通讯组

教育实习通讯组的设立是学校教育实习的一大特色。实习通讯组设主编一人，每个实习小组设通讯员一人，组织稿件，编辑、印发《实习简讯》，及时、客观、全面反映教育实习中方方面面的工作动态，表彰好人好事，进行实习总结，指导教育实习，推进实习工作。通讯员每人组织编一期反映本实习小组的实习“手抄报”，实习结束后进行展览，作为实习成绩评定的依据之一。当时通讯条件较差，相互间联系靠步行或骑行，信息交流很不及时。所以《实习简讯》起到了交流信息，相互学习借鉴，了解实习动态的作用。

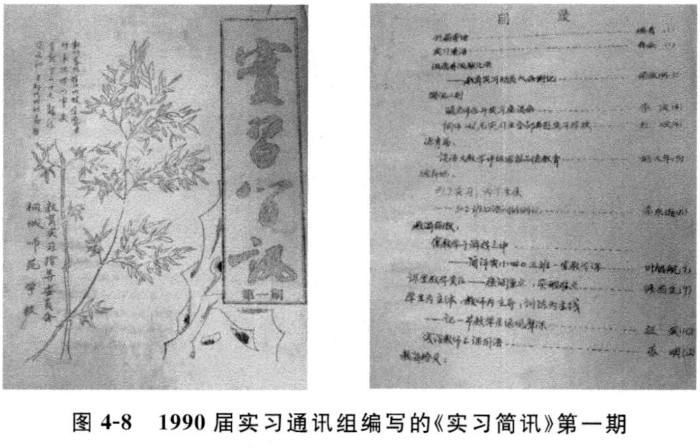

图 4-8　1990 届实习通讯组编写的《实习简讯》第一期

四、各类培训工作

1982 年以前，学校主要开展脱产培训，先后举办各级各类培训班 12 期，为桐城及安庆市区和枞阳、怀宁、潜山、岳西等县共培训小学教师 1986 人。从 1982 年开始，学校承担了桐城县以小学教师学历补偿教育为重点的在职培训。1990 年，在籍的有中师函授 1987 级、1988 级、1989 级、1990 级四个年级学员 199 人；卫电中师学员 165 人；《岗位合格》培训学员 90 人；高中学历补修教育理论课培训班学员 715 人；小学校长培训班 200 人。合计五种形式四个层次的学员共 1369 人。至 1990 年，学校为桐城县输送学历培训合格的小学教师 441 人，占全县小学教师总数的 12.1％，使桐城县在职教师的合格率由 1983 年的 42％上升到 68.7％。

五、加强教学管理

（一）教学常规

学校将“抓常规，保质量”作为教学管理重点，形成了严教风、严考评、严考风的“三严”教学管理常规。一是严教风。1992 年，学校出台《课堂教学环节规范基本要求》，教研组和授课教师拟定“教研组工作安排表”和“教学进度安排表”，并选定教研课题。教导处对每位教师的教学计划、备课笔记、作业批改、课外辅导等进行随机抽查与集中检查，且教学检查经常化、制度化，检查结果记入教师个人业务档案。二是严考评。自 1992 年秋季始，每学期开展一次全体师生参与的评教评学活动，并将评价结果记入教师业务档案，作为岗位考评依据。三是严考风。自 1992 年秋季始，学校对考试命题、纪律、阅卷、结果分析评价等环节进行改革，以考风促进教风、学风及校风。在命题环节，分年级统一命题，先制订考试命题细目表，再据此进行试卷编制。在语文、数学、物理、化学、政治等学科中,实行不同年级交叉命题。在考试环节,严格考试纪律,阶段、学年、毕业考试,一律混班混级编排考场,实行单行单桌单人编排座次。对考试中的作弊行为,一经发现,均记录并报教导处,教导处会同有关方面进行处理,结果通报全校及家长,情节严重的,通报至学生生源地教育局以及其初中毕业学校。在阅卷环节,年级交换流水阅卷、登分。在考试结果的分析评价环节,教导处会同各学科教研组对考试结果进行统计分析评价。

(二)发挥教研组作用

教研组参与教育教学全过程,是实施教育教学的重要力量。教研组活动参与范围广,发挥作用大。实施教研活动日制度,自1985年开始,坚持每周一下午开展教研活动。以教研组为单位,安排活动内容,制定活动目标。选定课题,进行教改实验。结合教育教学实践,总结交流教研经验。

在1990—1991学年教学工作要点中,学校明确要求各教研组要利用教研活动时间组织本组教师研讨,教研组和教务处联合检查督促授课教师执行教学计划情况,组织组内互听互评。各教研组安排教师会同图书馆工作人员编制"课外阅读书目"并推荐给学生,确立本组课外活动"龙头"项目,组织安排系列活动等。

1994—1995学年度第二学期教学工作安排表显示,单独召开教研组长会议五次。教研组在学期开学前的教学工作计划制订、课外活动安排,期中的学生一、二年级基本功训练检查与考核、教学检查,期末的考试组织等方面全方位参与。

1995—1996学年度第一学期工作要点关于教学工作任务明确提出:"强化教研组工作,切实抓好教研活动的开展。"

在教学工作实施的过程中,各教研组加强学习,认真贯彻"教学大纲",分学科进行新旧大纲的对比研究,交流学习体会。在教学研究与改革中，学校要求以教研组为单位进行研究与改革，坚持集体备课制度和听课制度，各教研组制定计划开展教学观摩，并做活动记录。在教学检查中，教研组每学期对组内学科进行2至4次全面检查，并做记录和汇总，归入个人业务档案，作为评优评职的原始材料。

(三)建立教师的业务档案

教师业务档案是教师教育教学活动的行为轨迹，是评价教师业务水平的重要依据。在1992—1993年的教学工作要点中，要求收集以下材料归档。第一类是由教师本人填写的《教学工作情况统计表》，内容包括学期教学任务、目的、工作量、教学进度安排、改进教学工作的措施、重点研究的专题、考试质量分析、开课听课情况、出勤情况、奖惩情况、论文发表和著作情况、学期教学工作总结等。第二类是教导主任根据原始材料以写实手法填写的《教师工作情况反馈表》，内容包括备课笔记检查情况、作业批改检查情况、学生考试情况、听课评课情况、教学研究情况、学生反映等。

(四)教学成果

1985年，国家教委颁布了《关于做好普通高等学校试招中学保送生工作的通知》，部分高校招收保送生试点范围扩大。中等师范学校据此可保送2%的“德智体全面发展，学习成绩优秀，志愿献身教育事业”的应届毕业生到师范院校学习深造。学校自1985年至1999年，先后有潘承玉、章小平、开健、王先根、陈乔珍、柏国栋、汪秋霞、邹春秀、余继飞、汪磊、段宝根等优秀毕业生通过推荐，保送至安徽师范大学就读。

20世纪80年代和90年代的办学成果是显著的。毕业生知识积累丰厚、知识结构合理,教学基本功扎实,热爱教育,扎根乡村,默默奉献,为安庆市及皖西南地区基础教育的发展作出了重要贡献。具体体现在以下几个方面。一是中师会考成绩突出。安庆市自 1992 年开始在安庆师范、桐城师范、怀宁师范、太湖师范及岳西师范班(仅 1992 年有普师班)中实行中师毕业会考制度。普师班会考科目为政治、语文、数学、历史、教育学,1993 年始增加了物理科目;民师班会考科目为语文、数学、教育学。由安庆市教委师资培训科组织实施,互派监考教师。1992 年,学校毕业班学生首次参加全市师范学校会考,普师总成绩名列前茅,通过率为 98%,其中全市不及格共 43 人,桐城师范学校仅政治、语文、历史三个学科每科 1 人不及格。民师班仅数学一科 1 人不及格。1993 年,普师毕业生会考通过率为 99%,以六个科目平均 76.8 分的成绩排名第一。全市普师不及格人数为 57 人,桐城师范学校仅 1 人不及格。民师及格率 100%。1994 届普师班毕业生在全市中师毕业会考中,总平均成绩名列前茅,地理学科排名第一,平均 78.94分,这也是自安庆市 1992 年实行中师毕业会考制度以来学校创造的最好成绩。二是体卫工作、"双推"工作、"学陶师陶"活动成果丰硕(见本节相关内容)。三是学生在各类竞赛中获奖较多。如 1996 年,在全国中师化学科普知识竞赛中,学校有 3 名学生获得全国化学科普知识竞赛一等奖,6 名学生获得华东地区一等奖,12 名学生获得省级一等奖;2 名教师获华东地区优秀辅导教师一等奖,1 名教师获全国优秀辅导教师一等奖。1998 年 3 月,1998 届 304 班琚美风的《妈妈,长大后我去山里好么》获得《中国写作报》第二届"新星杯"全国中学生作文大赛二等奖。303 班沈晓鹏论文《浅谈企业改革与习俗观念》、郎红论文《小议我国的外交政策——由中日邦交正常化 25 周年想到的》在皖西片中师政治教研会学生论文竞赛中分别获一、二等奖。

六、重视教科研工作

20 世纪 80 年代初,基于大环境影响和教学实际,学校能正常开足规定课时已很不易，所以教师无过多精力投入教改，由于教师对教改的认识不一致，教改氛围不浓，唯有语文学科教研成效明显。1986 年，学校制定《教研工作暂行规定》，对教研工作有一定促进。1987 年 10 月，安徽省中师语文教学研究会在学校召开，对学校教研工作是一次有力的推动。

1990 年全面实施“新大纲”之初，学校提高了对教改的重视程度，采取了一些举措。如推荐各科骨干教师分别参加省教委师范处的培训班、研讨会，特别是在探索“四大块”有机结合的过程中，教研和教改风气浓厚起来，学校聘请安徽省讲师团成员讲授现代教育理论，聘请安徽大学数学研究所教授介绍数学边缘知识，聘请安庆市教研室专家讲课。各教研室组织教师互相交流、开展观摩教学，并推荐教师参加市县教育系统组织的竞赛活动，如演讲、优质课教学、文艺汇演、体育比赛等。在教改中，各科教师对新教法的运用作了积极的尝试，如导读法、纲要信号教学法、单元教学法的运用都取得了一定的成效，电化教学手段率先运用于德育、书法、生物、语音教学中。

1994 年“评估”之后，学校加快教学研究与改革的步伐，提出“科研兴校”的口号，把教研组活动与听课评课作为常规教研活动加以规范，并开始确立教改课题，推进以计算机为中心的多媒体辅助教学进程。教研组每两周活动一次，学校每学年开 5 节以上的研究课，教师互听课每学期 8 节以上。学校制订了完善的教学改革计划，每学科都有教改项目，现代化教学手段得到较充分应用。当年全校有 38 篇论文被《安庆教研》汇编成集。

至 1995 年，教师发表的论文就达 135 篇，获县以上奖励的共有 34 人次。1998 年年底，学校教代会讨论通过了《桐城师范学校关于教育教学科研工作的若干规定》，设立了教科研奖，教师的教研热情显著提高。仅 1998—1999 学年度，学校有 40 多篇论文获奖，1 项省级课题、8 项市级课题分别立项，张耀庭老师的论文《运用现代教育技术提高小语教学质量》及其配套教案均获国家级一等奖。杨雪松老师的《把握中师生化学学习心理,努力提高中师化学教学水平》《在中师化学教学中实施素质教育的若干思考》《加强实验教学,培养学生能力》分别在1995年、1997年、1998年获华东地区中师化学学科论文评比二等奖、一等奖、一等奖。在1998年安徽省中师化学教研会上,因开展"三小"(小论文、小制作、小发明)课外科技活动中成绩显著,杨雪松被评为优秀辅导教师一等奖。

表4-3　1984—1994年教师教科研成果统计表(部分)

姓名	作品名称 参赛名称	发表刊物 颁奖组织	年份	等次
黄志杰	主编《中师生课外阅读文选》	省中师语文教研会	1985	
黄志杰	主编《儿童文学作品选读》	省中师语文教研会	1987	
程根荣	雨巷·丁香的芬芳	中师课外阅读文选	1984	一等奖
程根荣	改革中师作文教学的几点尝试	省中师语文学会	1985	一等奖
章志宏	全省中师青年教师授课大赛	省教委	1988	一等奖
琚诒忠	书法作品	安庆市职工书法竞赛	1989	二等奖
焦发生	解惑、鼓励、引导	安庆市读指委、安庆市总工会	1993	一等奖
孙　亚	月圆之夜	安庆市红星杯文艺汇演	1990	一等奖
李雪磊	吴汝纶弃官兴教育	《师范群英 光耀中华》大丛书	1990	
李雪磊	担任《语文学教指要》(150万字)副主编	《文汇报》	1992	
李雪磊	《贫与富》人物选析	《外国文学作品选讲》	1992	

续表

姓名	作品名称 参赛名称	发表刊物 颁奖组织	年份	等次
黄传龙	直线与圆的有关轨迹方程	安庆市优质课大赛	1992	一等奖
黄传龙	深化教改,开拓前进	市赛,选送省评	1993	二等奖
开　健	谈谈毛泽东同志文艺理论的美学思想	《安徽日报》	1993	
王寿信	从实际出发,抓主要环节育有用人才	全国中师学术年会	1993	省一等奖 全国三等奖
张耀庭	把握中师学习心理,努力改进中师语文教学	省中师语文教研会第十届年会论文	1994	一等奖
张耀庭	《海报》写作	校园应用文写作	1993	
张耀庭	《鸿门宴》知识要点训练	《中学语文应试科学丛书》高中卷	1994	
梁志斌	《温暖》《涂呀涂》赏析	《儿童文学作品选》	1989	
梁志斌	弃官兴教育	《师范群英 光耀中华》	1993	
董芝萍	刺绣作品三幅	安徽省第二届妇女书画展	1990	
江　虹	小岚	省级展览	1994	

七、开展课外活动

(一)课外活动类型

课外活动对拓宽学生知识面、培养动手能力、发展学生个性等具有重要意义。学校在办学过程中始终重视课外活动的开展,不仅注重内容形式的丰富多彩,还注重活动开展的系统性、针对性和有效性。

学校在历次教学质量检测和办学水平评估中,学生均展现出全面过硬的基本功素养,这与学校课外活动的有效开展密不可分。以 1985

年上学期教学行事历安排为例。

第一周(3.1—3.3)组织二年级学生下乡参加普及教育检查。

第三周(3.11—3.16)做好下乡学生回校和总结工作;学生恢复早操、课间操和升旗制度;准备省中师画展稿件(董芝萍)。

第四周(3.18—3.23)刻印优秀作文选刊(潘忠荣、汪习军)。

第五周(3.25—3.30)音乐欣赏会(一)(江建华);纪律教育专题活动;三年级教育实习的准备工作。

第六周(4.1—4.6)数学兴趣讲座(一)(汪长春);祭扫革命烈士墓。

第七周(4.8—4.13)组织学生春游;组织五四青年节活动。

第八周(4.15—4.20)古诗的阅读和欣赏讲座(江兴元)。

第九周(4.22—4.27)音乐欣赏会(二)(讲座)。

第十周(4.29—5.4)“五四”画展;“五四”小型体音对抗赛。出“五一”专刊。

第十二周(5.13—5.18)古典诗词阅读和欣赏(二)(江兴元);举办“青春音乐会”;三年级教育实习情况总结。

第十五周(6.3—6.8)组织学生与小学少先队的联谊活动。

图 4-9　乐器兴趣小组活动

图 4-10　舞蹈兴趣小组活动

图 4-11　广播操比赛

图 4-12　文艺演出

课外活动涉及文学、数学、音乐、美术、教育实践等各方面，其突出特点是内容丰富多彩，有无线电安装、摄影、测量、书画剪纸、球队裁判、舞蹈器乐、文艺演出、歌咏比赛、体育比赛、文学社团、电教软片制作等。在 1985 年下学期的教学行事历中，除学校组织的各项学习和活动，课外活动的开展更着重发挥班级和学生的自主性。

第八周(10.20—10.26)班级周末晚会。

第九周(10.27—11.2)班际篮球赛。

第十二周(11.17—11.23)班级主题晚会(推广普通话)。

第十八周(12.29—1.4)班级语文知识竞赛。

1986 年 12 月，1985 级进修班学生在班主任、数学老师章志宏的组织下举行数学小论文竞赛，并从参赛的 48 篇作品中选出 25 篇，经过章志宏的精心修改，汇编为《桐城师范 85 级进修班学生数学小论文选编》。其涵盖“问题讨论、专题写作、一题多解、解题方法与技巧、数学文摘、教改实验、数病诊所、数学史话”八大板块内容，每个板块内容均由学生从不同角度阐述和论证自己的思考和见解，是学生开展数学课外研究的结晶和见证，也是学校第二课堂园地结出的硕果。

自 1990 年始，“四大块”全面实施，学校课外活动的开展更具有明确的目的性、针对性和系统性。

一是组织学生课外读书活动。首先，各教研组分学科确定 1～2

名教师会同图书馆工作人员编制“课外阅读书目”向学生推荐。为便于学生提高阅读效率和充分利用馆藏图书，书目编制采取分门别类、循序渐进的方式并最大限度地包含学校藏书。其次，各科教师主动协助班主任组织学生课外读书小组，并帮助制订读书计划，加强必要的指导和督促。再次，组织开展学习方法、经验和心得的交流与总结。

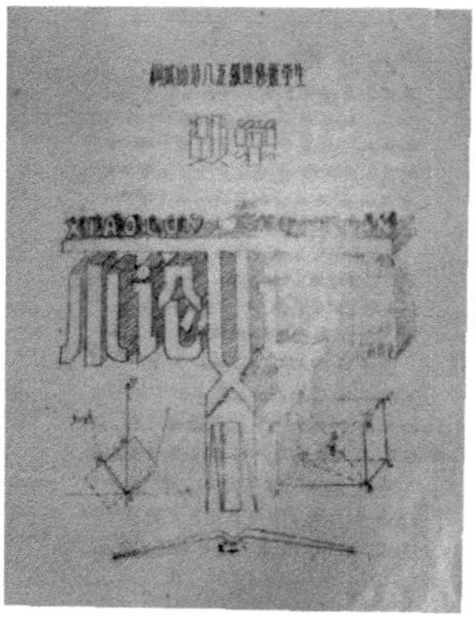
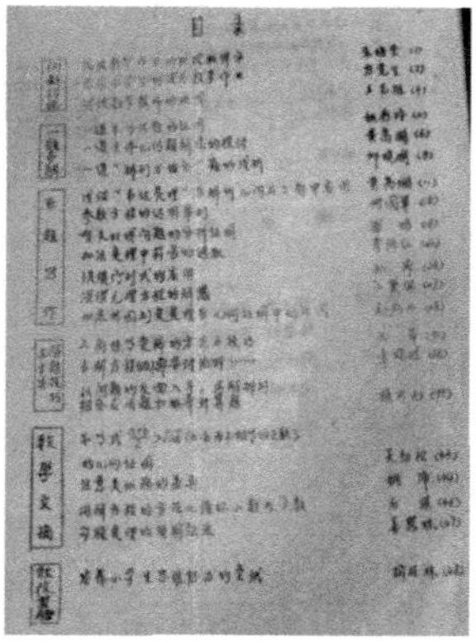

图 4-13 《桐城师范 85 级进修班学生数学小论文选编》

二是巩固和发展文艺、体育、科技和其他活动小组(社团)。学校在对学生进行兴趣摸底的前提下，吸收有相应兴趣的学生参加各类活动。各教研组进一步确立本组课外活动的“龙头”项目，制订活动目标、计划和管理制度，及时总结提高。

图 4-14 文学社活动

图 4-15 学校领导与广播站工作人员合影

表 4-4　桐城师范学校 1992—1993 学年度课外活动小组情况登记表

课外活动小组名称	成立时间	指导老师	负责部门
书画社	1984.9	董芝萍	体艺组
器乐小组	1990.10	孙亚	体艺组
歌咏队	1990.10	孙亚	体艺组
无线电技术小组	1986.10.18	赵永根	理化生组
地理测绘小组	1987.10	琚诒忠	政史地组
摄影小组	1986.10.18	高旭辉	
“双推”小组	1990.10	全体语文教师	校“双推办”
篮球队	1984.9	吕斌等	体艺组
田径队	1984.9		
文学兴趣小组		各班语文教师	教导处
文艺晚会(校、班)		全体艺体组教师	教导处、政教处
舞蹈队		孙亚	体艺组
嫁接小组		程建屏	理化生组
篮球赛			体艺组
乒乓球赛			体艺组
文学社	1992.12	江亚丽、徐文武	201 班委会
文学社	1992.11	刘久芳	203 班委会
演讲赛		梁志斌	301 班委会
元旦书画展		董芝萍、江虹	体艺组
武术小组		陈宝平	体艺组
韵律操队		吕斌、陈宝平	体艺组
剪纸小组		董芝萍、江虹	体艺组
硬笔书画赛		全体语文教师	语文组
学干培训班		章志宏、李雪磊	团委、政教处

三是组织系列讲座及班校两级竞赛活动。各教研组根据《三年制

中师教学计划(新)》中课外活动系列讲座安排要求,先行摸底,确定可承担的讲座项目内容和人选。学校指导学生自行组织班校两级的演讲、辩论、作文、基本功、文艺汇演、运动会等活动。

(二)学生基本功训练与检测

为了强化学生基本功训练,学校添置了风琴、钢琴、小黑板、电视机等器材,制订了《桐城师范学生基本功训练与考核办法》。对学生进行基本功训练、检测成为学校课外活动开展的一大特色,单项考核及成果展示常态化。如在1994—1995学年度第二学期教学工作安排表中,一、二年级学生基本功训练检查与考核4月、5月各安排一次。1995年12月,学校面向全校师生员工举办了"桐城师范'96元旦书法、美术作品展",作品形式多样,有书法、篆刻、剪纸、中国画、色彩画、素描、速写、应用图案设计、手工制作、雕刻等。1996年,借助于"普通话水平测试"的规定和园丁科技行动,学生的基本功训练已达到规范化和系统化。1996年1月8日下午,为了加强中师生简笔画基本功的训练,学校举行"简笔画基本功汇报表演"以检测各班开展的简笔画基本功训练的成果。1997年12月,学校举行"'98元旦学生书法美术作品展",并为参展作品作者发放参展纪念证。

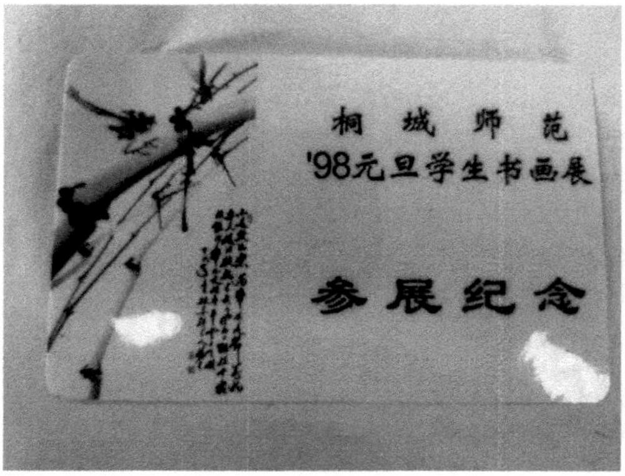

图4-16 桐城师范'98元旦学生书画展参展纪念证

学校每年还举办一次全校性基本功大赛，大赛项目涵盖普通话与口语表达、三字一画（毛笔字、钢笔字、粉笔字、简笔画）、写作等所有基本功训练内容。参赛对象除“写作”为各班推荐人选外，其余均为教导处按花名册随机抽取参赛者。这种一年一度的比赛，成为学校培养“全能型小学教师”的检验场。各班自发推选普通话“推普员”、书法“小组长”、书画能手，组建帮扶对子，自主利用自习课、周末组织各类小组，开展课外训练。

（三）课外活动及基本功训练成果

在课外活动中，学生不仅得到了锻炼，培养了能力，还取得了不少成果。“文学兴趣”小组中的葛徐栋、吴兴胜、徐世庆等分别在全国中学生作文大赛、《中师报》“芙蓉杯”全国中师生作文大赛中获奖，不少同学的文章在《中师语文》《中师报》《流泉》《安徽中师》等报纸、期刊上发表。“书法兴趣”小组的毛笔、硬笔书法作品曾在安徽省中学生书法大赛、安庆市“邮政杯”书法大赛、桐城县“七一”书法大赛中获奖。1992年5月，学校组织学生参加《中国青年报》报社等三家单位举办的全国中学生硬笔书法大赛，获组织奖。其他如摄影、美术、音乐、无线电小组的作品也多次获得奖项。

图4-17　桐城师范学校1995年基本功汇报指导教师合影

第七节　“双推”与“学陶师陶”

1977 年至 1998 年，学校在艰难发展中创造了师范教育的辉煌，多项工作走在全省同类型学校前列，其中，“双推”工作和“学陶师陶”活动更值得肯定。

一、推广普通话，推行规范字

1982 年，第五届全国人大五次会议通过的《中华人民共和国宪法》明确规定：国家推广全国通用的普通话。1983 年，原教育部下达的《关于加强中等师范学校推广普通话和推行汉语拼音工作的通知》明确指出：普通话是教师的职业语言。作为推普工作的前沿阵地，师范院校肩负着培养中小学教师的重任，做好语言文字工作是师范院校义不容辞的职责。

20 世纪 80 年代初，因学生来源于安庆市各县乡村，方言浓重而复杂，毕业生大都回到本乡本土任教，难以产生学习普通话的紧迫感，加之师生主观上对“双推”(推广普通话，推行规范字)工作的认识不到位，所以尽管开展“双推”工作较早，但因起点较低，进度缓慢，成效不明显。自 1984 年始，学校高度重视“双推”工作，“双推”工作走上了正轨。

1986 年，学校成立了“双推”工作领导小组，校长任组长，分管校长及校办室、教导处、语文教研室负责人为小组成员。领导小组下设“双推”工作办公室，教导主任任办公室主任，负责“双推”工作的计划制定和组织实施。各班级、各教研组为基层“双推”单位，班主任、教研组长分别任组长。学校聘任全体语文教师为推普员，推普员在班主任的协助下，负责各自授课班级“双推”工作业务指导、检查验收等工作。各班成立推普小组，设学生推普员 4～6 名。

1990 年，为贯彻国家教委《关于加强对中等师范学校学生进行普通话考核的意见》和省教委《关于检查验收中等师范学校“双推”工作的通知》精神，提升师生普通话水平，学校制订了《桐城师范学校“双推”工作规划》，明确了总体目标、阶段性目标和分类目标。为推进规划的实施，学校还制订了《晚间推普制度》《各班推普员工作守则》《教职工推普工作八大要求》《毕业生普通话合格考试制度》《优秀推普员评选条例》《学生“双推”考核办法与标准》等，从制度层面保证工作的有效开展。

学校利用宣传栏、班级黑板报、校园广播等宣传语言文字工作的政策法规。“普通话是教师的职业语言”“请说普通话，请写规范字”等标牌标语在教室、宿舍楼、食堂及师生工作生活的区域张挂。在办公室、教室、实验室、图书资料室、电教室等张贴（挂）各类职责、规章制度，重点要求语文、写字课教师、打字员及各班规范字推广小组起示范带头作用。通过多种途径的宣传，让师生逐渐认识到语言文字工作的重要性，理解了普通话的教学、宣传、工作、交际的“四用语”职能，并深刻认识到师范是教育的母机，师范学校的局部语言环境及教师、职工与学生的“四用语”水平，对面向社会推广普通话具有先导、示范作用。

在学生入学、在校、毕业三个环节，学校把好“三关”：招生关、达标关、毕业关。招生关：即招生前对考生进行口试，对方言特别严重的考生，学校不予录取。达标关：即严格按照《中师生普通话分级标准》对各年级学生进行考核，不合格者，学校不予升级，补考合格后方予升级。毕业关：即毕业实习前，要求普通话、汉语拼音都应达标，否则学校不发“普通话合格卡”。

学校全力为学生学习普通话、用好规范字提供条件。学校广播站设有专门的“双推”节目，“晚间推普”每周 3 次，每次 30 分钟，即每周一读，每周一拼，每周一讲；各班板报设有“推普角”并配备电视机，要求每晚 7:00 到 7:30 收看新闻联播。学校除正常语言文字教学以外，二、三年级开设“说话课”。下午上课前安排 20 分钟写字课，班主任进课堂督查,习字作业每周收阅一次,由语文老师批阅、评讲与指导。学生入学后,每人领到一块小黑板,方便训练粉笔字。“双推”工作办公室编辑印制《双推简讯》,将《三千常用汉字注音表》和《安庆地区方言发音纠正表》印发给每一位师生,还为学生订阅《汉语拼音报》《语言文字报》《语文建设》《汉字文化》等刊物。

图 4-18 《双推简讯》(1992 年第 1 期)

能说一口标准、流利的普通话对于我们这些土生土长的农村学生来说并非易事,但我们 201 班全体同学能够针对实际情况,针对各自的方言弱点,努力学习、刻苦训练,我们的普通话水平有了显著提高。现将我们探索出的点滴经验分享出来,和大家共同进步。一是我班五位推普员实行“承包责任制”,每人对七位同学全面负责。二是由五位推普员分别负责的五个小组各自不定时组织活动,学习普通话的基本知识,或出一两个论题,八位同学用普通话进行讨论,其他同学注意给发言的同学纠正错误。三是整体活动方面,星期一、三、五早读由推普员轮流带读,星期二、四晚上朗诵、做题(汉字注音)、演讲等。四是在整体水平提高后,组织“双推”文艺晚会,以组为单位出节目,并评选先进小组。

——摘自《双推简讯》1992 年第 1 期:占淑红《201 班“推普”的做法》

学校对各班“双推”工作进行不定期抽查和定期评比,其成绩纳入班级和个人的总评。设流动红旗一面,授给每次评比中成绩突出者。

评选先进班集体、三好学生、优秀共青团员、优秀学生干部,“双推”工作都是重要条件之一,同时也将“双推”实绩纳入教师的业务考评。

学校将“双推”工作与学生的第二课堂活动紧密结合,每学期举办一次“语言艺术”文艺晚会，各班每周末举办“推普晚会”，组织多种形式的语言文字活动，开展班级内、班级间、年级间的普通话、三字比赛，搭建展示平台，促进“双推”工作的开展。

学校要求学生走上街头、服务社会，深入乡村小学，深入社区、工厂，使用普通话、推广普通话，围绕“方言与普通话”开展调查，撰写论文等。

由于学校的“双推”工作开展扎实，取得了明显成效。1987 年，安徽省语言文字工作委员会、省教委授予学校“语言文字工作先进集体”称号。1992 年年底，学校一次性通过省语委验收，被命名为“教学用语普及普通话达标学校”。

1988 年，吴韵莲老师获得省“语言文字先进工作者”称号。1997 年、1998 年，黄应秋老师分别参加国家语委办中央普通话进修班、国家级普通话水平测试员培训班。1998 年，学校拥有国家级普通话测试员 1 名，省级普通话测试员 5 名。

1989 年，学校代表安庆市参加全省中师生五项基本功全能比赛，获三等奖。1990 年，桐城县教委举行全县小学教师普通话教学比赛，在进入决赛的 6 所小学 20 多名教师中，三分之二以上是桐城师范学校的毕业生。学生葛徐栋、周文艺参加安庆市中师生五项全能比赛，双获一等奖。1993 年，桐城县举办“在十四大精神鼓舞下”普通话演讲比赛，学生方芳连续三次分别在教委系统、宣委系统和全县夺得第一名，她的演讲被录音作为范本，通过电台向全县播放。

按照《中师生普通话分级标准》考核，1990 届、1991 届、1992 届毕业生普通话优秀率均达 85%，在“双推”知识、三千常用汉字注音、普通话口语等多项测试中，合格率达 100%。1996 年，毕业班有 4 人普通话测试达到一级乙等水平。1998 年，在普通话水平测试中，普师 303 班通过率达到 95%。

二、开展“学陶师陶”活动

借鉴陶行知的教育思想，改革乡村师范教育，培养合格的农村小学教师，一直是学校追求的办学目标。学校“学陶师陶”活动开展得比较早，1986 年开始在师生员工中广泛宣传陶行知教育思想，当时师生“学陶”的热情较高，“学陶”小组相继成立，《陶行知教育思想十二讲》人手一册。1988 年，安徽省陶行知研究会王昌畴秘书长来学校考察，对“学陶”工作提出建议，学校再一次掀起宣传学习陶行知的热潮。

1988 年，学校成立“学陶师陶”领导小组，校长黄志杰任组长，工会主席焦发生任副组长。学校制订长远规划与短期计划，创办报刊介绍陶行知生平、教育思想、教育理论及教育实践，召开“陶行知教育思想报告会”。教研组开展专题讨论，安排学习《行知全集》《行知研究》。

1991 年春，学校组织全校教师和部分职工到徽州师范学校和肥西师范学校进行考察，回校后多次召开研讨会，讨论如何借鉴徽州师范学校、肥西师范学校的经验，开辟“学陶师陶”新途径。

徽州师范学校是安徽省教育厅于 1985 年确定的“试验陶行知教育思想与理论、改革师范教育”试点学校。桐城师范学校学习徽州师范学校办中心小学的方法，结合实际建立“挂钩学校”，选定桐城实验小学、城关镇北街小学、东关小学、石河乡南塘小学、翻身小学、毛河乡四新小学为“挂钩学校”。借鉴徽州师范“三结合”的经验，即师范学校与各县(区)、乡教委、中心学校三方力量结合，加强同“挂钩学校”的联系，校领导、教师、学生经常性有计划地参加“挂钩学校”的教育教学实践活动。如 1991 年，在挂钩学校召开校长、教师座谈会，就“农村欢迎怎样的小学教师”“如何对师范生进行农村教育实践与社会实践的辅导”“如何利用农村的自然条件和农业生产条件，加强对农村儿童的自然科学教育”等进行专题讨论，培养师范生爱乡村、爱农民、爱小学教育、爱小学生的情感。开展“献爱心”活动,有的学生用零花钱为孩子们买图书、学习用品,有的利用业余时间到小学参加义务劳动,有的去为学生补课等。学生们在桐城实验小学辅导小学生开展“文化早餐”活动,成立课外作文辅导小组;在东关小学协助举办作文、数学竞赛;在毛河乡四新小学协助举办小型田径运动会;在石河乡南塘小学举办“小小歌咏会”;等等。

学校借鉴肥西师范学校的经验,努力解决“学生向往城市和面向农村”“课程设置与培养目标不相适应”等矛盾。在实行《三年制中等师范学校新教学方案》的同时,学校增开《中师口语教程》《中师书法教程》《美学基础知识》(自编教材)和《陶行知教育思想十二讲》等课程,在课外开展农村实用栽培技术、无线电修理、摄影初阶等兴趣小组活动。学校还采取树立典型、听优秀教师先进事迹报告、请老校友回校谈从教体会、听肥西师范学校学生录音报告等方法,培养学生“热爱农村、扎根农村”的教育情怀。

第八节　中等师范学校办学水平评估

1994 年,安徽省教委组织办学水平评估专家组对全省中等师范学校进行评估。一方面是为了加快中等师范学校建设,深化教育教学改革,提高管理水平和办学效益,更好地适应基础教育和经济发展的需要;另一方面是通过评估,全面了解全省中师办学水平情况,为下一步的师范布局调整作准备。学校由于办学的路子迈得稳,办学成效显著,所以在师范布局调整中站稳了脚跟,得以保留。

一、办学水平评估

1994 年 12 月 8 日至 10 日,以巢湖市政府督学王伯文为领队,淮南师范学校校长周景江为专家组组长,肥西师范学校李皓、合肥师范学校赵子胤、长丰师范学校马骏、蚌埠师范学校高玉龙、亳州幼师学校王玉琦、六安师范学校张义普、宿县逸夫师范学校王启清、省教委师范处夏业柱等为成员的专家组对学校进行办学水平评估。

学校举行了隆重的欢迎会。普师一年级全体同学200余人组成彩旗队、花环队、彩绸队、军鼓队,与教职工一道列队欢迎评估组的到来。桐城县县长程孝平,县委副书记倪炳仁,县委常委、宣传部部长胡睿,人大常委会副主任项义发,副县长孙爱民,政协副主席尹昌忠,安庆市教委副主任张革及桐城县教委负责同志出席欢迎会,副县长孙爱民致欢迎辞。校长黄志杰从学校的办学条件、办学过程、办学效果三方面作了《桐城师范办学情况汇报》。汇报会后,评估组细致视察了校园,参观了校史校情综合展览室、综合档案室及师生书画展。9日晚,评估组专家在学校礼堂观看了师生共同参与的"走向明天"歌舞晚会,并即兴登台表演。

评估内容:一是分组查阅有关评估资料。二是对黄志杰、吴福培、陈伯平三位校领导进行理论考试。三是召开中层干部、教研组长、班主任代表座谈会,学生代表座谈会,观摩了毕业班(304班)主题班会。四是分组听课。先分别听了李雪磊、黄传龙两位教师的语文、数学示范课,后分别随机听了徐文武、黄应秋、王晔、孙亚、周鸿五位教师的化学、语文、地理、音乐、心理学课程。五是随机抽测二、三年级学生基本功。二年级分别现场抽测了201班的毛笔字、202班的小学课文朗读、203班的简笔画、204班的拼音扫读,三年级分别抽测了301班的钢笔字书写、302班的弹琴、303班的视唱。六是对中青年教师的教学基本功进行考核。考核内容为"三分钟即席演讲"和"三分钟粉笔字书写"。高旭辉、吕斌、陈宝平、杨雪松、王晔、查晓波、程根荣、江虹、开健、梁志斌等10位教师参加了即席演讲;江亚丽、方萍、倪志明、程玉梅、孙亚、黄应秋、苏泽军、王雨辰、程跃文、刘久芳、夏亚丽、黄洪沫、琚诒忠、吴春平、盛峰、周鸿、李雪磊、黄传龙、茅云禄、陈齐根等20位教师参加了粉笔字书写。

图 4-19　1994 年 12 月 8 日，省中师评估组领导专家与校领导合影

桐城师范学校在这次评估中以优异的成绩，跻身于全省 12 所“一类师范”行列，被评估组称赞为“师资队伍一流，教育质量一流，档案管理一流，学生管理一流”。获得安徽省“一类师范”称号的学校有 12 所，县一级的只有 2 所，一所是桐城师范学校，另一所是蒙城师范学校，其他 10 所皆为地级市属师范学校（即过去的省重点师范学校）。

二、承办全省师资教育工作会议

1995 年 4 月 3 日，全省师资教育工作会议在桐城召开，这次会议规格高、规模大，盛况空前。校长黄志杰代表学校在会上作了交流发言。与会代表参观展览，听课研讨，开展了多种形式的观摩活动，考察了学生基本功情况。3 日晚，学校举行了一场由 289 位同学参与的汇报演出，有三字、粉笔画、唱歌、风琴弹唱、舞蹈、韵律操、篮球裁判、队列、书法、绘画、雕刻 11 个项目。这场汇报演出向全省师范教育界展示了桐城师范学校学生的风采，展示了学校的实力，赢得了与会领导，特别是中师校长们的高度赞誉，给与会代表留下了非常美好的印象。

从一定意义上说，这次全省师资教育工作会议是学校教育教学成果的一次全面展示现场会。会议的具体情况，当时有多家媒体进行报道。会议之后，外地多所师范学校前来考察。

第五章 春华秋实——改革开放后的桐城师范学校(下)

(1999—2010.02)

1999 年 2 月,根据教育部《关于师范院校布局结构调整的几点意见》和《安徽省振兴教育行动计划》,学校结合安庆及桐城市情,在全省中等师范学校中率先提出创建桐城师范高等专科学校的战略构想。1999 年 7 月,桐城市委书记孙爱民、市长董宏业出席争创桐城师范高等专科学校现场办公会,标志着申专工作正式启动。2009 年 12 月,学校接受全国高等学校设置评议委员会评估专家组的现场评估。2010 年 1 月 21 日,学校申专高票通过。十年磨成一剑,学校升格为桐城师范高等专科学校,实现了办学史上新的跨越。

第一节　领导机构与管理体制建设

在申办桐城师范高等专科学校的过程中,为适应申专工作需要,学校对领导机构不断调整、优化,加强党的基层组织建设,积极推进内部管理体制机制和后勤社会化改革,充分发挥全体教职工的智慧与力量,激发学校办学活力。

一、校级领导班子动态调整

1998 年 3 月,杨红调任桐城师范学校校长。1999 年 5 月,罗德泉任桐城师范学校校长,杨红不再兼任校长,陈伯平任副校长、党支部书记,江学煌任副校长。同年 8 月,杨雪松任副校长。同年 11 月,学校党支部改选,罗德泉任党支部书记,江学煌任党支部副书记。学校工会换届选举,郑在新任工会主席。2002年5月,梁志斌任学校副校长。校级领导班子明确分工,罗德泉全面主持学校工作,分管财务、办公室工作;江学煌分管教学工作;杨雪松分管总务、膳食、师生服务部、安全保卫、文明创建工作;梁志斌分管学生管理、师训工作,协管教学工作;郑在新分管教职工思想政治教育工作。

2003年1月,罗德泉调出。同年2月,占峰调任学校校长。领导班子重新进行分工。占峰全面主持学校工作;江学煌分管教学和师训工作;杨雪松分管后勤和文明创建工作;梁志斌分管办公室、学生管理及安全保卫工作;郑在新分管工会、教代会等工作。同年8月,占峰当选为学校党支部书记。同年10月,占峰经安徽省教育工委安排至池州师范高等专科学校挂职任校长助理,挂职学习时间一年。

2003年9月,陈宝平任副校长,江学煌任督学。2004年,程玉梅任校长助理。2005年7月,程玉梅任副校长。校级领导班子重新分工。占峰全面主持学校工作;杨雪松分管师训、工会工作,代管财务工作;梁志斌分管教学、校办公室工作;陈宝平分管总务后勤、招生与就业工作;程玉梅分管学生管理、共青团、妇委会工作。

自2006年始,学校领导班子成员行政级别逐步确定。2006年6月,安庆市编制委员会办公室发文核定桐城师范学校为副处级单位。2006年10月,桐城市人民政府发文明确占峰为桐城师范学校校长,正科级。2007年5月,桐城市人民政府发文明确杨雪松、梁志斌、陈宝平为桐城师范学校副校长,副科级。2009年6月,安庆市委组织部任命占峰为桐城师范学校校长,副县级。

2009年8月,陈宝平调出。学校重新调整领导班子分工,占峰任学校党总支书记、校长,全面主持学校工作,分管财务工作;杨雪松任副书记、副校长,分管党务及后勤、师训、工会工作;梁志斌任党总支宣传委员、副校长,分管教学及办公室工作;程玉梅任副校长,分管学生管理、招生就业、共青团和妇委会工作。

二、二级机构及其负责人调整

为了适应学校发展和申专需要，2001年，学校独立设置了财务室，增设了师资培训部、争创桐城师范高等专科学校工作办公室（临时）。2003年8月，学校成立了招生就业与师资培训办公室，撤销师生服务部、争创桐城师范高等专科学校工作办公室（临时）、膳食科。2006年，在学校与桐城市编办的共同努力下，安庆市编办同意学校设置5个副科级二级机构，分别是办公室、教务处、学生处（与团委合署办公）、总务处、成人教育处。2007年，随着生源数的增加，特别是为了衔接专科学校管理，根据庆编〔2006〕13号文件精神出台《桐城师范学校机构改革方案》，在办公室、教务处、学生处、总务处、成人教育处等二级机构之外，学校增设文科、理科、中专、艺术4个部（系），作为二级机构教学单位，程跃文、苏泽军、刘盛林、王雨辰分别任文科部、理科部、中专部、艺术部主任。

1999年，学校对二级机构负责人进行调整和充实。梁志斌任办公室主任，雷著文任办公室副主任兼保卫科科长，汪旭初任办公室副主任兼师生服务部经理；琚诒忠任教务处主任兼教科室主任，孙亚任教务处副主任兼图书馆馆长，黄洪沫任实验室主任；程其虎任总务处主任，江仁峰任膳食科科长；陈宝平、程玉梅分别任政教处主任、副主任；郑玉梅、刘久芳分别任师训部主任、副主任；程斯法、张国富分别任争创师专工作办公室主任、副主任。

2002年，学校调整了二级机构负责人。雷著文任办公室主任；琚诒忠任教务处主任兼教科室主任，开健、孙亚任副主任；程其虎任总务处主任，张国富任副主任；陈宝平任政教处主任，程玉梅任副主任；江仁峰任膳食科科长，郑玉梅任师资培训部主任，刘久芳任副主任；黄洪沫任实验室主任，程根荣任图书馆馆长。

2003年8月,学校对二级机构负责人进行了调整。陈宝平任办公室主任,兼任政教处主任,倪志明任政教处副主任;程玉梅任教务处主任,开健、黄洪沫任副主任,同时,黄洪沫兼任实验中心主任;程其虎、高先军分别任总务处主任、副主任;琚诒忠任招生就业与师资培训办公室主任,兼任桐城市第二轮继续教育专业课培训基地办公室主任,郑玉梅、刘久芳分别任招生就业与师资培训办公室副主任。2003年10月,程跃文担任校团委书记。

2004年,倪志明任政教处主任,程跃文(兼)、黄应秋分别任副主任;高先军、方铁桥分别任总务处主任、主任助理;刘久芳任办公室副主任;苏泽军任招生就业与师训办公室副主任。2005年10月,王雨辰任教务处副主任、王宏伟任政教处副主任。2006年,程大立任图书馆馆长,黄应秋任师训处主任,刘盛林任实验中心主任。

2008年,为适应申专工作对干部配备的要求,经桐城市委组织部考察,并报市委研究决定,刘久芳、程跃文、高先军分别任学校办公室主任、学生处(与团委合署办公)主任、总务处主任,行政级别为副科级。

2008年,学校进一步调整充实二级机构人员,增强管理力量。任命程爱兰任中专部主任,徐伟任副主任;江向中任招生就业办主任,毛永贤任副主任;王斌任实验中心主任;王冰任办公室副主任;雷小丽任艺术部副主任;王宏伟任学生处主任。

三、党的基层组织建设

学校在大力推进各项工作的同时,高度重视党的建设,特别是基层组织建设,建立长效机制,加强党风廉政建设。学校积极在学生和教师中发展党员,对优秀党员实施表彰,充分发挥党员的先锋模范作用,促进了学校各项工作有效开展。

2003年,学校党支部组织学习"三个代表"重要思想,全体师生员工掀起学习新高潮。2004 年 10 月，学校党支部建立党员联系班级工作制度，成立业余党校，陈宝平任业余党校负责人。首届高中起点三年制大专班学生积极向党组织靠拢，条件成熟后，学校党组织考察并报中共桐城市直工委批准。2004 年 11 月，党支部发展毕业班郑建峰等 9 位同学为中共党员。

2005 年 7 月，学校在全体党员中开展“先进性教育”活动。同年 10 月，经桐城市委批准，中共桐城师范学校总支委员会成立暨换届选举大会召开，大会选举占峰为党总支书记、杨雪松为副书记，梁志斌、陈宝平、孙亚、方铁桥、汪庭才为总支委员。学校党总支下设三个党支部。2005 年 10 月，中共桐城师范学校总支委员会出台《关于建立长效机制加强党建工作的决定》。

2006 年 3 月，中共桐城市直工委对学校党总支下属支部选举结果进行批复，同意汪庭才、黄洪沫、方铁桥分别任第一、二、三支部的支部书记。

2009 年 6 月，学校党总支委员会授予汪庭才等 14 位同志为 2009 年度学校“优秀共产党员”称号。桐城市直工委授予高先军为桐城市“优秀共产党员”称号。

四、管理体制机制改革与优化

(一)工会建设

1999 年 10 月，经学校工会选举通过，郑在新当选为工会主席。2003 年 10 月，郑在新、方萍分别当选为工会主席、副主席。2005 年 2 月，工会换届选举，孙亚当选为工会主席。

学校工会于每年 8 月底 9 月初，印发《关于征集合理化建议的通知》至每位教职工，动员全体教职工发挥主人翁意识，群策群力，助推学校发展。如 2009 年 9 月 18 日工会发布《关于征集合理化建议的通知》：

关于征集合理化建议的通知

各位教职工，为充分发挥广大职工在办学过程中的积极性、主动性和创造性，促进我校教育、教学、管理、决策的民主化、科学化，受学校委托，校工会于9月18日至30日征集合理化建议，请各位教职工积极参与，在学校管理、教育教学、招生就业等方面提出好的建议，以更高的效能推动学校的改革和发展。

桐城师范学校工会委员会

2009年9月18日

学校教职员工中，女职工占比较高。2002年，学校召开全体女教职员工会议，选举成立桐城师范学校妇女委员会，程玉梅任主任，方萍、郑玉梅任副主任。

工会开展文体活动，组织教职工演讲和“卡拉OK”比赛。2004年3月，工会组织程小平、陈晓明、王晓菲、程玉梅、王欣5人组队参加桐城市庆“三八”女职工长跑比赛。2006年，工会组织“卡拉OK”比赛，营造迎接评估前严肃活泼、团结向上、充满自信的申专氛围。为了激发教职员工投身于申专工作的热情和干劲，2009年，工会组织“我为申专作贡献”的教职员工演讲比赛。参赛选手声情并茂，抒发对申专成功的渴望及为申专全力以赴的决心。

为给教职员工提供开阔视野、增进交流、放松心情的机会，1999年7月、2000年7月，学校工会组织部分教职员工分别赴九华山、黄山考察。2009年、2010年暑假，组织教职工分别赴江西庐山、广西桂林考察。

工会注重发挥纽带作用，重阳节组织离退休教职工召开座谈会，向他们介绍学校的发展，听取他们的意见和建议。对生病的教职工则派人慰问，对去世的教职工则为其主持丧葬，对离退休职工每年春节则走访慰问。

(二)建代会建设

教代会是学校教职员工行使民主权利、参与学校民主管理和民主监督的基本形式和制度，是学校管理体制的重要组成部分。学校从发展目标的确定到具体实现目标的措施，从发展规划的制定到教职员工个人利益的分配，从规章制度的建立到工作计划的执行监督与评估，从基建工程招标到大额资金使用等重大事情抉择上，都由教代会审议表决，通过后，方予以实施。

1999 年 1 月 29 日，学校第四届教职工代表大会第一次会议召开，通过了《桐城师范学校教代会工作制度》。1999 年至 2009 年，学校每年都召开教代会。教代会代表主要围绕“四制”改革、师资队伍建设规划、学校发展规划、《桐城师范高等专科学校章程》、校内岗位津贴分配、财务稽核情况等方面展开讨论，对学校的改革和发展建言献策，提出创造性、建设性的意见，最终形成会议决定。

从 2002 年开始，每年教代会上，校长代表学校作专题报告，提交教代会审议。如 2002 年 1 月，学校第五届教代会第一次全体会议听取罗德泉所作的《学校工作报告》，明确争创升格目标，绘制宏伟蓝图。2004 年 8 月，第五届教代会第三次全体会议听取并审议通过占峰所作的《团结起来扎实工作，为 2005 年实现“升专”目标而努力奋斗》工作报告。2006 年 8 月，第五届教代会第五次会议审议并通过占峰所作的《振奋精神，再接再厉，为成功申办桐城师范高等专科学校而努力奋斗》工作报告。2007 年 8 月，学校第六届教代会第一次会议，听取并审议通过占峰所作的《继往开来，谱写学校发展新篇章》工作报告。

图 5-1　2002 年 1 月 31 日，学校召开第五届教代会第一次会议

2009 年 9 月 30 日，占峰在第六届教代会三次会议上作了《立足新起点，谋划新发展，实现新跨越》主题报告。2009—2010 学年度是学校实现申专目标、提升办学层次的大发展之年。学校的任务是：

全面贯彻党的教育方针，认真落实科学发展观，努力构建和谐校园；紧紧围绕申专目标，坚定不移地推进申专工作，以师范专科学校标准积极提升教职员工队伍素质，不断提升学校教育教学质量，加大硬件建设和软件提升工作力度；在全力以赴做好争创师范高等专科学校这一核心工作的基础上，全面提升教育教学管理水平，勠力同心，实现学校各项事业又好又快发展。创建桐城师范高等专科学校是一项艰难而光荣的任务，学校已经为之奋斗十年。今年年底，教育部专家组将莅临学校考察评估，全体教职员工要进一步增强使命感、责任感和紧迫感，增强忧患意识，继续保持艰苦奋斗、昂扬向上、敢于争先的精神风貌，在新的起点上，求真务实，埋头苦干，同心同德，为实现创建师范高等专科学校宏伟目标而努力奋斗。

2009年9月30日，学校第六届教代会第三次会议听取并审议通过了《桐城师范学校2010—2014年发展规划》和《桐城师范高等专科学校章程》。代表们感到鼓舞人心的是，经过5年的努力，学校专科班的专业要达到13个，全日制在校学生规模要达到5000人以上。《桐城师范高等专科学校章程》是为学校升格后的办学作准备的，谋划早，表达了学校成功申专的坚定信心和规范办大学的实际行动。

校内岗位津贴方案关乎教职员工切身利益，教职工对此关注度非常高，在教代会上代表们讨论也最激烈。2004年8月，学校第五届教代会第三次全体会议召开，讨论并审议通过了《学校岗位津贴方案》。2005年8月，第五届教代会第五次会议召开，审议并通过了《学校岗位津贴方案》修订案。2007年10月，第六届教代会第一次会议召开，再一次审议并通过了新的《校内津贴方案》。2008年，再一次对校内分配方案进行完善，体现"多劳多得、优劳多得、技高多得、责重多得"的分配原则和"以教学为中心，向教学第一线倾斜"的原则。另外，此方案还体现人文关怀，让女性年满55周岁、男性年满59周岁的教职员工享受老龄津贴，每周补助一个标准课时。2008年8月26日，第六届教代会第二次会议通过《2008—2009学年度校内津贴方案》。至2010年升格，学校一直执行此分配方案。

财务支出情况是否合理，是否将有限的资金用在刀刃上，这是教职员工普遍关心的问题，学校每年暑假都对上一学年的收支情况进行稽核，并将稽核结果在教代会上向与会代表通报，请代表审议。

学校在内部管理中贯彻按劳分配、奖优罚劣、优胜劣汰的原则，建立起依法治校、民主管理、充满活力的内部管理机制，实施校长负责制、岗位责任制、全员聘任制、校内结构工资制的"四制"改革工作。学校于2001年启动"四制"改革工作，形成了初步改革方案，广泛征求意见。2002年全面铺开，重点进行制度建设，完善激励机制，打破大锅饭，革除陋习，形成团结紧张、严肃活泼的良好氛围。2004年继续积极稳步推进“四制”改革工作。同年8月，在第五届教代会第三次会议上通过《桐城师范学校“四制”改革实施方案(试行)》。

第二节　师资队伍建设

师资队伍是学校教育教学质量的根本保证，是学校发展的核心力量。因此，建设一支数量达标、结构合理、业务能力强、素质较高的师资队伍成为学校工作的重中之重。

一、师资队伍不断优化

1999年，学校有正式教职员工90人，其中专任教师54人，占教职工总数的60%。讲师28人，占专任教师总数的51.85%。高级讲师12人，占专任教师总数的22.22%。具有大学本科及以上学历教师44人，占专任教师总数的81.48%。

2003年，学校正式教职员工102人，其中专任教师66人，专任教师中具有本科学历的有63人。高级讲师17人、讲师33人，分别占专任教师的25.76%、50%。有8人研究生课程进修班结业，2人攻读硕士学位。

2006年秋，学校正式教职员工150人，其中专任教师104人，高级讲师40人，讲师42人，分别占专任教师的38.46%、40.38%。硕士研究生6人，研究生课程班结业19人，在读研究生3人，聘请外籍教师1人，教授、副教授5名。

2009年12月，学校教职员工170人，其中专任教师139人，高级讲师42人，讲师19人，分别占专任教师的30.22%、13.67%，硕士以上学位37人，另聘请严云绶、徐成志、江小角等客座教授17人。

二、教师队伍的扩充途径

学校教师队伍的扩充主要是通过高校招聘、在桐城市教育系统内部选聘、面向社会和从高校聘请等途径解决。

2000年秋,学校举办高中起点大专班,面临着师资力量不足的困难。2000—2002年,学校先后从高校招聘4人、在桐城市教育系统选调7人。2003—2009年,加大多渠道引进人才的力度,坚持"学历为基础、教学能力为第一、紧缺学科为第一"的进人原则。根据桐城市教育局桐教字〔2003〕60号《关于市属城区学校调入教师实行考试工作的意见》精神,学校通过人才市场招聘及在桐城市公开选聘重点学科、紧缺专业教师72名。引进17名研究生毕业生,择优录用,直接入编。

2005年12月,学校出台《桐城师范学校关于硕士学位研究生享受有关待遇的决定》(规定暂定2年),具体内容:一是应聘来校任教、签约服务五年以上(含五年)的全日制高校毕业、具有硕士学位的研究生一次性补助安家费人民币3万元整;二是课时津贴补助标准为标准课时的2倍;三是有省级以上研究课题的,每月补助100元,结题时,每个课题另补3000元。此规定吸引了优秀硕士研究生到学校任教,2006年,引进殷学国、张秀梅、陈辉、朱正西4位硕士研究生;2007年,引进程爱兰、朱巽华、张迪平等硕士研究生。2008年,毛永贤、叶茂、周结春3位硕士研究生入编。2009年3月,为进一步改善教师队伍结构,依据学校教师队伍建设发展规划,学校出台《关于选聘硕士研究生的暂行办法(试行)》。2009年,杨季兵、项波、陶运宗、赵平4位硕士研究生入编。

学校采取"专兼结合"方式解决师资不足的问题。2000年9月,学校专科班开设大学英语课程,而此前中师班从未开设过英语课程,缺少英语专业教师。为了确保英语学科的教学质量,学校教务处多方联系,聘请时任安徽师范大学公共外语系主任张诚来校教授大学英语课程。张诚教授在校任教 2 年，除教学外，还带教培养出 3 名从中学选调的中青年英语教师。2001 年，从安徽师范大学和安庆师范学院聘请专家学者和客座教授 8 人举办讲座。2002－2003 年，先后聘请安徽师范大学、安庆师范学院、江苏博物院等多名专家教授来校讲学或授课，有的长达一年之久。2005 年 10 月，学校与桐城吴汝纶公学积极开展外教交流活动，先后四次邀请桐城吴汝纶公学的外籍教师到校举办英语讲座。2006 年 9 月，聘请菲律宾籍教育硕士任口语教师。

三、师资队伍建设规划不断优化

学校根据不同时期师资队伍的现状，制定教师队伍建设规划。1999 年 1 月召开的第四届教代会第一次会议通过了《桐城师范学校师资队伍建设规划》。2003 年 8 月，学校出台《桐城师范学校关于加快师资队伍建设的意见》，鼓励和安排专职教师积极参与学历进修，同时引进高学历人才、开展校本教研、制定不合格学历人员学历达标时间表，基本解决了专任教师学历层次偏低，学科教师比例失调等难题。

2006 年 7 月，学校制定《桐城师范学校 2006－2010 年师资队伍建设发展规划》，该规划依据学校生源扩张和层次提升的需要，力图通过五年努力，建设一支数量充足、素质优良、结构合理、相对稳定的师资队伍。2009 年 9 月 30 日，学校第六届教代会第三次会议通过《桐城师范高等专科学校 2010—2014 年师资队伍建设规划》，以培养专业带头人、名师和中青年优秀教师为重点，以全面提高教师队伍素质为总目标，坚持深化改革、制度创新、内涵发展、精干高效的原则，建立有利于优秀人才成长的有效运行机制，建立一支适应普通师范高等专科学校，规模适当、结构合理、素质优良、富有活力的教师队伍。

四、师德师风建设

师德师风建设是师资队伍建设的核心和关键。学校坚持两代师表一起抓，从师德建设入手，坚持开展以“三爱”（爱教育、爱学校、爱学生），“三全”（全面贯彻教育方针、全面推进素质教育、全面提高教育质量），“三让”（让社会满意、让家长放心、让学生成才）为主要内容的师德教育活动，不断取得阶段性成果。

2004 年，学校根据教育主管部门的部署和教育形势发展的需要，开展了为期 6 个月的教育思想大讨论和师德教育活动。活动内容包括专题辅导、青年教师培训班、班主任培训、经验交流等，通过教育思想大讨论，广大教职工强化了责任意识，提高了岗位育人的自觉性，促进了教育教学工作的改进和提高。

2006 年，学校开展“师德建设年”活动，成立了以占峰为组长的师德建设领导小组，杨雪松、梁志斌、陈宝平、程玉梅、孙亚任副组长，领导小组下设两个职能组：办公室和检查组。活动期间，学校召开“师德建设年”动员大会，印发了《桐城师范学校师德建设年活动实施方案》，出台了《桐城师范学校教职工表彰奖励和违纪处分办法》《桐城师范学校教师考评暂行办法》《桐城师范学校职员考评暂行办法》等文件，建立健全师德建设长效机制，以优良的师德师风带动教风学风，促进教育教学质量的提高，为学校升格办学奠定了良好的师资基础。学校在校园内设立师德提示牌，开辟宣传栏，并利用广播站、悬挂横幅、张贴标语等形式进行宣传，大力营造舆论氛围。同年 5 月，学校组织教师开展学习社会主义荣辱观教育活动，学习《中小学教师职业道德规范》《安庆市中小学教师师德建设必读》《高等院校教师职业道德规范》，开展“以德从教，从我做起”大讨论。同年 12 月，教务处将 2005 年 9 月至 2006 年 12 月的教师师德修养反思笔记 36 篇汇编成《师德修养反思笔记》。

图 5-2　2006 年 5 月，学校开展社会主义荣辱观教育活动

2007 年 1 月，学校举办“师德建设论坛”活动，通过树立典型，加强正面引导，充分发挥榜样的示范作用等方式开展活动，并要求教师撰写有较高质量的《个人师德表现综合分析材料》，撰写师德论文，填写《师德自查报告》。同年 9 月，组织教师学习贯彻“胡锦涛总书记在全国优秀教师代表座谈会上的重要讲话精神”，教育和引导广大教师爱岗敬业、关爱学生，刻苦钻研、严谨笃学，勇于创新、奋发进取，淡泊名利、志存高远，更加自尊自励，无愧于“人民教师”的神圣职责和重要使命。同年 10 月，学校师德论文结集汇编成《师德文集》，该文集共汇集梁志斌等老师的论文 30 篇。这是学校开展“师德建设年”活动的具体成果，也是全体教师精神风貌的集中展示。2007—2008 学年度，学校开展“师德提高年”活动。

图 5-3　《师德文集》(2007 年 10 月)

持续不断的师德建设工作，取得了丰硕的成果。2005 年 9 月，学校获安庆市“德育工作先进单位”称号。2006 年 9 月，学校被授予安徽省教育系统“先进集体”称号，同时涌现了不同层级表彰的“师德标兵”“优秀教师""优秀教育工作者""模范教师""优秀共青团干部""优秀校长"等。

图 5-4　2006 年 9 月,学校获得安徽省教育系统"先进集体"称号

表 5-1　1999—2009 年桐城师范学校教师获得的荣誉一览表

序号	姓名	荣誉称号	授予单位	时间
1	程玉梅	师德标兵	安庆市	1999 年
2	琚诒忠	先进工作者	桐城市	2001 年 2 月
3	琚诒忠	先进个人	安庆市招生委、安庆市教育局	2001 年 4 月
4	陈宝平	师德标兵	安庆市	2002 年
5	程玉梅	师德标兵	安庆市	2002 年
6	程玉梅	巾帼建功先进个人	桐城市妇女联合会	2003 年 3 月
7	江学煌	职业教育先进个人	安庆市教育局、劳动就业保障局、经济贸易委员会	2003 年 7 月
8	张耀庭	优秀教师	桐城市	2003 年 9 月
9	杨雪松	优秀教育工作者	桐城市	2003 年 12 月
10	方　萍	巾帼建功先进个人	桐城市妇女联合会	2003 年 12 月
11	程根荣	先进工作者	桐城市	2003 年 12 月
12	程跃文	优秀共青团干部	安庆团市委	2004 年 6 月
13	开　健	模范教师	安庆市	2004 年 9 月
14	琚诒忠	继续教育先进个人	桐城市人事局	2005 年 4 月
15	李卫生	优秀教育工作者	安庆市	2005 年 9 月

续表

序号	姓名	荣誉称号	授予单位	时间
16	程玉梅	优秀妇联干部	桐城市妇女联合会	2006 年 3 月
17	程跃文	优秀青年志愿者	共青团安庆市委	2006 年 5 月
18	占　峰	优秀校长	安庆市	2007 年 9 月
19	盛　莉	教坛新星	安庆市	2008 年 3 月
20	刘久芳	先进工作者	桐城市	2008 年 5 月
21	杨雪松	优秀教师	安庆市	2008 年 9 月
22	占　峰	师德标兵	安庆市	2009 年 9 月
23	许　华	模范教师	桐城市	2009 年 9 月
24	方皓文	模范教师	桐城市	2009 年 9 月
25	苏泽军	模范教师	桐城市	2009 年 9 月
26	程爱兰	师德标兵	桐城市	2009 年 9 月
27	程大立	师德标兵	桐城市	2009 年 9 月
28	刘久芳	优秀科级干部	桐城市	2009 年 10 月

五、提升教师业务水平

学校组织教师参加教育主管部门或安徽省学科中心组组织的教研活动，学习交流借鉴，开阔视野，找到差距，取长补短。仅 1998—1999 学年度，参加学科交流达 30 人次。2002 年 6 月，学校选派开健等 12 位教师参加在合肥举办的新课程方案省级骨干教师培训，选派程跃文参加校长班培训省级备课会。2003 年，组织专业课教师赴安庆师范学院随堂听课，观摩学习。2003 年 11 月，推荐开健、方萍、吴春平 3 位教师参加由教育部师范司在北京师范大学举办的高等学校小学语文、小学数学学科教学论教师国家级培训，并获得高等学校学科教学论教师国家级培训证书。

为了提高课堂教学效果，学校顺应教育信息化发展趋势，推动教育手段现代化，提升教师和教学辅助人员信息化水平。1999－2001年，教务处先后组织了5次计算机和多媒体操作技能培训，全体中青年教师都掌握了多媒体基本操作系统，不少教师主动尝试运用现代教育技术授课。2009年10月，为了适应信息化时代提高综合素质的需要，以及提升自身工作能力和专业化水平的需要，学校要求非教学工作人员提升计算机应用能力，并出台奖励与惩戒办法。设一、二、三等奖和优秀奖，颁发证书。达不到合格成绩的，缓发当年考评津贴，给予一次补考机会，补考仍不及格，扣除当年一半的考评津贴。

青年教师的成长和进步是实现学校可持续发展的关键所在，因此，学校始终把培养和造就一支德才兼备的青年教师队伍放在重要位置，采取多种措施使青年教师快速成为中坚力量。明确青年教师成长三步走计划，即“一年基本功达标，三年成为教学骨干，五年形成个人风格”。

自2002年始，学校每学年开学初举办青年教师培训班，通过讲座、听评课、座谈等形式提高青年教师的师德水平、法律意识和业务水平，让青年教师熟悉学校，摸清教学规律，掌握方法，快速成长。

（附）

关于举办青年教师培训班的通知

青年教师是学校的未来和希望，也是学校发展最重要的生力军。为更好地引导刚走上工作岗位或刚进入我校教学岗位的青年教师更快适应新环境和新岗位，促进青年教师尽早进入自我教育和自我发展的良性循环，提高我校教师的整体素质和教育教学水平，提升我校办学质量，学校决定于8月28日下午至29日举办青年教师培训班。现将具体事项通知如下：

一、培训对象

1. 今年刚到我校任教的所有青年教师。

2. 未参加去年青年教师培训班的青年教师。

二、培训内容

序号	内容	主持人/主讲人	时间	地点
1	开班典礼	开　健	8.28 14:30	多媒体教室
2	教学常规与教科研工作	开　健	8.28 15:00	多媒体教室
3	转变教育观念,促进专业发展	梁志斌	8.29 8:00	阶梯教室
4	教师与法	胡久青	8.29 14:00	阶梯教室
5	青年教师心得交流/培训总结	开　健	8.29 15:30	阶梯教室

三、参加培训班的青年教师名单

杨翠华　李　燕　开　浩　胡忠德　倪　娟　施　炜　樊　璠
魏春香　杨瑾娟　殷　波　吴　萍　程爱兰　张春晖　丁宗武
钱伶俐　张晓芬　毕　秀　袁庆珍　章学渊　沈工友　孙　娴
李　欢　倪　敏　朱慧敏　章义德　徐俊林　徐宝珠　程红涛
黄　欢　毕金锁

桐城师范教务处

2005 年 8 月 26 日

2006 年 2 月,学校制订《桐城师范学校关于新教师培养的实施方案》,进一步加大青年教师的培养力度。此方案对培养对象、培养目标、培养类别、培养阶段及任务、具体措施等作出了具体规定。总体目标是“一年达标、二年合格、三年胜任”,通过加强对青年教师进行理想信念教育和职业道德规范教育及业务知识培训,提高青年教师的思想政治素质和职业道德水准,做到“五个过关”,即教学理论过关、专业知识过关、课堂教学过关、运用现代教育技术水平过关、教育创新能力过关。组织青年教师与同学科政治素质好、业务能力强、教学基础过硬的骨干教师组建“一对一结对子”的帮带关系,开展“比翼齐飞,合作共赢”的新老教师结对活动,举行拜师仪式,签订“协议书”,明确指导教师及青年教师职责,真正落实“传、帮、带”制度。

图 5-5　学校开展“比翼齐飞，合作共赢”的新老教师结对活动

学校建立青年教师培养工作激励机制，对帮扶青年教师的指导教师实行月补贴(2006 年月补贴是 40 元)，当月随工作量发放。年终对青年教师学习情况和工作业绩进行评比，对发展快速的青年教师或在各项比赛等教育教学活动中取得突出成绩的青年教师及其指导教师进行表彰奖励。

开展教学竞赛评优活动是促进青年教师成长的一种重要途径，学校举办青年教师课堂教学比赛、青年教师教学基本功大赛、青年教师优秀教案评比、青年教师优秀教育教学论文评比、青年教师优秀课件评比等教学竞赛评优活动。此举为青年教师提供学习和展示才华的平台，促进青年教师迅速成长，许多青年教师脱颖而出，成为教学骨干。

如，2004 年 12 月，学校举行 2004—2005 学年度中青年教师优质课竞赛，王宏伟、王斌获得一等奖，雷小丽、黄莉获得二等奖。2005 年 6 月，学校举行中青年教师基本功大赛，比赛分粉笔字、演讲、课件制作 3 个项目，31 位中青年教师参加比赛，唐小晶、刘梦龙、王斌、张旭、雷小丽、孙鹤综合排名前 6 位。同年 12 月，学校举行 2005—2006 学年度中青年教师优质课竞赛，雷小丽、方皓文、郑玲玲分别获得文科组、理科组、艺术组一等奖，毕秀、樊璠，陈方杰、阮铖，朱红、陈玉秀分别获文科组、理科组、艺术组二等奖。2008 年，雷小丽、严莉莉、陈方杰在安庆市第三届中职优质课大赛中均获一等奖。

学校鼓励教师提升学历，出台《桐城师范学校学历提升奖励办法》。2000 年 8 月，选派罗德泉、周鸿、陈齐根、吴春平、程根荣、江亚丽、琚诒忠等中青年骨干教师参加安徽师范大学研究生课程进修班学习。2003 年 7 月，陈宝平、程玉梅等教师参加安徽师范大学研究生院在桐城师范学校举办的研究生课程进修班学习。至 2006 年 3 月，19 位教师获得研究生课程进修班结业证书，学校为获得研究生课程进修班的 19 名教师报销 60％的学费，以支持和鼓励更多的教师参加学历进修。至 2009 年，学校具有研究生学历的教师约占专任教师总数的 30％。

2005 年 6 月，学校成立专业技术职务聘任工作领导小组，占峰任组长，梁志斌、程玉梅任副组长，出台《学校专业技术职务聘任管理实施办法》，按照“教学中心、德才兼备、主干课程专业人才为首”的原则设置岗位。2007 年 10 月，出台《桐城师范学校关于专业技术职务聘任的有关规定》及一系列鼓励措施，帮助教师提升业务水平，同时学校领导积极争取专业技术岗位设置数量，凡达到职称评审年限的教师都能顺利晋升。

第三节　教科研工作

学校始终坚持走内涵式发展道路，坚持因材施教，不断更新观念，根据不同类型的学生，确定不同的培养目标，根据不同的教学内容，采取不同的教学方法，完善教学管理机制，提高人才培养质量。教科研工作成果日益丰硕，为学校成功升格为桐城师范高等专科学校奠定了坚实的基础。

一、学习高校教育教学理念

为了适应高等学校的教学管理需要，学校邀请高校教授、专家来校讲学。南京师范大学、上海师范大学、安徽师范大学、合肥工业大学、安庆师范学院、淮南师范学院、淮北煤炭师范学院、池州学院、巢湖学院的教授、辅导员、管理者走上了讲坛，给教师们带来了先进的管理理念和科学的教学方法。同时，学校逐年派出部分教师到高校学习，积极参加教育厅等单位组织的教学教研活动。通过“请进来，走出去”的方式，教师们提高了对高等教育的认识，更新了思想观念。

二、建立和完善教学管理及教科研制度

建立和完善教学管理及教科研制度，是提高教育教学质量和教科研水平的根本保证。1999—2009年，学校进行了三次教学管理及教科研制度的完善、修改和汇编。第一次是2002年2月25日，学校印发《桐城师范学校规章制度汇编》，其中包括教学科研制度。第二次是2006年7月，印发《教学科研制度汇编》，该汇编包括《桐城师范学校2006—2010年师资队伍建设发展规划》《桐城师范学校关于加强常规教学检查工作的规定》《桐城师范学校师范生职业技能训练实施办法》等共计19项教学科研管理制度。第三次是2009年4月，完善教学科研管理制度，印发《教学科研管理制度汇编》，该汇编包括《桐城师范学校教学工作规程》《桐城师范学校教学质量管理监控体系》《桐城师范学校教科研工作规程》《桐城师范学校教学科研成果奖励办法》《桐城师范学校教育实习管理办法》等共计20项教学科研管理制度和规定。

教科研工作对一所师范类的中专学校来说是弱项，学校针对教科研工作薄弱的实际，加大对教科研工作成果奖励的力度，制定《桐城师范学校关于教学科研工作的若干规定(试行)》，并多次修改和完善。1999年1月29日，第四届教代会第一次会议讨论通过了《桐城师范学校关于教育、教学科研工作的若干规定》。2007年4月，为了规范和完善学校教学科研成果奖励制度，褒扬教师在教学科研工作中取得的成绩，学校进一步修订完善教科研成果奖励制度，出台了《桐城师范学校

关于教学科研工作的若干规定(试行)》,设立“教学科研奖”,包括课题研究奖、著作出版奖、论文(作品)发表奖、论文(作品)评比奖、校本教研奖、教学比赛奖、教学辅导奖、考证考级辅导奖、教学成绩奖9项。2008年4月,学校对《桐城师范学校关于教学科研工作的若干规定(试行)》进行修订,形成《桐城师范学校关于教科研工作的若干规定》的修订意见。2009年4月,进一步对该规定进行修订,形成《桐城师范学校关于教学科研成果的奖励办法》。

三、教学管理

2000年秋季开始,学校与安庆师范学院合作办学,招收初等教育大专班。2001年10月31日,为了适应办学模式的转轨,出台《关于加强教学工作的决定》,着力从“确立教学工作中心地位,加强对教学工作的领导;加强师资队伍建设,造就一批学科带头人;加快教学设施建设步伐,构筑现代化教学平台;搞好初等教育课程建设,形成教学工作特色;加大教科研工作力度,营造学术氛围;改进教学方法,适应专科教学需要;加强教学过程管理,保障教学秩序;严肃考风考纪和教学纪律,形成良好学风与教风”8个方面采取具体措施,在全校上下营造重视教学,确保教学质量的浓厚氛围。

2003年,校长占峰提出人才培养的质量体现在学生毕业时应该“升学有基础,就业有技能”。同年6月,学校出台教学工作的重要规章《桐城师范学校教学工作规程》,对备课、上课、辅导、作业、实践、教学、成绩考核、教学研究等方面都作了明确的要求。如备课,着力解决学生文化基础差与教学内容难度大之间的矛盾,采取延缓教学进度、降低教学难度、删减教学内容等方法。教育类课程采用案例教学、微格教学,使学生学到的知识能够和未来的教师工作相联系。职业技能类课程以训练为主线,以考核、竞赛、取证为平台,分步实施,分项达标。

学校加强教学运行管理，特别是教学常规化的管理。教务处将“抓常规，保质量”作为工作重点，督查落实。严格执行《桐城师范学校教学工作规程》，规范备课、上课、听课与评课、作业辅导、考试考查等各个环节，授课班级学生对教师每节课的教学情况都作记录，填写《教学日志》。教学检查经常化、制度化。

教务处制定了《桐城师范学校教学信息反馈表》，组织学生召开教学座谈会，从 16 个方面对教师教学进行考评打分，并及时将信息反馈给授课教师。完善听评课制度，校领导实行“推门听课”制度，要求每位教师每学期听课不得少于 8 节。教研组定期组织教师参与评课，做到相互学习、相互借鉴、相互提高。

四、优化课程体系

2002 年 9 月，学校举办“走进新课程”观摩与研讨会，组织全体教师观摩教学录像《新课程与教师行为变化》《如何引导学生自主探究的学习》，围绕“面对基础教育新课程改革，本校师范教育将如何适应新的形势，切实转变并贯彻新课程观念，如何引导学生在自主探究中成长”进行研讨。研讨后作出决定：贯彻落实教学总体要求，优化课程体系，以适应不同类型学生的需要。

（一）中等师范班

1998 年秋季，教育部颁发“98 方案”，提出课程设置的总体要求：中等师范学校的课程由必修课、选修课、活动课和教育实践课组成，建立必修课、选修课、活动课和教育实践课“四大块”有机结合的课程体系，同时针对各类课程设置，“98 方案”也提出了相关说明和指导性意见。学校以此为基础，结合《安徽省三年制中等师范学校教学计划（讨论稿）》和学校实际，研究制定《桐城师范学校贯彻〈三年制中等师范学校课程计划（试行）〉的实施意见》，形成了以必修课为主体，选修课、活动课和教育实践课相结合的课程体系。按照国家规定,学校开全开足了所有必修课程和教材规定的理科实验。选修课程科目结构合理,课时充足,做到了“四有”,即有教材、有计划、有考勤、有考核。活动课开设起步较早,有固定的活动时间、考勤、活动记录、检查手段,内容涉及德、智、体、美、劳诸方面,形式包括科技、社团、班队活动。见习活动贯穿办学的全过程,各年级都有面向小学的实践活动,其中假期社会实践活动多年来从未间断。

(二)高中起点三年制大专班

学校升格前,高中起点三年制大专班一共有三届:2000 级、2001 级、2006 级。高中起点三年制初等教育文科、理科教学,分别执行安徽省高中起点三年制初等教育专业文科和理科教学计划,文科、理科专业分别培养具有高等师范专科学历的小学语文社会常识教师、小学数学自然常识教师。学校精心设置课程,并根据教学实际进行调整。2004 年,调整了三年制大专班的课程设置,将文理方向合为一体实行综合培养,适当前移专业课程,增加艺术教育内容。

2000 年 1 月,校长罗德泉带队先后考察池州师范高等专科学校、芜湖师范高等专科学校、南京晓庄师范学校。积极借鉴他们成熟专业的教学经验,并根据学校学生实际探索适合学校学生实际的教学方法和模式。

2001 年 9 月 25 日,安庆师范学院副院长汪青松、教务处副处长胡必健、学生处处长陈世庆来到学校与学校行政领导、教务处、政教处负责人及部分授课教师、辅导员就安庆师范学院桐城师范学校大专班教学管理工作进行了专题调研。安庆师范学院领导还分别就合作办学、教学管理、学生管理等方面工作作了专题辅导。

2003 年,为了保证教育教学质量,安庆师范学院和学校联合成立安庆师范学院桐城师范学校大专班教务协调小组,安庆师范学院分管教学的副院长汪青松任组长，桐城师范学校校长占峰和安庆师范学院教务处副处长胡必健任副组长，成员由双方派员组成。学校在安庆师范学院的指导下，建立了大专班教育教学与管理的一系列规章制度，严格制订并执行大专班教学计划，严肃教学过程管理，教学中努力贯彻“示范性”“小学性”和“学识性”相结合的教学原则，在保证完成“学识性”教学任务的前提下，培养学生的就业竞争意识，引导学生积极参与教学基本功训练。同时加强专业思想与行为规范教育，举办丰富多彩的文体及社会实践活动。

图 5-6　安庆师范学院副院长王海燕指导三年制大专班教学工作

学校一方面积极开拓就业市场，2000 级、2001 级两届三年制大专班毕业生首次就业率为 80%以上；另一方面积极鼓励学生提升学历层次，开设专升本辅导班。不少同学把握机会，努力学习，参加“专升本”考试。2000 级大专班 45 人参加“专升本”考试，31 人被录取。2001 年有 42 人通过英语四级考试，2003 年有 64 人通过四级英语考试，有 4 人通过英语六级考试。2009 届毕业生就业率达到 92%。三年制大专班的办学成果得到了安徽省教育厅的充分肯定，展现了学校人才培养的实力,为学校申专成功奠定了一定的基础。

(三)初中起点五年制小学教育专科班

初中起点五年制师范专科班定位在专科、定性在教育、定向在小学。学校举办初中起点五年制小学教育专科班,在教育教学和管理方面又面临新的挑战。初中起点五年制大专班生源的文化基础较为薄弱,中考总分750分,达到300分者即可被录取,学生学习习惯也较差。为了尽快摸清规律,学校领导不断外出学习借鉴成功经验。2002年3月,罗德泉带队赴亳州师范高等专科学校考察五年制专科办学模式及五年制课程方案实施情况,明确了办学定位。

针对五年制学生文化基础薄弱的实际,学校重视补缺补差工作。利用周六时间安排补课,形成事实上的六天工作制;增加数理化等部分学科课时,学生上晚自习,安排教师上堂辅导。

针对基础教育新课程改革提出的课程综合化,学校设置综合课程,减少学科门类,重组课程内容。针对部颁与省颁五年制教学方案要求与生源实际文化水平相脱离的实际,在课程设置上更多考虑如何提高学生的专业化水平,提高教育的针对性、实效性,以适应小学正在进行的基础教育课程改革。学校制定了《桐城师范学校五年制师范专科各专业教学方案》《五年制高职公共学科教学大纲》。先统后分,统分结合,专业课程前移,降低理科类教学难度,培养专业意识,加强师范教学技能的训练与考核。针对当时小学教师需求旺盛的趋势,将应对小学教师招聘考试作为教学的重要内容。

2007年6月,学校结合生源实际,出台《学校五年制小学教育专业课程改革纲要(试行)》,按照教师专业化的规律,合理确定文化知识、学科知识、教育专业知识结构,科学配置专业基础课与专业方向课、理论教学与实践训练、基础知识教学与专业技能之间的比例。强化"应聘"教学与训练,巩固"师范性"特色,培养适应基础教育课程改革的接近大学专科程度的小学教师。同年7月，学校召开五年制专科教学改革专题会议，梁志斌作专题报告。五年制专科教学落实四个“改变”：改变课程过于注重知识传授的倾向，强调形成积极主动的学习态度；改变课程结构过于强调专业（方向）、科目过多、内容偏深和缺乏整合的现象，整体设置五年一贯的课程门类和课时比例，并设置综合课程和梯级课程；改变课程目标设置过高的现状，牢固确立小学教育专业意识，综合培养，一专多能，适当降低专业方向选修课的难度；改变课程实施淡化师范性的现状，倡导培养动手能力、培养教师技能，强化就业意识，实施就业应聘应试专门训练，增强就业竞争力，切实保障实习实训的顺利开展。

2002级、2003级文化课的教材，前三年选用的是高中教材，其他为中师教材。从使用效果看，高中教材对入学成绩只有300多分的学生来说难度太大，尤其是英语、数学、物理、化学等课程，很难按照规定的时间完成教学任务。据大专班教学会商显示：老师教得很难，学生学得痛苦。至2005级，学校选用难度相对小的原教育部规划的中师教材。

2006年3月，学校出台《桐城师范学校关于加强五年制师范专科教学质量管理的意见》。统一思想，提高认识：三级师范向二级师范过渡，多渠道办学已成格局，五年制专科教育已成为学校培养专科学历小学教师的主要形式和多渠道办学主阵地。因此，严格质量管理，提高五年制师范专科人才培养质量是学校必须解决的现实难题。学校始终紧绷教育教学质量管理这根弦，建立健全教育教学质量管理体系。

学校改革评价制度，强调从过程、方法、情感、态度和价值观等方面对学生进行评价，实施“赏识—成功”的评价方式，建立保护学生个性发展的评价体系。将其他可操作性的课程改为考查课，注重动手能力的培养，注重学生平时的点滴进步。此举不仅使文化基础薄弱的学生看到了自己的闪光点，还保护了学生的自尊心。

为了督促学生珍惜时间，勤奋学习，对品学兼优的学生实施表彰奖励，对学习态度不端正，多科考试不及格的学生严格执行留级制度。此举受到的阻力很大，但学校本着对学生负责、对教育事业负责的态度，也为后来学生敲响警钟，坚决执行学籍管理办法，坚持留级处理。如 2007 年 7 月，2006—2007 学年度第二学期学业考核中，5 位同学有一半以上学科总评成绩不及格且学习态度不端正，根据学籍管理办法，作出给予留级处理的决定。

(四)高中班

为了扩大办学规模，2003 年学校增设高中班。首届高中班学生文化基础较差，中考最高分为 596 分，最低分只有 130 分。中等师范学校办高中班，能否办出质量，办出成效，社会广泛关注，全体教职员工倍感压力。

学校精心为高中班配备师资和班主任，根据《普通高中课程方案(实验)》精神安排各科教学内容。立足会考，把握高考，同时重视艺体类特长生的培养。注重同兄弟学校间的交流与沟通，借鉴教育教学经验，结合学校学生实际及时调整教育教学策略，学校在探索高中教学管理模式中少走了弯路。定期组织教学会商、班情分析会、单元与专题检测。开展听评课活动，引导和辅导学生参加学科竞赛和艺术活动，开展对艺体特长生的专门辅导。

首届高中班有学生 164 人，其中，选修文科 88 人，理科 59 人，参加艺体考试 17 人。为炼好“第一炉钢”，学校将高中班教育教学工作拎在手上，相关工作时间精确到日。如 2005 年 3 月 7 日至 13 日，学校举行高中班教学会商会、高中学生代表座谈会；3 月 14 日至 20 日，学校举行高中艺体特长生教学研讨会；3 月 21 日至 27 日，高中部分授课教师前往兄弟学校听课。

学校对备考工作也是重视有加，成立桐城师范学校高中毕业班工作领导小组，占峰任组长。2005年8月29日，制定《桐城师范学校高三备考方案》。二级机构人员分工到班，负责指导与协调高三备考工作。

表5-2　2005—2006学年第一学期高三教学计划行事历

时间	内容	时间	内容
8.10	高三开学	10.16—10.22	高三第二次月考
8.21—8.27	第一次高三教学会商，拟定《桐城师范高三备考方案》	10.23—10.29	第三次高三教学会商
9.4—9.10	高一新生9月6日开学，组织教师参加高中英语教师优质课竞赛活动(陈小华)	11.6—11.12	高中班教学会商
9.11—9.17	高三第一次月考	11.13—11.19	高三第三次月考
9.18—9.24	高中学生代表座谈会，高中教学会商	11.20—11.26	高三月考成绩汇总与分析，召开第四次高三教学会商
9.25—10.1	第二次高三教学会商	12.11—12.17	高三第四次月考

(五)中专班

中专班学生入学没有中考分数要求，实行缴费报到注册入学制。学校对中专班提出毕业时要“升学有基础，就业有技能”的要求。2004年，改革中专班教学模式，强化专业技能训练，在二年级尝试分专业方向开设课程，提前介入教育实践，培养职业精神。为实现“升学有基础，就业有技能”的培养目标，学校以就业为导向改进中专专业课教学方式，特别重视培养学生的动手能力、表达能力、适应能力和团体协作的精神，培养适应市场的人才。引导并督促学生养成良好的学习习惯，端正学习态度。学校根据市场要求逐步调整计算机专业教学计划，鼓励计算机专业学生参加NIT考试，同时重视各专业学生的对口高考工作。针对中专班学生文化课基础薄弱的实际，要求教师做到

“用教材”,而不是“教教材”。将教材内容由繁改简、由深改浅,突出应用性。各专业的基本功训练都从严要求,进行达标考核,取得合格证书。鼓励学生一人取得多个证书,中专群艺专业二年级安排普通话水平测试。

2004 年 10 月,学校加挂“安徽省桐城经济技术学校”校牌,定性为综合中专,可以招收非师范中专专业。同年 11 月,桐城经济技术学校参加安庆市教育局组织的“恺风杯”计算机技能竞赛,侯丹丹、张俊分别获得“图形图像处理”项目个人二等奖,“文字录入与图文混排”项目个人三等奖;程春、张健、疏友平分别获得个人优秀奖。毕业生对口高考录取率及就业率逐年提高。

五、基本技能训练考核及见习、实习

学校在教学上重视夯实学生基础,突出师范性,形成鲜明的办学特色:适应小学的基本技能训练与扎根乡村的专业情怀。

(一)基本技能训练与考核

学校发扬光大老师范办学传统,强化中专幼师班、五年制专科班、三年制高专班学生“三字一画一话”、吹拉弹唱跳的训练,制定《桐城师范学校师范生职业技能训练实施办法》,包括“三字一画一话”“视唱与琴法”“实验操作”“小学语文、数学教学”等基本功训练考核办法。每天上下午各安排 20 分钟,进行视唱、三字、口语、简笔画、舞蹈等基本功训练。每学期期末考试前两周进行技能考核,考核通过者颁发合格证书。鼓励学生一人取得多个证书。计算机课程为学生必学必考的内容。请小学特级教师给学生上课,指导学生上课、备课、批改作业。

2007 年 6 月,学校出台《桐城师范学校五年制小学教育专业课程改革纲要(试行)》,明确规定:“将基本技能训练内容纳入课程一并安排,主要包括毛笔字、粉笔字、钢笔字、普通话、简笔画、现代教育技术、教学设计七项。坚持集中训练与自由训练相结合，自由训练与统一考核相结合。”五年制大专班教学基本技能训练分年级安排：一年级为毛笔字、简笔画，二年级为钢笔字、广播体操，三年级为粉笔字、计算机基本技能，四年级为普通话、琴法、舞蹈、绘画，五年级为各科教学法。2007 年 5 月，学校发布《关于五年制师范专科各年级加强“三字一画”训练的通知》，强化对五年制师范专科各年级“三字一画”的训练，技能测试成绩记入“等级证书”。

中专不同专业的学生，技能训练和考核内容不同。对中专计算机专业，一年级考核操作系统的运用及 PPT 制作，二年级考核动画制作；对中专幼师专业，考核美术技能、计算机技能、音乐技能（舞蹈、视唱、钢琴）、口语表达和英语口语、钢笔字和粉笔字。考核的成绩均记入学籍档案，达到规定要求的发给专业技能等级证书，作为毕业时推荐工作的依据。

学校通过开展一系列竞赛活动，促进学生专业技能的提高。如每年举行“三字一画”比赛、课件制作大赛、动画模型大赛、诗歌朗诵、讲故事大赛、高年级的教案设计大赛、文艺汇演等。一年一度的元旦文化艺术节更是为充分展示学生专业基本功提供了广阔平台，成为学校的一项特色活动和文化品牌。

学校将学生基本功训练的活动图片、技能展示成果装订成册，如《学生活动图片选辑》《小学教学基本技能展示（简笔画）》《小学教学基本技能展示（粉笔字）》《小学教学基本技能展示（钢笔字）》，发给学生，人手一册。拓展社会平台，展示师生的书画作品，扩大学校影响。1999 年 9 月 27 日至 10 月 3 日，学校举办庆祝中华人民共和国成立 50 周年书画展。2005 年 4 月 25 日至 5 月 1 日，“桐城师范学校师生书法美术作品展”在桐城市博物馆举行，桐城市四大班子领导出席了开幕式。此次书画作品展是学校教育教学成果的一次大展示。撤展后，大部分书画作品被布置在学校图书馆内。

图 5-7　2004 年元旦文化艺术节“两字一画”比赛

图 5-8　2004 年元旦文艺晚会

（二）见习、实习

学校见习一般安排在学期中间，时间为一周，地点就近安排在市内。教育实习一般安排在临近毕业的学期，时间是两个月，地点除桐城城区的小学、幼儿园外，还安排在望江、怀宁、枞阳等县，安庆、池州、黄山等市。学生在外地实习，学校安排专人驻点指导和管理。2006年，学校首次安排师范专业的学生到桐城以外的地方实习，部分幼师学生到安庆市高琦幼儿园、池州市直及实验幼儿园实习。其后到外地实习成为常态。

为了保证教育实习工作的成效，除精心挑选实习指导教师、强化入校（园）前的校内培训指导外，还采取一系列措施，提高教育实习质量。学校制定《桐城师范学校学生教育实习质量评估标准》《桐城师范学校实习生行为规范》《桐城师范学校教育实习点、年级组负责同学职责》《桐城师范学校教育实习指导教师职责》《教育实习补助办法》等一系列规章制度，以保障教育实习的有序进行。

学校规范教育实习基地建设，选择师资力量强、教育教学质量高、管理规范严格的小学、幼儿园及艺术教育资源丰富的地方建立教育实践基地，首批建成18个，分布在桐城、望江、怀宁、枞阳等县，安庆、池州、黄山等市，分别为：桐城市实验小学、北街小学、东关小学、同安小学、太平小学、碧峰中心学校、安庆市高琦小学、安庆市公园小学、安庆市舒州逸夫小学、望江县第一小学、怀宁县独秀小学、枞阳县枞阳小学、桐城市实验小学幼儿园、桐城市河东幼儿园、池州市实验幼儿园、池州市市直幼儿园、桐城文庙（桐城师范艺术教育基地）、黟县西递和宏村（桐城师范艺术实践基地）。学校经常与教育实习基地开展教学互进活动，如2004年6月，幼师专业学生与桐城市实验小学幼儿园开展教学互进展示演出活动。学校定期召开实习学校校长恳谈会，听取他们对学校实习生教育教学工作方面的意见和建议，以促进学校改进教育教学方法。

图 5-9　学校幼师专业学生与桐城市实验小学幼儿园开展教学互进展示演出活动

六、推广语言文字规范化

学校是全社会推广、普及普通话(以下简称"推普")和用字规范化的基础阵地,学校的推普工作对社会有着较大的辐射力和影响力。作为一所以培养小学教师为主体的师范学校,一直以来高度重视语言文字规范化工作。特别是自 1998 年 9 月经国务院批准"每年 9 月的第三周为全国推广普通话宣传周"以来,围绕每一届推普周主题,学校积极开展语言文字规范化活动。语言文字工作不断推进,取得了一定成效,引起安徽省语言文字工作委员会领导的关注。2000 年 5 月、2004 年 3 月,省语言文字工作委员会主任吴玉霞、副主任王子鸣分别来校检查指导语言文字规范化工作。2004 年 4 月,安庆市创建语言文字规范化示范学校评估组一行四人来校检查指导语言文字规范化工作。同年 12 月,安徽省教育厅授予学校"语言文字规范化示范学校"。2008 年,学校建立安庆市普通话水平测试站。

图 5-10　安徽省语言文字规范化示范学校评估组在学校召开学生座谈会

2002 年，学校制定《桐城师范学校语言文字工作规范化规章制度》。2004 年，学校成立语言文字工作委员会。2004 年 3 月，学校调整语言文字工作领导小组，梁志斌任组长，程玉梅任副组长。健全的教育教学用语用字规范化工作机制保证了语言文字工作的顺利开展。

同时，学校培养了一批优秀的语言文字工作者。黄应秋为国家级普通话测试员，许华、查晓波、梁志斌、夏亚莉、王晔、江亚丽等为省级普通话测试员。普通话测试员经常受安徽省教育厅语委办聘请到外地进行普通话水平培训、测试工作。雄厚的师资是提高语言文字规范化水平的有力保证。

为了更好地把握学生生源地的语言文字习惯，更有针对性地开展训练，2004 年 4 月，学校编印《桐城师范学校语言文字工作手册》《桐城师范学校普通话训练》校本教材。并根据学生实际，开展丰富多彩的语言文字规范化活动。如 2004 年 9 月，学校举办第七届推普周活动，活动主题是“普通话——情感的纽带，沟通的桥梁”。同年 10 月，举行语言文字规范化大赛。

2000年10月28日至29日，寿县师范学校派教师来校主持2001届毕业生普通话水平测试工作，这是学校学生首次接受普通话水平测试。2008年，学校建立安徽省普通话培训测试中心安庆测试站。同年8月9日至10日，由安庆市语委办组织的安庆市八县(市)三区教师及其他岗位工作人员371人在桐城师范学校测试站接受普通话水平测试。测试期间，省、市语委办领导亲临学校检查指导。这是学校首次承担安庆市范围内的社会人员普通话水平测试工作。

七、教学及教科研成果

学校高度重视教科研工作，营造浓厚的学术氛围。一方面，学校为教师教科研牵线搭桥，请省教科院专家来校讲学，与高校合作搞科研，组织教师积极申报课题和项目。另一方面，将教师职称晋升与教科研成果挂钩，激发教师的教学及教科研工作热情。同时根据《桐城师范学校教学科研成果奖励办法》，加大教学及教科研成果奖励的力度，学校教学及教科研工作取得了丰硕的成果。

2004年12月16日，学校公布2004—2005学年度中青年教师优质课竞赛结果，王宏伟、王斌获得一等奖。2005年9月，陈小华在桐城市组织的高中英语说课比赛中获得二等奖。2008年3月，程爱兰获得桐城市首届“教学能手奖”。同年7月，程爱兰被评为安庆市“先进教研个人”。

学校对教科研团队取得的成果，如计算机等级考试、教学竞赛、专升本考试、小学教师选招考试等奖励力度较大。2007年，高专2006级、初专2003级学生参加全国大学生英语四六级考试，49人通过四级，4人通过六级，在同类学校中名列前茅。2008年3月，学校发文《关于嘉奖英语教研室的决定》，给予英语教研室通报嘉奖并予以物质奖励，号召全校教师向英语教研室学习，发扬团队精神，提高教学质量，促进学生发展。

2008年，计算机专业12名学生参加安庆市中职学校“电子杯”技能竞赛，取得优异成绩，2人获得一等奖。动漫设计项目获团体一等奖。指导老师刘向明、章学渊分别获得一、二等奖。2008年4月，学校给予计算机教研室通报嘉奖并予以物质奖励。同月，王亚娜等7人获得全国计算机等级考试二级合格证书，贺应获得全国计算机等级考试三级合格证书。

1999年9月至2001年9月，学校有37篇论文（作品）获奖，11篇论文（作品）发表。1项省级教科研课题立项，8项市级教科研课题申报，15项校级教科研课题立项。张耀庭的论文《运用现代教育技术提高小学语文教学质量》及其配套教案获得国家级一等奖。在1999年全国中师学生化学科技活动竞赛中，因成绩突出，杨雪松被中国教育学会化学专业委员会评为辅导教师一等奖。

学校教师参与编写专业课教材、“桐城派研究”专题选修课教材、校本教材。程根荣参编的《新编应用写作》《小学语文典型课示例》分别作为全国中等职业学校人文素质教育规划改革教材、“安徽省中小学教师继续教育丛书”用书。张耀庭参编的《小学语文课程与教学》列入高校教材订单，作为高等院校小学教育专业教材使用，发行了三版。其主编的《小学语文新课程教学例话》由北京燕山出版社2004年10月首次出版，作为教师教育教材在师范院校使用，2006年8月再版；其主编的《教师心理教育能力培养与提高》被列为中小学教师继续教育用书，2004年12月首次出版，2005年2月再版。

2002年，学校对1999—2002年度教科研成果进行奖励，张耀庭、周鸿、程根荣、刘久芳等4位教师获得一等奖。2006年3月，学校作出《关于表彰校级科研成果奖的决定》，张耀庭等22位老师分别获得2002年9月—2005年8月学校教科研成果一、二、三等奖，其中，张耀庭、胡维、程大立、开健获一等奖，黄应秋获得校本教研成果奖一等奖。2008年2月，根据《关于教学科研工作的若干规定》，程爱兰等55位教师获得 2005 年 8 月—2007 年 7 月教科研成果奖励。

自 2003 年到 2009 年，学校教师发表论文 400 余篇，其中，一类论文 3 篇、二类论文 6 篇、核心期刊论文 120 篇。部级课题 2 个，省级一般课题 20 多个。仅 2004 学年度，教师发表教科研论文达 32 篇。学校教科研形势喜人，4 个教育科研规划课题省级立项，7 个课题校级立项。省级立项的 4 个教育科研规划课题是：占峰主持的《新课程背景下的师范课改策略》(编号 JG04078，梁志斌、程玉梅、开健、程跃文参与研究)；梁志斌主持的《五年制小学教育专业学生语文素养评价体系研究》(编号 JG04076，开健、程根荣、倪志明、夏亚莉参与研究)；琚诒忠主持的《当前职业学校学生管理问题的现状与对策研究》(编号 JG04077，陈宝平、程玉梅、刘久芳、李卫生、胡久青参与研究)；张耀庭主持的《小学教师语文教育能力培养研究与实践》(编号 JG04075，许华、查晓波、开健参与研究)。

2005 年 1 月，张耀庭当选为中国教育学会全国小学语文教学法研究中心安徽分会会长。同年 4 月，中国教育学会全国小学语文教学法研究中心安徽分会第六届年会在学校举行。同年 5 月，占峰当选为安徽省陶行知教育研究会常务理事。

2009 年 12 月，教育部专家评估组在对学校实地考察时，高度评价教科研工作，认为一所中专学校能取得数量这么多、层级这么高的教科研成果非常不易，教科研有特色。

八、1999 年教学评估

1999 年中师教学工作评估是继 1994 年中师办学水平评估后的又一次深入教学领域的评估活动，1994 年评估是全面综合评估，此次主要是评估教学工作。评估工作依据的是 1998 年 8 月教育部师范司出台的《中等师范学校教学工作评估方案》，内容涉及教学资源、教学建设、教学管理、教学质量、教学特色五个方面，评估结果分优秀、良好、合格、不合格四个等级。

教学评估的目的是通过评估，提高各地政府和教育主管部门对中师教学工作重要性的认识，提高中师校长、教师对深化教育教学改革重要性的认识，加大投入，加强教学基本建设和现代化建设，明确教学工作在学校工作中的中心地位，推动中师围绕素质教育加强教学建设和教学管理，进一步推动中等师范学校教学改革和发展，规范教学管理，以提高教育教学质量和效益。

安徽省教育厅拟通过教学工作评估，在获得优秀等级的中师中确定一批培养大专学历小学教师的师范学校，为完成安徽省中师布局结构调整，实现安徽省师范教育由三级师范有序、有度地向二级师范过渡提供依据和动力。因此，所有受评中师学校领导和全体教职员工高度重视这次教学评估工作。

学校一方面根据评估标准找差距，针对硬件设施、教学仪器、设备等方面缺项较多、资金缺口大的情况，向桐城市政府呈送报告，请求帮助解决实际困难。另一方面，在校内召开不同层次会议，层层动员全体师生员工参与迎评，形成共识和合力，增强紧迫感、责任感和使命感。同时，拟定“迎评”时间表，成立“迎评”领导小组，下设宣传、材料、教学、后勤四个工作小组。将评估方案的 5 项一级指标，16 项二级指标，39 项三级指标分解落实到具体部门和个人。

1999 年 11 月 19 日至 21 日，安徽省中师教学评估专家组一行对学校教学工作进行全面评估。组长为六安师范学校校长王祥生，成员为金寨师范学校张传仪、寿县师范学校郝佩玉、霍邱师范学校陈仁江、舒城师范学校杨续润、六安师范学校查福明。安庆市教委职教科俞正基、苏子春，桐城市领导胡睿、陈厥华、李玉萍，桐城市委宣传部副部长汪姚珠，桐城教委主任杨红出席欢迎仪式和评估反馈会，并陪同评估组考察校园。

评估组听取了校长罗德泉所作的教学工作汇报，参观了陈列室，考察了校园环境和基础设施,查阅了资料,召开了乡镇教委主任和小学校长参加的座谈会,随机抽取10位教师、20位学生进行问卷调查。现场考查30位学生的"三字一画"基本功,抽看学生作业,观看师生演出的"明天更美好"文艺晚会,并与演职人员合影留念。

在评估反馈会上,组长王祥生代表评估组对评估情况作总结。评估组认为:桐城师范学校现在的教学质量和教学手段与1994年办学水平评估时相比有了较大的提高,校园面貌发生了巨大的变化;教学成绩优良,毕业生质量受到教育主管部门和用人单位的一致称赞,社会影响很好;学校领导班子团结务实,艰苦奋斗,管理严格,精神状态值得称道和学习;学校严把进人入口关,保证了师资队伍质量;学校以教学为中心,认真执行课程计划,开全开足所有课程和理科实验,教风正,学风正。桐城师范学校发生的巨大变化,得益于安庆、桐城两级政府的支持,尤其是桐城市领导真正把师范教育摆在发展基础教育的首位,这是学校得以发展的关键所在。评估组希望学校进一步加强师资队伍建设以促进学校更好地发展,同时希望桐城市继续加大对桐城师范学校的投入,将桐城师范学校办成新世纪的名校。桐城市副市长李玉萍代表桐城市委、市政府表态,将以此次评估为契机,一如既往地支持学校发展,促进学校教学质量再上新台阶。

安徽省此次参加评估的师范学校共有30所,根据安徽省教育委员会教师〔2000〕4号文件《关于印发安徽省中等师范学校教学工作评估小结的通知》,获得"优秀"的10所,获得"良好"的20所,桐城师范学校获得"良好"等级。

第四节　学生管理

1999年至2009年,学校先后招收中等师范、普通中专、普通高中、高中起点三年制专科、初中起点五年制专科五种不同类型的学生,起点不同、层次不同、培养规格不同，给管理工作带来了较大的困难和挑战。

学校始终将学生管理放在人才培养的首要位置，努力培育“四有新人”。根据学生年龄、性别、学习阶段特征，开展分层次教育、分性别教育、分阶段教育。建立了上下协调、多方联动的德育工作网络和职责分明的德育运行机制，继续贯彻执行“教书育人不分课内课外，管理育人不分教学后勤，服务育人不分干部职工”的全员育人战略，坚持两代师表一起抓。学校选拔政治过硬、思想活跃、业务能力强的老师担任班主任、辅导员，加强学生管理队伍建设。

1999 年至 2009 年，政教处与团委合署办公。1999 年 8 月，陈宝平、程玉梅分别任政教处主任、副主任。2003 年 8 月，陈宝平兼任政教处主任，倪志明任政教处副主任。同年 10 月，程跃文任团委书记。2004 年 8 月，倪志明任政教处主任，程跃文（兼）、黄应秋任副主任。2006 年，政教处更名为学生处。2007 年，程跃文任学生处主任，周琳任团委书记。

2007 年 11 月，学校调整关心下一代工作委员会领导小组，黄志杰任主任，江学煌、程玉梅任副主任，赵正斌、张恒元、王宏伟、周琳、陈涛为领导小组成员，王宏伟为办公室主任（兼）。

一、学生管理制度及队伍建设

面对不同类型的学生管理实际，学校进一步加强学生管理制度建设。学生管理制度包括五个方面。一是建立和完善安全管理制度。制定了《学校治安综合治理实施办法》《桐城师范学校关于加强学校安全管理工作的决定》《学生校外打工管理规定》《学生走读、外宿及租房的管理规定》《行政干部和班主任值周制度》《校门安全管理制度》《学生公寓管理制度》。学校加大对寝室的安全检查力度，杜绝寝室内私拉乱接电线、私用电炉及晚上私点蜡烛等安全隐患的发生。二是制定了《文明教寝室评比规定》等相关制度。三是制定学生评优评先工作制度。如:《桐城师范学校“三好学生”“优秀团员”“优秀学生干部”评比办法》《先进班集体评选暂行办法》等。《先进班集体评选细则》中将班级文明宿舍达标率、“五到位”年平均到位率、班级学生辍学率等作为先进班集体的评选条件。四是制定了《安庆师范学院桐城师范学校大专班学生素质综合测评办法》。2009 年 4 月,学校印发《学校学生综合素质测评方法(试行)》。五是修订并出台《桐城师范学校学生违纪处理办法》,加强校风校纪建设,维护正常教学和生活秩序。

学校重视班主任、辅导员队伍建设。2000 年秋季,高中起点大专班学生入学,增加了学校管理的难度。学校开始实行辅导员津贴制,增加津贴,调动辅导员工作积极性。

2004 年 8 月,学校出台《关于班主任(辅导员)工作的若干决定》。2007 年 11 月,出台《桐城师范学校班主任(辅导员)聘任的规定》《班主任(辅导员)量化考核试行办法》。2009 年 4 月,进一步完善《桐城师范学校班主任(辅导员)聘任的规定》。为了激发班主任(辅导员)的工作热情,学校出台《桐城师范学校优秀班主任(辅导员)评选暂行办法》《桐城师范学校优秀班主任(辅导员)评选细则》。同优秀班集体评选一样,优秀班主任(辅导员)评选也将文明宿舍达标率、“五到位”年平均到位率、班级学生辍学率等作为评选条件。

学校加强对班主任(辅导员)的管理和教育。自 2006 年开始,每年 8 月举办校内班主任(辅导员)培训班。请校领导、专家学者作报告,安排校内优秀班主任(辅导员)介绍班级管理经验,召开座谈会等是培训班必有的议程。坚持早操到位、早读到位、中午自习到位、晚自习到位、晚就寝到位的“五到位”制度。

学校对优秀班主任(辅导员)实施表彰,如 2002 年,汪庭才获得学校 2001 年度“优秀辅导员”称号。2009 年 9 月,学校对 2008—2009 学年度优秀班集体、优秀班主任(辅导员)进行表彰。初专 2008 级文(3)

等9个班级获得“先进班集体”称号，江向中等7人获得“优秀班主任(辅导员)”称号。

二、学生工作

在学生管理过程中，学校尊重学生的参与意识与自立意识，因势利导，培养学生自我教育、自我管理的能力，组织竞选学生会干部，竞选校刊、广播站工作人员、晚会主持人，学生会自行组织卫生检查评比及小型文体活动，使学生在自我管理、自我教育中增长知识和才干。

(一)思想政治教育

学校充分利用校会、班会、晨会等传统教育渠道进行思想教育工作，坚持班会、晨会常规化，班会有记录，晨会有效力。同时发挥广播站、宣传栏、黑板报、校报的教育、宣传、服务功能，开展以爱国主义、集体主义、法制与纪律、文明卫生教育为中心内容的宣传教育。

例如，2002年开展“迎接党的十六大召开，学习十六大文件精神”主题活动；重视法治教育，聘请碧峰派出所所长胡礼七担任法制副校长；2003年至2005年，检察院程浩主任来校指导学生开展“模拟法庭”活动。

2003年5月，学校制定《桐城师范学校感恩教育五年规划》。之后根据规划逐年开展活动。如，2005—2006学年度，各班开展“我为申专出份力，我为申专做贡献”“我为班级做一件好事，我为老师做一件好事”“感恩老师，感恩学校”等演讲活动、“诵名句，承传统”读书活动及“崇尚科学，反对邪教”等专题活动。

2005年12月，学校响应教育部《关于开展向洪战辉同学学习的通知》号召，通过征文、演讲、谈学习体会等形式开展活动，全校学生掀起“向洪战辉学习”的热潮，学习其乐观坚强、严于律己、无私奉献、勇于担当的精神品质。2006年3月，学校开展社会主义荣辱观主题教育活动。2007年10月,学校组织学生学习宣传贯彻党的十七大会议精神活动,做到十七大精神进教材、进课堂、进学生头脑。

学校女生多,女生数量占学生总数的82%。学校开展女生专题教育,取得了一定成效。各班主任对本班女生成长背景、身体素质、心理状态、学习态度、人际交往等情况进行调查分析,向政教处提交调查分析报告,召开"做'四自'女性"主题班会。学校有针对性地开展女生教育与引导工作,利用学校宣传栏、黑板报、广播站进行专题宣传,宣传优秀女生典型,引领女生树立正确的世界观、人生观、价值观、恋爱观、婚姻观。面向全校女生举办"做'四自'女性"专题讲座,激励广大女生自尊、自信、自立、自强。"春笋文学社"每学年主办一次"做'四自'女性"征文活动。开展演讲比赛,如2001年开展"做四自女性,展时代风采"演讲比赛。

图5-11　2001年,学校举办"做四自女性,展时代风采"演讲比赛

2001年秋季,政教处、团委在全体女生中开展了"女生综合素质比赛",有"仪态展示""三分钟演讲""知识竞答""特长展示"环节。通过比赛,让女生直观认识现代"四自"女性和"真正美"的内涵。获奖同学成为女生学习的标杆和榜样。

图 5-12　2001 年，桐城师范学校首届“女生综合素质”比赛

学校预计办专科班面临的各种实际困难，提前对住宿、师资作了精心安排和准备，改造了校园水电网和学生公寓、食堂设施，添置了桌椅、图书、微机等教学设备，调聘计算机、英语学科教师。2000 年 9 月，首届高中起点三年制大专班学生入学。学生入学分数都较高，进校后见校园面积过小，基础设施陈旧，住宿条件差，师资力量薄弱，负面情绪较大。

学校领导高度重视，罗德泉、江学煌多次召开各部门负责人、辅导员会议，商量解决办法。硬件设施短期内无法完全满足学生的要求，只有从软件着手做学生的思想工作。一方面，提高教师授课水平。安排教师到安庆师范学院跟班随堂听课，回校后认真备课、讲课，让学生在课堂上有所收获。另一方面，充分满足大学生的业余生活需求。学校指导成立各种社团，同桐城市电影院联系，周末安排在学生剧场放电影。行政人员、辅导员、授课教师走进教室、寝室，走近学生，和学生谈心，请学生理解学校办学面临的实际困难，鼓励学生克服困难，将精力投入学习中，及时帮助学生解决实际困难和问题。对于家庭经济困难的学生，学校帮助其勤工俭学，申请缓交学费等。来自宿松县的一名女生,家境贫寒,入学时体质很差,经常晕倒。辅导员汪庭才多次带她去医院看医生,为她连续煎熬中药 40 多天,还经常煨汤帮她补充营养,经过慢慢调养,身体逐渐好转,能够和同学们一起正常学习和生活。这名女生生病康复,同学们都看在眼里,很是感动。政教处主任陈宝平更是没日没夜守在办公室,只要学生有需要,第一时间出现在学生面前,他去学生宿舍时,除了和学生谈心,还经常带着锤子、钉子、老虎钳等工具,为学生修理门窗、安装窗帘等。学校领导、老师们耐心细致的工作态度深深感动了学生。后来有学生说,学校尽管条件差,但是领导、老师爱岗敬业,爱生如子。学生渐渐理解学校办学的不易,怨言越来越少,理解越来越多。直至 2001 级大专班新生入学,面对新生及家长的疑问,很多 2000 级学生主动做解释安抚工作,“我们是来学习的,不是来享受的,精力放在学习上,自然就淡化了对环境的要求”。

学校对学生一贯以教育为主,宽严相济,在耐心做学生思想稳定工作的同时,对不遵守学校纪律,带来恶劣影响的学生绝不姑息。2001 年 1 月 9 日,理科 2002 班、理科 2003 班 6 位同学故意缺考,学校给予 6 人留校察看一年的处分。

(二)文体活动

每年以“庆国庆,迎新生”为主题的文艺晚会是学校文体活动的特色项目,学生参与热情高。元旦文化艺术节是一年一度校园文化活动的重头戏,内容丰富,形式多样。2000 年 12 月,学校首次举办元旦文化艺术节,内容包括“三字”比赛、美术作品展览、文艺节目会演等。后来元旦文化艺术节内容不断丰富。如 2006 年元旦文化艺术节活动有八个方面内容:粉笔字比赛、钢笔字比赛、毛笔字比赛、简笔画比赛、健美操比赛、演讲与朗诵比赛、美术书法作品汇展(包括绘画、图案、手工、书法),文艺节目会演(包括器乐演奏、歌曲、舞蹈、小品、相声、课本剧表演及其他曲艺形式)。每年的元旦文化艺术节,学生参与热情高、参与面广,取得的成果也很丰硕。特别是在学生剧场前举办的“美术书法作品展”及“元旦文艺晚会”,学生关注度很高。参展的作品是经过教师集体评选出的,绝大部分展品作为教学成果由学校收藏。元旦文艺晚会更是将艺术节推向高潮,元旦晚会前的一个月是校园最热闹的日子,到处活跃着练舞、练歌的学生身影。2006 年、2007 年,学校借用桐城黄梅剧团的剧场举办元旦文艺晚会,其他年份均在学生剧场。2004 年、2005 年、2006 年、2007 年、2008 年,学校根据申专不同阶段确定元旦晚会的主题,分别为“金色的台阶”“青春师范”“跨越新程”“春色满园”“召唤”。2009 年是迎接教育部专家组到学校考察评估的关键之年,晚会主题确定为“阳光路上”,表达学校在追求申专成功的阳光大道上攻坚克难、十年磨一剑的豪情壮志。

校园篮球赛、乒乓球赛、羽毛球赛等球类赛事常态化开展。自 2005 年开始,学校每年春季以班级为单位举行全校性广播操比赛,秋季举行田径运动会。

2005 年 5 月,为了引导青年学生展示文明、充满活力的青春风采,培养正确的审美观念和健康的审美情趣,提升学生综合素质,学校首次举办“青春美”大赛。大赛包括仪态展示、演讲、才艺展示、情景问答四项内容,分班级预赛、学校预赛、决赛三个阶段。决赛设最佳仪表奖、最佳口才奖、最佳文慧奖、最佳才艺奖四个单项奖及综合奖“青春之星”金奖、银奖、铜奖,另外从各班推选的观众评委通过投票产生最佳人气奖。“青春美”大赛很受学生喜爱,多年来不间断举办。

(三)心理健康咨询

2002 年,学校成立心理咨询辅导站,为学生提供心理咨询服务。自 2003 年始,针对学生的心理健康状况,开展心理健康教育研究,程跃文的论文《“差生”转化过程中的情感智力教育》《学校心理教学中应加强学生“挫折商”的培养》分别在《安徽教育学院学报》《芜湖师专学报》上发表。苏泽军、陈宝平、程玉梅分别为学生开展心理健康辅导讲座。2006年,学校设立“心语室”,开展心理健康咨询活动,为学生解疑释惑,扫除其成长过程中的障碍,促进学生健康成长。

(四)志愿服务

学校团委重视学生校内校外的志愿服务工作。校内的重大活动中都有志愿者忙碌的身影。2005年,学校组织义务讲解员队伍,桐城市博物馆为他们进行培训,培训合格才能上岗。义务讲解员利用周末时间接受培训,到博物馆为参观游客义务讲解桐城的历史和文化,宣传桐城派,宣传学校,锻炼才干。2006年,团委成立“启明心”志愿者协会。学校志愿者为第一届、第二届中国桐城市文化节提供志愿服务。同年5月,安庆团市委授予程跃文“优秀青年志愿者”称号。

发挥学生参与学校管理的积极性是学校一直以来的优良传统。校园卫生清扫工作绝大部分由学生完成。学校按班级划分责任区,每班每日安排学生进行环境卫生区清扫。学生寝室按照学校惯用的七项指标进行检查,每周四下午政教处组织检查进行量化打分,每月汇总结果进行评比,评比获优胜的宿舍,会获得肥皂、洗衣粉、牙膏、牙刷等奖励;对脏乱差的宿舍,则责令限期整改。2004年8月,学校物业实行承包经营管理,但教室、寝室的检查评比一直未间断。

学生干部参与维持食堂就餐秩序,参与每天早晨环境卫生区的检查,每周四下午进行教寝室卫生以及班级黑板报检查,并通报检查结果。

申专工作启动以来,学校通过主题班会、晨会、培训会及演讲、辩论、征文等途径和形式对学生进行教育和引导,让“我是学校主人翁,也是学校一分子”“我为申专出份力,我为申专做贡献”的信念扎根到每届每名学生心中,转化为爱校的自觉行动。学生将每一幢楼、每一扇门、每一扇窗户、每一个角落打扫干净。在申专过程中，各级领导到校视察指导频繁，每次到校视察的领导们都充分肯定校园环境优美，认为在硬件设施如此落后的情况下，教室、寝室清扫得一尘不染，非常不容易。对学生呈现出的精神面貌交口称赞。

（五）学生资助

2004 年 3 月，学校出台《桐城师范学校“特困生”资助暂行办法》，以帮助家庭困难学生顺利完成学业。同年 12 月，为了激励品学兼优的学生，根据《安庆师范学院桐城师范学校大专班实行“优秀学生奖学金”的暂行规定》，学校对 2002—2003 学年度“优秀学生”实施表彰与奖励。赵柳琴等 9 名同学获得一等奖学金，钱高峰等 19 名同学获得二等奖学金。

2006 年，中央财政设立中等职业教育国家助学金，资助对象为全国中等职业学校全日制在校学生中家庭经济困难的学生。补助标准为每生每学年 1000 元。2007 年 6 月，财政部、教育部制定了《中等职业学校国家助学金管理暂行办法》，资助对象为具有中等职业学校全日制正式学籍的在校一、二年级所有农村户籍的学生和县镇非农户口的学生及城市家庭经济困难学生。资助标准为每生每年 1500 元。

桐城师范学校中职学生极少数是城镇户口，98％以上均符合国家助学金资助条件。2007 年 8 月，学校成立国家助学金评审组。同年 11 月，成立学校资助工作管理领导小组。根据《中等职业学校国家助学金管理暂行办法》，制定《桐城师范学校国家助学金发放具体细则和管理办法》，做到“应助才助，应助尽助，不重不漏”。2008 级初中起点五年制文科部一名桐城籍学生家境贫寒，父亲年过六旬且体弱多病，母亲智障，一个妹妹在初中读书。校长占峰慷慨解囊，不仅资助生活费，还为她购买衣物等生活用品。该生五年的全部学费获得学校减免，还获得各类助学金的资助，顺利完成了学业。

2007 年 11 月中旬,为了激励受助学生身怀感恩之心,克服经济困难,更加努力学习,学校举行"心怀感恩,学优争先"演讲比赛。2007 级中专计算机专业独臂女孩石丹丹的励志演讲获得安徽省教育厅一等奖,教育厅厅长程艺为她颁奖并合影留念。

学校在对中职学生及五年制专科前两年的学生进行国家助学金评定的同时,根据《国务院关于建立健全普通本科高校、高等职业和中等职业学校家庭经济困难学生资助政策体系的意见》文件精神,从二年级以上(含二年级)的专科阶段全日制在籍在校、勤奋学习、努力进取、德智体美等全面发展、品学兼优的学生中,评选国家奖学金和国家励志奖学金获得者。2008 年 9 月,2006 级高中起点三年制文科部小学教育专业的秦秀获得国家奖学金,这是学校第一位获得国家奖学金的学生。朱玉等 16 位同学获得首批国家励志奖学金。

(六)学生社团

进入 21 世纪后,学校先后成立"春笋文学社""启明心志愿者协会""演讲与辩论协会""绘画协会"等 7 个社团。学生社团的成立和活动的开展,丰富了学生的业余生活,提高了学生综合素质。其中,"春笋文学社"创办于 2003 年,自程大立担任指导老师以来,以"繁荣校园文化,培养文学人才"为宗旨的《春笋》刊物质量越来越高,有一定的社会影响。2003 年,《春笋》校刊被评为中国语文报刊协会校办报刊一等奖。"春笋文学社"获得全国优秀文学社团评比"金葵花奖"、创新作文全国核心文学社团称号。2007 年,学校加大对《春笋》刊物的投入,刊物装帧更加精美,每期出刊时,学生人手一册。《春笋》刊物吸引着众多爱好文学的师生,日益成为师生展示文学才华和精神风貌的平台和窗口。

图 5-13 春笋文学社主办的刊物《春笋》

第五节 社会服务

1999 年 3 月，教育部出台《关于师范院校布局结构调整的几点意见》，中等师范教育面临着转型。为寻求生存与发展之路，学校适时提出“坚持一根主线（争创），加快改革步伐，转变办学思路，提高办学效益”的总体工作思路，积极探索新的办学模式，开展对外合作交流，拓宽办学渠道，发挥社会服务功能，开展多层次教师职后培训，取得了较好的社会效益和经济效益，扩大了学校的社会影响。2002 年 1 月，学校在“九五”教育干训工作中成绩突出，获得安庆市教委的表彰。先后成为安庆市小学骨干教师培训基地、桐城市中小学教师第二轮继续教育专业课培训基地、全国计算机应用技术证书考试培训基地、安徽省普通话测试中心。

一、与蚌埠教育学院(蚌埠学院)合作办学

根据《面向21世纪教育振兴行动计划》文件精神,至2010年前后,具备条件的地区力争使小学和初中专任教师的学历分别提升到专科至本科层次。

2001年3月,学校和蚌埠教育学院签订《蚌埠教育学院与桐城师范学校联合办学协议书》,举办大专函授教育。蚌埠教育学院负责制订教学计划,安排课程,派遣面授课辅导教师。桐城师范学校负责招生、管理等工作,授课时间集中安排在寒暑假。

2001年9月,蚌埠教育学院成人教育学院桐城教学点成立。学校精心策划,广泛宣传,组织动员桐城市学历未达标的小学教师及少数中学教师参加成人高考。2002年7月20日至8月8日,蚌埠教育学院函授班开课,188人参加函授学习。2002级教育管理专业、小学教育专业分别录取函授生59人、33人,2004级教育管理专业录取34人,2005级汉语言文学专业录取32人。至2005年年底,蚌埠教育学院成教院桐城教学点有4个班,共有学员160人。

2009年7月,经安徽省教育厅批准,学校成立蚌埠学院成人高等教育桐城函授站,杨雪松、黄应秋分别兼任正、副站长。开设汉语言文学(本科)、英语(本科)、学前教育(大专)3个专业。学校制定了《蚌埠学院桐城(师范学校)函授站管理办法》《蚌埠学院桐城(师范学校)函授站工作规程》《蚌埠学院桐城(师范学校)函授站任课教师聘任办法》等一系列规章制度。

据不完全统计,2000年至2008年,学校本专科函授合计1500人次。2010年,函授站共录取学前教育新生68名。同年6月,在蚌埠学院继续教育学院召开的2010年教学点工作会议上,桐城函授站作为先进教学点介绍了工作经验。

2005年,桐城市教育局为改善初中教师队伍结构,进一步提升广

大教师的专业水平，同时帮助教师解决职称晋升中学教不一致的实际问题，委托学校举办初中教师专业对口培训班。

学校外聘蚌埠教育学院 48 位教授、副教授为专业对口培训班学员授课。培训时间为 2005 年 7 月 29 日至 8 月 12 日，专业共 11 个，每个专业均开设了 5 门主干课程，参训教师共 306 人。培训结束后，学校组织全体学员对所学课程进行了测试，合格率达 100%，306 人如期拿到了专业培训证书。

二、与安徽师范大学联合开设辅导班

1998 年，学校与安徽师范大学联合办学，举办高等教育自学考试小学教育专业大专班，进行小学教师大专学历培训。1999 年 2 月，高等教育自学考试小学教育专业大专班招收学员 132 人。

根据《面向 21 世纪教育振兴行动计划》，提高高中专任教师的学历层次成为高中阶段教育可持续发展的必然要求。2003 年，安徽师范大学研究生院在桐城师范学校设立教学点，开办研究生课程进修班。学校负责生源的组织与教学场地的提供、日常教学服务工作，安徽师范大学研究生院负责教学、辅导、考试等。集中面授在寒暑假进行。首批开设汉语言文学、数学、教育管理三个专业，各专业学制两年，学程结束经考试合格颁发《研究生课程进修班结业证书》。陈宝平等 13 名老师取得《研究生课程进修班结业证书》。

三、建立计算机应用能力培训基地和普通话水平测试站

2001 年 5 月 24 日，桐人发字〔2001〕16 号文件确定桐城师范学校为桐城市计算机应用能力培训基地。2004 年 3 月，全国高等学校信息咨询与就业指导中心批复桐城师范学校设立 NIT 培训基地。2004 年，学校成为全国计算机应用技术证书考试培训基地、考试点。2004 年 12 月，学校举行了作为培训基地、考试点以来的第一次考试。

2002年11月9日至10日、16日至17日、23日至24日，学校为桐城市部分中小学教师举办普通话培训班，1700余人参加了培训。

2008年，桐城师范学校经批准建成安徽省普通话培训测试中心安庆测试站，测试站有国家级普通话测试员1人，省级普通话测试员8人。同年8月，学校测试站共测试1022人，其中为安庆市八县(市)三区部分教师及其他人员共计42人进行了普通话水平测试。测试期间，省、市语委办领导亲临测试站检查指导。这是学校普通话测试站成立以来首次承担的安庆市范围内的普通话水平测试工作。2009年，测试1102人，其中面向社会测试189人。

四、桐城市中小学教师继续教育和小学教育干训

学校承担了桐城市425所小学的教师继续教育和校长培训工作，促进了桐城基础教育的发展。2000年，随着继续教育范围的扩大和要求的提高，学校建立桐城市小学教师继续教育基地和教育干训基地(合称“师训基地”)。2002年，安庆市教委授予学校“‘九五’干训工作先进基地”称号，同时命名学校为“‘十五’县级教育干训基地”。同年10月，安庆市教委授牌学校为“桐城市教育干训基地”“继续教育工作先进基地”。2003年10月，桐城市教育局、桐城市人事局认定学校为桐城市中小学教师第二轮继续教育基地。同年11月，安庆市人事局认定学校为桐城市中小学教师第二轮继续教育专业课培训基地。

学校加强专兼职教师的选拔和培训。选拔校内具有讲师以上职称的部分骨干教师担任面授教学任务，并从市内外聘请专家、学者担任部分专业课的教学。桐城市特级教师张绍月、许思启、唐为贫，高级教师程宜琴、方菲等均被学校聘为兼职教师。此外，学校还从桐城市教委、安庆市电教馆等单位聘请部分公共课教师授课。同时，添置专用设施，规范学籍管理。

学校充分利用现有资源，主办或承办专项技能培训，如计算机技

能培训班、普通话培训班、教育学培训班、心理学培训班及音体美培训班等。

1999 年 7 月，第一期小学教师继续教育培训班 874 人开班。同年 8 月，第一期小学校长提高培训班学员 98 人、第三期小学校长岗位培训班学员 198 人开班。2000 年 1 月，桐城市小学教师继续教育培训班 934 人入学面授。同年 7 月 21 日，第二期小学校长提高班 147 人开学，面授时间为 10 天。2001 年，学校共完成 918 名小学教师继续教育的培训任务和 176 名校长的培训任务。据统计，自 1999 年到 2001 年，学校培训小学教师 2652 人，协助培训中学教师 861 人，教育干训中共培训小学校长 1166 人次。截至 2003 年，学校完成对桐城市 7026 名中小学教师的继续教育培训工作。

2004 年 4 月，桐城市第二轮继续教育校本培训座谈会和第二轮继续教育小学校长座谈会在学校召开。学校作为桐城市中小学教师继续教育培训中心，于每年 5 月中旬组织桐城市校本培训业务指导组成员对桐城市各高中、初中、小学校本研修工作进行检查。每年 7 月底对全市中小学、幼儿园 7000 多名参训教师的校本研修报告册进行学时认定。据不完全统计，2001 年至 2008 年，学校继续教育培训人数约 12200 人次。

五、安庆市小学骨干教师分学科培训工作

自 2007 年始，学校承担着安庆市小学骨干教师分学科培训工作。学校相继成功举办了安庆市小学骨干教师培训班（语文、数学、音乐、美术、英语、学前教育、信息技术）、安庆市小学班主任培训班、安庆市小学校长研修班。

2007 年 8 月，学校举办了为期一个月的小学英语骨干教师培训班，成员来自潜山、望江、太湖、枞阳、桐城、安庆市大观区、安庆市宜秀区、安庆市迎江区、怀宁等地，共 100 人。本次培训班对安庆市农村小

学英语教学工作起到了推动作用。

图 5-14　安庆市首期小学英语教师培训班结业合影

2008 年 7 月 21 日至 8 月 10 日，学校完成了安庆市小学班主任、骨干教师市级培训任务，共计 390 人。其中，小学班主任 136 人、英语教师 62 人、美术教师 57 人、音乐教师 62 人、信息技术教师 73 人。

2009 年 7 月 20 日至 8 月 3 日，学校举办安庆市小学语文、数学、英语、信息技术、美术等学科和学前教育、小学班主任等专项骨干教师市级培训班。学员 549 人，来自安庆市八县(市)三区。本次培训是学校开设学科最多、参加人数最多、规模最大的一次培训活动。在培训结束总结大会上，授予刘爱年等 144 人“优秀学员”称号，并颁发证书。在小学英语学科骨干教师培训班上，学校聘请了中国教育国际交流协会组织的“牵手行动——基层英语教师培训项目”志愿者培训团队 4 名专家现场授课，这些专家为河南洛阳外国语学校的教师志愿者，他们为基层英语教育工作者带来了先进的教学理念和最新的国外人文动态。

六、桐城市教师进修学校

2008年7月28日,桐城市人民政府印发《关于同意设立桐城市教师进修学校的批复》,同意在桐城师范学校内设立桐城市教师进修学校,杨雪松兼任校长。机构设置有校长室、师训处、教务处、总务处。学校围绕课程改革,遵循按需施训的原则,抓住提高教师专业化水平的关键,开展教师培训工作。

表5-3　2008—2010年桐城市教师进修学校培训情况

年份	2008	2009	2010
小学教师参训人数	3086	3101	2764
初中教师参训人数	2381	2383	2524
高中教师参训人数	1063	1074	1122
新教师参训人数	32	32	73
市(地)级骨干教师参训人数	560	76	640
市(地)级班主任参训人数	150	120	150
参加远程培训的中小学教师人数	1063	1526	2215
小学教师参训人数	134	103	111
初中教师参训人数	189	129	165
高中教师参训人数	32	28	39
攻读教育硕士参训人数	15	21	34

第六节　招生就业

1999年,国家取消计划招生,毕业生不再统一分配,学校的招生和就业工作面临着较大的困难和巨大挑战。没有生源,学校难以生存,更谈不上发展,生源和规模是学校发展的前提和基础。吸引优质生源报考本校，毕业生能找到满意的工作是摆在学校领导和全体教职工面前急需解决的问题。面对严峻的形势和压力，学校领导审时度势，转变招生就业工作思路，发挥教职员工的积极性、主动性和创造性，让学生“升学有基础，就业有技能”，实现“进口旺出口畅”的目标。学校规模不断扩大，办学质量不断提高，为争创桐城师范高等专科学校奠定了坚实的基础。

一、招生类型及专业

(一)普师班

1999 年，学校仍然根据教育厅下达的招生计划招生。7 月，招收普师班学生 127 人，生源质量好。另招录民师班 47 人。

(二)高中起点三年制专科班

2000 年秋季，中专普师班停止招生，高中起点三年制初等教育专业开始招生。同年 1 月，学校向安徽省委教育工委提交了挂靠安庆师范学院举办大专学历教育的报告，获得省委教育工委批准。同年 4 月，学校与安庆师范学院签订《关于桐城师范学校挂靠安庆师范学院开设大专班的协议书》，开展高中起点三年制初等教育专业招生，名称为“安庆师范学院桐城师范学校大专班”(简称“大专班”)，掀开了学校办学史上的新篇章。同时安排 350 人的招生计划。同年 9 月，学校录取文理科学生 413 人，报到注册 308 人。9 月 22 日，学校为大专班学生举行隆重的开学典礼，安庆师范学院领导汪良法，桐城市领导胡睿、倪炳仁、操礼怀，桐城市教育局局长杨红等出席开学典礼。大专班开设文科、理科各四个班，汪庭才、开健分别担任文科两个班班主任，刘盛林、高先军分别担任理科两个班班主任，半年后，方皓文接任刘盛林的班主任工作。因中途流失 105 人，首届大专班仅 203 人毕业。2000

年在校学生566人。

2001年秋季，大专班继续面向全省招生，招生计划为350人，其中初等教育（文科）专业200人，初等教育（理科）专业150人。同年9月共录取文理科学生190人，报到注册184人。开设文科3个班，理科1个班。程跃文担任文一班、文二班班主任，李冬担任文三班班主任，苏泽军担任理科班班主任。至2001年秋季，学校在校学生662人，其中大专班学生492人，普师班170人。

2006年秋季，学校挂靠马鞍山师范高等专科学校招生，录取201人，其中女生145人，男生56人。初等教育专业（英语方向）、初等教育专业（中文与社会方向）、初等教育专业（计算机方向）各50人，初等教育专业（数学与科学方向）51人，开设4个班。

2000级、2001级、2006级三届大专班成功举办，学校摸索和积累了一定的专科办学和管理经验，在安庆地区乃至安徽省形成了较大的竞争优势，为未来学校的升格奠定了良好的基础。

（三）初中起点五年制专科班

2002年，学校为了扩大办学规模，拓展新的招生渠道，向安徽省教育厅呈文《关于安排桐城师范学校初中起点五年制大专层次招生计划的请示》，得到批准。教育厅当年安排学校初中起点五年制大专层次招生计划600人（其中太湖师范学校挂靠200人），招生专业有初等教育、英语教育、计算机教育3个专业。同年7月，学校录取201人。同年9月，报到注册141人，其中男生25人、女生116人，开设3个班。

2003级、2004级、2005级、2006级、2007级、2008级、2009级五年制大专班学生数分别为316人、292人、317人、201人、493人、454人、398人。

2003级至2006级五年制大专班挂靠安庆师范学院招生，招生专业有小学教育（文）、小学教育（理）、英语教育、美术教育、音乐教育、计算机教育。2007 年，安庆师范学院因教育部评估中生师比的硬性要求而中止学校的挂靠。2007 级至 2009 级五年制大专班挂靠马鞍山师范高等专科学校招生，招生专业除原有的 6 个专业外，增加了学前教育专业。2007 级大专班专科阶段培养任务原计划由马鞍山师范高等专科学校承担，因 2010 年 3 月，学校成功升格，同年 6 月，经省教育厅批准，马鞍山师范高等专科学校同意将 2007 级初中起点五年制高职学生进入专科阶段培养权移交至新升格的桐城师范高等专科学校。

(四)中专班

因师范教育的招生计划一直是省计划委员会、安徽省教育厅发展规划处制订并发布，而非师范专业不受计划控制，学校抢抓机遇，根据市场需求，整合并发挥学校资源优势，举办普通中专教育。2003 年至 2009 年，学校先后开设 12 个中专专业。

2003 年，幼师(含群众文化艺术)、计算机及应用 2 个中专专业开始招生，学制三年，合计招生 465 人，其中，幼师(含群众文化艺术)专业招生 274 人，计算机及应用专业 191 人。2004 年，增加工艺美术、商务外语 2 个中专专业。幼师(含群众文化艺术)、计算机及应用专业分别招生 162 人、272 人。

2004 年 8 月，安徽省教育厅出台《关于部分中等师范学校举办普通中专(技术)教育有关问题的通知》(教计〔2004〕18 号)。文件主要内容是：

> 我省三级师范向二级师范过渡已基本完成，近阶段，全省尚保留 15 所中等师范学校，在挂靠高等学校的基础上，继续承担五年制小学师范教育培养任务。根据教育部有关文件精神，我省小学师范教育培养任务最终过渡由高等师范专科学校承担。按照我省师范布局结构调整方案，在中师学校基础上，仅需择优选择

5—6所办学条件较好，有一定发展潜力的作为重点发展和建设对象，即可实现师范教育“省级统筹、合理布局、规模效益”的目标，并满足全省小学师范教育培养任务的需求。其他大部分中师学校将通过改制承担高中阶段教育任务，这是当前我省教育发展的形势需要。

学校抢抓机遇，拓宽办学思路，明确学校发展定位。2004 年 10 月，学校加挂“桐城经济技术学校”校牌，定性为综合中专，即可招收师范专业以外专业的学生。

2005 年 9 月，幼师（含群众文化艺术）、计算机及应用专业分别招生 116 人、115 人。

2006 年 8 月，安徽省教育厅认定学校计算机技术及应用专业为安徽省省级特色专业。2006 年中专专业合计招生 82 人。2007 年 8 月，为了加强对中专专业教育教学管理，学校设立中专部。同年秋季共招收中专学生 232 人，开设 7 个班，其中，幼师（含群众文化艺术）3 个班，计算机技术及应用专业 2 个班，工艺美术专业、机电技术应用专业各 1 个班。

2008 年，学校增加空港专业、数控技术应用专业、纺织与染整 3 个专业招生，其中纺织与染整专业是与雅戈尔集团联合办学，实行“订单培养”。共招收中专各专业学生 354 人，开设 7 个班，其中，幼师专业 3 个班，空港专业 2 个班，计算机技术及应用专业 1 个班，机电技术应用专业、工艺美术专业合班 1 个。

2009 年，共招收中专各专业学生 422 人，开设 9 个班，其中，幼师专业 6 个班，空港专业、计算机技术及应用专业、机电技术应用专业各 1 个班。因国家宏观政策的导向作用，学前教育专业招生态势良好。

2009 年 6 月 16 日，桐城经济技术学校（桐城师范学校）与桐城大胜集团签订联合办学协议书，开展联合办学。合作协议时间自 2009

年8月1日起至2012年7月31日止。桐城经济技术学校在大胜集团公司设立“桐城经济技术学校(桐城师范学校)大胜汽车分校”,大胜汽车分校在桐城经济技术学校指导下,自行运营和管理。联合办学的专业是中专汽车机械与维修、汽车钣金与喷涂、汽车电控与机电、汽车商务,分春、秋两季招生,学制三年,采取“2+1”办学模式。2009年,桐城经济技术学校大胜汽车分校合计招生36人。

2010年,学校最后一届中专班招生。幼师专业开设6个班,共计326人。

(五)高中班

为了进一步扩大招生规模,学校在举办中专、大专教育的同时,利用富余优质资源,特别是艺术教育资源,招收综合高中班。2003年9月2日,学校第一届高中班164名学生正式开学,开设3个班,开健、王宏伟、李卫生分别担任班主任。2004年9月,学校第二届高中班招收160人,开设3个班,黄莉、汪庭才、唐小晶分别担任班主任。2005年9月,学校第三届高中班招收37人,开设1个班,丁宗武担任班主任。

2005年12月,安徽省教育厅在合肥召开“桐城师范学校升格为桐城师范高等专科学校省级论证会”,学校申办高专工作获全票通过,拟于2006年底接受教育部评估。根据高等院校设置有关规定和安徽省教育厅意见,师范高等专科学校不得举办普通高中教育。经桐城市人民政府同意,学校在籍两个年级四个高中班共197人,集体转至安庆市示范高中桐城市第二中学就读。

二、招生宣传

自1999年国家取消计划招生后,中专师范招生形势持续走低,学校生源严重不足,招生工作的重要性和紧迫性显得尤其突出。2002

年，学校开始招生宣传工作，成立四个招生宣传小组，二级机构负责人为小组成员，制作招生简章，在桐城市内各初中学校进行招生宣传。

2003年2月，学校出台《关于开展2003年秋季招生工作的若干意见》。同年9月，五年制专科、中专、普高共招生945人，全校在籍学生首次突破1000人。同年11月，学校召开招生工作总结表彰大会，表彰招生工作成绩突出的教职员工，并颁发荣誉证书。

自2003年实施全员招生开始，教职员工放弃暑假休息时间，开展招生宣传已成常态。2003－2009年，学校实行全员定额招生，即每位教师(含二级机构以上人员)招6名、每位教辅后勤管理人员招5名，当年退休人员可不参加招生，实行奖惩并举的办法。因任务明确、措施得力，学校的招生宣传队伍活跃在安庆、铜陵、池州、合肥、巢湖等地，涌现了一大批招生骨干，传诵着很多感人的招生故事。

为了稳定生源，提高学生到校率，2005－2008年，学校每年于8月中旬提前开学报到注册，安排学生上课，让学生熟悉环境，安心就读。为了让家长理解学校的做法并让家长放心，每年向提前到校的学生家长邮寄《致学生家长的一封信》。学校教职员工几乎没有暑假，将全部精力投入招生宣传工作中，直至录取结束。

三、招生录取

表5-4　安徽省桐城师范学校1999－2009年招生情况一览表

年度	招生类型	学制	招生人数	班级数	备注
1999	普师班	3	127	4	
	民师班	2	47	1	

续表

<table>
<tr><th>年度</th><th>招生类型</th><th>学制</th><th colspan="2">招生人数</th><th>班级数</th><th>备注</th></tr>
<tr><td>2000</td><td>高中起点三年制大专</td><td>3</td><td colspan="2">308</td><td>8(初等教育文 4,初等教育理 4)</td><td rowspan="4">挂靠安庆师范学院，2003 年在籍学生突破 1000 人</td></tr>
<tr><td>2001</td><td>高中起点三年制大专</td><td>3</td><td colspan="2">184</td><td>4(初等教育文 2,初等教育理 2)</td></tr>
<tr><td>2002</td><td>初中起点五年制大专</td><td>5</td><td colspan="2">141</td><td>3(英语教育 1,计算机教育 1,小学教育 1)</td></tr>
<tr><td rowspan="3">2003</td><td>初中起点五年制大专</td><td>5</td><td colspan="2">316</td><td>6(小学教育 2,英语教育 2,计算机教育 1,美术教育 1)</td></tr>
<tr><td>三年制中专</td><td>3</td><td colspan="2">465</td><td>11(计算机 5,群艺 6)</td><td></td></tr>
<tr><td>普通高中</td><td>3</td><td colspan="2">164</td><td>3</td><td></td></tr>
<tr><td rowspan="4">2004</td><td>初中起点五年制大专</td><td>5</td><td colspan="2">292</td><td>8(小学教育 2,英语教育 2,计算机教育 2,音乐教育 1,美术教育 1)</td><td>挂靠安庆师范学院</td></tr>
<tr><td rowspan="2">三年制中专</td><td rowspan="2">3</td><td rowspan="2">543</td><td>109</td><td>工艺美术、商务外语</td><td rowspan="2"></td></tr>
<tr><td>434</td><td>幼师、计算机及应用</td></tr>
<tr><td>普通高中</td><td>3</td><td colspan="2">160</td><td>3(文 1,理 2)</td><td></td></tr>
<tr><td rowspan="3">2005</td><td>初中起点五年制大专</td><td>5</td><td colspan="2">317</td><td>9(小学教育 3,英语教育 2,计算机教育 2,音乐教育 1,美术教育 1)</td><td>挂靠马鞍山师范高等专科学校</td></tr>
<tr><td>三年制中专</td><td>3</td><td colspan="2">231</td><td>3(幼师 2,计算机 1)</td><td></td></tr>
<tr><td>普通高中</td><td>3</td><td colspan="2">37</td><td>1</td><td></td></tr>
<tr><td rowspan="3">2006</td><td>高中起点三年制大专</td><td>3</td><td colspan="2">201</td><td>4(小学教育 2,英语教育 1,计算机教育 1)</td><td></td></tr>
<tr><td>初中起点五年制大专</td><td>5</td><td colspan="2">201</td><td>5(计算机 1,小学教育 1,英语教育 1,美术教育 1,音乐教育 1)</td><td>挂靠马鞍山师范高等专科学校</td></tr>
<tr><td>三年制中专</td><td>3</td><td colspan="2">82</td><td>2(幼师 1,计算机 1)</td><td></td></tr>
</table>

续表

年度	招生类型	学制	招生人数	班级数	备注
2007	初中起点五年制大专	5	493	10(计算机 2,小学教育 3,学前教育 1,英语教育 2,美术教育 1,音乐教育 1)	
	三年制中专	3	232	7(幼师 3,计算机 2,工艺美术 1,机电 1)	
2008	初中起点五年制大专	5	454	9(计算机 1,小学教育 3,学前教育 1,英语教育 2,美术教育 1,音乐教育 1)	
	三年制中专	3	354	7(幼师 3,空港 2,计算机 1,机电工美合 1)	
2009	初中起点五年制大专	5	398	8(计算机 1,小学教育 2,学前教育 1,英语教育 2,美术教育 1,音乐教育 1)	
	三年制中专	3	422	9 (幼师 6,空港 1,计算机 1,机电 1)	

四、就业

1999 届毕业生根据“计划招生,统一分配”的国家政策执行,民师班毕业生均返回原单位(学校),普通师范班的毕业生,首先依照计划分配到生源地各县,再由县教育局统一分配到具体单位。1999 年 7 月,共有 258 名学生毕业。

2000 年,毕业生有普师、民师、地方中专三种类型,来自桐城、岳西等县,共 252 名。2000 年是从包分配到自主就业的过渡年,不同的县执行不同的就业政策。桐城籍部分毕业生参加桐城市招考被录用,未被录用的毕业生自主择业,而岳西县则继续实行包分配制度,所有岳西籍毕业生均安排了工作。

2001年,安徽省教育厅出台文件规定:大中专毕业生就业工作努力推进改革,毕业生就业从计划分配逐步向“双向选择、不包分配、竞争上岗、择优录用”的模式转变。自2001年开始,毕业生均自主择业。从这一年开始,学校将毕业生的就业工作提上工作日程,联系就业岗位,派人考查学生就业岗位,关注并跟踪了解毕业生就业情况。

2003年,首届高中起点三年制专科班学生毕业,家长和社会关注度高,学校高度重视。一方面鼓励学生参加“专升本”考试,提升学历层次,学校专门为参加“专升本”考试的学生开设“专升本”辅导班。同年5月,大专班45人参加“专升本”考试,录取31人;另一方面,学校根据市场需求,广泛搜求就业信息,积极拓展学生就业渠道,安排专人赴广东、江苏、浙江等经济发达地区联系就业岗位。为了提升毕业生就业稳定率和提供可持续有质量的就业,学校于2003年4月、7月分别与广州红太阳培训中心、广州建国人才教育发展有限公司签订《联合办学合作协议》。学校负责前两年的培养,合作方对学生进行岗前3个月培训、安排学生带薪实习并负责推荐就业。2003届毕业生及家长对去广州就业顾虑重重,广州红太阳培训中心的校长戴钰亲自到学校和学生面对面,介绍情况,解答学生和家长的疑问,鼓励学生到南方城市就业,打消了学生的顾虑。同年7月,学校为赴广州就业的毕业生举行了隆重的欢送会,桐城市人民政府副市长陈玉莲出席欢送会并讲话。

2003年,我国爆发“非典型性肺炎”疫情,为了让学生能顺利就业,学校通过桐城市政府协调桐城火车站,为去广州就业的学生专门安排两节车厢,副校长杨雪松、陈宝平和总务处副主任高先军陪同毕业生们登上南行列车,顺利完成2003届毕业生的就业任务。2003届小学教育专业毕业生由广州红太阳培训中心培训并推荐就业的共有192人,其中,白云区45人,天河区43人,海珠区17人,芳村区23人,番禺区14人,花都区19人,东莞20人,黄埔区11人。

2004 届小学教育专业共有 41 名学生经广州红太阳培训中心推荐赴广州就业，其中，白云区 17 人，天河区 9 人，海珠区 3 人，芳村区 2 人，番禺区 6 人，花都区 3 人，东莞 1 人。

2005 年，经广州建国人才教育发展有限公司推荐，2005 届中专幼师专业毕业生赴“珠三角”就业的有 80 人，分布在东莞、珠海、中山、惠州、佛山、广州等城市。同年，学校首届三年制中专计算机专业学生毕业，毕业生除少数自主就业外，其余均由学校推荐就业岗位。大部分毕业生前往苏州高新园区和昆山工业区就业，有 36 名学生经广州建国人才教育发展有限公司推荐赴“珠三角”就业。同时学校成功推荐十余位小学教育专业毕业生到宁波雅戈尔公司（文秘岗位）就业。

2006 年 3 月，招生就业办公室工作人员继续积极拓展毕业生就业渠道，推荐部分五年制小学教育专业和三年制幼师专业毕业生到浙江杭州、慈溪、余姚、温州等地就业。学校先后与多家教育集团达成协议，然后分批护送毕业生前往，安置后仍及时回访，了解他们的工作现状和需求，这对稳定就业率起到了积极的作用。2006 年至 2009 年，学校在浙江、苏南建立了稳定的就业基地。

2008 年，经学校领导多方争取，桐城市人民政府同意在桐城市招聘小学教师时，专门安排面向桐城师范学校毕业生的招聘计划 4 名，此政策执行到 2010 年。

2009 届毕业生疏思敏父亲疏星，因勇救两名落水儿童不幸牺牲，安徽省民政厅授予“革命烈士”称号。为褒扬疏星的无私奉献精神，疏思敏毕业后经考察，列入计划，直接安排在桐城市教育局工作。

第七节　学校建设与后勤管理改革

1999 年至 2009 年,为了适应市场经济发展及申专工作的需要,学校积极探索后勤管理改革路径,摸索适应高校后勤管理的方法。

一、后勤社会化改革

2003 年 8 月,根据《国务院办公厅转发教育部等部门关于进一步加快高等学校后勤社会化改革的意见》(国办发〔2000〕1 号),学校出台桐师字〔2003〕17 号《桐城师范学校后勤管理的实施意见》,明确后勤以服务师生为根本的指导思想,提出后勤改革与加强后勤管理的思路。2006 年 11 月,学校出台《桐城师范学校后勤管理与改革的意见》,为后勤改革与管理提供了保障。学校的食堂、物业管理、绿化管理均通过招标方式承包给拥有相关资质且有管理经验的公司经营。

2000 年 9 月至 2001 年 8 月,学校食堂由江文杰承包经营;2002 年 2 月至 2004 年 6 月,由杨双启承包经营;2004 年 7 月至 2005 年 8 月,由桐城荣晖餐饮有限公司经营。

2005 年 7 月,学校通过招标方式将校园绿化管理承包给桐城雨露园林公司。同年 9 月,学校将校园、宿舍楼、教学楼等公共环境卫生清扫及管理承包给文英辉物业公司,其法定代表人是孙爱武。2008 年 8 月,桐城市恒信物业管理服务有限公司获得物业承包权,其法定代表人是倪春晖。

学校文印室原由教务处管理,承担全校的文印任务。随着学生数量的快速增长,教务处工作人员的任务日渐繁重,加上文印设备的耗材日渐增多且较为昂贵,文印成本急剧增加。2007 年 3 月,学校通过招标方式将文印室对外承包,姚美英任法人的公司获得承包经营权,经营地点在学校大门口左侧的闲置房内。同年 11 月,因校医退休,学校与桐城市中医院签订《校医室共建协议》。

这些改革使后勤管理人员从日常事务中解放出来，参与到管理中，降低了办学成本，提高了办学效益。但因后勤管理人员过少，管理任务依然繁重，有时出现突发状况，总务处负责人高先军、方铁桥会亲自动手，如下井换水泵、换锅炉配件等。总务处人员加班加点依然是常态，他们尽职尽责，任劳任怨，受到师生员工和领导的好评。

二、国有资产管理

2005 年以前，学校规模小，国有资产规模不大。随着学生数量的增加及申专硬件达标的需要，国有资产总量增加较多，学校完善了国有资产采购、管理等规定和办法，以防止国有资产流失。

2003 年 5 月，经校长办公会议研究规定，采购物资单件在 1000 元以下的由总务处及使用部门各派一人参与采购；单件在 3000 元以下的由总务主任、实物（资产）管理员及使用部门委派一人参与协商价格，集体商定；10000 元以下的由分管校长牵头、相关部门参与竞标采购；50000 元以下的，校长参与；100000 元以下的，校级班子成员全程参加竞标会。2004 年 11 月，学校出台《桐城师范学校物资采购的实施办法》。2005 年 6 月，学校成立桐城师范学校招投标工作领导小组，并出台《桐城师范学校关于招投标工作的有关规定》，明确招投标的额度、部门职责、人员管理、资金拨付等内容，并明确由桐城市政府招标的必须由政府招标，对政府规定限额下由学校招标的，按学校规定操作。参与招标人员由学校领导、中层干部、教职工代表组成，以最低价为中标原则。2008 年，学校根据桐城市招标办的规定对学校招投标办法作了修改。

2004 年 2 月，经校长办公会决定，对固定资产进行登记、核实、编目，并落实到相关部门和具体人员管理。同年 11 月，学校出台《桐城师范学校关于固定资产管理的有关规定》。2005 年 8 月，学校对固定资产再次进行核查、登记、过账，为财务室配备了实物会计，及时登记、分配给管理部门。自 2008 年 6 月开始，根据申专工作的需要，对学校固定资产再次进行核查和分类，作为申专的三级(辅助)资料进行归档。做到了国有资产有章可循，有账可查，有人负责。

三、学校基础设施建设

自 1999 年开始，特别是 2003 年以后，为了适应快速发展的需要，尽快达到教育部颁布的专科学校办学标准，学校积极争取安庆、桐城两级市委、市政府及相关部门支持，加大学校基本建设与基础设施改造力度，加快建设步伐，办学条件得到明显改善。

校园基础设施建设及内部设施的补充和完善，需要大量的资金投入。学校一方面请求桐城市委、市政府支持，减免建设、监管、水电、土地、税务等相关规费，同意学校缓缴应缴纳的费用。桐城市政府出面协调担保从银行贷款并给予贴息支持，银桥担保公司、龙达集团、桐城市土地储备中心、桐城市城投公司等都曾为学校担保。其时，因不知申专成功与否，桐城市各银行均不同意贷款。2004 年，桐城市委副书记何谦亲自带学校主要领导到安庆交通银行、徽商银行请求贷款，徽商银行召开贷审会，学校要在会上作专题汇报。这日大雾，高速封闭，校长占峰克服重重困难准时赶至徽商银行会议室。这一举动感动了徽商银行的领导和专家，最终同意给学校贷款 200 万元。由于桐城市委、市政府的大力支持，之后，桐城市农商银行、中国农业银行、徽商银行相继为学校发放贷款。

另一方面，学校在教职工中融资。2003 年 4 月，桐城市人民政府批准学校在教职工中融资 1000 万元，学校出台《关于在教职工中融资的意见》(桐师字〔2003〕9 号)。

学校正进入发展的关键时期和困难阶段，基本建设任务重，时间紧，资金严重不足，而学生生源规模偏小，负债较多。申专初期，银行不愿给学校贷款，学校可用资金有限，极大地制约了学校发展。为迅速扭转困境，筹集一部分用于一期工程建设的启动资金，让学校发展走出低谷，开展融资活动。

范围：本校在编全体教职员工。用途：用于学校基本建设。金额：最低1万元，多筹不限。利息：每月千分之六，三年期。要求：每位同志对学校的发展尽一份力，与学校共渡难关。

——《关于在教职工中融资的意见》

至2004年8月，学校在教职工中融资300万元。2005年11月，学校继续在在职在岗教职工中融资580.9万元。2004年至2009年，桐城市政府批准学校在教职工中融资2500万元，实际融资2415万元，此举为申专奠定了厚实的经济基础。

校园建设除了建设资金筹措的困难，还面临拆迁的阻力。1999年至2006年，被征地拆迁的部分村民经常堵路或聚集办公楼威胁学校领导，向学校提出无理要求，强行在学校工地装卸建筑材料，严重干扰了学校的教育教学秩序。

学校操场东北那段围墙缺口的连接更颇费周折。2001年，学校安排施工队砌围墙，村民却将围墙推倒，如此反复砌了5次，被摧毁了5次，前后耗去3个月时间。迫不得已，学校将此事报告给市政府，当时分管城建和公安的汪恕东副市长亲自出面协调，公安部门依法将无理干预的村民拘留了数日，学校终于将东北围墙的一段缺口堵上了。至此，学校才有了一个完整的围墙。

——罗德泉《那几年，争创桐城师范高等专科学校》

学校先后安排分管总务的副校长杨雪松、陈宝平及总务处负责人做村民工作，陈情说理。面对部分不讲理的村民，他们总是笑脸相迎，耐心反复做村民工作。陈宝平是三里村人，为了学校征地，受到不少谩骂甚至侮辱，但他仍然挨家挨户做村民思想工作，逢年过节自己还买上礼物拜访村民，与村民促膝谈心，联络感情。在征地拆迁过程中，学校领导历经艰难，完成了五次征地、一次拆迁的任务。

为了加快工程进度，桐城市政府有关部门简化了学校在规划、立项、预算等方面的建设批准手续；为了确保工程质量，桐城市政府指派市教育局副局长汪安法来校办公，指导并协调申专过程中的有关问题；城建局、监理公司派专人进校监督工程质量；学校则抽调一名有工程管理经验的同志参与工程质量的监督。

1999 年，申专工作启动后，学校加快硬件建设的步伐。2000 年至 2001 年，学校共投入资金 80 多万元用于改造学校设施和添置教学设备，增设了理化实验室、多媒体教室、计算机房、生物标本室等；投入 190 多万元，建造了 2300 平方米的女生宿舍；2001 年 11 月，学校完成了学生食堂及浴室的征地工作。2002 年，学校启动了学生食堂及浴室的建设工程。

2003 年 1 月，学校提出了“高举争创大旗，对照部颁标准，加大基础设施建设力度，加快建设步伐，尽快达到教育部颁布的专科学校办学标准”的要求。同年 3 月，桐城市委、市政府领导卓晓静、胡睿、李晨、程天舒、何炜等在学校召开的申专工作协调会上，形成了桐办发〔2003〕23 号会议纪要。

> 一是要充分认识争创工作意义；二是争创工作要着力解决规划、征地、资金、师资等问题，按照校园面积 300 亩、学生数 3000 人、教师队伍 300 人的规模制定总体规划，所需建设用地 143 亩由政府划拨，预留空地 300 亩。贷款 1000 万元作为启动资金，由市财政按当期银行利率进行贴息。推行学校后勤社会化改革，吸纳社会资金参与后勤设施建设。采取外引内培、聘调结合的方式加强师资队伍建设。
>
> ——桐办发〔2003〕23 号会议纪要

申专工作协调会召开后，学校按照校园面积300亩、学生数3000人、教师队伍300人的规模，制定学校发展规划。至2006年省评时，学校征地90多亩，并建设完成了食堂、浴室、教学楼一、二期工程，图书馆、实验大楼、学生宿舍、学校大门、学生400米操场改造工程，学校还添置了图书近10万册，投入实验实训设备资金近500万元。这些举措使学校的基础设施建设初步达到部颁标准，学校累计投入超5000万元。

2006年12月，教育部调整了院校设置的基本条件。学校以前规划的300亩土地、300名教职工、3000名学生的起点太低，无法进行验收。经向桐城市委、市政府请示后，根据2006年部颁标准，学校重新调整规划，生均占地面积由原来的40平方米/生提高至54平方米/生，学生数由原来的3000人提高至4000人，教学行政用房由12平方米/生提高至14平方米/生，学生宿舍由5平方米/生提高至6.5平方米/生，教学仪器设备由2000元/生提高至4000元/生，图书由40册/生提高至80册/生等，根据这一规划，学校土地面积还缺60亩，建筑面积缺近3万平方米，图书尚缺10万册以上，仪器设备尚缺资金800万元。因此，学校在两级市委、市政府支持下再次启动新一期建设规划调整和建设工程。

2009年年底前，学校又完成了图书馆二期工程、教学楼三期工程、体育活动中心、艺术楼（鲲池楼）的建设工作，改造并装修了三向学馆、老办公楼等。征地60亩，建了400米标准塑胶运动场。艺术楼是以校友江鲲池的名字命名的，称“鲲池楼”，是为了纪念江鲲池、张颖生夫妇不忘母校教育之恩。江鲲池夫妇一生清贫，他们在学校发展的关键节点，将多年积攒的工资30万元捐赠学校，其精神感动并激发了学校师生员工爱校兴校的热情。

图 5-15　校友江鲲池捐款建设的鲲池楼外景

为了适应申专需要，学校新建近 7 万平方米的房子，征地 151.6 亩，搬迁 42 户居民，购置近 20 万册图书，添置近 1500 万元的教学仪器设备，总投入 1.08 亿元。

表 5-5　2003—2009 年学校基本建设一览表

时间(年)	名　称	时间(年)	名　称
2003	学生食堂	2006	校大门
2004	树蕙楼	2006	教学楼(三期)
2004	教学楼(一期)	2007	致和楼
2004	学生浴室	2008	塑胶操场
2005	实验楼	2008	鲲池楼
2005	图书馆	2009	体育活动中心
2005	教学楼(二期)	2009	给力楼
2006	弘毅楼		

四、财务管理

1999 年至 2009 年，学校财务是由桐城市财政局乡财中心管理，学校不设账，不设会计，只有报账员，学校收入进财政专户，每日留存的现金不超过 10000 元，用钱拨款需申请，报销费用由校长签字，教育局计财科审核，乡财中心批准。2004 年 8 月，第五届教代会第三次会议召开，校长占峰在工作报告中明确提出，要认真贯彻落实国家财务政策，遵守法律法规，建立学校财务制度，开源节流，保证运转，重点支持申专工作，逐年提高教职工福利待遇。同年 9 月，学校出台《桐城师范学校财务报销和管理的有关规定》。同年 10 月，又出台《桐城师范学校财务管理制度(试行)》。这些制度和财务管理流程保证了学校资金使用的规范性。

1999 年至 2009 年，学校一直在推动申专工作，争取各级政府支持，争取方方面面政策。2003 年至 2009 年，安徽省财政厅支持学校建设资金 120 万元，安庆市财政拨款达 350 万元(含师范生补助)，桐城市财政拨入专款 1400 万元(含贷款贴息、申专专项补助、申专工作经费、教育附加补助等)。同时学校广开收入渠道，如桐城市继续教育、安庆市中小学教师培训、函授、学生自考、中考阅卷、普通话测试，食堂、物业、文印室、绿化承包租赁费等收入达 620 万元。2007 年和 2008 年暑假，学校分别承担望江县、枞阳县的中考阅卷任务，共获得 20000 余元的阅卷费。随着招生状况的好转，学生数的增加，学费、住宿费收入由 2003 年的不足 300 万元快速增长到 2009 年的 1000 余万元。根据桐城市审计局 2010 年对学校的审计报告，学校历年从收入中投入校园基本建设的经费达 2810 万元。

> 学校教职工福利待遇逐年提高。2003 年 2 月，课时津贴是 1 元/课时，2009 年 9 月，课时津贴达到 9 元/课时。2003 年至 2009 年，教职工工资外收入逐年增长。由 2003 年人均不足 4000 元/年增长到 2009 年的 18288 元/年，担任班主任的教师人均达到 20446 元/年。教科研奖励经费也在逐年提高，2005 年教科研奖励经费为 5720 元，2007 年为 84670 元，2008 年为 143790 元，2009 年为 225675 元。
>
> ——学校 2009 年《财务稽核报告》

五、实验室建设

2003年，教导处副主任黄洪沫兼任实验室主任。2006年，刘盛林任实验室主任。2007年8月，学校成立实验中心，雷著文任实验中心主任。2009年8月，王斌任实验中心主任。

2003年至2006年，学校实验室设置在三向学馆一楼和二楼，主要有化学、物理、生物、地理、科技活动室、微格教室（闭路电视）等，后又增设了网络机房、计算机机房和语音室。

2006年，根据实验需要，学校调整增补实验员，安排一人管一学科实验室，改变了过去一人管多个实验室的状况。同时为了解决实验室设置空间不足的问题，学校将计算机机房搬迁到新建成的教学楼（毓秀楼B楼二层），并且将计算机机房增加至3个，电脑180余台。

2007年9月，学校启用独立实验楼——“以智楼”，较大改善了实验室的实验环境，增强了实验功能。一方面将实验器材、计算机设备及其他实验室由三向学馆搬迁至以智楼；另一方面对以智楼室内室外进行文化氛围营造，实验员职责及实验管理规定全部上墙，在一楼大厅内墙上设置了15位桐城籍院士的宣传展板。增设网络中心管理员、计算机设备维护员。至2009年12月接受教育部专家现场评估时，各类实验室按标准配备，实验器材齐全，实验员按学科配备到位。除物理、化学、生物等实验室外，增设了语音室、电子实训室、数码机床实训室、科技实训室、心理实验室、照相器材室、计算机维护组装实训室、校园网络中心室、计算机教室、计算机维护组装实训室、网络实训教室、微格教室、学术报告厅等，合计49个实验室。另外还设置用于学生上合班课的阶梯教室。

六、档案建设

2001年5月，学校获得桐城市“九五”期间档案工作“先进集体”称号，王晓菲获得“先进档案工作者”称号。2007 年，学校同教育局、人事局协商，将存放于教育局的人事、财务等档案收回，建立健全学校独立管理的各类档案制度，以适应高校作为自主办学主体独立建立完整档案的需要。同时请桐城市档案局专业人员在校工作近三个月，对学校党务、政务、人事、学生学籍、财务等档案进行了分类整理，形成了较为科学完整的档案管理雏形。

七、桐城派特色文化校园建设

学校校园文化建设围绕桐城派文化进行总体设计，通过雕塑、石刻、文化墙等营造浓厚的桐城派校园文化氛围，校园内的文化墙、名人墙、楼宇名等都散发着桐城派的气息。如教学楼前的桐城派大家吴汝纶先生的雕像；在通往操场的路旁，依山而建的“朝夕亭”；“茅堰清流、相国家书、江母裁襟、守彝劝父”等四个桐城经典传颂且有影响的历史故事文化墙；以桐城籍明末清初杰出的思想家、哲学家和科学家方以智名字命名的“以智楼”；以桐城派文化集大成者姚鼐书斋名命名的“惜抱楼”。此外，校园四条主干道分别以《四库全书》藏书库之名命名为文渊路、文源路、文溯路、文津路。

另外，为打造学校特色，做响桐城派品牌。学校于 2006 年 4 月，成立桐城派研究室，以适应学校发展的需要，弘扬优秀传统文化，繁荣学术研究，培育学校专业建设特色，促进学生人文素养的提高。桐城派研究室在教务处领导下开展学术研究、学术交流和学术传播，同时接受桐城派研究会的业务指导。程根荣任主任，办公地点设在校图书馆。

学校在宣传桐城派文化、传承桐城派文化上下功夫，将桐城派文化作为地方特色课程纳入人才培养方案中，为初中起点五年制专科三年级、四年级学生开设《桐城派研究》课程。2009 年 9 月，学校召开“如何在学校打造桐城派特色的亮点”的座谈会，充分听取专家们的意见和建议。

为了进一步加强研究力量，学校桐城派研究室与安徽省桐城派研究会积极开展合作，2005 年 4 月，安徽省桐城派研究会在学校挂牌。2009 年 10 月，第四届全国桐城派学术研讨会在学校举行。

八、精神文明建设

学校在提高人才培养质量的过程中，切实加强精神文明建设，持续开展创建文明单位活动。坚持“创建”“争创”一起抓，以“创建”促“争创”，以“争创”推动“创建”，教育和引导广大师生员工树立崇高的理想信念和正确的世界观、人生观、价值观，师生员工的思想道德素质、科学文化素质不断提高，学校精神文明建设取得较丰硕的成果。

学校先后开展“告别不良行为，争做文明师生”“崇尚科学，反对邪教”“规范师生言行，践行八荣八耻”等全校性主题教育活动。举办“文明言行”“公民道德”“三理(生理、心理、伦理)教育”等专题讲座。注重将文明创建工作与各项具体活动结合起来，将实践科学发展观活动、党员创先争优活动与创建文明单位相结合，使文明创建工作常态化。

政教处、班主任同时建立学生个人档案，将学生的日常行为表现进行记录，奖优罚劣，以促成学生养成良好的学习与日常生活习惯。以争创安徽省“文明单位”为抓手，强化常规管理，注重养成教育，学生的文明素养不断提高。

1999 年 3 月，安庆市社会治安综合治理委员会授予学校 1997 年至 1998 年“社会治安综合治理先进单位”。2000 年 2 月，安庆市创建安全文明校园检查组来校检查。同年 3 月，安庆市文指委、综治委授予学校“优秀安全文明校园”称号。安徽电视台、《法治导刊》等八家新闻单位来校采访“创建安全文明校园”工作。程其虎等九人参加首批无偿献血活动。同年 4 月，中共安徽省委、安徽省人民政府授予学校安徽省第四届“文明单位”称号。同年 11 月，范岗高级中学、天城高级中学来学校参观并考察创建文明校园工作。2002 年 5 月，学校获得安庆市“十运会”贡献奖、安徽省第五届“文明单位”称号。

2003 年，安庆市绿化委授予学校“花园式单位”称号。2005 年 9 月，学校获安庆市“德育工作先进单位”称号；同年 12 月，学校被评为桐城市“法制宣传先进集体”。2006 年、2008 年，学校先后获得安徽省第七届、第八届“文明单位”称号。

第八节　申办高专工作

1999 年，学校提出在桐城师范学校基础上申办高等专科学校。2009 年 12 月，学校接受教育部委派的专家组进行现场评估。2010 年 1 月 21 日，桐城师范高等专科学校申报工作在第五届全国高校设置评议委员会第四次会议上获得通过，申专之路历经十年。申专十年是学校快速发展、教职工凝聚力空前提高、教育教学质量大幅度上升的十年。

一、申专背景

20 世纪末，中等师范学校的发展面临诸多挑战。小学布局结构的调整，就学人口高峰的走低，学校生源受到严重冲击，统一分配工作制度的取消使毕业生就业困难，不利因素的叠加较大地影响着师范类学校的可持续发展。

学校面临着全国师范教育布局结构调整的挑战。1999 年 3 月 16 日，教育部为深化教育体制改革，提高师范教育的办学层次，扩大高等师范教育的办学规模，优化师范教育布局结构，加快三级师范向二级师范过渡，出台《关于师范院校布局结构调整的几点意见》。由此，全国拉开了三级师范向二级师范过渡的序幕。

学校面临两种选择：一种是转变办学方向，转轨为普通高中或者教师培训中心。另一种是提升办学层次，申办师范高等专科学校。是调整转轨还是升格转型，关乎着学校的出路，决定着学校未来的发展方向。

学校审时度势，在全省中师中率先提出“创建桐城师范高等专科学校”的战略构想，作出了“抢抓机遇，提升学校办学层次，申办师范高等专科学校”的抉择。作出这项抉择，是基于以下三个方面分析的结果。

一是学校有悠久的办学历史、深厚的积淀、坚实的基础。经过近百年的努力和积累，在中等师范的办学历程中，学校数以万计的毕业生以良好的师德风范和扎实的教育教学功底受到用人单位的好评，其勤勉和务实的工作作风有力促进了安庆乃至皖西南地区基础教育的普及和素质教育的深入发展，令学校在安徽省具有较高的美誉度和影响力。特别是改革开放以来，学校顺应经济社会飞速发展的形势，紧紧把握师范教育的脉搏，坚持正确的办学方向，与时俱进，创新发展，推动学校建设和管理水平不断迈上新台阶，形成了自己的办学传统和特色。学校在1994年的全省中等师范学校办学水平评估中获得安徽省“一类师范”称号。

二是安庆市及周边地区基础教育发展的需要。安徽省根据教育部《面向21世纪教育振兴行动计划》实施“跨世纪园丁工程”的要求，提出到2005年，幼儿园、小学、初中专任教师具有本科学历率力争达到45%。其时，各地距离这一目标的差距还相当大，单靠现有的高师院校培养显然不够。安庆市辖7县1市，总人口600多万，小学教师30000多人，达专科学历的不足20%。而现有教师队伍中，青年教师比例愈来愈高，偏低的中师学历已严重地制约着他们的发展。安庆市是国家历史文化名城，是安徽省高等教育的发源地，历来有尊师重教的传统。安庆市现仅有一所本科层次的安庆师范学院，专科层次师范院校尚属空白，教育形势的发展迫切需要创办一所专科层次师范学校。桐城是安庆市唯一的县级市，一直坚持优先发展教育不动摇，是“全国基础教育先进市”。在桐城建立一所师范专科学校，培养高质量的小学和幼儿教师，对安庆市乃至全省基础教育均具有重要作用和深远意义。

三是对安徽省高等师范教育布局结构亟待调整的分析。当时，安徽省高等师范教育布局亟待调整，培养专科学历小学教师的高师院校全省仅有两所，一所在淮河以北，一所在长江以南，皖中、皖西南及其周边地区均无高等师专学校。布局欠佳、体制不顺、规模偏小、效益偏低的结构性矛盾相当突出。根据教育部《关于师范院校布局结构调整的几点意见》，安徽省需设若干所师范专科学校担负起培养专科学历小学教师的任务。桐城师范学校办学历史悠久，办学成效突出，办学特色鲜明，社会贡献突出。在桐城师范学校基础上设置桐城师范高等专科学校是落实教育部《关于师范院校布局结构调整的几点意见》和《安徽省教育振兴行动计划》的具体行动，是适应师范院校布局调整的重要举措。

二、筹备申专工作

（一）成立领导小组

2002 年 5 月，桐城市成立争创桐城师范高等专科学校领导小组，市委副书记胡睿任组长。2003 年 3 月，桐城市调整争创桐城师范高等专科学校领导小组，市长卓晓静任第一组长、胡睿任组长，李晨、程天舒、陈玉莲、何炜、吴连顺任副组长。2009 年 3 月，桐城市再次调整领导小组，市长吴三九任组长，娄雪松、王颖迪、胡爱国、朱罾、陈玉莲、张青任副组长。

2004 年 7 月，安庆市成立桐城师范高等专科学校筹建工作领导小组，市委副书记方川林任组长，副市长方祖中、桐城市委书记董宏业任副组长，桐城市市长卓晓静任领导小组办公室主任。2008 年 8 月，因人事变化，安庆市调整了领导小组，安庆市委常委、常务副市长陶方启任组长，副市长方祖中等为副组长。

(二)安庆、桐城两级市委、市政府的高度重视

1999年7月，桐城市委书记孙爱民、市长董宏业出席争创桐城师范高等专科学校现场办公会，正式启动申专工作。1999年12月9日，桐城市人民政府向安庆市人民政府、安徽省教委呈交《关于桐城师范学校办学方向的报告》。2000年5月，中共桐城市委印发《关于创建桐城师范高等专科学校有关问题的决定》《关于成立桐城师范高等专科学校领导小组的通知》。同年6月，桐城市人民政府向安庆市人民政府呈交《关于创建桐城师范高等专科学校的请示》。安庆市人民政府同意并向安徽省人民政府呈交请示报告。同年7月，安徽省教育厅教计函〔2000〕20号《关于编号“省1536”转文办理情况的报告》原则上同意安庆市政府提出的在桐城师范学校基础上创建桐城师范高等专科学校。

2002年4月19日，安徽省人大常委会副主任季昆森在教育厅厅长陈贤忠陪同下专程来学校视察调研，季昆森指出：在桐城办高等教育有优势，条件好，尤其是文化环境好；桐城市委、市政府决心大、积极性高；桐城经济及文化环境全面发展；桐城师范学校地理位置优越，周边有山有水；桐城师范学校要按生态型校园搞好规划、设计及建设工作。同时明确指示桐城市要加快创建专科学校步伐。陈贤忠强调要特别重视师资队伍建设，加大研究生培养力度；要保障足够的办学用地。这次视察调研的结果更加明确桐城师范学校升格的必要性与可行性，增强了安庆、桐城两级市委、市政府申专的信心，加快了申专的步伐。

2002年5月31日，安徽省教育厅对安庆市人民政府《关于要求对桐城师范学校创建高等师范专科学校进行省级评估的请示》(宜政报〔2002〕16号)正式回复，且形成《关于“省712”转文办理情况的报告》(教秘计〔2002〕143号)。同日，安庆市教育局根据省教育厅的报告意

见，形成《关于我市师范学校布局调整情况的报告》(宜教发〔2002〕15号)，明确桐城师范学校是安庆市未来唯一争创师范高等专科的师范学校，安庆市将义无反顾，上下努力，共同促进桐城师范学校创建成功。

转来的安庆市人民政府《关于要求对桐城师范学校创建高等师范专科学校进行省级评估的请示》(宜政报〔2002〕16号)收悉。桐城师范学校升格为高等师范专科学校已列入我厅“十五”期间师范院校布局结构调整规划。按照国务院办公厅《关于授权省、自治区、直辖市人民政府审批设置高等职业学校有关问题的通知》(国办发〔2000〕3号)规定，设置师范专科学校须由省人民政府向教育部提出申请，教育部负责审定，为此，我厅将在今、明两年内，会同安庆市政府认真指导学校做好申报准备工作，待条件成熟，正式向教育部提出建校申请。

——安徽省教育厅《关于“省712”转文办理情况的报告》(教秘计〔2002〕143号)

从长远角度看，安庆只能上一所师范专科学校。目前，我们所虑的是桐城师范学校已被省市初步认可争创师专，阵势已经拉开，明年省级评估在即，一旦有失，我市将无一所师范类学校，因此只能一个目标，义无反顾，上下努力，共同促进桐城师范学校创建成功。根据省厅要求，太湖师范学校，从今年起转向改办教师进修学校以及幼儿师范教育。为了使该校平稳过渡，今年仍挂靠桐城师范学校，安排师范类五年制招生200人，怀宁师范学校今年不再安排师范类招生，彻底改变办学方向。

——安庆市教育局《关于我市师范学校布局调整情况的报告》(宜教发〔2002〕15号)

安庆市委、市政府高度重视申专工作，给予了学校诸多政策和资金上的支持，将其列入“十一五”、“十二五”社会事业和发展规划，在2006年、2008年、2009年的安庆市政府工作报告中均明确提出支持桐城师范学校申专。2004年、2005年、2006年、2009年，安庆市人民政府专题研究学校申专中的困难和问题，并发会议纪要。安庆市桐城师范高等专科学校筹建工作领导小组先后七次来校督查、调研，并印发《会议纪要》五次，切实帮助学校解决了诸多困难和问题。2004年，恢复了师范生经费拨款。2006年，安庆市编委批准学校为副处级单位，同时核定了学校规模、人员编制等。

2006年，安庆市政府再次把桐城师范学校升格工作列入安庆市社会事业和发展规划中。安庆市委副书记、桐城师范学校争创工作领导小组组长方川林带领安庆市“两办”、教育局、财政局、发展和改革委员会领导莅临学校，亲自召开学校班子和桐城市委、市政府及相关部门负责人参加的会议，明确表示申专工作不动摇，措施不变，力度不减，支持不少。

2008年8月，安庆市委副书记陶方启接任桐城师范学校争创工作领导小组组长后，加大了申专工作的推进力度，政府支持力度也进一步加大。2009年11月，安庆市委书记朱读稳、市长肖超英在桐城市市长吴三九的陪同下，在合肥稻香楼宾馆向安徽省教育厅程艺厅长当面陈述桐城师范学校申专的有关问题，及时得到了回应。

安庆市教育局对学校申专工作支持指导到位，局长江兴代多次亲临学校现场指导，多次陪同安庆市副市长方祖中赴教育厅向厅领导陈述学校申专工作。

自启动申专工作以来，桐城市委、市政府高度重视申专工作，将学校申专工作列入“十五”、“十一五”规划。2006年，桐城市政府工作报告中明确提出“集全市之智，举全市之力”支持桐城师范学校申专。2006年3月、2007年5月、2008年11月、2009年1月、2009年8月，桐城市政府召开市长办公会专题研究学校申专工作的问题。桐城市争创桐城师范高等专科学校领导小组来校召开会议，调研、督查23次，切实帮助学校解决了申专过程中的一系列困难和问题。提升学校行政级别、配足学校干部、划拨土地、减免规费近500万元、返还财政归集资金1350万元、财政支持(含贷款贴息)1920万元、教育附加300万元、校舍加固工程470万元。通过政府协调，学校由桐城市城投公司、银桥担保公司、龙达集团等单位担保在银行贷款3000万元。政府批准学校在教职工中融资2500万元。桐城市政府市长办公会议研究"同意桐城师范学校在桐城市现有教师队伍中选聘优秀教师，引进硕士学历教师不受编制限制"，并形成《会议纪要》。自2008年开始，桐城市教育局每年从招聘小学教师名额中单独划出4个名额面向桐城师范学校招聘录用毕业生，先后录用了近20名学生在桐城市小学和幼儿园任教。

2006年，学校升格工作在安徽省高校设置委员会投票时未获得通过，桐城市政府召开专题会议研究，桐城市委副书记、桐城市争创桐城师范高等专科学校领导小组组长胡睿亲自召开桐城师范学校全体教职工动员会，明确表示将一如既往地支持申专工作。会后，学校再次部署申专的相关工作，分解任务，拟定了部门责任，使申专工作扎实有效地向前推进。

桐城市委、市政府几任主要领导孙爱民、董宏业、卓晓静、吴三九高度重视学校申专工作，特别是临近评估的关键期，桐城市市长吴三九对桐城师范学校申专竭力支持、全面部署、亲自指挥，使学校在申专过程中克服了一个又一个困难，赢得了一次又一次的发展机会。

胡睿、李玉萍、李晨、程天舒、何炜、王颖迪、陈玉莲、娄雪松等领导多次莅临学校现场指导，召开协调会，带队外出考察，拜访省厅、教育部领导汇报争创工作。桐城市政协副主席吴连顺、张青先后来校调研指导。曾任学校校长、时任桐城市教育局局长杨红对争创工作情有独钟，只要需要，第一时间赶到学校，在重要节点，坐镇学校现场进行指导。

(三)申专过程

学校硬件薄弱,软件也有诸多需要补缺补差之地,客观条件决定了争创过程艰难而曲折。学校从强化内功、争取支持指导两个方面进行准备。

申专的过程持续时间长、涉及范围广、参与人数多,促进工作成效明显的教育思想大讨论共有两次,一次是申专初期的2003年,一次是申专迎评冲刺时的2008年。

面对因国家政策的变化带来的学校发展困境,需要全体教职员工达成共识,抢抓机遇,凝聚智慧。据此,学校于2003年进行第一次教育思想大讨论。2003年2月,学校出台《关于开展“抢抓新机遇,实现新跨越”学习教育活动的实施意见》,该意见紧密联系学校发展实际,围绕“争创要有大突破,规模要有大扩张,管理要有新理念,作风要有新面貌”的学校工作重点,以实现办学形势的根本好转和学校的历史性跨越为目标,着力解决在发展形势、发展观念、发展思路、工作作风等方面存在的问题。这次教育思想大讨论活动持续半年时间,主要围绕十二个方面的问题展开。通过学习和讨论,全体教职员工了解了教育发展形势,了解了学校在发展方向上面临的机遇和挑战,唤醒了教职员工的忧患意识,增强了群策群力、校兴我兴的共识,理清了发展思路,转变了工作作风,形成了团结协作的良好氛围。学校在此基础上提出了“全面贯彻党和国家教育方针,高举‘争创’大旗,多渠道办学,扩大生源规模,走内涵发展之路,提高人才培养质量”的学校工作总体思路。

2008年是申专的关键之年,3月,学校印发《教育思想大讨论活动方案》,开展第二次教育思想大讨论。本次教育思想大讨论活动围绕“学校的办学方向如何定位?怎样继承优良办学传统,发挥地域文化优势，彰显办学特色？怎样创造发展平台，吸纳优秀人才、培养优秀教师？怎样做好学生管理中中职到高职（专科）阶段的衔接与转变？怎样提高后勤服务管理的人性化、综合化与科学化水平？系部改革的问题与对策？审视申专目标与现状的差距，解决在转变观念、加快进程、完善软件资料方面的突出问题”等问题展开。引导教职员工进一步更新观念，树立科学教育思想和先进教育理念，强化质量和特色，实现从中专办学向大学办学的转变，促进升格目标的实现。通过讨论，进一步解决了影响学校发展的思想观念、发展思路、措施方法等方面存在的突出问题，进一步凝聚了广大教职员工的思想共识和智慧。

申专是中心工作，是战略目标。唯有全体教职员工正视差距和困难，团结一致、尽职尽责、甘于奉献，才能实现申专目标。为此，学校开展了多种形式的活动，激发了教职员工参与和支持申专工作。在临近2009年教育部专家组现场评估的关键节点，学校主办了“我为申专作贡献”征文活动和演讲比赛，从摘录的部分教师演讲稿中可以看出全体教职员工热情高涨、众志成城、积极主动为申专工作全力以赴的决心。

> 教育理想的实现，靠人；申专目标的实现，靠人。这里有高瞻远瞩、充满灵感和热情的领导队伍，这里有热爱教育、不轻言放弃的教师队伍。就是这样的一群人，用他们的毅力、智慧和勇气，推动着学校申专的宏伟事业一步步走近现实。距离评估组进校还过一月之余，时不我待。我们该做些什么呢？那就是“以申专为己任，时刻关注申专，主动了解申专，积极参与申专，自觉服务申专”。
>
> ——程小娟《校兴我荣　校荣我幸》

> 我们爱自己的事业，更会爱校如家，关心学校的发展。在学校申专的重要时刻，我们更应该与学校同心协力，所以不管是什么时候自己都坚持“学生的事再小也是大事，学校的事再小也是大事”这一原则，为学校发展建言献策，发挥主人翁作用。

——陈方杰《机遇偏爱有准备的人》

也许我们的力量很小很小，我们的声音很弱很弱，但我们会坚定而自信地告慰自己和后人：我们曾经奋斗过，我们无怨无悔。申专道路是我们10年前的正确选择，我们为当年作出这样的选择而骄傲和自豪。同志们，让我们为我们伟大的理想和宏伟目标的实现而殚精竭虑，付出自己的汗水、智慧、聪明才智和心血吧！

——程根荣《我们为什么要申专》

尽管桐城师范今年申专的道路不一定是一帆风顺的，但只要我们桐城师范人包括我在内都能齐心协力，风雨同舟，高瞻远瞩，集思广益，大家都能也都愿意为这份共同的事业出谋划策，建言献策，有力出力，有智出智，我相信桐城师范今年升专的前途将会一片光明。

——雷小丽《让生命的意义从这里启航》

作为一名普通的语文老师，我很难直接为桐师申专作出贡献。我能做的，我想做的，是在自己的岗位上发挥出光和热。我希望在考评组经过我正在讲课的教室旁，他们看到的是一张张朝气勃发的、对知识充满向往的脸。我想，这就是我能为学校申专作出的最微薄的、却是对于我本人而言最大的贡献。

——万聪《申专，我们共同的目标》

2009年注定写入史册，桐师人的梦想近在咫尺。不久的将来，教育部将对我校进行申专评估，这是一次严峻的考验，更是一次难得的机遇。每一个环节，每一个课堂，都是专家了解桐师的一个点。在座的每一位老师，都是评估大体系中的一分值，承担着相应的一份责任。面对新时期新阶段的挑战，我们更应该从自身做起，以迎评为己任，用饱满的热情全身心投入申专工作中去，用实际行动来回报学校，共荣辱，同进退。

——王欢《同一个学校，同一个梦想》

作为一名桐城师范学校的老师，我们每个人的成长和发展都是与学校的发展紧密相连的。学校评估成功，我们每一个桐师人都是真正最大的受益者。所以我们更要以主人翁的姿态积极参与评估，时刻铭记“迎评促建，我的责任”。我相信，拧在一起，就是一道电光，一股钢绳；聚在一块，就是一团火花，整个太阳；站在一处，就是一种信念，一种精神。

——王琼《我与学校共荣辱，我为迎评做贡献》

今年是学校全力以赴迎接教育部对我校“申专”进行全面评估的关键一年。申专，是关系学校生存和发展的头等大事，作为学校的一分子，在学校发展的关键时刻，应该用实际行动来为“申专”做贡献，以高度的责任感和使命感积极投入迎评促建工作中。只要有了大家的团结拼搏和努力奋斗，我们就一定能够取得评估的优异成绩，桐师的明天一定会更加辉煌！

——杨思亮《申专评估，我们的责任》

学校定期召开软件资料分析会，借鉴兄弟学校的经验做法，结合本校特色，形成申报材料的初稿，广泛征求意见，反复修改。淮北煤炭师范学院王彦坦教授曾四次来校指导撰写修改申专材料。安徽科技学院刘宁教授、合肥学院陈啸教授都反复修改过申报材料。陈贤忠教授、刘凤泰教授、郑燕康教授、杨建广教授、董元篪教授、张文祥教授等教育部资深专家及省内金辉副厅长、黄德宽教授、程桦教授、喻长志书记、曹艳平校长、何根海教授、吴兴良教授、周之虎教授、董武清教授、汪青松教授等对申专材料给予了精心细致的指导。申专材料大幅度修改有十几次，小幅度修改有上百次，除主报告外，佐证材料达130盒。

茅云禄老师设计并带领学生制作展室，刘久芳、王斌等参与展室资料的搜集和整理工作。学校自1904年开始办学，未撰写过阶段的和整体的校史，校史展室资料搜集过程异常艰辛。通过查阅学校仅有的档案资料和桐城市、安庆市、安徽省档案馆的资料，走访学校离退休的老领导、教职工和部分校友等方式搜集整理，基本呈现了学校艰辛曲折而厚重的历史。师生书画展室的作品除多年收藏的师生优秀作品外，还有部分桐城籍书画家捐赠的大作。2009年9月，中国农工党安徽书画院画家一行到学校开展庆祝第25个教师节慰问联谊活动，画家现场创作的作品也在书画展室展出。

学校办公室编印《“申专”工作简报》20期，及时发布申专大事记、各级领导鼓舞人心的讲话及重要批示，每期简报都呈送给有关领导和相关单位，营造了氛围，鼓舞了士气，增强了教职工成功争创高专的必胜信念。

历任领导先后带队考察省内外学校。考察学校大致分三类：一类是办学历史悠久的师范专科学校，如池州师范高等专科学校、芜湖师范高等专科学校、南京晓庄师范学院；一类是刚升格的师范专科学校，如牡丹江幼儿师范高等专科学校、亳州师范高等专科学校、马鞍山师范高等专科学校；还有一类是拟准备升格的师范学校，如南通师范学校、凤阳师范学校、合肥幼儿师范学校。同时先后组织二级机构人员上百人次赴省内40多所高校、中专学校参观学习。通过考察学习，学校找到了差距，开阔了视野，获得了经验，提升了信心。

学校邀请了全国高等学校设置评议委员会专家、省高校设置委员会专家共70多人次来校指导。教育部师范司司长管培俊、发展规划司副司长宋德明、师范司副司长宋永刚、思政司张文斌处长、法规司黄新胜处长均来校对申专工作给予指导。安徽省教育厅原厅长陈贤忠、厅长程艺、副厅长李和平、江春及相关处室领导均来校督导申专工作，帮助学校解决了许多实际问题。2006年10月10日，安徽省教育厅原厅长、全国高等学校设置评议委员会专家陈贤忠教授视察校园后，还与中层及以上干部进行座谈，重点就思想观念转变、干部准备、办学条件达标、师资队伍建设、办学特色与亮点的提炼与呈现及评估过程中应该注意的细节问题等进行细致入微的指导。

学校在达到部颁标准的条件后，多次到教育部、教育厅汇报学校申专工作，陈述申专的必要性和可行性，得到了领导们的支持，同时陆续拜访了上百位教育部、安徽省高校设置委员会专家，陈述在文化底蕴深厚的桐城办高校的必要性，展示师范学校培养小学教师的优势，得到了专家的肯定和指导。2009 年 12 月，学校共派出 6 个小组，分赴全国各地，拜访了全国高等学校设置评议委员会的 70 多位专家。

三、申专评估

在近十年的申专历程中，学校经历了五次省级评估和一次部级评估。

2003 年 7 月 18 日，安徽省教育厅委派以安庆师范学院汪青松教授为组长的考察组一行 5 人到学校就争创工作进行检查指导。考察组实地查看了校园的硬件设施，听取了安庆市委、市政府争创工作汇报，审阅了申报材料。考察组认为安庆文化底蕴深厚，基础教育发达，桐城是历史文化名城，桐城市委、市政府高度重视教育事业，关心学校发展，桐城师范学校办学历史悠久，有专科办学经验，申办高专不仅可行而且意义重大。考察组着重对申报工作进行了具体指导，一致认为学校暂不具备升格的基本条件，指出要抓住机遇，加快学校建设步伐，特别要保障学校建设与发展的资金投入。

2005 年 10 月 27 日至 28 日，安徽省教育厅组织以安徽建筑工程学院程桦院长为组长的专家组一行 5 人对学校争创工作进行省级评估。因拟申报升格的中专学校较多，这次评估属于筛选性质，淘汰掉条件较差的学校，最终桐城师范学校、合肥幼儿师范学校、凤阳师范学校一起作为师范类院校被纳入省评估范围。

2006年6月，安徽省教育厅组织以安徽建筑工程学院程桦院长为组长的专家组一行7人来校实地考察评估，专家组认为学校升格基本条件已具备，但学校在安徽省高校设置委员会专家投票时落选。

2009年6月，安徽省教育厅组织以安徽师范大学王世华教授为组长的专家评估组一行9人来校实地考察，召开座谈会，查硬、软件资料，历时3天。安庆市委常委、常务副市长陶方启致欢迎辞，安庆市副市长黄杰在汇报会上作陈述报告。安徽省教育厅副厅长杨德林出席欢迎汇报会，安庆市委书记朱读稳、市长肖超英会见了专家组一行。桐城市领导吴三九、何炜、陈玉莲出席欢迎汇报会。专家组一致认为，学校已经具备了升格为高等专科学校的基本条件。经安徽省高校设置委员会委员投票，我校在拟升格的中专学校中排名第一。

2009年11月，安徽省教育厅再次组织以安徽师范大学王世华教授为组长的专家组来校考察。由于学校准备到位，材料完整，经安徽省高校设置委员会专家投票，学校再次在拟升格的中专学校中排名第一。

2009年12月21日至22日，以教育部信息中心主任咸立亭副研究员为组长，中国农业科学院常务副院长韩惠鹏研究员、辽宁省教育厅副厅长朱恩田教授、福建师范大学校长李建平教授、清华大学原副校长郑燕康教授(因事耽误，未参加实地考察)为成员的专家组对学校的申报工作进行现场考察。在欢迎汇报会上，安庆市委副书记陶方启致欢迎辞。组长咸立亭主持汇报会，安庆市政协主席张金锐，安庆市人大常委会副主任刘斌，安庆市政协副主席、教育局局长童学军，安庆市教育局党组书记陈云，桐城市委、人大、政府、政协、教育局主要领导，学校班子成员、部分中层干部出席会议。安庆市副市长黄杰作申办桐城师范高等专科学校陈述报告。专家组在观看了桐城师范学校争创工作的专题片后，就申专工作及升格后的办学问题对安庆市政府、桐城市政府及桐城师范学校提出询问，桐城市副市长陈玉莲，校长占峰进行了现场答辩。

图 5-16　专家组考察学校申专工作欢迎汇报会

欢迎汇报会后，专家们走进课堂、实训场所、学生宿舍、学生食堂、图书馆。在教学楼察看时，专家们看到学生的“三字一画”作品展，赞不绝口。专家们召开学校中层干部、教师、学生座谈会及实习基地负责人座谈会，查阅资料、核对数字，细致入微。对一级资料、二级资料进行分析，找出问题，让学校领导、专业人员一一回答。专家们察看校园结束后，突然提出要在学生食堂用餐。专家们走进食堂，看到学生们脸上洋溢着灿烂的笑容，窗口排队秩序井然，他们询问学生们的伙食情况，并和学生们一起排队取餐，在餐桌上与学生们边吃边聊。用餐结束后，专家们离开食堂，学生们从座位上不约而同起身鼓掌欢送。学校舒适的就餐环境、可口的饭菜、良好的学生素质赢得了专家们的一致好评。

考察结束后，专家组召开桐城师范高等专科学校申报工作考察意见交流会，咸立亭组长主持会议，韩惠鹏代表专家组作陈述性发言，高度评价，充分肯定，认为桐城师范学校办学目的明确、管理规范、师范性明显、教科研有特色、校园精美，有小家碧玉之范。专家们对办学中存在的问题提出了指导性意见。

第六章　凤鸣高岗——桐城师范高等专科学校

（2010.03—2021.06）

2010 年 3 月，经教育部和安徽省人民政府批准，安徽省桐城师范学校正式升格为桐城师范高等专科学校，这是学校历史上具有里程碑意义的大事。自此，学校站在新的历史起点上，开启继往开来的崭新局面。经过不断摸索，学校各方面取得长足进步与发展。大学内部治理结构不断完善，内涵建设不断加强，人才培养质量不断提高，服务经济社会发展的能力不断提升。2011 年、2014 年、2017 年、2020 年，分别为第九届、第十届、第十一届、第十二届安徽省“文明单位”。

第一节　揭牌庆典

2010 年 1 月 21 日，桐城师范高等专科学校申报工作在第五届全国高校设置评议委员会第四次会议上高票通过。桐城市委、市政府给学校发来贺信。同年 2 月，校长占峰获得桐城市人民政府颁发的嘉奖令。

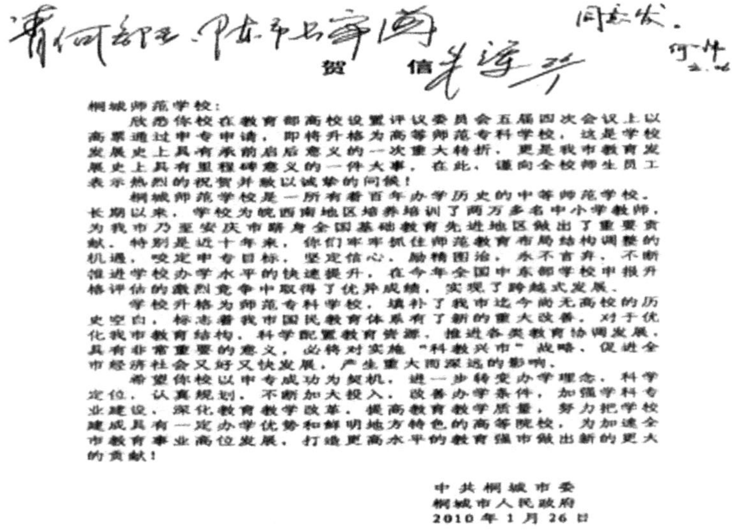

贺　信

桐城师范学校：

欣悉你校在教育部高校设置评议委员会五届四次会议上以高票通过申专申请，即将升格为高等师范专科学校，这是学校发展史上具有承前启后意义的一次重大转折，更是我市教育发展史上具有里程碑意义的一件大事。在此，谨向全校师生员工表示热烈的祝贺并致以诚挚的问候！

桐城师范学校是一所有着百年办学历史的中等师范学校。长期以来，学校为皖西南地区培养培训了两万多名中小学教师，为我市乃至安庆市跻身全国基础教育先进地区做出了重要贡献。特别是近十年来，你们牢牢抓住师范教育布局结构调整的机遇，咬定申专目标，坚定信心，励精图治，永不言弃，不断推进学校办学水平的快速提升，在今年全国中东部学校申报升格评估的激烈竞争中取得了优异成绩，实现了跨越式发展。

学校升格为师范专科学校，填补了我市迄今尚无高校的历史空白，标志着我市国民教育体系有了新的重大改善，对于优化我市教育结构，科学配置教育资源，推进各类教育协调发展，具有非常重要的意义，必将对实施“科教兴市”战略，促进全市经济社会又好又快发展，产生重大而深远的影响。

希望你校以申专成功为契机，进一步转变办学理念，科学定位，认真规划，不断加大投入，改善办学条件，加强学科专业建设，深化教育教学改革，提高教育教学质量，努力把学校建成具有一定办学优势和鲜明地方特色的高等院校，为加速全市教育事业高位发展，打造更高水平的教育强市做出新的更大的贡献！

中共桐城市委
桐城市人民政府
2010年1月26日

图 6-1　桐城市委、市政府给学校的贺信

当升格评审顺利通过的消息传到学校时，全体教职员工欢呼雀跃，奔走相告。学校领导从南宁归来，受到师生员工的隆重迎接。当晚，校园篮球场上燃放烟花庆祝。桐城师范学校原副校长江学煌挥笔提诗。

西元二〇一〇年一月二十一日，十年升专，南宁告捷。喜讯传来，大地红光，焰火绚丽。抚今追昔，感触良久，聊为效颦一曲（外一首），敬献师范同仁，共一乐耳。

金缕曲　闻桐城师范申专成功

嗨！何须远眺？论英雄，杏坛林里，眼前便是。丈夫一言终无悔，缘起许身报国。笑回首十年往事，无怨无尤吞折齿，照汗青，念念苍生计。忠与义，无伦比。

燕然勒石元心喜。天自知，朝朝暮暮，在在处处，坎坦盈虚荣与辱，刻就心头眼底。费尽了千方百计，他日重重曜华夏，赖今朝三千慧与力。功和德，无穷际。

（外一首）

无题

火树银花腾师园，

群华缤纷写笑靥。

可怜三千六百日，

峰峦穷尽开乾元。

很多老师执笔抒发“校荣我荣、校兴我兴”的爱校情感，表达申专成功的兴奋和喜悦。

第三节课，我和其他所有桐师人一样，在焦急地等待着南宁高校设置评委会专家的投票结果。突然广播里传来黄洪沫主任激动得颤抖的声音：好消息，学校升专成功了！顿时教室里一片欢呼雀跃声。学校升格了，我们如何升格自己？如何面对升格后的挑战？本人决定：学习，学习，再学习！！！路漫漫，吾将上下而求索！！！

——汪定贵《升专有感——十年梦 今日圆了》

当国家师范布局结构调整的达摩克利斯之剑高悬头顶的时刻，我们桐师人没有退却，更没有绝望，而是以凤凰涅槃、浴火重生的勇气，以迎接挑战、战胜困难的决心，开辟出一条登临绝顶的光明之路，提出了申办桐城师范高等专科学校的办学目标，并为之进行了长达十年的不懈努力。真可谓：十年申专不寻常，步步起来皆艰辛。

——夏亚莉《十年辛苦不寻常》

百年风雨沧桑，历经岁月蹉跎！在申专的过程中，桐师人“人人参与，齐心向前”！桐师是所有桐师人的母亲！是我们所有教职工的母亲！这一刻，桐师的辉煌由我们书写！这一刻，桐师的未来不再是梦想！诚则金石所穿！我们献出了所有的光和热！

我们献出了所有的爱和情！升格——我们共同期待的梦想！这一刻不再是梦想之声！这是铿锵之声！彰显了桐师人的精神与自信！

——王焕庭《征途遥 岁月辉》

都说十年磨一剑，可是十年的申专历程，太长太长；十年的漫漫等待，太久太久；十年的苦苦准备，太累太累……我作为申专专门小组的负责人，协助程校长负责申专解说和评估礼仪接待。那期间，我常常披星戴月，纵然身心疲惫到极致，回家后都要抽出一点时间阅读、背诵各种资料。领导的嘱托，同事的期望，都化作了股股强烈的责任感和使命感，在我心中燃烧。我承诺：一定要为学校的荣誉战斗到底！

——程爱兰《看似寻常最奇崛，成如容易却艰辛》

2010 年 1 月 21 日，桐城师范升格获得最后通过。桐师能有今天，与各界领导的支持和关心是分不开的，更与以占峰校长为首的校领导勤勉奔波、不懈奋斗分不开！十年来，桐城师范学校为实现升专目标付出了艰辛的努力，全体桐师人认识水平不断提高，精神境界不断升华，形成了人人关心、人人重视、人人参与的良好局面。一件件、一桩桩感人的事迹不胜枚举，在桐师能时刻感受到上下团结一致的力量和争创一流的精神。

——严丽莉《升专感悟》

2010 年 3 月，经教育部和安徽省人民政府批准，桐城师范学校正式升格为桐城师范高等专科学校。

安庆、桐城两级市委、市政府高度重视揭牌庆典工作，安庆市政府办公室多次修改揭牌方案，确定 2010 年 5 月 8 日为桐城师范高等专科学校揭牌日。桐城市委、市政府成立了揭牌庆典协调指导小组，桐城市委副书记娄雪松担任组长，召开专门会议部署揭牌庆典工作。

学校成立揭牌庆典工作小组，为庆典做了一系列准备：发布揭牌庆典公告、布置学生作品展、准备文艺节目，2009 年开始启动的《桐师百年》画册编撰工作也在紧锣密鼓进行。

2010 年 5 月 8 日，桐城师范高等专科学校揭牌庆典仪式在体育场隆重举行，273 个单位代表和 4000 多名师生员工及嘉宾参加了庆典仪式。教育部师范司副司长宋永刚、安庆市副市长黄杰分别宣读了《教育部关于同意在桐城师范学校基础上建立桐城师范高等专科学校的通知》《安徽省人民政府关于同意在桐城师范学校基础上建立桐城师范高等专科学校的通知》。

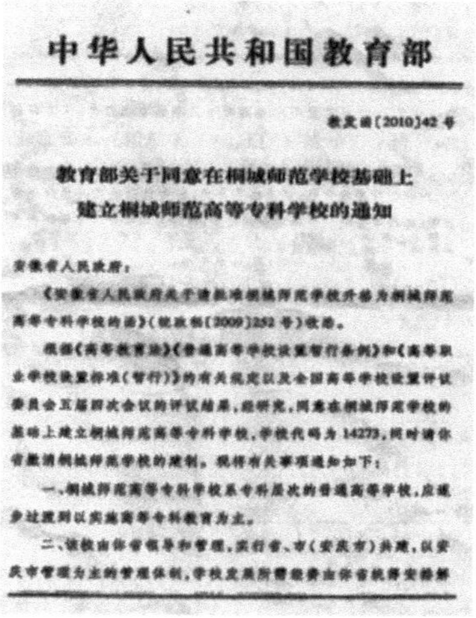

中华人民共和国教育部

教发函〔2010〕42 号

教育部关于同意在桐城师范学校基础上
建立桐城师范高等专科学校的通知

安徽省人民政府：

《安徽省人民政府关于请批准桐城师范学校升格为桐城师范高等专科学校的函》（皖政函〔2009〕252 号）收悉。

根据《高等教育法》《普通高等学校设置暂行条例》和《高等职业学校设置标准（暂行）》的有关规定以及全国高等学校设置评议委员会五届四次会议的评议结果，经研究，同意在桐城师范学校的基础上建立桐城师范高等专科学校，学校代码为 14273，同时请你省撤消桐城师范学校的建制。现将有关事项通知如下：

一、桐城师范高等专科学校系专科层次的普通高等学校，应逐步过渡到以实施高等专科教育为主。

二、该校由你省领导和管理，实行省、市（安庆市）共建，以安庆市管理为主的管理体制，学校发展所需经费由你省统筹安排解

图 6-2　教育部关于同意在桐城师范学校基础上建立桐城师范高等专科学校的通知

安徽省人民政府

安徽省人民政府关于同意在桐城师范学校基础上
建立桐城师范高等专科学校的通知

图 6-3　安徽省人民政府关于同意在桐城师范学校基础上建立桐城师范高等专科学校的通知

教育厅副厅长李和平、嘉宾代表池州学院院长何根海、校长占峰分别讲话。安徽省政协副主席张学平、教育部师范司副司长宋永刚、安徽省教育厅副厅长李和平、安庆市委书记朱读稳共同为桐城师范高等专科学校揭牌。揭牌庆典仪式结束后，学校师生为嘉宾呈现了一台精彩纷呈的文艺表演节目。

图 6-4　2010 年 5 月 8 日，张学平、宋永刚、李和平、朱读稳共同为桐城师范高等专科学校揭牌

出席庆典仪式的领导有：安徽省政协副主席张学平、安徽省人大内务司法工委副主任苏泽泉、教育部师范司副司长宋永刚、教育厅副厅长李和平、教育厅高教处处长储常连、教育厅发展规划处处长袁文、教育厅科技处处长汤仲胜、教育厅体卫处处长宣进、教育厅发展规划处正处级调研员喻远宝、教育厅办公室副主任张尔桂等。

安庆市委书记朱读稳，安庆市政协主席张金锐，安庆市委副书记陶方启，安庆市委常委、纪委书记刘苹，安庆市委常委、政法委书记王章来，安庆市人大常委会副主任方祖中、刘斌，安庆市副市长黄杰，安庆市政协副主席、安庆市教育局局长童学军等出席庆典仪式。

安徽大学等 39 所本科院校、霍邱师范学校等 7 个中专学校及 6 个实习基地的领导也参加了庆典仪式。

此外，安庆市委市政府办公室，安庆市教育局、发展和改革委员会、编办、人社局、建委的有关领导，桐城市委、人大、政府、政协，各局、各街道办事处、乡镇，部分企事业单位，各高中、初中及部分小学派代表参加了庆典仪式。

北京航空航天大学等 24 所高校、广州新苗教育集团等 3 个就业基地发来贺信贺电。北京大学副校长林钧敬教授，清华大学副校长、博士生导师郑燕康教授，北京航空航天大学校长、博士生导师、中国科学院院士怀进鹏教授，北京林业大学副校长、博士生导师逄广州教授，福建师范大学校长李建平教授，安徽省政协副主席张学平等 6 人发来贺电。

北京航空航天大学贺电

欣闻你校申专成功，谨向全体师生员工致以热烈的祝贺和诚挚的问候！桐城师范学校具有悠久的历史和优良的办学传统，形成了深厚的文化底蕴和鲜明的办学特色，为基础教育事业培养了大批的优秀人才，为皖西南地区社会发展作出了重要贡献。我们相信，你校一定能坚持全面发展的教育方针，遵循高等教育教学规律，续写新的篇章，再创新的辉煌。

安徽大学贺电

欣闻桐城师范高等专科学校揭牌成立，谨向贵校全体师生员工致以最热烈的祝贺！桐城师范在 100 余年的办学历程中，潜心耕耘、励志践行，培养培训了大批合格教师，促进了基础教育的发展，目前已成为一所初具规模、特色鲜明的师范学校。值此挂牌庆典的喜庆时刻，希望贵校内强素质、外树形象，走内涵发展之路，为基础教育和社会发展作出新的更大的贡献。

北京大学副校长林钧敬教授贺电

欣闻桐城师范高等专科学校揭牌成立，谨向贵校全体师生员工致以最热烈的祝贺和最美好的祝福！清光绪三十年秋，桐城中学堂总理马其昶秉承吴汝纶先生遗志，为培养小学堂师资，广开新学，建立“桐城中学堂师范班”，广开安徽新式师范教育之先河。百年以来桐城师范学校立足安庆，服务皖西南，面向小学、面向农村，培养一专多能的合格毕业生，取得了丰硕的成果。希望贵校乘势而上，再续华章！

第二节　建立大学制度

桐城师范学校升格为桐城师范高等专科学校后，逐步理顺了管理体制，建立了现代大学制度。

一、确定“三定”方案

2010 年 7 月，学校向桐城市编制办呈送《关于请求核定桐城师范高等专科学校三定方案的报告》，“三定”即定内设机构、定人员编制、定领导职数。其后，安庆市编制办来校调研。2011 年 2 月，安庆市编制办主任查鹏、学校主要负责人占峰到安徽省编制办汇报“三定”工作。

2011 年 3 月，安庆市编制办〔2011〕22 号文批转安徽省编制办《关于桐城师范高等专科学校机构编制的批复》（皖编办〔2011〕72 号）。该文件明确学校设置办公室（党委办公室）、组织人事处、监察审计处（与纪委合署）、教务处、总务处（与财务处合署）、学生处 6 个党政管理机构，全校设置人文系、理工系、外语系、艺术系、教育系、计算机与信息技术系 6 个教学机构和 1 个教学辅助机构（图文信息中心）。暂核定桐城师范高等专科学校事业编制 200 名（含原桐城师范学校 130 名编制）。待学校原有中专毕业生全部毕业，再按全日制专科学校和相关标准核定学校编制。其中，党政群管理机构、教学机构、教学辅助机构人员编制分别是 24 名、140 名、36 名（含 2 名工勤人员）。同文明确学校领导职数 5 名；学校内设机构副处级领导职数 19 名（含系专职党总支书记 6 名）。

二、理顺管理体制

2010 年 6 月 27 日，安庆市委回复学校《关于要求理顺桐城师范高等专科学校管理体制及重新组建领导班子的报告》。报告明确，为了方便管理，升格后的学校暂由桐城市代管，暂由占峰全面负责学校工作，原校级班子暂不调整。桐城市委指示，因历史沿袭，学校仍由桐城市教育局代管，其他管理方式暂时不变。学校根据两级市委主要领导讲话精神，明确领导班子分工暂时不变。针对干部行政级别过低，管理体制不顺给学校工作带来的诸多不便，学校主要负责人占峰多次口头向安庆市委、市政府主要领导汇报反映，请求理顺学校管理体制，将学校管理体制上划至安庆市。

2010 年 2 月，学校向桐城市委组织部呈送《关于批准成立中国共产党桐城师范学校委员会的请示》和《关于加速干部配备的请示》。同年 5 月，学校呈送桐城市编委会《关于请求批准上划管理体制的报告》，请求落实上划管理体制等相关事宜。同年 8 月，学校向安庆市委组织部呈送《关于桐城师专建立后有关问题的报告》，请求解决学校领导班子配备、管理体制上划等问题。同年 10 月，学校召开教职工代表大会，审议学校工作报告《风劲扬帆正当时》，通过了《关于建立新校区的提案》《2010—2011 学年度校内岗位津贴方案》。同年 11 月，安庆市委领导带领市委编办、人社局、教育局、财政局来校围绕建设新校区、上划、债务化解等问题进行调研。

2011 年 3 月，安庆市委副书记陶方启、组织部部长汪卫东带领相关部门来校围绕成立党委、上划等问题进行调研。

2012 年上半年，安庆市副市长黄杰两次来校调研。同年 11 月，学校主要负责人占峰给安庆市市长虞爱华写信，陈述申专的艰难、升格后取得的成绩及学校当前存在的困难和亟待解决的问题。虞爱华亲自在信上批示："成绩可圈可点，困难亟待解决，请黄杰副市长过问提出方案，我抽空去调研，现场解决政府应该解决的问题。"同年 12 月，学校向中共安庆市委组织部呈递《关于请求批准成立中共桐城师范高等专科学校委员会的报告》。2013 年 7 月 31 日，学校正式成立中国共产党桐城师范高等专科学校委员会，隶属安庆市高等教育工作委员会管理。

2013年8月22日，安庆市委书记虞爱华主持召开十届市委第67次常务委员会会议，研究提出解决包括桐城师范高等专科学校在内的四所高校建设存在的问题，并形成《会议纪要》。

> 会议决定，将桐城师范高等专科学校上划为安庆市直属事业单位进行管理，上划具体工作由市政府常务副市长和分管高校的副市长牵头负责。要实行整体上划，将桐城师范高等专科学校的机构、人员、资产及现有基本建设债务一并上划，由安庆市等同其他三所高校管理；桐城市委、市政府要承担属地管理相关责任，并以2012年度桐城市财政决算为基数，继续执行对桐城师范高等专科学校的人员、办公经费等财政供给。
>
> ——摘自2013年8月22日《中共安庆市十届市委第67次常务委员会会议纪要》

2013年10月10日，安庆市副市长黄杰主持召开桐城师范高等专科学校管理体制上划工作协调会，落实安庆市委常委会第8期《会议纪要》，并形成《关于桐城师范高等专科学校管理体制上划工作会议纪要》。会议明确安庆市财政供给桐城师范高等专科学校的时间为2014年1月1日。学校管理体制实行省市共建，以安庆市为主。自此，学校进入安庆市高等职业教育序列，管理体制的上划为学校发展赢得了新的机遇。

三、逐步明确办学定位

2010年8月，学校出台《桐城师范高等专科学校教育思想大讨论实施方案》，讨论主要围绕“怎样创造发展平台，吸纳优秀人才、培养优秀教师，解决高水平师资不足的问题？升格后的生源是以高中起点学生为主,如何培养合格的能够适应经济社会发展需要的人才?如何实现学生管理从中专到高职(专科)阶段的衔接与转变?怎样提高后勤服务管理的人性化、综合化与科学化水平?”等问题进行,学校领导、中层干部、全体教师、全体班主任辅导员、后勤教辅人员等参与讨论。教育思想大讨论基本解决了“学校升格了,学校该怎么做?我该怎么做?”的问题。通过教育思想大讨论,学校初步提出“解放思想,破除旧章,建立新规;重质量,促内涵,让学校健康快速发展”的办学思路及“三步走”战略目标,即“三年后办得像一所高校,七年后办成一所合格的高校,十年后办出省内有影响的高校”,简称“办像,合格,上水平”。

为了尽快掌握高校办学规律、转变办学模式,学校向中共安徽省委教育工委呈送《关于选派干部赴其他高校挂职学习的报告》,得到批准和支持。2011年,学校先后派出五批干部到高校挂职学习一个月。第一批由杨雪松带队,带领程跃文、苏泽军、黄洪沫到安徽师范大学皖江学院挂职;第二批由梁志斌带队,带领刘久芳、高先军、王宏伟到安庆师范学院挂职;第三批由程玉梅带队,带领程爱兰、江向中、王雨辰到合肥师范学院挂职;第四批由黄应秋带队,带领毛永贤、周琳、王冰、方铁桥、汪定贵到铜陵学院挂职;第五批由程大立带队,带领王斌、陈涛、汪庭才、雷著文、方皓文到池州学院挂职。

学校还先后邀请教育厅原厅长陈贤忠教授,安徽师范大学阎蒙钢教授、吴玲教授,合肥工业大学邹立新教授,全国高校辅导员年度人物、安庆师范学院的华秀梅老师到学校举办讲座,帮助教职员工拓宽视野,更新观念。

2012年5月,学校出台《桐城师范高等专科学校办学定位及2020年发展目标》文件,确立“做强师范专业,做大非师范专业,做优职前教育,做活职后教育”的办学定位及“通过十年努力,让学校的师范教育在全省有影响,在同类学校中走在前列”的办学目标。

2014年9月,学校启动人才培养评估工作后,提出“质量立校、人才强校、文化兴校、特色铸校”的办学理念及“规范办学、转型发展、内涵建设、特色培育”的办学思路。2015 年 12 月，学校顺利通过人才培养工作评估。

2016 年，学校提出“师范专业为主，高职专业为辅”的办学思路和“聚力师范教育，擦亮师范品牌”的发展战略，“努力将学校建设成为校园文化和谐、人才质量过硬、地方特色鲜明、社会声誉良好的‘示范性、应用型’高等专科学校”的发展目标。

2021 年 2 月，学校提出“十四五”期间分两步走实现办本科学校的新发展目标，第一步挂靠本科院校联合培养“专升本”，第二步对标本科职业院校建设标准，申办本科层次师范学校。

四、构建高校管理体系

学校升格后，为了适应高校管理，构建高校管理体系，学校领导班子成员分别带队考察省内 30 多所高校，结合学校实际，建立起与之相适应的内部管理机构，初步形成与高校框架相匹配的组织机构、运行机构、保障机构。

学校在申专期间，根据教育部要求，已制订《桐城师范高等专科学校章程》。升格成功后，根据教育厅统一部署对章程进行修订。2012 年 10 月、2015 年 11 月，两次修订《桐城师范高等专科学校章程》。

2010 年 7 月，学校撤部设系，实行“校系两级管理，以系为主”的管理模式。撤销文科部、理科部、艺术部、中专部，设置人文系、理工系、艺术系、外语系。原属中专部的幼师专业、工艺美术专业划入艺术系，中专空港专业划入人文系，中专计算机及应用专业、机电专业划入理工系。学前教育专业仍由艺术系管理。2011 年 8 月，学校为了顺应社会对学前教育师资的需要，成立教育系。2016 年 8 月，为加强专业建设，促进学校转型发展，学校对系部名称进行了变更，人文系、理工系、外语系、艺术系、教育系更名为小学教育系、商贸与电子信息系、旅游与公共管理系、艺术与设计系、学前教育系。

2011 年 3 月,学校成立思想政治理论课教学科研处。同年 8 月,成立组织人事处。2012 年 6 月,成立教学督导组。2016 年 8 月,学校为了健全教学质量监测和保障体系,建立教学督导制度,出台《教学督导工作规程》,成立教学督导室,对教学管理和教学全过程进行监督、检查、评估与指导。2014 年 3 月,成立保卫处。2020 年 12 月 9 日,成立思政部,下设公共课教研室、基础课教研室。思政部是在学校党委、行政直接领导下的教学管理部门,不设行政级别,由分管意识形态工作的校领导分管,由承担意识形态工作职能的部门直接管理,教务处对其进行业务指导。同年 12 月 23 日,思政部成立大会召开。

2011 年 6 月 15 日,学校成立学术委员会。2015 年 11 月,教学(学术)委员会调整为学术委员会、教学委员会,梁志斌、沈波分别任学术委员会主任、教学委员会主任。2016 年 12 月,学术委员会进行换届,梁志斌续任第二届学术委员会主任。

2012 年 11 月、2013 年 5 月,学校分别成立高校教师系列初级职称评审委员会、中级职称评审委员会。2016 年,学校整合成立职称评审委员会,程跃文任主任。

2016 年 11 月,为全面推进依法治校进程,促进学校管理规范化、制度化,学校办公室牵头启动规章制度全面梳理、增修、汇编工作,至 2018 年 6 月,完成规章制度的汇编。《桐城师范高等专科学校规章制度汇编》收录了具有普遍规范力的规章制度 61 条,涵盖章程、党政管理、教学管理、学生管理、后勤管理 5 个方面。2021 年 4 月,办公室牵头启动规范性文件清理工作。

第三节　党的建设

学校进入高等教育序列后，贯彻党委领导下的校长负责制，不断加强党的建设，持续推进全面从严治党向纵深、向基层发展，发挥群团组织的作用，推动学校各项事业顺利开展。

一、干部队伍建设

2012年10月，占峰任学校副校长。2013年1月，朱宏调任学校党委书记。5月，占峰任学校党委副书记。8月，吴登明调任学校党委委员、副校长。11月，程玉梅任学校副校长，陈发明调任学校党委委员、纪委书记。2014年5月，占峰调任安庆职业技术学院副院长。2015年7月29日，沈波调任学校党委副书记、校长。2018年12月，王宏伟提拔为副处级干部，任校党委委员、组织部部长、统战部部长、组织人事处处长。2020年7月，陈发明退休。同年11月，张敏丽任校党委委员、纪委书记。2021年5月，朱宏退休。王子龙调任学校党委书记。

2013年11月，桐城市选调杨琦、左为民、王胜利、童日进分别任学校办公室主任、组织人事处处长、监察审计处处长、总务处处长。2013年12月，提拔梁志斌、刘久芳、高先军3名正科级干部。2014年1月，提拔王宏伟、黄洪沫、汪定贵、程大立、方铁桥、王斌、陈涛、江向中、黄应秋、程爱兰、苏泽军、汪庭才12名副科级干部。2017年12月，提拔黄洪沫、苏泽军、程跃文为副处级干部，任教务处处长、商贸与电子信息系主任、学前教育系主任。

2010年7月，程跃文、苏泽军、程爱兰、王雨辰分别任人文系、理工系、外语系、艺术系主任，雷小丽、方皓文、汪庭才、徐伟分别任人文系、理工系、外语系、艺术系副主任。2011年8月，程跃文任教育系主任，程爱兰、汪庭才分别调任人文系主任、外语系主任。2012 年 3 月，王斌兼任教育系副主任。同年 5 月，陈涛、周琳分别兼任人文系、外语系副主任。同年 8 月，学校对二级机构人员岗位进行调整。程跃文调任办公室负责人，苏泽军、黄洪沫、王斌、方铁桥、江向中、黄应秋分别任组织人事处、教务处、学生处、总务处、招生就业处、师训处负责人，刘久芳、王宏伟分别任教育系、理工系主任。同年 11 月，根据高校规范管理、对外联络及实际工作需要，学校规范各处负责人名称为处长、副处长。汪定贵、雷著文、周琳、毛永贤分别任教务处、总务处、学生处、招生就业处副处长。徐伟任教育系副主任，章学渊任实验中心主任，陈涛任团委书记，程大立任图书馆馆长。

2017 年 4 月，中共安庆市委首次对学校开展 2016 年市管领导班子和领导干部综合考核，此后每年按期开展，学校在历年考核中均取得“优秀”等次。

二、组织建设

学校升格后，桐城师范学校建置自然取消，根据安庆、桐城两级市委主要领导意见，新班子建立之前，原班子成员党组织的分工暂不改变，占峰为学校党总支书记，杨雪松为党总支副书记，梁志斌、孙亚、刘久芳、汪庭才、方铁桥为党总支委员。

2013 年 7 月 31 日，学校正式成立中国共产党桐城师范高等专科学校委员会，由安庆市高等教育工作委员会管理。

2012 年 8 月，经桐城市委组织部批准，学校党总支下设 6 个支部，选举刘久芳、黄洪沫、王宏伟、汪庭才、高先军、程跃文分别为机关支部、人文系支部、理工系支部、外语系支部、艺术系支部、教育系支部书记。2014 年 6 月，梁志斌任人文系党支部书记，苏泽军、程跃文分任理工系党支部、教育系党支部书记。2016 年 12 月，支部换届，设立 7 个支部，王宏伟、陈涛、王斌、苏泽军、汪庭才、高先军、程跃文分别任机关

第一党支部、机关第二党支部、小学教育系党支部、商贸与电子信息系党支部、旅游与管理系党支部、艺术与设计系党支部、学前教育系党支部书记。2020 年 12 月，支部换届，各支部名称不变，陈涛、王斌、方皓文当选为机关第一党支部、机关第二党支部、小学教育系党支部书记，其他四位支部书记继续当选。为了加强支部建设，增强支部工作力量，根据安徽省、安庆市党建工作要求，各支部配备专职副书记，汪彪、章学渊、殷海红、张倩、余艳琼、葛晶晶、金丹萍分别担任专职副书记。

2017 年 4 月，根据安庆市委组织部《关于印发〈关于推进基层党组织标准化建设的实施方案〉的通知》，学校实施基层党支部标准化建设。同年 6 月，学校印制《党支部工作制度汇编》。同年 12 月，机关第一党支部、商贸与电子信息系党支部、学前教育系党支部、艺术与设计系党支部首次接受考核验收。2018 年 9 月，7 个支部全部通过考核验收，达到标准化建设的目标。5 个系党支部落实支部书记"双带头人"制度。2017 年 12 月，学校首次开展支部书记抓党建述职评议考核工作，此后每年按期开展。

学校每两年在"七一"期间表彰"优秀共产党员""先进党支部"。2011 年 6 月，学校党总支授予梁志斌等 17 人"优秀共产党员"称号。2013 年 7 月，理工系、教育系党支部获得"先进党支部"称号，刘久芳等 17 人获得"优秀共产党员"称号。2015 年 8 月，人文系、教育系党支部获得"先进党支部"称号，杨琦等 16 人获得"优秀共产党员"称号。2017 年 7 月，机关第一党支部、商贸与电子信息系党支部获得"先进党支部"称号，梁志斌等 13 人获得"优秀共产党员"称号，高先军等 9 人获得"优秀党务工作者"称号。2019 年，学前教育系、艺术与设计系党支部获得"先进党支部"称号，左为民等 13 人获得"优秀共产党员"称号，杨双启等 7 人获得"优秀党务工作者"称号。2021 年，学前教育系党支部等获得"先进党支部"称号，童日进等 13 人获得"优秀共产党员"称号，王斌等 9 人获得"优秀党务工作者"称号。2021 年 6 月，学校党委为吴福培和程斯法颁发“光荣在党 50 年”纪念章。

2020 年,学前教育系党支部获得安庆市“先进基层党组织”称号,陶功胜、章学渊获得安庆市“优秀党务工作者”称号,刘久芳、倪洁获得安庆市“优秀共产党员”称号。2021 年,机关第一党支部获得安庆市“先进基层党组织”称号,程小娟、金丹萍获得安庆市“优秀党务工作者”称号,殷海红、汪若冰、徐伟获得安庆市“优秀共产党员”称号。

党委成立前,学校发展党员报请桐城市直工委批准,教职工和学生党员发展较慢。2010 年至 2013 年,发展学生党员 12 人、教职工党员 14 人。2013 年至 2015 年,发展学生党员 44 人、教职工党员 6 人。2016 年至 2021 年,发展学生党员 110 人、教职工党员 17 人。至 2021 年 6 月,学生党员组织关系全部转接,学校共有教职工党员 135 人。

三、思想政治建设

学校升格后,党总支加强业余党校管理。党总支书记占峰任业余党校负责人,学生处、团委承担具体工作。学校利用业余党校这一平台,有计划、有步骤地开展教职工、学生的思想政治教育工作。学校党总支书记、副书记、委员为教职工、学生、入党积极分子上党课。2010 年至 2015 年,学校每年举办“青年马克思主义者工程”培训班,对大学生骨干进行集中培训,引导大学生骨干成为坚定的青年马克思主义者。2013 年,学校成立党委,以党委中心组学习为引领,以党支部为基本单位,落实《党委中心组理论学习制度》《党员干部教育培训实施办法》,党委中心组每月开展学习和交流研讨,支部实行“三会一课”报备和纪实制度,通过校网站开辟学习专栏、举办“理论学习大讲堂”、举办专题培训、邀请专家讲课、印发学习简报等途径强化思想理论学习效果。

表 6-1　2011 年 3 月，桐城师范高等专科学校“青马工程”第二期培训班(160 人)集中培训日程表

时间	地点	内容	主讲人	题目
3 月 17 日上午 8:00—9:30	以智楼 报告厅	开班仪式	党总支领导	动员讲话
			分管学生工作的校领导	动员讲话
3 月 17 日上午 9:40—11:40	以智楼 报告厅	授课	学生处主要负责人	待定(理想信念)
3 月 17 日下午 2:10—3:10	以智楼 报告厅	授课	团委负责人	待定(团学干部工作内容、方法、技巧)
3 月 17 日下午 3:20—5:00	以智楼 报告厅	授课	思政处 老师	待定
3 月 18 日上午 8:00—9:30	以智楼 报告厅	授课	待定	word、excel 速成、网络资源的利用
3 月 18 日上午 9:40—11:40	以智楼 报告厅	授课	待定	团学干部公务实务培训
3 月 18 日下午 2:10—5:00	校田径 运动场	素质拓展训练	外语系团总支负责人	

2019 年 5 月，中共桐城师范高等专科学校委员会党校揭牌仪式暨第一期入党积极分子培训班开班典礼在报告厅举行。党委书记朱宏担任校长，王宏伟、黄洪沫、王斌任校务委员会委员。党校每年按期开展入党积极分子培训、发展对象培训及党务专题培训。

2011 年，学校开展“永远跟党走”和“保持共产党员先进性”主题教育活动。2013 年、2014 年，学校开展党的群众路线教育实践活动。2015 年，学校开展“严以修身、严以用权、严以律己；谋事要实、创业要实、做人要实”的“三严三实”专题教育活动。2016 年，学校开展“学党章党规、学系列讲话，做合格党员”学习教育活动和“讲看齐、见行动”学习讨论活动。同年 6 月，党员代表 40 余人到岳西县大别山烈士陵园缅怀革命先烈，重温入党誓词。2017 年，学校在推进“两学一做”学

习教育常态化制度化中开展“讲政治、重规矩、作表率”专题教育。同年6月，在安徽金寨干部学院开展党性教育主题活动集中培训。2018年，学校开展“讲忠诚、严纪律、立政德”专题警示教育活动。同年6月，全体党员赴泾县红色教育基地参观学习。同年7月，学校组织党员干部和行政人员前往井冈山干部学院学习培训。2019年，学校开展“不忘初心、牢记使命”主题教育。同年7月，“红色基因传承与理想信念培养”培训班在中南大学举行，本次培训采取理论与实践相结合的方式进行，包括瞻仰领袖故居、重温入党誓词、走访师范院校等内容。2020年，学校持续巩固主题教育成果并开展“以案示警、以案为戒、以案促改”警示教育活动。

2010年，学校制定《桐城师范高等专科学校关于建立健全师德建设长效机制的意见》和《桐城师范高等专科学校教师行为规范》，将师德考核结果作为教师聘任、晋级、奖惩的重要依据，实行师德一票否决制。2014年10月，根据教育部《高等学校教师职业道德规范》和《关于建立健全高校师德建设长效机制的意见》文件精神，完善修订《桐城师范高等专科学校关于建立健全师德建设长效机制的意见》，从制度层面引导广大教师做有理想信念、有道德情操、有扎实学识、有仁爱之心的党和人民满意的好老师。

四、党风廉政建设

党委履行党风廉政建设责任，班子成员履行“一岗双责”。每年召开全校党员干部党风廉政建设工作会议，聘请党员教师为党风廉政建设监督员，与各支部、处(室)、系签订党风廉政建设责任书。2015年，开展“严以修身、严以用权、严以律己；谋事要实、创业要实、做人要实”的“三严三实”专题教育活动。2018年，学校开展“讲忠诚、严纪律、立政德”专题警示教育活动。2019年，学校开展“严规矩、强监督、转作风”专项行动。2020年，学校开展“以案示警、以案为戒、以案促改”警示教育活动。在活动中集中整治形式主义、官僚主义，重点整治“贯彻落实党的路线方针政策、中央重大决策部署方面，联系师生、服务师生方面，履职尽责、推动学校改革发展方面和学风会风文风及检查调研方面”的问题，促进党员干部勤政廉政，大力营造反腐倡廉的舆论氛围。

学校纪委与监察审计处联合办公，运用监督执纪四种形态，围绕巡视整改、新校区搬迁、常态化疫情防控、职称评审、新入职人员考察、招生考试、校内招标和党支部换届等工作，压实日常监督责任，做到日常监督全面从严、常态常在。

五、群团工作

工会工作。2010 年 10 月，因管理体制暂时不变，学校延续召开第六届第四次教代会。2015 年 11 月 21 日，桐城师范高等专科学校一届一次教职工代表大会暨工会会员代表大会召开，陈发明、杨琦分别当选为工会主席、副主席。2017 年 4 月 10 日、2018 年 4 月 28 日，学校分别召开第一届教代会暨工代会二次、三次会议。2021 年 5 月 29 日，学校召开二届一次教职工代表大会暨工会会员代表大会，经选举，王宏伟当选为工会主席，汪定贵、黄应秋当选为副主席。截至 2021 年 6 月，全校有工会小组 8 个，工会会员 269 人。

学校工会围绕党委行政工作中心，发挥工会职能，开展教职工思想政治教育，提高教职工履职尽责水平。在涉及学校顶层设计、长期规划、制度建设、项目建设、师资队伍建设、校园文化建设等重大事项方面，工会广泛征求教职工意见和建议，实施民主监督。同时积极争取提升教职工福利待遇。2010 年 10 月，学校为在编在岗教职工全款购置笔记本电脑一台。同年 10 月，制定《2010—2011 学年度校内岗位津贴方案》，提高课时津贴。2010 年始，学校每年暑期组织在岗教职工及离退休教职工免费健康体检。2019 年始，为每位职工办理住院医疗互助互济，教职工健康体检费由每人400元提高至每人600元。2012年始，给在岗教职工发放误餐补贴，且逐年增加误餐补贴金额。在中秋、重阳、春节等传统佳节走访慰问离退休老同志。

工会组织的教职工文体活动丰富多彩。2017年，组织教职工接力赛、掼蛋比赛、手机随手拍摄影比赛。2018年，组织教职工郊游，举办教职工趣味运动会。2019年，开展教职工"迎国庆"歌咏比赛及拔河比赛。2017—2021年，组织教职工参加桐城市总工会、宣传部、教体局等部门组织的文体活动。

共青团工作。2012—2020年，学校团委每年5月举办"青年马克思主义者培养工程"培训班，通过主题报告、小组讨论、学习心得撰写等方式系统学习，为党培养信仰坚定、能力突出、素质优良、作风过硬的青年政治骨干。

为了响应高校共青团改革的要求，学校团委推进共青团改革。2017年开始，各班级全部推行"班团一体化"制度。2018年6月，学校党委印发《桐城师范高等专科学校共青团改革实施方案》。依据方案，学校推行"第二课堂成绩单"制度。同年6月，共青团桐城师范高等专科学校第一次代表大会暨桐城师范高等专科学校第一次学生代表大会召开，选举产生共青团桐城师范高等专科学校第一届委员会委员11人，陈涛当选为书记，汪若冰、胡艳艳当选为副书记。选举产生桐城师范高等专科学校学生委员会委员11人，主席团5人。2020年12月14日，召开桐城师范高等专科学校第二次学生代表大会。截至2021年6月，学校有5个团总支，123个团支部(含毕业班团支部)，团员数5894人。

学校团委注重典型示范引领，充分发挥学生骨干和先进人物的示范作用。学校升格后，每年在五四青年节前开展"两红两优(五四红旗团总支、五四红旗团支部，优秀共青团员、优秀共青团干部)"五四表彰评选活动及"十佳团支部"评选活动。2010—2020年，学校团委连续

10年被评为安庆市“五四红旗团委”。2018年5月，团委书记陈涛被评选为安徽省“优秀共青团干部”。2019年5月，小学教育系高专2017级2班谷婕达获得安徽省“优秀团员”称号。

2015年10月，学校团委创新开展“自强之星”评选活动，挖掘各类青年典型，使青年学生学有榜样、行有示范。同时邀请桐城教育名师、青年典型及优秀毕业生等到校开展青春榜样故事分享活动。2016年5月16日，邀请学校优秀毕业生、合肥市行知学校数学教师周向荣作题为《一直在路上——一名“后进生”的成长》的报告。2017年5月23日，老战士何志诚作为义务宣传员来校作“红色经典”教育报告。

学校团委根据学生的特点和喜好，联合系部培育和打造“元旦文化艺术节”“青春美大赛”“女生节”“礼敬桐城诗文诵读大赛”“艺术技能大赛”“校园辩论赛”“校园魅力主持人大赛”“十佳歌手”“全副‘舞’装”等一批体现学校特色、学生广泛参与并喜闻乐见的品牌文化活动。

学生社团由学校团委管理和指导，各类社团根据自身特色开展相关活动。其中以“启明心”志愿者协会工作最具特色。“启明心”志愿者协会通过助力大型活动、走进社区服务、加入西部计划、参与扶孤助弱、热心公益慈善等志愿活动，引导广大青年学子乐于助人、甘于奉献，展现时代青年高尚的精神风貌，形成了政策宣讲、社区公益、爱心支教、关爱女孩、赛会服务、禁毒宣讲、结核病防治等多项志愿服务品牌，并与桐城市文昌街道、桐城市唐湾中心小学、桐城市结核病防治中心、桐城市博物馆、图书馆、敬老院等单位结成志愿服务合作单位，其开展的活动多次被《新安晚报》《安庆晚报》等省市级媒体报道。“启明心”志愿者协会参与了2012年10月第二届中国桐城文化节、2014年4月至6月安徽省第十三届大学生运动会、2016年6月江淮骑行万人大赛等多项活动，多次获得赛事组委会表彰。2013年，“启明心”志愿者协会社团获得共青团安徽省委授予的“志愿江淮，我最喜欢的志愿服务组织”称号。2019年、2020年,在“安徽省百千万志愿者结核病防治知识传播活动”大学生团体培育计划中分别获得三等奖、二等奖。“启明心”志愿者协会还积极宣传学生志愿服务西部计划,李玉来、方源盼、江哲毅3名毕业生作为西部计划志愿者分别于2013年、2014年、2015年进入西藏工作。其中,李玉来、方源盼二人扎根西藏,服务祖国边疆。

社会实践是大学生思想政治教育的重要环节。学校根据中共中央、国务院2004年下发的《关于进一步加强和改进大学生思想政治工作的意见》文件精神,出台了《桐城师范高等专科学校大学生社会实践活动方案》。2011年6月,学校成立学生社会实践工作领导小组,对社会实践项目的申报、评审、立项、运行过程、成果上报、总结表彰等进行管理。每年暑期,按照“项目化实施、规范化管理、立体化传播、竞赛式评比”的原则,团委牵头各系部联合组建大学生社会实践团队,在申报的众多项目中遴选10个左右重点资助。实践团队深入机关、企业、社区、农村、学校,广泛开展社会调研、政策宣讲、文化宣传、教育帮扶等丰富多彩的大学生社会实践活动。每年组织评选,获奖代表队得到专项经费资助。2013年、2015年,毛永贤、汪彪分别指导的《对农村小学关爱留守儿童工作的探索和思考》《追寻茶文化,探索山区农村茶叶集约化发展》获得安徽省“三下乡”暑期社会实践活动“优秀调研报告”奖。2014年,黄莉被评为安徽省“三下乡”暑期社会实践活动优秀指导老师,陈桐利指导的“惜抱轩助残阅读计划小组”获“优秀团队”称号。

表6-2　桐城师范高等专科学校2019年学生暑期社会实践校级重点项目

项目名称	申报单位	队长	指导老师	备注
“益成长”城市流动儿童关爱行动	教务处	梁嘉豪	王安、曹杏田、胡二庆	
见人见物见生活——省级非遗王圩灯会的仪式变迁与国情考察	桐城派研究中心	朱莹莹	黄莉、倪会琴、陶家韵	

续表

项目名称	申报单位	队长	指导老师	备注
寻访岳西红色文化	小学教育系	祝　楠	唐小晶、叶翠、陶家韵	
青春勇担当 绿色安庆行	旅游与公共管理系	孟静静	倪洁、毕秀、朱强	
青年红色之旅“金寨农家乐”实地调查团	商贸与电子信息系	刁冉冉	周跃、王焕庭、徐伟	青年红色筑梦之旅项目
早教机构对幼儿的影响调查与观察	学前教育	刘惜玉	田红艳、殷波、伯玲	
电商扶贫 助力乡村振兴	学前教育系	华　彤	倪瓒、叶芬芬、吴江	
“青年红色筑梦之旅”中小学研学旅行暑期观察团	校学生会	王文静	陈涛、刘成龙、郑玲玲	青年红色筑梦之旅项目
农村婴幼儿家长早期教育理念的调查与宣传	学前教育系	储佳美	黄学虎、石凤伟、殷波	
追寻行知梦 探访品质幼教	行知班	杨　锐	曹杏田、王安、丁彩云	
桐城留守儿童音乐艺术普及大学生志愿服务	艺术与设计系	聂心怡	孙禺慧、倪甜甜、程周鹏	

2018年4月，经安庆市科协同意，学校成立桐城师范高等专科学校科学技术协会。协会在校党委领导下开展工作，同时按属地管理，接受桐城市科学技术协会指导。

2018年4月27日下午，学校科学技术协会成立暨第一次代表大会召开。安庆市科学技术协会党组书记李琳，桐城市政协副主席、桐城市科协主席胡艳凌等出席会议。黄洪沫当选为科协主席，方皓文、程小娟、高旭辉当选为副主席，高旭辉当选为秘书长。

学校科协积极履行职能。协助申报小学科学教育专业，小学科学教育专业自2020年秋正式开始招生。大一学生刘洋参加安徽省师范生教学技能大赛获得小学科学组三等奖。组建科学技术爱好者协会，发展科普志愿者队伍，组织学生参加全民科学素质网络竞赛，建设新校区小学科学实验室、科普e站、儿童脑科学与行为实验室、小学科学教育探究实验室等科普基地，开展以“弘扬科学精神，提升科学素质，加强科学普及，传播科学思想”为主题的系列科普宣传活动，每年组织“科技与创新”演讲比赛，邀请大学教授、博士来校开办科普讲座。科普活动在学校规范化、常态化开展，科技创新教育成为校园文化的重要组成部分。

2019—2021年，学校科协委员高旭辉、殷海红、程小娟先后被评为安庆市“最美科技工作者”。

第四节　学生管理

学校贯彻落实《中共中央 国务院关于进一步加强和改进大学生思想政治教育工作的意见》《普通高等学校辅导员队伍建设规定》等文件精神，坚持以立德树人为根本任务，以大学生全面发展为目标，以理想信念教育为核心，以“爱国、爱校、爱家、爱己”教育为重点，以公民道德教育为基础，以校园文体活动为载体，以典型教育、素质教育、法制安全教育和心理健康教育为抓手，以班级为主阵地，开展各项主题教育和专题教育活动，突出思想引领，创新学生教育形式，构建全方位教育体系。2019年11月，确立“阳光健康、文化浸润、榜样示范、资助筑梦、实践砺行”五大工程建设，将其作为学生思想政治教育工作的抓手。

一、班主任(辅导员)队伍建设

学校升格后，学生数以每年近500人的速度递增，而且学生培养类型多样，包括普通中专、初中起点五年制专科、高中起点三年制专科。学校对中专班、初中起点五年制前三年的班级实行班主任制度管理，对初中起点五年制后两年、高中起点三年制专科班实行辅导员制度管理。2012 年 9 月前，班主任、辅导员均是教师兼任，此后专科阶段班级实行专职辅导员制，陶功胜、潘蓓蓓、汪彪、胡二庆、江青成为学校首次招聘录用入编的辅导员。2021 年 4 月，学校第二次招聘入编 6 位辅导员。截至 2021 年 6 月，学校有专职辅导员 15 人（含聘用），兼职辅导员、班主任 64 人（含聘用）。

学生管理队伍建设在引进、培养、使用、考核、发展上采取了诸多举措，制定《桐城师范高等专科学校辅导员队伍建设实施办法》《桐城师范高等专科学校辅导员考核办法》等制度。

辅导员（班主任）培训是提升其专业化、职业化能力的重要手段，2010—2020 年，辅导员（班主任）培训有入职培训、日常业务培训、专题培训、高级研修培训、骨干培训等类型。

网络在线培训也是辅导员（班主任）提升综合素质和能力的一种路径。2018 年，48 位辅导员（班主任）参加国家教育行政学院组织的普通高等学校辅导员在职提高班的网络培训。2019 年，3 位辅导员参加安徽省“新时代高校网络思想政治工作创新”培训。2020 年 3 月，11 名辅导员参加教育部思想政治工作司举办的全国高校辅导员网络培训示范班，叶芬芬、陶功胜的研修心得被评为优秀等级。

学校暑期组织辅导员校内培训班，多次邀请省内外专家、国家级或省级辅导员年度人物来校授课。全国高校辅导员年度人物华秀梅、安徽省首届辅导员年度人物胡吉芬、安徽省优秀辅导员陈颖、安徽省优秀辅导员丁凡、2016 年辅导员职业能力比赛华东赛区一等奖获得者解苗苜等受邀到校作讲座。

2017 年 7 月，学校和安徽师范大学教育部高校辅导员培训和研修基地签订协议，委托基地有针对性对辅导员（班主任）及学管干事地开展提升综合能力的专题培训，集中培训地点在芜湖，期间赴南京开展实践教学和考察，这是学校首次组织辅导员（班主任）异地培训。2018年、2019年暑假，基地继续组织辅导员（班主任）赴延安、长沙开展实践教学，参加“红色基因传承与理想信念培养”专题培训。

学校建立辅导员工作考核和表彰机制，考核结果与辅导员的聘任、奖惩、岗位津贴挂钩。每年教师节，学校召开“优秀教师”“优秀辅导员（班主任）”表彰大会，2013年后每两年表彰一次。2017年10月1日，新修订的《普通高等学校辅导员队伍建设规定》公布，学校组织全体辅导员进行专题学习。2019年，修订《桐城师范高等专科学校辅导员（班主任）工作考核办法（试行）》和《桐城师范高等专科学校优秀辅导员（班主任）评选办法》，完善辅导员考核评价体系。2020年，首次改变优秀辅导员（班主任）评选方式，采用以辅导员（班主任）工作汇报答辩代替系部内评直接上报学校的方式，开展学校优秀专兼职辅导员（班主任）的申报和评定。

表6-3　2010—2020年校级、市级、省级优秀辅导员(班主任)一览表

年份	校级优秀辅导员（班主任）	市（安庆市）级优秀辅导员	省级优秀专职辅导员
2010年	杨季兵、刘梦龙、毛永贤、胡乐乐、程爱兰、程倩		
2011年	唐小晶、李燕、程小娟、徐伟、盛莉、徐慧俊、黄学虎、伍红霞、王焕庭、刘欢		
2012年	杨思亮、项波、开浩、刘梦龙、刘久芳、徐慧俊、陈方杰、李婧璇、倪甜甜		
2013年	汪庭才、田红艳、徐慧俊、陶家韵、张波、余艳琼、武焕丽、汪彪、盛莉、胡中军		
2015年	黄玥、汪彪、刘成龙、陶功胜、曹杏田、左振元、潘蓓蓓		

续表

年份	校级优秀辅导员(班主任)	市(安庆市)级优秀辅导员	省级优秀专职辅导员
2017年	胡二庆、雷小丽、王焕庭、陶功胜、叶茂、陈犁、彭卉卉	陶功胜	
2018年		胡二庆	
2019年	陶家韵、赵玲、毛永贤、范后成、高闽、黄莉、童星慧	叶茂、王焕庭	
2020年		雷小丽	陶功胜、胡二庆
2021年	陶功胜、叶翠、毛永贤、方健、雷小丽、赵玲		陶功胜、胡二庆、方健、赵玲

二、学生思想政治教育及管理

新生入学后，学生处统一安排入学教育，制定《新生入学教育实施方案》，各系具体落实，其内容和方式不断创新。分为集中教育与长期教育两个阶段。集中教育主要是在入学第一周通过开展讲座、参观、座谈等形式，让新生了解校情校史、系情系史、学科专业、规章制度等内容，第二阶段为正式上课后的一学期，主要围绕理想信念、国防军事、专业思想、职业生涯规划、创新创业、安全法制、心理健康、诚实守信、校规校纪、扶贫助困、宗教政策等内容进行教育。每年毕业季，学校开展毕业生感念师恩、文明离校等专题教育。

学校重视大学生国防教育和征兵工作，在新生入学后开展为期半个月的军训，对表现优秀的连队、个人进行表彰，授予“先进连队”“军训标兵”称号。一年级开设《军事理论》课程，将征兵工作纳入学生工作考核体系。自2019年起，在严格执行教育部、省市相关政策的同时，学校还对应征入伍的学生给予每人5000元的补助。2016年至2021年6月，共有29名学生应征入伍走进军营。

2016年开始，学生处举办“优秀校友讲坛”，邀请优秀校友回母校作报告。参加西部志愿服务计划扎根西藏的方源盼、合肥市行知学校优秀教师周向荣、桐城市实验小学副校长程良凤、2019年参加国庆70周年大阅兵的陈大梁等来校分享他们当年在校的学习经历、成长感悟、岗位建功和对学弟学妹们的青春寄语。

大学生心理健康教育是学校教育的重要内容。学校制定了《桐城师范高等专科学校心理健康教育暂行办法》,建立了心理咨询室和各系学生工作负责人、辅导员(班主任),学生会心理安全部、“心语”协会成员,班级心理委员四级心理健康教育网络体系。

“心语”心理咨询室于2006年创建。学生处每学期安排国家二级心理咨询师殷波、杨思亮、曹杏田、石凤伟等为学生提供心理健康状况评估、心理状态调整等服务。安排教育科学教研室负责全校心理健康教育课和心理学课程教学,各系负责对本系学生开展心理健康教育,对学生日常心理健康状况进行监控、反馈,及时解决学生心理问题。学生心理健康自治组织由学生会下设的心理安全部和学生社团组织“心语”协会组成,负责组织开展形式多样的心理健康教育及心理素质拓展活动。自2012年起,各班级设心理委员,负责对本班学生的心理健康状况进行监控。2013年9月开始,学生处组织对全体新生进行心理普查,每年5月组织开展“‘525’大学生心理健康教育月”专题教育宣传活动。2019年5月,举办首届心理健康情景剧大赛。

学校树立抓学生常规就是抓安全、抓稳定、抓质量的意识,常规管理抓得细抓得实。建立值周机制,学校领导每周带班、职能部门负责同志参与值周。班主任实行早操、早读、晚自习、晚就寝“四到位”管理,新生班辅导员每天早晨上操场督查学生做操,晚上深入寝室查房,并且由专人负责考勤签到。学生会干部每周深入教室、寝室开展卫生安全检查,学生处和各系不定期抽查。

除常规安全教育外,学校强化对重点学生群体、重要时间节点、宿舍等重点区域的管理,关注“四困生(学困生、贫困生、心困生、体困生）”、信教学生、校外兼职学生，有针对性地进行关心与引导。学生处、保卫处联合各系在每年4月15日举办“国家安全宣传教育”活动，5月进行防震减灾应急疏散演练活动，冬季开展学生宿舍火灾隐患及禁止大功率电器使用排查活动。保卫处开展消防器材使用培训及预防校园贷、套路贷的培训。

2019年9月，为推动思想政治工作进公寓，实现学生自我管理、自我教育、自我服务，学校在学生公寓楼建立楼长、层长制度。每幢公寓楼设楼长2名、层长若干名，楼长由二级机构主要负责人和校系学生会或者团委学生干部担任，层长均由校系学生会或者团委学生干部担任，学生楼长、层长的工作考核结果记入综合测评。

因生源数量急剧上升，学生宿舍从2010年秋季开始年年紧缺，住宿条件非常有限。为了改善学生住宿环境，自2011年开始，连续4年改造老办公楼、三向学馆、体育活动中心、南教学楼为学生宿舍。另外通过增加部分宿舍楼中的房间床位数来增加住宿容量，如致和楼4人间改为6人间。安排二年级学生入住离校顶岗实习的学生宿舍。因宿舍调整面广、涉及学生多，拆分重组宿舍引起的矛盾多，在保证宿舍调整工作平稳有序方面，辅导员及学管人员付出很多辛劳。

三、大学生思想政治教育课题研究

学校在开展大学生思想政治教育的同时，鼓励辅导员、班主任和学生管理者开展大学生思政课题研究，以增强思政教育的针对性和实效性。在课题申报评审时，学校单独列出思政课题。仅2014年，获得校级立项的课题有9项，2014年、2015年有5项课题获得省级立项。2020年，曹杏田、陈方杰、王斌合撰的《安徽省权力感启动对内隐攻击的影响》在安徽省2020年度高校思想政治工作优秀论文评选中获得一等奖。

表 6-4　2014—2015 年立项的省级思政课题一览表

课题名称	主持人	项目类别	立项时间	结项时间
基于农村留守儿童心理需要的学校关爱模式研究	程玉梅	省级三项课改课题	2014.8	2016.9
基于立德树人观的农村小学教师职前培养模式创新研究	程爱兰	2014 年省级人文社科重点课题	2014.8	2016.9
安徽省农村幼儿教师心理素质状况调查研究	程跃文	2014 年省级人文社科重点课题	2014.8	2016.9
安徽省留守大学生积极心理品质研究	曹杏田	2015 年省级人文社科重点项目	2015.8	2017.9
虚拟课堂在学前教育专业学生心理健康教育中的应用研究	杨思亮	2015 年质量工程重点研究项目	2015.12	2017.12

四、学生资助工作

学生资助工作是一项重要的“民生工程”。学校将育人作为资助工作的出发点和落脚点，出台《桐城师范高等专科学校国家助学金评审暂行办法》《家庭经济困难学生资助暂行办法》和《学生勤工助学管理暂行办法》等，建立“奖、助、贷、借、补、减、免、勤”八位一体的学生资助工作体系，完善以国家资助为主体、生源地助学贷款为支撑、校内资助为基础、社会资助为辅助的资助体系，建立贫困生库，成立校、系、班级资助工作小组，构建一级评议(班级)，三级评审(班级、系部、学校)，三级公示(班级、系部、学校)的资助评定体系。

学校开辟绿色通道，办理生源地助学贷款，让贫困生上得起学；发放奖助学金、贫困补助，让贫困生吃得饱饭；办理大学生医疗保险，让贫困生看得起病。如 2013 年勤工俭学岗位(食堂、图书馆、公共教室)资助 100 多人，资助金额 8.66 万元。

2011 年，学校设立校内奖学金、助学金，奖学金、助学金金额一、

二、三等分别为1000元、800元、600元。2013年，奖学金、助学金金额一、二、三等分别调整为1500元、1000元、500元。

表6-5　2010—2020年学生获得奖学金情况一览表

学年	国家奖学金		国家励志奖学金		国家助学金		社会奖学金	
	人数	金额（万元）	人数	金额（万元）	人数	金额（万元）	人数	金额（万元）
2009—2010	0	0	0	0	204	45.6	20	6
2010—2011	1	0.5	19	9.5	363	82.5	20	6
2011—2012	2	1	73	46.5	704	186.3	20	6
2012—2013	2	1	83	41.5	698	209.4		
2013—2014	2	1	83	41.5	853	213.2	10	5
2014—2015	2	1	91	45.5	894	234.3	10	5
2015—2016	2	1	94	47	938	239.1	10	5
2016年春					894	116.55		
2016—2017	2	1.6	94	47	938	239.1	10	5
2017—2018	2	1.6	90	45	845	256.7	10	5
2018—2019	2	1.6	90	45	889	274.75		

续表

学年	国家奖学金		国家励志奖学金		国家助学金		社会奖学金	
	人数	金额（万元）	人数	金额（万元）	人数	金额（万元）	人数	金额（万元）
2019—2020	5	4	97	48.5	993	327.5	17	8.05
2020年秋	4	3.2	118	59	958	158.1	4	2

表 6-6　2010—2020 年国家奖学金获得者情况一览表

年份	姓名	单位	专业
2011	周　婷	理工系	计算机教育
2012	汪荣萍	教育系	学前教育
	杨雅利	外语系	英语教育
2013	吴　娇	理工系	初等教育
	朱洁琼	教育系	学前教育
2014	王雪洁	人文系	初等教育
	刘婷婷	艺术系	音乐教育
2015	吴琼琼	理工系	初等教育(理)
	王允允	人文系	初等教育(文)
2016	程思源	学前教育系	学前教育
	李丹丹	艺术与设计系	美术教育
2017	方　成	商贸与电子信息系	现代教育技术
	朱一婷	旅游与公共管理系	英语教育
2018	梁雪莹	旅游与公共管理系	英语教育
	李星星	商贸与电子信息系	软件技术

续表

年份	姓名	单位	专业
2019	蒋林园	学前教育系	学前教育
	朱莹莹		
	高云芳	商贸与电子信息系	电子商务技术、国际商务
	朱　励		
	谢雨婷	小学教育系	小学教育
2020	陈　晨	艺术与设计系	美术教育
	李永勤	商贸与电子信息系	会计
	卢甜甜	小学教育系	小学教育
	袁　杰	学前教育系	学前教育

2019年，国家首次设立中职国家奖学金。学校根据桐城市教育局《关于做好2019年中职国家奖学金评审发放和材料报送的通知》文件精神及要求，首次评选出中职国家奖学金获得者为小学教育系韦春燕、曹小俊、赵思邈。2020年9月，小学教育系况铭晨、许佳慧获得中职国家奖学金。

2017年开始，根据上级文件《优先将中等职业学校和普通高等学校建档立卡贫困家庭学生纳入国家助学金享受范围》的要求，将建档立卡贫困家庭学生直接纳入困难学生库，直接享受国家助学金，2017—2020年学校建档立卡学生获得国家助学金2864人次，合计1145.6万元。

学校还争取社会资助，用于奖励资助家庭困难学生。与我校合作办学的桐城大胜集团2010年在学校设立“大胜集团助学金”，每年在应届桐城籍学生中选取20名家境困难的学生进行资助，每生3000元，持续3年，至2012年，60名学生共计获得18万元资助。

刘逸奇祖籍桐城，后定居台湾，多年来一直关注家乡的教育事业。2014年在学校设立“刘逸奇奖学金”，连续5年，每年资助品学兼优的在校学生10人，每人5000元，至2018年，30名学生共计获得15万元奖励。

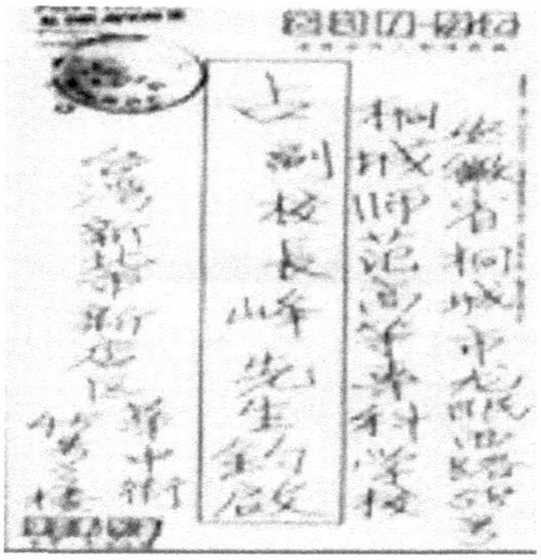

安徽省桐城市龙眠路
桐城师范高等专科学校
占副校長峰先生鈞啟

图 6-5　刘逸奇家人书信封面

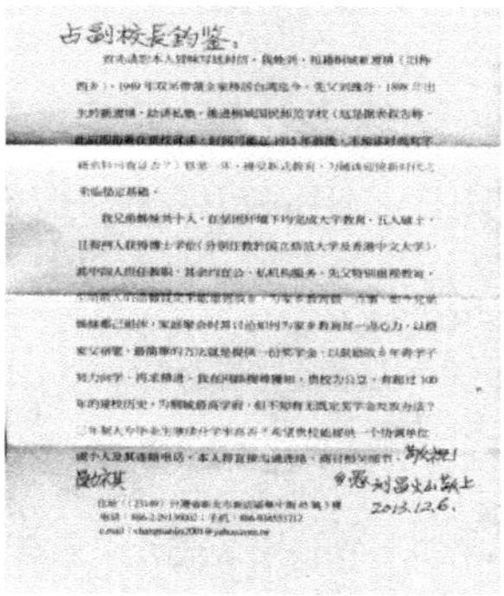

占副校長鈞鑒：

愚弟刘昌文拙敬上
2013.12.6.

图 6-6　刘逸奇家人书信内容

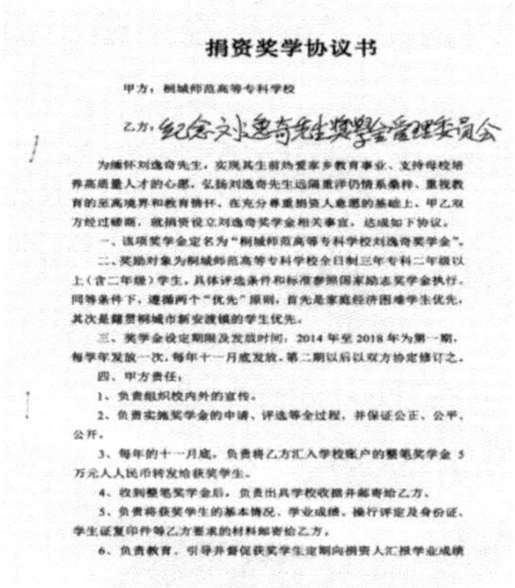

捐资奖学协议书

甲方：桐城师范高等专科学校

乙方：纪念刘逸奇先生奖学金管理委员会

为缅怀刘逸奇先生，实现其生前热爱家乡教育事业、支持母校培养高质量人才的心愿，弘扬刘逸奇先生远隔重洋仍情系桑梓、重视教育的至高境界和教育情怀，在充分尊重捐资人意愿的基础上，甲乙双方经过磋商，就捐资设立刘逸奇奖学金相关事宜，达成如下协议。

一、该项奖学金定名为"桐城师范高等专科学校刘逸奇奖学金"。

二、奖励对象为桐城师范高等专科学校全日制三年专科二年级以上（含二年级）学生，具体评选条件和标准参照国家励志奖学金执行，同等条件下，遵循两个"优先"原则，首先是家庭经济困难学生优先，其次是籍贯桐城市新安渡镇的学生优先。

三、奖学金设定期限及发放时间，2014 年至 2018 年为第一期，每学年发放一次，每年十一月底发放，第二期以后以双方协定修订之。

四、甲方责任：

1、负责组织校内外的宣传。

2、负责实施奖学金的申请、评选等全过程，并保证公正、公平、公开。

3、每年的十一月底，负责将乙方汇入学校账户的整笔奖学金 5 万元人人民币转发给获奖学生。

4、收到整笔奖学金后，负责出具学校收据并邮寄给乙方。

5、负责将获奖学生的基本情况、学业成绩、操行评定及身份证、学生证复印件等乙方要求的材料邮寄给乙方。

6、负责教育，引导并督促获奖学生定期向捐资人汇报学业成绩

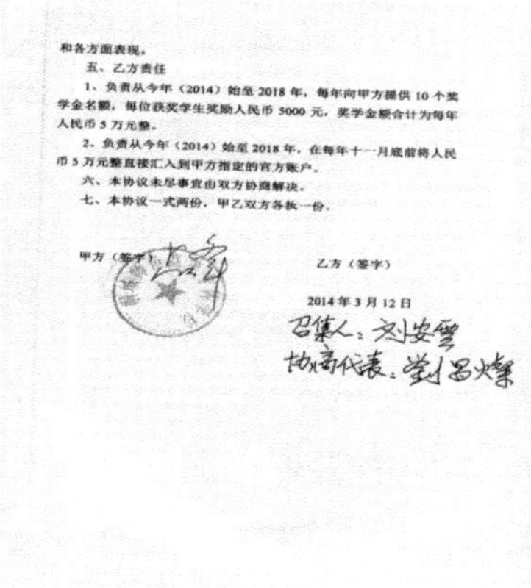

和各方面表现。

五、乙方责任

1、负责从今年（2014）始至 2018 年，每年向甲方提供 10 个奖学金名额，每位获奖学生奖励人民币 5000 元，奖学金额合计为每年人民币 5 万元整。

2、负责从今年（2014）始至 2018 年，在每年十一月底前将人民币 5 万元整直接汇入到甲方指定的官方账户。

六、本协议未尽事宜由双方协商解决。

七、本协议一式两份，甲乙双方各执一份。

甲方（签字）

乙方（签字）

2014 年 3 月 12 日

召集人：刘安雪

协商代表：刘昌烽

图 6-7　刘逸奇奖学金协议书

2012 年，桐城市总工会提供助学金 10000 元。2013 年，合肥市桐城商会提供助学金 3000 元。2019 年 4 月，浙江湖州沁园睿雅学校马会青校长在小学教育系设立"会青奖学金"，同年 10 月，学校举行首届"会青奖学金"颁奖仪式，10 名同学共计获得 5 万元奖励。2019 年 6 月，快乐舞者艺术学校在艺术与设计系设立"快乐舞者奖学金"。同年 9 月，上海舟济企业管理有限公司在旅游与公共管理系设立"舟济奖学金"。

五、教学单位学生工作考核

2017年秋季开始，由学生处牵头，团委、招生就业处参与酝酿对教学单位学生工作进行考核，拟定《桐城师范高等专科学校教学单位学生工作考核办法》，其目的是规范学生管理，完善学生工作机制，提高教学单位学生工作的积极性、主动性和创造性。考核内容包括思想政治教育与常规管理、共青团工作、就业创业工作、特色创新四个方面。2018年7月，对2017—2018学年度进行模拟考核，根据考核过程中反映出的问题，对考核指标及分值进行完善和调整。2019年7月，首次正式考核，旅游与公共管理系、艺术与设计系分别排名第一、第二。2020年7月，商贸与电子信息系、旅游与公共管理系在考核中分别排名第一、第二。

第五节　师资队伍建设

提高人才培养质量的关键在教师。学校升格后，通过鼓励在职教师提升学历、晋升职称、表彰激励、培养培训、引进高学历人才等措施，激发教师潜力，提高教师整体素质，形成了一支年龄结构、学历结构与职称结构专兼结合、日趋合理的师资队伍。

一、教师数量及结构

截至2021年6月，学校在编专任教师196人，其中，教授4人、副教授45人、高级讲师9人，高级职称占比29.59%。在196人中，博士2人(其中1人在读)、硕士98人，硕士及以上学历占比51.02%。

二、培养、引进高学历人才举措

2010年12月，为了更好地吸引并稳定高学历人才队伍，学校出台

《关于给予硕士研究生待遇的暂行规定》,规定自2012年秋起,给予新入编全日制硕士研究生一次性发放5000元安家费,自签约之日计,具备研究生学历的教师5年内按中级职称最低档发放职务工资,同时按中级职称系数发放课时津贴。

2021年3月,学校出台《高层次人才引进管理办法》,对培育和引进人才的范围、基本条件、享有的待遇、聘期及管理措施进行规定,这是学校“高水平人才引领高质量发展”人才建设工程的一项措施,从引进人才享有的待遇可以看出学校对人才的高度重视。如引进具有教授职称者,一次性发放安家费20万元,购房补贴50万元,科研启动经费文科20万、理科25万,免费提供120平方米的过渡住房一套,每月享有1000元教授津贴。

三、教师培训与进修

学校进入高校序列后,教师培训类型多样,有新进教师岗前培训,国培、省培等各类高校教师教学能力与综合素质提升专题培训,学历提升培训,到小学、幼儿园挂职,到企业进行实践项目培训,到高校做访问学者等。培训地点不仅有国内,还有境外。

学校为规范培训管理,相继出台教师培训、进修的相关规定和实施办法。2011年5月,学校出台《桐城师范高等专科学校教师进修培训实施办法(试行)》。2013年,学校出台《关于支持教师学历进修和职务晋升的暂行规定》。2014年9月,学校出台《教职工短期培训工作管理暂行办法》《教职工在职进修管理办法》。

2013年3月,占峰参加省教育厅组织的职业院校考察团赴美考察学习。同年7月,杨雪松、梁志斌参加中国国际教育研究中心组织的教育行业管理负责人赴欧洲考察学习,程玉梅赴美国参加教育部组织的为期一个月的职业院校教师素质提高计划——境外美国高职教学课程开发与实践高等职业学校专业骨干教师培训。2016

年5月，杨季兵参加安徽省教育厅组织的学前教育考察团赴台湾地区考察学习。

2015年12月，学校顺利通过教育部人才培养质量评估后，加大教师进修力度，选派教师到高校做访问学者、攻读博士学位。2017年9月至2018年6月，学校选派学前教育专业杨季兵作为访问学者赴南京师范大学学习一年，选派潘蓓蓓到安徽师范大学访学一年，这是学校首次派出教师到高校做访问学者。2017年9月，曹杏田开始攻读东北师范大学临床心理学博士学位，2020年7月，完成博士研究生阶段学习并获得临床心理学博士学位。2019年9月，杨季兵开始攻读海南师范大学思想政治教育博士学位。

四、外聘教师管理

学校升格后，学生数量以每年近500人的速度递增，教师数量不足的问题凸显，学校采取自行聘任的方式解决专业教师不足的问题。2014年8月，学校出台《专(兼)职教师聘用及管理办法》，对专(兼)职教师的任职条件、聘用程序、职责、管理要求等作出明确规定。2015年3月，学校出台《外聘教师管理办法(试行)》，对外聘教师的聘用原则、聘用基本条件、聘任程序、管理、考核及待遇进行规定。截至2020年12月，学校外聘教师75人。

五、教职工获得表彰奖励情况

学校教职工获得表彰奖励分三种类型。

第一种是一线教育工作者因工作业绩突出被授予称号。

表 6-7　2010—2020 年桐城师范高等专科学校教师获得荣誉称号一览表

时间	姓名	荣誉称号	授予单位
2011 年	占峰、苏泽军、章学渊、王欣、许华、项波、夏亚莉、程跃文、茅云禄、王雪琴、杨翠华、叶茂	模范教师	桐城师范高等专科学校
2011 年	杨双启、江仁峰、伍红霞	优秀教育工作者	桐城师范高等专科学校
2013 年	孙亚、王雨辰、王文斌、汪定贵、程大立、陶家韵、陶运宗、樊璠、胡忠德、开浩、李钰、方皓文	模范教师	桐城师范高等专科学校
2013 年	占峰、程玉梅、杨雪松、苏泽军、方铁桥	优秀教育工作者	桐城师范高等专科学校
2015 年	程爱兰、开健、蔡迎年、琚诒忠、陈齐根、魏建平、张波(理工)、武焕丽、袁庆珍、严丽莉、张波(艺术)、程跃文	模范教师	桐城师范高等专科学校
2015 年	钱杰、陈方杰、黄洪沫、程大立、张国安、周琳、汪若冰、毛永贤、黄应秋、雷小丽、苏泽军、汪青、胡乐乐、方皓文	优秀教育工作者	桐城师范高等专科学校
2017 年	唐小晶、杨瑾娟、殷海红、李燕、左振元、胡乐乐、孙禹慧、高先军、武焕丽、毕秀、田红艳	模范教师	桐城师范高等专科学校
2017 年	王胜利、雷著文、开健、章学渊、江向中、周琳、许仁峰	优秀教育工作者	桐城师范高等专科学校
2017 年	杨瑾娟、余艳琼	优秀教师	安庆市教体局
2017 年	田红艳、李燕	优秀教育工作者	安庆市教体局

续表

时间	姓名	荣誉称号	授予单位
2018年	陶家韵、孙兰兰	优秀教师	安庆市教体局
2018年	王斌、章学渊	优秀教育工作者	安庆市教体局
2019年	杨瑾娟、殷海红、叶翠、高宁、程倩、朱强、倪甜甜、程周鹏、张亚芳、倪刚、王文斌、李娟、金丹萍、毛永贤	模范教师	桐城师范高等专科学校
2019年	龙澹宁、陈方杰、王安、阮铖、方铁桥、汪若冰、姚思猛	优秀教育工作者	桐城师范高等专科学校
2019年	朱强、倪甜甜	优秀教师	安庆市教体局
2019年	陈方杰	优秀教育工作者	安庆市教体局
2020年	叶翠、倪会琴	优秀教师	安庆市教体局
2020年	方铁桥	优秀教育工作者	安庆市教体局
2021年	陈娟、程小娟、琚诒忠、李蹊、孟莉、束庆娟、宋晓燕、吴小琳、伍红霞、项波、严丽莉、杨思亮、占芳芳、朱玲	优秀教师	桐城师范高等专科学校

第二种是教师在专业发展方面获得的称号。截至2021年6月，学校有开健、倪志明、程爱兰、徐慧俊(2018年调离学校)、汪庭才5位省级教学名师，黄莉、张波(体育)、雷小丽、张倩、项波、李媛、杨思亮、王安、曺杏田、田红艳、胡昦、王斌、倪甜甜、孟莉、毕秀15位省级教坛新秀，汪定贵等8位校级教学名师，严丽莉等9位校级专业带头人，叶茂等24位校级骨干教师，倪刚等21位校级教坛新秀。

第三种是教师在各类各级教学竞赛活动中取得优异成绩受到的表彰和奖励。2011年11月，学校首次组队参加2011年全国大学生数学建模竞赛安徽省赛区竞赛和安徽省第二届高等学校师范生教学技能竞赛活动，均获得二等奖，学校对郭玉祥、程爱兰、刘向明、朱巽华4

位指导老师予以表彰和奖励。2012 年 12 月,张波、张倩在安徽省首届高校体育教师说课比赛中均获得一等奖,其中,张波为一等奖中的第一名。2013 年 12 月,张波在 2013 年全国高职高专院校体育教师教学技能大赛中获青年组二等奖。2017 年 7 月,雷小丽班主任工作微视频获教育部"当代教师风采"微视频入围奖,并在中国教育电视台等媒体展播一个月。2020 年,雷小丽在安徽省委教育工委主办的安徽省首届高校思想政治课教学展示暨教师说课中获得二等奖。

2011 年 6 月,学校对在 2010—2011 学年度中青年教师课堂教学竞赛活动中获奖者进行表彰。黄莉获得一等奖,杨翠华、项波、开健获得二等奖,同时授予 35 周岁以下的前三名获奖者黄莉、杨翠华、项波"教坛新秀"称号。2012 年 6 月,学校对在 2011—2012 学年度中青年教师课堂教学竞赛活动中获奖者进行表彰。开健获得一等奖,孙禺慧、伍红霞、章学渊获得二等奖,同时授予 35 周岁以下的前三名获奖者孙禺慧、伍红霞、章学渊"教坛新秀"称号。

六、职称评审

自 2011 年始,学校教师参加安徽省高校系列职称评审。2012—2016 年,教师的职称评审由学校职称评审委员会根据评聘一致的原则对参与职评的材料进行初审,初审公示后报安徽省教育厅、安徽省人力资源和社会保障厅组织的职评委员会进行终评。

2017 年 7 月 28 日,安徽省教育厅、安徽省人力资源和社会保障厅印发《安徽省高校教师职称评审权下放工作实施方案(试行)》,将本科高校和高等职业院校教师系列和实验系列专业技术职务任职资格评审权工作全部下放至各高等学校。学校据此制定《关于专业技术职务聘任的规定(试行)》《2017 年度高校教师和实验技术人员专业技术职务任职资格评审工作实施方案》和《职称评审细则(试行)》。同年,学校首次独立进行职称评审工作,组建桐城师范高等专科学校职称评审专家库，实行异地评审制度，将终评结果报安徽省教育厅备案。

七、“双师型”教师认定

2015 年 5 月，安徽省教育厅颁布《安徽省高等职业院校“双师型”教师认定办法(试行)》和《安徽省高等职业院校“双师型”教师认定标准(试行)》。2015 年 11 月，学校为了进一步加强学校师资队伍建设，加快建设一支理论基础扎实、具有较强技术应用能力的“双师型”教师队伍，出台《桐城师范高等专科学校“双师型”教师培养与认定办法(暂行)》。同年 12 月，学校人事处首次开展“双师型”教师认定工作，至 2020 年，合计认定高级“双师型”教师 14 位、中级“双师型”教师 42 位、初级“双师型”教师 60 位。

第六节　教科研工作

学校升格后，传承师范办学传统，彰显师范办学特色，不断完善教学管理制度，扎实推进专业建设，创新人才培养模式，探索职业教育教学改革新路，教学及教科研工作成果较为丰硕。

一、修订教学管理制度

学校升格后更加重视教学管理制度建设，落实教学中心地位，制定了计划管理、教学运行管理、教学质量管理、基本建设管理及教学科研管理等规章制度，建立了教学检查制度、听课评课制度、评教评学制度。2011 年，制定《学校领导联系系部工作制度》，校领导参加所联系系部教学工作会议，实行校、系、教研室三级教学管理运行机制。2018 年，在学校汇编的核心制度中，有 21 项教学管理制度。

二、“专题建设年”活动

学校自 2012 年开始至 2015 年底接受教育部人才培养质量评估，

每年围绕教学工作的一个方面着力推进，以促进整体教学及管理水平的提升，提高人才培养质量。

2012 年，学校实施“教学质量推进年”活动，围绕教育教学，修订人才培养方案，研制课程教学大纲，建设实践教学基地。对活动中表现突出的先进单位和个人进行表彰，艺术系、人文系获得“先进教学单位”称号，体育和音乐教研室、图书馆获得“先进科室”称号，程跃文、方铁桥、张波、高宁、郭玉祥、孟莉、余艳琼、陶家韵、严丽莉、王安获得“先进个人”称号。

2013 年，学校实施“优质教学资源建设年”活动，建成精品课程资源库、教师教育资源库、桐城派与桐城文化特色文献库等 10 个优质教学资源库，建立数字图书馆、移动图书馆。教育系被评为“优秀建设单位”，刘向明、陈齐根、吴义祥、樊璠、束庆娟、项波、杨瑾娟、程爱兰、张亚芳、张波(艺术系)被评为“我最喜爱的老师”；项波、郭玉祥、郑玲玲、余艳琼的课被评为“精彩一课”；曹杏田的拓展课程、专题实践教学实施方案项目，左振元、刘向明的专题学习指导实施方案项目，李钰、占芳芳、孙兰兰、李蹊、朱强、胡忠德的微缩精品课程项目受到表彰。

2014—2015 年，学校实施“迎评促建年”活动，对照人才培养工作评估指标体系的要求，推进教学管理的科学化、标准化和规范化。

三、专业建设

学校升格时，根据市场需求和办学实际，高中起点三年制专科设置初等教育、英语教育、学前教育、计算机教育、音乐教育、美术教育、软件技术 7 个专业，其中师范类专业 6 个，非师范类专业 1 个。截至 2021 年 6 月，有高中起点三年制专科专业 19 个，其中师范类专业 7 个：小学教育、英语教育、学前教育、音乐教育、美术教育、早期教育、科学教育，非师范类专业 12 个：电子商务、软件技术、会计、数字媒体、空中乘务、高铁乘务、旅游管理、酒店管理、公共文化服务与管理、商务日语、国际商务、艺术设计。

2014 年 8 月，为了加强专业建设与管理，规范专业设置程序，优化专业结构，学校制定《桐城师范高等专科学校专业设置管理办法》，对专业设置的原则、条件、申报程序及设置后的管理进行明确规定。

2016 年，根据国家产业升级和地方经济发展形势，学校实施融合发展战略，明确专业发展定位“做优做强师范类专业，做精做特高职类专业”，以师范类专业为主体，与电子信息类、旅游类、财经类、艺术设计类专业融合发展。

2017 年，根据 2015 年 12 月教育部委托的安徽省人才培养工作质量评估专家组对学校提出的意见，学校全面修订师范类专业和非师范类专业人才培养方案——《2017 版人才培养方案》。依据《教师教育课程标准》和《师范类专业认证标准》，实施教师教育课程改革，构建“2.5＋0.5”培养模式，对原有的教师教育专业课程体系进行整合、调整，建立起由公共基础课程、教师教育课程、学科专业课程和教育实践课程四大模块构成的教师教育课程体系，教育见实习与顶岗实习总学时不少于 18 周。按照“适用、够用”的培养原则，制定并不断修订完善《小学教育专业(全科)人才培养方案》，制定针对小教全科的学生管理制度和学籍管理制度。对原有的非师范类专业课程体系，进行了以实践为导向的教学模块整合，构建“2＋1”培养模式，建立起由公共课程、专业课程、实践课程三大模块构成的非师范类专业课程体系。

2016 年 8 月，学校制定《桐城师范高等专科学校学生转专业管理办法(试行)》，严格转专业程序，完善学籍管理制度。转专业学生名单由个人申请、系部初审、学校组织笔试、综合考察笔试成绩、期末总评、班级排名等程序确定，并予以公示。之后逐年修订完善。2016—2020 年，转专业人数分别为 51 人、44 人、48 人、46 人、107 人。

2012 年，学前教育专业和艺术设计专业获批央财支持的提升专业服务产业发展能力项目，被认定为省级特色专业。2013 年，学前教育专业团队获得省级“优秀教学团队”称号。2013 年,初等教育专业综合改革试点项目入选教育部专业和课程改革示范项目。2015 年,初等教育专业成功获批省级特色专业。2017 年,旅游管理专业获得省级综合改革试点专业立项,2020 年结项通过。2018 年,专业英语教学团队成果申报省级优秀教学团队获批。2019 年,小学教育专业和学前教育专业被列入安庆市重点建设专业。

2021 年 1 月,根据《桐城师范高等专科学校专业带头人实施办法(试行)》(桐师专〔2020〕4 号)文件精神,经个人申请、系部推荐、教务处资格审查、教学工作委员会评议,最终认定金丹萍等 18 位教师为学校第一批专业带头人培养对象。

四、实践教学

2012 年 3 月,学校出台《关于进一步加强教师教育类专业实践教学工作的若干意见》《桐城师范高等专科学校实践教学管理办法》《桐城师范高等专科学校学生顶岗实习管理办法》,加强专业实践教学环节管理,提高实践教学质量。同年 11 月,学校出台《桐城师范高等专科学校教育实践工作补助标准及认定办法(试行)》。

学校人才培养工作评估顺利通过后,强化实践教学管理与考核。2017 年,实施教师教育和非教师教育专业课程改革,新修订《2017 版人才培养方案》,突出实践教学课程,明确教师教育类专业教育教学实践性课程的总学时不少于 18 周。高职类专业实践性课程不少于总课程的 50%。

在实践教学中,师范类专业分校外跟岗见习、集中跟岗实习及顶岗实习三个阶段,高职类专业分校内模拟实训、校外跟岗见习、顶岗实习三个阶段。师范类专业学生实习以集中实习为主,自主分散学习为辅,高职类专业学生均是自主实习。对集中实习的学生实行“双导师制(本校教师和实习学校教师)”指导管理,对自主实习的学生,学校采取以实习单位指定师傅为主,校系共同巡查协助管理指导的办法。

2018年9月，学校首次使用蘑菇丁实习管理平台，运用信息化手段进行实习情况的监管。

小学教育全科专业学生在入学第七学期，全部回生源地跟岗实习，第十学期回生源地顶岗实习。

学校对实践教学环节的考核主要围绕学习态度、技能掌握及在实践环节中表现出的基本专业素养和职业素质，实行优秀、良好、中等、及格和不及格五级评分制进行成绩评定，自主实习的学生实行返校测评过关制度。

2012年，学校开始加速校内实训设施建设，建有校内实训室66个。艺术设计专业2011年开始招生，为了强化实践教学，建立"校中厂"——退休教师茅云禄为法人代表的桐城市乐华美术有限公司，设置4个专业综合实训室，实践"校企合作、工学一体"的人才培养模式，成效明显，为学校高职教育发展探索了新路径。

2012年4月，学校发布《关于进一步明确桐城师范高等专科学校教育实践基地共建单位的通知》，参与共建的有安庆市华中路第一小学等14所小学，安庆市高琦幼儿园等12所幼儿园。截至2015年，学校与28所小学、幼儿园和10多家企业合作。人才培养工作评估顺利通过后，学校不断扩大实践教学基地建设，截至2019年6月，建立并挂牌的校外实践教学基地117个。2018年6月，确定第一批各专业实践教学基地42个，其中，师范类专业实践基地26个，高职类专业实践基地16个；2019年2月，确定第二批各专业实践教学基地36个，其中，师范类专业实践基地15个，高职类专业实践基地21个；2019年6月，确定第三批各专业实践教学基地39个，其中，师范类专业实践基地25个，高职类专业实践基地14个。

2016年11月，旅游与公共管理系商务日语专业与日本一般社团法人国际教育研修协会达成合作协议，这是学校与国外企业的首次合作。截至2019年，学校先后三次共选派9名商务日语专业学生赴日本长洲观光株式会社、日本岐阜县水明馆株式会社进行为期一年的实习。2020年,学校旅游与公共管理系联合芜湖华强方特集团,申报省级质量工程实验与实践教学项目“芜湖华强方特主题乐园实践教学基地”,获得立项。

五、开设“汝纶班”“行知班”

为了贯彻《教育部关于实施卓越教师培养计划2.0的意见》的工作要求,创新人才培养模式,体现教学特色,着力为有潜质、有创新的学生提供成长平台,学校2018年秋季开始在小学教育系、学前教育系分别开设以学校创始人吴汝纶先生的名号冠名的“汝纶班”、以我国近代著名教育家陶行知先生的名号冠名的“行知班”,为这两个班单独制定人才培养方案。新生入学第一学期结束后,经过资格审查、综合素质测评和专业素质考核三个程序进行选拔,择优录取。2018年、2019年、2020年,“汝纶班”分别有学生40人(文理各20人)、40人(文理各20人)、60人(文理各30人),“行知班”每年有学生30人。2021年6月,首届“汝纶班”“行知班”毕业生毕业。“汝纶班”学生教师资格证获取率97.5%,专升本通过率55%,“行知班”学生教师资格证获取率100%,专升本通过率46.7%。

六、“1+X”试点证书制度

2019年4月,教育部等四部门印发《关于在院校实施“学历证书+若干职业技能等级证书”制度试点方案》,启动“学历证书+若干职业技能等级证书”(简称“1+X”证书)制度试点工作。2020年4月,学校率先在商贸与电子信息系试点“1+X”证书制度,获批成为业财一体信息化应用职业技能等级证书、大数据平台运维职业技能等级证书等8个资格证书的试点院校。

学校建立了业财一体信息化、金税财务应用等4个证书的考核站点，在 2019 级相关专业中增开"1＋X"证书资格考试的课程。2020 年 12 月 5 日，首次参加教育部"1＋X"证书考试——业财一体信息化考试，2019 级会计专业 55 名同学参加考试，通过 52 名，通过率近 95%，在全省各高职院校中名列前茅，证书颁发企业给学校发来贺信，并授予学校"优秀院校代表"称号。

七、合作办学

学校升格后，不断探索对外合作办学之路。2010 年，学校汽车应用与维修、汽车钣金与喷涂、汽车商务 3 个中专专业继续与桐城大胜汽修学校联合办学，共计招生 98 人；纺织、染整技术 2 个中专专业与宁波雅戈尔集团开展校企合作办学，实行订单培养模式。2011 年，学校与桐城大胜汽修学校联合办学的 3 个专业合计招生 48 人。同年，学校除保留幼师及与桐城大胜汽修学校联合办学的专业招生，其他中专专业停止招生。2012 年，学校与桐城大胜汽修学校的合作办学结束，中专专业不再招生。

2011 年，安徽省教育厅颁布《安徽省学前教育三年行动计划（2011—2013）》，各校抢抓发展机遇，但中职学校没有开办学前教育专业的资格。2011 年，安徽黄梅戏学校挂靠学校招生。2012 年，皖江职业学校、望溪职业学校也挂靠学校招生，专业均为中专学前教育。2017—2021 年，安庆工业学校和舒城职业学校挂靠学校招生。其中，安庆工业学校与学校合作专业为学前教育专业；舒城职业学校与学校合作专业有美术、音乐、学前教育 3 个专业。从 2021 年开始，舒城职业学校与学校合作专业仅限于学前教育专业，学制五年。

2016 年上半年，学校借鉴兄弟高校的经验，探索高职类专业与企业合作办学模式，校企合作先后在商贸与电子信息系、旅游与公共管理系开展。其目的一是充分利用企业与社会资源，解决学校师资不足的问题；二是校内专业老师跟班上课，可以提升专业能力；三是能够将企业实际工作项目导入课程，提升学生实践操作和岗位对接能力。校企合作班招生计划单列，企业独立招生，提供毕业生就业岗位，学生毕业证书由学校颁发。学生除向学校缴纳正常的学费、住宿费、教材费外，还向企业缴纳培养费。2019年，学校以项目招标的形式购买服务进行校企合作，学生不再向企业缴费。校企合作班基础课程由学校承担，实践操作课程由企业承担，学生管理实行“校企双辅导员”制，采取企业管理模式。商贸与电子信息系合作共建的专业培养模式是“2＋1”，即在学校学习两年，第三年到企业实习实训。旅游与公共管理系合作共建的专业培养模式是“1.5＋1.5”，即学生在学校学习一年半，后面的一年半到企业实习实训。

2016年8月，商贸与电子信息系与武汉慧众聚成科技有限公司(后更名为武汉伟创聚赢科技有限公司)联合办学，签订合作协议。首次共建软件技术与电子商务技术专业，因软件技术专业招生困难，2017年停止软件技术专业的招生。2019年，增加大数据技术与应用专业的共建。2016—2018年，校企合作班电子商务技术专业分别招录30人、38人、39人，2020年招录48人；2019年、2020年大数据技术与应用专业分别招录20人、42人。合作培养学生合计217人。

2017年9月，旅游与公共管理系与北京中航天使教育科技集团有限公司合作办学，签订合作协议，共建高速铁路客运乘务专业和空中乘务专业。2019年开始，空中乘务专业停止招生。2017—2020年高速铁路客运乘务专业分别招录39人、39人、25人、40人。2017年、2018年空中乘务专业分别招录6人、23人。合作培养学生合计172人。

八、学生获奖情况

学校升格后，积极倡导和鼓励学生参加教育主管部门等组织的各项竞赛活动，坚持“以赛促教、以赛促学、以赛促改”的原则，在经费、场地、器材、人力等方面给予支持，学生在各项技能竞赛中取得丰硕成果。

表 6-8 2010—2020 年学生参加国家级、省级大赛获奖情况一览表

序号	年份	赛事名称	参赛选手	获得奖次	备注
1	2012 年	全国“高教社杯”大学生数学建模竞赛	吴娇、潘凤凤、史丽敏	二等奖	国家级
2	2013 年	全国大学生英语竞赛	李媛	一等奖	
3	2014 年	安徽省第十三届运动会	齐涛	男子跳高第一名男子跳远第一名	
4	2014 年	安徽省第五届高等学校师范生教学技能竞赛	王茹、吴家慧、朱华萍	一等奖	
5	2014 年	安徽省第五届高等学校师范生教学技能竞赛	刘倩	一等奖	
6	2015 年	全国高职院校艺术专业技能大赛中国舞表演赛	阎妍	三等奖	国家级
7	2015 年	安徽省第六届师范生技能大赛	彭凌娜、龙琪儿	特等奖	
8	2015 年	安徽省第六届师范生技能大赛	阎妍	个人综合特等奖	
9	2015 年	安徽省第六届师范生技能大赛	陈雨亭、马媛媛、陈佳欣	个人综合一等奖	
10	2016 年	第七届“外研社杯”全国高职高专英语写作大赛（复赛）安徽赛区	张燕丽	特等奖	
11	2016 年	安徽省第七届高等学校师范生教学技能竞赛	许婷婷、王争珍、苗欣、许婷婷	一等奖	
12	2016 年	全省高校廉政文化作品大赛	马慧宾	一等奖	书法摄影类作品
13	2016 年	安徽省高职院校企业文化进校园征文大赛	柏雪	一等奖	

续表

序号	年份	赛事名称	参赛选手	获得奖次	备注
14	2016 年	全国高师高职小学教育专业师范生语文片段教学竞赛	蒋继巧	二等奖	国家级
15	2016 年	第七届“外研社杯”全国高职高专英语写作大赛	张燕丽	三等奖	国家级
16	2017 年	安徽省高职院校大学生企业文化演讲大赛	葛晨	一等奖	
17	2017 年	第十二届“讯飞杯”全省大学生诗文朗诵比赛	葛晨、薛庆涛	一等奖	
18	2017 年	中国大学生计算机设计大赛安徽省级赛	黄靓	一等奖	
19	2017 年	全国高校商业精英挑战赛国际贸易竞赛与经贸会展竞赛	钟立萍、朱一婷、方欣、高群、王众佳、董曼玉、胡慧、任胜南、裴小云、徐书琴	三等奖	国家级
20	2018 年	安徽省第五届大学生艺术展演活动	钱虎、赵文茜、郑标	一等奖	书法作品
21	2018 年	安徽省师范生教学技能大赛	马宝杰	一等奖	
22	2018 年	安徽省第十四届运动会	女子足球队	冠军	
23	2018 年	全国高校商业精英挑战赛国际贸易竞赛	刘大婷、刘敏、刘晓彤、倪新球、李凯丽、鲍竹英、周浩宇、疏礼敏、马宝杰	二等奖	国家级
24	2019 年	安徽省大学生校园足球联赛	袁莉、李浩瑞、程珏、周惠、宣阿玲、王亚楠、李磊、陆琼	一等奖	

续表

序号	年份	赛事名称	参赛选手	获得奖次	备注
25	2019年	中国大学生计算机设计大赛安徽省级赛	谢应生、吴晗	一等奖	
26	2019年	全国大学生英语竞赛	耿雪、王浩蓝、朱励、倪康婷	一等奖	
27	2019年	第十届"外研社杯"全国高等职业院校英语写作大赛（安徽赛区）	藕雪蕾	专业组一等奖	
28	2019年	第十届"外研社杯"全国高等职业院校英语写作大赛（安徽赛区）	王浩蓝	公共外语组一等奖	
29	2019年	安徽省高等学校师范生教学技能竞赛暨长三角师范生教学基本功大赛选拔赛	余晶晶	一等奖	
30	2019年	全国高校商业精英挑战赛国际贸易竞赛	朱励、肖凤娇、栗慧子、罗贤飞、高云芳、王婉怡、刘家昌、李昱辰、孟静静	二等奖	国家级
31	2020年	安徽省高等学校师范生教学技能竞赛暨第二届长三角师范生教学基本功大赛选拔赛	陈晨	一等奖	美术教育专业首次获一等奖
32	2020年	全国大学生英语竞赛总决赛	刘念、储阮征、王硕、谷瑞玲、惠慧	一等奖	
33	2020年	"衡信杯"全国高职云端税务技能大赛总决赛	韩梦琦、邵茹茹、朱飞霞	三等奖	国家级
34	2020年	"外研社·国才杯"全国英语写作大赛（高职组）总决赛	盛晴	三等奖	国家级
35	2021年	2021年全国大学生英语竞赛决赛（安徽赛区）	刘杜鹃、汪宁、孙文韬	一等奖	

九、教科研成果

2011年3月，学校颁布《桐城师范高等专科学校教学科研制度（试行）》，以规范教学科研管理。2016年5月，在广泛征集教师意见的基础上，教务处汇总124项教科研项目（领域），颁布《桐城师范高等专科学校2017－2018年教科研课题立项指南》。2017年5月，相继出台4个关于教科研项目管理和经费管理的规定，以规范各类质量工程项目，科研课题的选题指导、申报、评审、中期检查和验收等工作程序。2020年11月，又相继出台《桐城师范高等专科学校教学质量与教学改革工程项目管理办法（修订）》等7项管理办法。

2010—2020年，学校在国家发明专利授权、安徽省教学成果奖、课题立项、教科研论文发表、专著出版、精品课程建设、规划教材编写7个方面取得丰硕成果。

2019年、2020年，方皓文、周琳两位老师分别获得国家发明专利授权《兰炭改性吸附剂、其制备方法及其在废水处理中的应用》《处理天然气车尾气的稀土金属催化剂、制备方法及应用》，这是学校发展史中发明专利方面的突破。

安徽省教学成果奖是目前安徽省教育领域政府类的最高奖励，代表着学校教育教学的最高水平，也是彰显学校人才培养工作水平和教育教学改革成果的核心指标。学校升格以来，积极鼓励教师参与安徽省教育教学成果奖的评选工作，截至2021年6月，共计获得6项安徽省教学成果奖。

表6-9　2010—2020年教师获安徽省教学成果奖情况一览表

序号	年份	主持人	项目名称	奖项	项目成员
1	2015年	陶运宗	桐城派文化资源与地方文化课程体系建设	三等奖	程大立、开健、陶家韵、樊璠

续表

序号	年份	主持人	项目名称	奖项	项目成员
2	2015 年	程爱兰	“一专多能”的乡村小学教师培养模式改革创新与实践研究	三等奖	梁志斌、倪娟、伍红霞、高宁
3	2017 年	程跃文	学前教育专业人才培养模式创新与实践	二等奖	曹杏田、杨思亮、田红艳、倪志明、杨季兵、罗静
4	2019 年	开健	“特色铸校”视野下桐城派文化传承与创新	一等奖	陶家韵、黄莉、唐小晶、高宁、吴小琳
5	2019 年	程爱兰	小学教育专业人才培养创新与实践研究	三等奖	叶翠、张国安、唐小晶、项波、周丽、伍红霞、吴小琳、李蹊、倪娟、陶家韵
6	2019 年	雷小丽	桐城师范高等专科学校“三全育人”实效(思想政治教育类)	一等奖	陈涛、杨谨娟、汪秀、唐小晶、叶翠、刘梦龙、倪会琴、陈桐利、周琳

学校立项课题项目 121 项，其中，省部级课题 6 项，省级质量工程共立项 81 项，省级科研项目共立项 34 项。程玉梅主持的《高职高专院校校园文化建设与社会责任感养成研究》获得 2011 年全国教育科学规划课题立项。程大立主持的《中国近代教育转型时期桐城派“德行”教育研究》获得 2013 年教育部重点课题立项。程爱兰主持的《信息化优质教育资源对农村小学全科教师培养模式的补偿机制研究》获批 2014 年教育厅重大教学改革研究项目立项并顺利结题。程跃文主持的《基于“校园合作”的农村幼儿教师培养模式创新与实践》获批 2015 年教育厅重大教学改革研究项目立项并顺利结题。

教师发表教科研论文 586 篇，其中，一类论文 4 篇，分别是：开健 *Literary Art School and Academic Historical Change of Tongcheng*

School in Late Qing Dynasty: From a Historical Point、刘向明 *Research on Prediction Optimization Algorithm of Electronic Commerce Platform Based on Multi-source Big Data Mining*、倪甜甜 *The Coordination of Modernization and Traditionalization of Music of Minority Nationalities*、毛永贤 *The Effectiveness Evaluatrion of Innovation and Entrepreneurship Teaching in Higher Vocational colleges with Multidimensional Dynamic Innovation Model*。

出版专著9部,分别是:程大立的《全媒体环境下图书馆阅读推广工作研究》和《戴名世山水游记散文写作技法评析》、程玉梅的《高职高专院校校园文化建设与社会责任感养成研究》、程跃文的《小学生心理辅导》、罗静的《当代教育与教学的管理模式与发展研究》、汪庭才的《网络环境下大学英语教学研究》、程爱兰的《教育信息化对农村小学全科教师培养的补偿机制研究》、周琳的《稀土金属络合脂肪双胺的合成工艺及应用》、琚诒忠的《基于边缘型状态下桐城旅游市场研究》。

学校建有9门省级精品课程,分别是:汪庭才的《小学英语教学法》、程爱兰的《小学语文课程与教学》、开健的《大学语文》和《书法》、程大立的《桐城派文化(十讲)》、程跃文的《小学综合实践活动设计与指导》、章学渊的《Photoshop图像处理》、殷波的《学前心理学》、戴春英的《酒店英语》。

学校教师主编或参编规划教材32本,其中,国家级规划教材5本:汪定贵、汪庭才参编的 *New Energetic English*,曹杏田主编的《心理学》,程玉梅参编的《形象塑造与自我展示》,张波主编的《形体训练》,黄莉主编的《动画剧本写作》。

十、教学单位教学工作质量考核

为了健全教学质量管理机制,促进和推动学校整体办学水平稳步提升,依据教育部《关于深化职业教育教学改革全面提高人才培养质量的若干意见》《高等职业院校内部质量保证体系诊断与改进指导方案(试行)》、安徽省《深化职业教育教学改革全面提高人才培养质量实施意见》《高等职业院校内部质量保证体系诊断与改进工作实施方案》。2017 年，学校出台《桐城师范高等专科学校教学单位教学工作质量考核办法》。学校成立教学单位教学工作质量考核小组，分管教学校领导任组长，每年 7 月份进行，对考核成绩突出的教学单位给予奖励。考核内容包括教学运行管理、教学建设与改革、师资队伍建设、学生培养 4 个方面。2018—2020 年，学校每年对考核指标进行完善，在三次考核中学前教育系连续获得第一名，小学教育系连续获得第二名。

十一、师范专业认证

2017 年 10 月，教育部印发《普通高等学校师范类专业认证实施办法(暂行)》，以规范引导师范类专业建设，建立健全教师教育质量保障体系，不断提高教师培养质量。学校实行师范类专业三级监测认证，认证以“学生中心、产出导向、持续改进”为基本理念，第一级、第二级、第三级分别定位于师范类专业办学基本要求监测、教学质量合格标准认证、教学质量卓越标准认证，每一级均有认证标准。

根据认证标准和条件，学校研究确定申请参加第二级认证。这是继 2015 年合格评估之后，学校又一次面临全面检验办学水平的考验。

2018 年 11 月 4 日，学校召开师范类专业认证工作动员大会，印发《师范类专业认证工作实施方案》，正式启动师范类专业评估认证工作。同年 12 月，学校印发《认证工作指导意见 60 条》《师范类专业认证二级指标任务分解一览表》，从 8 个维度，对 38 个监测指标进行细化，明确主要任务、办理单位、相关负责人。2019 年 4 月 1 日，学校在惜抱楼会议室主持召开师范类专业认证工作推进会，强力推进师范类专业认证工作。依据《安徽省师范类专业认证工作实施方案》文件精神，教务处修订《桐城师范高等专科学校师范类专业认证工作实施方案》，细化《师范类专业认证二级指标任务分解一览表》，任务落实到各处室和相关教学单位。

为了借鉴成功经验，2020 年 11 月，学校组织学前教育专业相关教师到阜阳师范大学教育学院考察学习。同年 12 月，学校组织以小学教育专业骨干教师为主的考察组赴安庆师范大学教育学院考察学习。

2020 年 11 月，省教育厅评估中心要求师范院校确定本校师范专业认证的打样专业，学校研究将学前教育专业作为打样专业。11 月 25 日，学前教育系召开认证工作动员会，校长沈波出席会议并讲话，师范类专业认证工作步入新阶段。

2021 年 3 月，学校作为安徽唯一的专科学校代表参加教育部高等教育教学评估中心主办、南京师范大学承办的“2021 年专科师范类专业认证试点总结研讨”活动。

第七节　后勤管理及基础设施建设

学校升格后，招生态势良好，师生人数急剧增加，后勤管理难度加大，但学校后勤管理人员不等不靠，积极落实学校提出的“解放思想，改革创新，强化管理，服务育人”的后勤管理理念，创新思路、大胆改革、增强效能、优化服务。

一、后勤管理理念的转变

2011 年，学校加大后勤社会化改革力度，引入竞争机制，将后勤管理服务有计划、有步骤地推向市场。同年暑假，学校将原有学生食堂一楼、二楼进行改造，分为一食堂和二食堂，通过公开招标，委托具有高校餐饮服务能力的社会餐饮企业竞争经营，提高服务效益。2014 年，学校进行新一轮招标，在实践管理中不断完善，原有的校园物业管理、绿化管理、维修管理通过招标面向社会，购买服务。

学校升格后，项目建设难度大幅度增加。2011年5月，成立桐城师范高等专科学校招投标委员会，下设招投标工作办公室，总务主任高先军兼任办公室主任。招投标办公室一是负责和桐城市招标中心联系，对接学校项目的招标采购工作；二是在政策允许范围内的零星维修、物品购置、服务购买等，由学校组织招标小组负责落实，按最低价中标原则，随机抽调校内专家，评标定标。

2014年，学校对国有资产进行了全面登记。2015年，购置固定资产管理软件，实现了财产管理分区域落实到人，以账对物、以物对账、账物相符，对于新增资产，按规范程序先验收，再根据凭证登记，输入资产管理系统建档入账后方可办理报销手续。

膳食服务是学校后勤工作的一个重要方面，2010年12月，学校成立食堂管理协调小组，高先军、王宏伟分别任组长、副组长。2012年9月，学校安排高旭辉为食堂食品安全管理员，监督饭菜质量、价格及食品安全；同年，招聘全科护士方莉负责防疫、卫生安全等工作。

学校成立节能减排工作领导小组，下设节能管理办公室。先后制定了《桐城师范高等专科学校关于节约型校园的意见》《桐城师范高等专科学校水电管理办法》《桐城师范高等专科学校水电经费管理办法》《空调使用管理制度》等一系列相关制度，根据制度采取措施，对水、电、照明等基础设施进行节能改造。

二、逐步健全财务制度，规范经费使用

2010年至2013年，因体制上划没有落实到位，学校财务仍属于桐城市教育局和财政局管理。与中小学管理模式相同，实行报账制。

随着学生数的快速增加，政府支持力度的加大，学校建立自己的一套财务管理制度尤为重要。学校组织财务人员到安徽水利水电职业技术学院、安庆医药高等专科学校学习考察。自2012年开始编制

预算，粗线条完善财务手续，逐步形成了“开源节流，量入为出，做好财务预算，严格执行预算，控制决算，促进良性循环”的财务管理思路。

2011年以前，学校财务档案均由桐城市财政局管理。2012年，经与桐城市财政局协商，学校收回财务档案，建立了专门档案室。2013年5月，学校根据高校财务管理要求和财务工作的实际需要，引进了具有会计师资格的会计，随后，又陆续招聘了4位专业财务人员。学校用2年时间理顺了财务关系，建立健全了制度，充实了相关人员，财务工作逐步与高校财务管理接轨。

2011年2月，学校出台《桐城师专系级经费使用及管理暂行规定》，根据在籍学生数按每生每年20元的标准拨付各系，用于各系教学科研工作、学生活动、学生管理工作等。2012年8月，又对此进行补充和完善，按各系在籍学生数每生每年30元、每师每年400元标准拨付办公经费；新设专业建设按每年5000元标准拨付专业建设经费，连续拨付3年；每个学术团体按10000元标准拨付至其秘书处；各系经费统一管理、统一计划、统一使用。此规定于2014年废止，后实行分管副校长一支笔审批制度，将各系经费统一管理、统一计划、统一使用。

学校升格后，延续升格前的传统做法，每年暑假抽调人员组成财务稽核小组，对上一年的财务状况进行稽核，稽核结果在教代会和全体教职工大会上通报。

2013年8月，经中共安庆市十届市委第67次常务委员会会议研究决定，对4所高校实行“生均经费＋专项经费”的供给方式，着力保障高校正常运转。从2014年起执行每生每年1750元的“生均经费”标准，此政策先试行2年，以后根据运转情况再做调整。“专项经费”由各高校按财政预算管理有关规定进行申报。由安庆市政府全额化解4所市属高校的基本建设债务。同年10月，安庆市副市长黄杰主持召开桐城师范高等专科学校体制上划工作协调会，形成《关于桐城师范高等专科学校管理体制上划工作会议纪要》(安庆市人民政府专题会议纪要第137号）。要求学校资产在清查核实后一次性无偿上划，由桐城市财政局上划至安庆市财政局管理。

> 会议明确，安庆市财政供给桐城师范高等专科学校的时间为2014年1月1日。市编办牵头负责机构编制审核上划工作，市人社局牵头负责人员上划工作，市财政局牵头负责资产上划和有关经费上划工作。桐城师范高等专科学校的资产，在清查核实后一次性无偿上划。
>
> ——《关于桐城师范高等专科学校管理体制上划工作会议纪要》（安庆市人民政府专题会议纪要第137号）

2014年3月至11月，安庆市财政局委托安徽诚信会计师事务所对资产清查结果进行了专项审计。截至2013年12月31日，学校的全部（不含负债和净资产）账面资产总额是141709614.06元。其中，流动资产7514028.89元，固定资产131087039.17元，无形资产3108546.00元。

三、基础设施建设

面对超常规快速发展，学校确定“满足教育教学需要，提高质量，保证安全”的思路，在安庆市、桐城市两级政府支持下，2010年、2011年，学校贷款建成致和楼、给力楼及鲲池楼二期工程。2012年、2013年，安庆市、桐城市两级政府拨付专项资金对三向学馆、树惠楼、南教学楼、居仁楼、老办公楼进行了防震加固。学校改造了学生食堂，添置音乐教育、美术教育、学前教育等专业的实训室6个，新购图书6.5万册，新增计算机200台，所有教室均安装多媒体设备。同时为了确保教学需要，更好地服务学生，2012年，学校在艺术楼与体育活动中心之间，建设了活动板房，其中，4大间用于乐理教室，8小间为后勤及食堂员工宿舍。2012年，学校原办公楼改建为学生宿舍。2014年，学校在图书馆与教工宿舍之间建设活动板房10间，作为总务处、学生处、团委及物业办公用房。

第八节 招生就业

招生与就业是学校重中之重的工作。学校升格后，一如既往地贯彻“进口旺，出口畅，中间是保障”“生源是学校发展的生命线”“学生是最好的招生宣传员”的招生工作理念，每年制定《桐城师范高等专科学校招生宣传工作方案》，建立党政齐抓共管、组长分区域负责、全员参与的招生宣传工作机制，构建起多渠道、多层次、全方位、立体式的招生宣传工作格局。同时，学校建立“校系联动，以系为主”的就业工作机制。

一、招生类型

学校升格后招生类型有四种，分别是高中起点三年制专科、初中起点五年制专科、普通中专和面向社会人员的高职扩招。

(一)高中起点三年制专科

高中起点三年制专科招生包括分类考试招生和秋季高招。

分类考试招生与对口招生、自主招生一脉相承，均是高职院校在考试招生方式上主要采取学校自主招生考试，扩大学校考试招生自主权。

2011年，学校学前教育专业面向中等职业学校学前教育专业开始实施高中起点三年制专科对口招生，30名计划全部完成。2014年，学校首次参加安徽省自主招生考试，既面向中等职业学校毕业生，又面向高中毕业生，实行春季招生录取，学前教育专业计划数为140人，报到注册104人。

2016 年 3 月，根据《国务院关于深化考试招生制度改革的实施意见》(国发〔2014〕35 号)精神，按照《安徽省教育厅关于做好 2016 年安徽省高等职业院校分类考试招生工作的通知》(皖教高〔2015〕10 号)的规定，学校实施分类考试招生。具有安徽省高考(含对口招生考试)报名资格的应历届普通高中毕业生和应历届中职(含技工学校、职业高中)毕业生，包括具有高中阶段学历的农民工、退役士兵、企事业单位在职职工、失业人员等均可报考。分类考试招生实行“文化素质＋职业技能测试(或职业适应性测试)”评价方式，文化素质考试实行全省统考，由省考试院组织实施并划定合格分数线，达线的普通高中毕业生、中职毕业生分别参加招生院校组织的职业技能测试(或职业适应性测试)。2016—2019 年，学校在校内组织职业技能测试(或职业适应性测试)。因新冠疫情影响，2020 年、2021 年均采取线上考试的方式。2016—2020 年，学校分类考试招生报到人数分别为 463 人、235 人、206 人、203 人、243 人。

秋季高招是学校招生的重头戏，生源数量和质量逐年提升。2016—2020 年，分别招生录取 735 人、725 人、847 人、864 人、1071 人。2016 年，文科投档最低分比安徽省最低控制线高 46 分，理科高 23 分；2017 年，文科投档最低分比安徽省最低控制线高 108 分，理科高 80 分；2018 年，文科投档最低分比安徽省最低控制线高 179 分，理科高 14 分；2019 年，文科投档最低分比安徽省最低控制线高 231 分，理科高 4 分；2020 年，安徽省内高招计划在平行志愿时一次性投满，是学校参加高招以来投档情况最好、投档分数最高的一年。文科投档最低分比安徽省最低控制线高 239 分，理科投档最低分比安徽省最低控制线高 23 分，其中，文科有 3 人达本科线。

(二)初中起点五年制专科

为了充实和优化乡村教师配置，促进城乡义务教育均衡发展，安徽省教育厅等五部门印发《关于定向培养乡村教师的实施意见》，规定从2016年起连续5年在全省定向培养2500名乡村小学全科型教师，其中，初中起点专科层次小学教育专业2000名、高中起点本科层次小学教育专业500名。桐城师范高等专科学校是6所承担初中起点专科层次小学全科乡村教师定向培养任务的院校之一。2016—2020年，学校分别招生录取501人、499人、501人、297人、351人，合计2149人。

自2017年起，舒城师范学校、安庆工业学校分别挂靠学校开展“3+2”五年制高职学前教育专业招生。舒城师范学校、安庆工业学校2020年转段进入专科阶段就读学生分别为329人、10人2021年分别为294人、2人。

（三）普通中专

2010年，学校有幼师、计算机技术及应用、工艺美术、空港、电子技术应用、机电技术应用、会计、数控技术应用、汽车应用与维修、汽车钣金与喷涂、汽车商务、纺织、染整技术共13个中专专业。在13个中专专业中，除幼师专业外，其他12个专业均以桐城经济技术学校名义招生，其中，汽车应用与维修、汽车钣金与喷涂、汽车商务3个专业与桐城大胜汽修学校联合办学，纺织、染整技术2个专业是订单培养，与宁波雅戈尔集团开展校企合作办学。2011年，中专幼师专业继续招生，其他中专专业停止招生。2012年，中专幼师专业停止招生。

（四）面向社会人员的高职扩招

为了更好地适应安徽省经济社会发展对技术技能人才的需求，根据教育部等六部门《高职扩招专项工作实施方案》(教职成〔2019〕12号)，自2019年起，学校充分发挥资源优势，遴选优势专业，面向高职扩招的对象为应、历届高中毕业生(含中职应、历届毕业生)，退役军人、下岗失业人员、农民工、新型职业农民等群体。2019 年，学前教育等 5 个专业面向社会人员招生录取 70 人。2020 年小学教育等 9 个专业面向社会人员招生录取 74 人。

二、招生专业

2010 年，学校有招生专业 20 个，其中，师范教育专业 6 个、非师范教育专业 14 个。6 个师范教育专业是初等教育、英语教育、学前教育、计算机教育、音乐教育、美术教育。14 个非师范教育专业中，有 13 个中专专业：幼师、计算机技术及应用、工艺美术、空港、电子技术应用、机电技术应用、会计、数控技术应用、汽车应用与维修、汽车钣金与喷涂、汽车商务、纺织、染整技术，1 个高职专业：软件技术专业。

学校根据市场需求，不断调整专业设置，增加新专业，停招就业不理想的专业。2014 年，新增国际商务、财务信息管理 2 个专业。2015 年，根据市场需求和招生情况，停招计算机教育、舞蹈教育 2 个师范专业和工业分析与检验、汽车检测与维修 2 个非师范专业。2016 年，招生专业有 17 个，新增电子商务技术和工艺美术品设计 2 个专业，根据《普通高等学校高等职业教育（专科）专业目录（2015 年）》，初等教育、财务信息管理、图形图像制作、视觉传达艺术设计 4 个专业名称分别更名为小学教育、会计信息管理、数字媒体应用技术和视觉传播设计与制作。2017 年，新增会计、高速铁路客运乘务、公共文化服务与管理 3 个专业，停招会计信息管理、国际商务 2 个专业。为了整合专业资源，艺术设计和视觉传播设计与制作 2 个专业按专业大类招生，学生入学一学期后，根据兴趣、特长等选择相关专业。2018—2020 年招生专业数均为 19 个。2018 年，新增空中乘务专业，恢复国际商务专业招生，停招工艺美术品设计专业。2019 年，新增信息安全与管理、大数据技术与应用 2 个专业，停招国际商务、数字媒体应用技术 2 个专业。2020 年，新增科学教育和跨境电子商务 2 个专业，停招公共文化服务与管理、空中乘务 2 个专业。

三、招生宣传

2010 年,学校继续实行全员招生,任务到人,鼓励教职工深入生源地,开展“点对点,面对面”的宣传。2011 年至 2015 年,学校以地级市为单位分区域确定招生任务,领衔承包,实行奖惩。同时学校通过各类媒体、参加高校招生网上咨询周及高招现场咨询会等途径进行宣传。

自 2016 年开始,学校加大线上宣传力度,充分利用招生信息网、高招咨询平台、360 微校园手机网站、校派掌上校园、QQ、微信公众号,同时注重建立稳定的招生宣传队伍,将安徽省 16 个地市划分为 5 个片区,校领导分片区督促、指导、检查各地市的招生宣传工作。2018 年,各招生团队精简宣传员,分别定制分类考试招生、秋季高招任务,且实行绩效考核,进行奖惩。2019 年,仅对完成任务和超额完成任务的组实行奖励,不进行惩扣,阜阳片区等 6 个招生团队受到表彰。2020 年、2021 年,因新冠疫情影响,学校主要采取线上招生宣传方式。

2018 年,学校开始在省外招生,首选生源大省河南省。2019 年,增加招生省份江西省。2020 年,增加招生省份贵州省和山西省。外省招生专业为学前教育专业、小学教育专业。

为了拓展生源渠道,学校借鉴兄弟高校经验,艺术设计专业自 2018 年开始面向文理科毕业生招生,入学后独立编班开展教育教学。2018—2020 年,文理科毕业生就读艺术设计专业的学生分别为 29 人、25 人、30 人。

为了吸引高分优质生源,学校在《2017 年招生工作实施方案》中增加对秋季高招高分新生进行奖励的政策,按文科、理科、美术类、音乐类 4 种类型高考录取成绩排名前 5%的新生每人给予 2000 元的奖励。2017 级有 31 名新生获得奖励,学校为其举行奖金发放仪式。2018 级 38 名新生获得奖励。2019 年,学校调整对高分学生的奖励政策,对秋季高招达本科线的 2 名新生各奖励 4000 元，对本科线下 20 分以内的 15 名新生各奖励 2000 元。随着生源质量的稳步提升，加上学校经费紧张，2020 年取消对高分学生的奖励政策。

四、招生录取

2010—2013 年，每年秋季进行招生录取工作。从 2014 年开始，学校分春季和秋季两次进行招生。

表 6-10　2010—2020 年学校招生情况一览表

年度	招生类型	学制	招生数	班级数	备注
2010 年	高中起点三年制大专	3	348	8(小学教育文 2，学前教育 1，英语教育 2，小学教育理、计算机教育、软件技术合班 1，美术教育 1，音乐教育 1)	
	初中起点五年制大专	5	443	10(小学教育 3，学前教育 2，英语教育 2，计算机教育 1，美术教育 1，音乐教育 1)	
	三年制中专	3	441	8(幼师 6，机电 1，计算机 1)	
2011 年	高中起点三年制大专	3	667	16(小学教育文 3，学前教育 5，英语教育 2，理科综合班 1，美术教育 2，音乐教育 1，艺术设计 1，商务日语 1)	
	初中起点五年制大专	5	545	12(小学教育 2，学前教育 5，英语教育 2，计算机教育 1，美术教育 1，音乐教育 1)	
	三年制中专	3	323	6(幼师)	
2012 年	高中起点三年制大专	3	853	20(小学教育文 4，学前教育 8，英语教育 2，理科综合班 1，美术教育 1，音乐教育 1，艺术设计 1，商务日语 1，旅游管理 1)	
	初中起点五年制大专	5	360	10(小学教育 2，学前教育 4，英语教育 1，计算机教育 1，美术教育 1，音乐教育 1)	

续表

年度	招生类型	学制	招生数	班级数	备注
2013年	高中起点三年制大专	3	994	24(初等教育文5,初等教育理1,学前教育10,英语教育1,计算机1,汽车检测与维修技术1,美术教育1,音乐教育1,艺术设计1,旅游管理1,酒店管理1)	
	初中起点五年制大专	5	346	9(小学教育1,学前教育4,英语教育1,计算机教育1,美术教育1,音乐教育1)	
2014年	高中起点三年制大专	3	913	25(初等教育文4,初等教育理1,学前教育9,英语教育1,计算机教育1,计算机类1,汽车检测与维修技术1,美术教育1,音乐教育1,艺术设计1,旅游管理1,酒店管理1,财务信息管理1,商务日语国际商务合班1)	
	初中起点五年制大专	5	224	8(小学教育1,学前教育3,英语教育1,计算机教育1,美术教育1,音乐教育1)	
2015年	高中起点三年制大专	3	1040	27(初等教育文5,初等教育理3,学前教育8,英语教育2,计算机类1,美术教育1,音乐教育1,艺术设计1,旅游管理1,酒店管理1,财务信息管理1,商务日语1,国际商务1)	
	初中起点五年制大专	5	161	6(小学教育1,学前教育2,英语教育1,美术教育1,音乐教育1)	

续表

年度	招生类型	学制	招生数	班级数	备注
2016年	高中起点三年制大专	3	1198	29(学前教育 8,早期教育 1,小学教育文 4,小学教育理 2,美术教育 1,音乐教育 1,艺术设计 1,电子商务 2,软件技术 1,会计 1,数字媒体 1,旅游管理 1,酒店管理 1,商务日语 1,英语教育 2,国际商务 1)	17 个专业
	初中起点五年制大专	5	501	10(小学教育)	定向培养乡村小学全科教师
2017年	高中起点三年制大专	3	960	24(学前教育 5,早期教育 1,小学教育文 2,小学教育理 2,美术教育 1,音乐教育 1,电子商务 2,软件技术 1,会计 1,数字媒体 1,高铁空乘 1,旅游管理 1,酒店管理 1,公共文化服务与管理 1,商务日语 1,英语教育 2,	18 个专业
	初中起点五年制大专	5	499	10(小学教育)	定向培养乡村小学全科教师
2018年	高中起点三年制大专	3	1053	29(学前教育 5,早期教育 2,小学教育文 3,小学教育理 2,美术教育 1,音乐教育 1,艺术设计类 1,电子商务 2,软件技术 1,会计 1,数字媒体 1,空乘 1,高铁 1,旅游管理 1,酒店管理 1,公共文化服务与管理 1,商务日语 1,英语教育 2,国际商务 1)	19 个专业
	初中起点五年制大专	5	501	10(小学教育)	定向培养乡村小学全科教师

续表

年度	招生类型	学制	招生数	班级数	备注
2019年	高中起点三年制大专	3	1067	29(学前教育5,早期教育2,小学教育文3,小学教育理2,美术教育1,音乐教育1,艺术设计1,电子商务2,软件技术1,会计1,数字媒体1,空乘1,高铁1,旅游管理1,酒店管理1,公共文化服务与管理1,商务日语1,英语教育2,国际商务1)	19个专业
	初中起点五年制大专	5	297	6(小学教育)	定向培养乡村小学全科教师
	高职扩招	3	70	1(学前教育、会计、旅游管理、电子商务技术、大数据技术及应用5个专业合班)	5个专业
2020年	高中起点三年制大专	3	1314	29(学前教育5,早期教育2,小学教育文3,小学教育理2,美术教育1,音乐教育1,艺术设计类1,电子商务2,软件技术1,会计1,数字媒体1,空乘1,高铁1,旅游管理1,酒店管理1,公共文化服务与管理1,商务日语1,英语教育2,国际商务1)	19个专业
	初中起点五年制大专	5	351	7(小学教育)	定向培养乡村小学全科教师
	高职扩招	3	74	1(小学教育、学前教育、英语教育、美术教育、音乐教育、会计、旅游管理7个专业合班)	7个专业

五、就业创业

毕业生就业是高校的一项重要工作内容。学校升格后，秉持“像重视招生一样重视就业工作”的就业理念，成立就业工作领导小组，建立“校系联动，以系为主”的就业工作机制，每年制定《毕业生就业工作实施方案》，毕业生第一次就业率均能超过 90％，对口就业率也逐年提高。

学校就业指导贯穿教育教学全过程，一、二年级开设《大学生职业生涯规划与就业指导》课程，遴选具有创业咨询师资格证教师担任主讲，引导大学生规划职业生涯、正确择业、自主创业，提升“就业力”。2014 年，张倩获得安徽省高校就业创业指导课程教学大赛二等奖。2018 年，毛永贤、程爱兰、开健、江向中 4 位老师先后获得由国家职业技能鉴定中心颁发的二级创业咨询师资格证。

2012 年，学校成立“大学生就业发展协会”，组织学生开展形式多样的就业、创业服务活动。

学校搭建毕业生与用人单位联系的桥梁，每年组织“双选会”，来自省内外的用人单位来校选聘优秀毕业生。2019 年、2020 年，师范类专业毕业生“双选会”由学校组织，非师范类专业毕业生“双选会”由各系组织。

“专升本”、事业编制岗位招聘及特殊岗位教师招聘考试是毕业生高质量就业的重要路径之一。2012 年 9 月，为了鼓励毕业生参加“专升本”和事业编制岗位招聘及特殊岗位教师招聘考试，学校出台《桐城师范高等专科学校专升本、考编奖励办法（暂行）》（止于 2014 年 7 月），对每系分配专升本、考编指标，对完成指标的系主任、班主任、主干课程教师予以奖励，对未完成指标的相关责任人扣除考评津贴。奖励办法施行后，参加专升本考试和考编、考岗的毕业生人数及录取率均逐年上升。2016 年至 2021 年，学校共有 1002 名毕业生进入本科院校深造，其中，2021 年最多，共有 328 名毕业生进入本科院校深造，占当年毕业生总数的 31.3%。在每年深造的毕业生中，师范类专业较多，高职类专业较少。在师范类专业中，小学教育、英语教育、学前教育专业毕业生升学的人数较多，合计总数分别为 170 人、159 人、116 人；在高职类专业中，旅游管理、会计信息管理专业升学人数较多，合计总数分别为 56 人、29 人。

为了更好地了解毕业生就业现状、改进就业工作、指导毕业生就业，同时也了解培养过程中可能存在的问题，2015 年开始，学校与多年专注高教管理的麦可思研究院签订协议，跟踪了解毕业生就业情况及就业评价。

自 2011 年起，学校连续多年举办校内职业规划设计暨创业大赛，从中遴选选手参加省市举办的职业规划设计暨创业大赛，成果较为丰硕。

表 6-11　2010—2020 年学生参加创新创业大赛获奖情况一览表

序号	年份	赛事名称	参赛选手	获奖等次
1	2011 年	第六届安徽省大学生职业规划设计大赛暨创业大赛	占慧慧、刘畅、刘旦	职业规划之星(铜奖)
2	2012 年	第七届安徽省大学生职业规划设计大赛暨创业大赛	冯婷婷、舒祥	职业规划之星(铜奖)
2	2012 年	第七届安徽省大学生职业规划设计大赛暨创业大赛	唐盼盼、汪鹏飞、白媛媛	创业之星(铜奖)
3	2013 年	第八届安徽省大学生职业规划设计大赛暨创业大赛	蔡开蒙	职业规划之星(铜奖)
4	2014 年	第九届安徽省大学生职业规划设计大赛暨创业大赛	吴家慧	职业规划之星(银奖)

续表

序号	年份	赛事名称	参赛选手	获奖等次
5	2015 年	第十届安徽省大学生职业规划设计大赛暨创业大赛	张新悦、王进一、吴球	创业之星（银奖）
			刘雨婷	职业规划之星（铜奖）
6	2015 年	安徽省大学生职业规划设计大赛暨创业大赛十周年	丁耀平	双创之星
			李玉来	职业规划之星
7	2015 年	第五届安徽青年创业大赛	姜梦娇、陈方圆	铜奖
8	2016 年	第十一届安徽省大学生职业规划设计大赛暨创业大赛	葛晨、毛文霖、靳影	创客之星（银奖）
			郭玮	创客之星（铜奖）
			陈方圆	职业规划之星（铜奖）
9	2017 年	第十二届安徽省大学生职业规划设计大赛暨创业大赛	曹英杰、董文庆、方柳	创客之星（银奖）
			董屹岭	职业规划之星（铜奖）
10	2017 年	第二届“赢在江淮”（安庆赛区）暨安庆市第三届创业大赛	曹英杰	一等奖
11	2018 年	第十三届安徽省大学生职业规划设计大赛暨创业大赛	姜晨晨、许超、张子琼	创客之星（银奖）
			王子群	职业规划之星（铜奖）

续表

序号	年份	赛事名称	参赛选手	获奖等次
12	2019年	第十四届安徽省大学生职业规划设计大赛暨创业大赛	陈晨、刘博宇、陈艳、王猛	创客之星(铜奖)
13	2020年	第九届“挑战杯”安徽省大学生创业计划竞赛	丁景健	银奖
			王一鸣、丰佳逸、王文静、朱夏实、沈艳	银奖
			王倩、郭玲玲、赵明、张昊	银奖

第九节　图书馆、实验中心

一、图书馆

学校图书馆创办于1970年，原名“五·七”大学图书室。1977年，更名为桐城师范学校图书馆，隶属于教务处，藏书仅1000余册。1978年起，学校每年安排经费购买图书，订购期刊100余种。2000年，学校图书馆安排在北教学楼的一间教室里，后增加到2间教室，面积150多平方米，有图书20000余册，主要为教学用书、工具书、经典文学名著等书籍；年订购期刊100多种，主要为文学类及校办公室订购期刊；另收藏期刊20000余册，电子书籍10000余种，音像资料100余种。其时，图书馆有工作人员2人，主要业务为图书、报刊的借还。2003年，图书馆迁至新食堂二楼，仍隶属教务处，面积有800平方米，图书26000万余册，年订购期刊100余种，工作人员4人，主要业务为图书借还、期刊阅览和教材发放。程根荣、孙亚、开健曾分别兼任图书馆负责人。

因申专工作需要，2004年，学校启动图书馆建设工程，2006年1

月，新馆竣工。新图书馆为独立馆舍，共4层，总面积4500平方米。2006年2月，学校聘任程大立任馆长，启动图书馆搬迁工程。外聘1人，并从总务处、教务处转岗3人到图书馆，工作人员增加至9人。至2006年5月，新图书馆搬迁工作完成，正式开放。图书馆建立外借书库、学生（报刊）阅览室、教师（报刊）阅览室、教材室，筹建电子阅览室。至2006年年底，在库图书增加至10.7万册，年订购报刊201种，使用“榕树园”图书馆管理系统，实现开架借阅和计算机网络管理。主要业务有图书借还、报刊阅览、读者自习和教材发放。

2007年至2009年，学校招聘现代教育技术专业本科毕业生1人，从师训处、总务处转岗3人到图书馆，工作人员达到12人（另有1人退休）。2010年至2015年，图书馆新聘图书情报专业硕士研究生1人、信息技术专业本科毕业生1人，从总务处、师训处等部门转岗4人，工作人员达13人（另有3人退休，2人分别转岗到师训处、总务处），增设参考咨询部。

2009年，图书馆二期工程完成后，一楼外借书库东扩约300平方米，达到1100平方米，二楼新增150平方米开放平台和共100平方米的3个阅览室。在图书馆空间局部拓展、人员增加的基础上，2009年，对图书馆功能室进行了调整，分别设立办公室、采编部、技术部（电子阅览室）、流通部（外借书库）、阅览部（报刊阅览室、图书阅览室、精品书库、过报刊室）和教材室（教材样本室、教材库）。2007年，图书馆订购并安装电子图书35万种，另接受光华基金会捐赠图书3.07万册。2008年11月，图书馆建立音像资料库，入库音像资料2505盘（碟），时长达6200小时。2009年2月起，开放时间由每周48小时增加到每周72小时。2007年11月，35座的电子阅览室正式开放。2009年6月，电子阅览室扩容至60座。至2009年年底，图书馆纸质图书馆藏达到19万余册，年流通量达到32万余册次；年订购报刊398种；电子阅览室年上机人数达到2.2万人次；订购中国知网等数据库5个，电子图书35万种;电子期刊总量达3183种,电子文献总量达3836.5万篇,年访问量达到2400人次。2009年10月18日,学校接受教育部高等专科学校升格评估,图书馆全部指标达到要求。

2011年10月起,开展新生入馆教育,年培训新生1100余人次。2012年10月,在部分专业开设《大学生信息素养》课程。2012年8月,学校行政领导及办公室、财务处等部门迁入图书馆(楼),图书馆撤并过期的报刊室、工具书室、教材室。增设电子阅览室一间,电脑50台。2014年10月,建立教师教育文献服务中心(数字图书馆)、桐城派特色文献资源库、桐城派文化文献特藏室,在全省高职院校中首家开通超星移动图书馆,购置歌德数字文献借阅机1台。截至2015年年底,纸质图书达到24万册,年订购报刊550种,订购电子文献资源库15个。纸质图书年借阅量达到35万册次,电子资源年访问量达到2万余人次,电子阅览室年上机量达到1.6万小时。2015年12月,学校接受安徽省教育厅高等职业学院人才培养办学水平评估,图书馆以文献资源丰富性、专业文献资源充足性、地方文献资源独特性和服务效果优秀性,获得专家们的高度评价。

2006年,图书馆成立义务管理员小组,聘任学生义务管理员30余人。2007年11月起,设立图书馆勤工俭学管理员,每年有16名贫困学生通过图书馆工作获得劳动报酬和社会实践。2013年起,图书馆将勤工俭学岗位升级为学生馆员,每年聘请15至20名学生馆员参与图书馆的管理工作。

为了方便读者借阅,2006年,新馆开放时即启用电子门禁设备和“榕树园”图书馆管理系统,实现由人工借阅向自主借阅自动化管理的跨越。“摇钱树”电子管理软件的启用,让电子阅览室管理精准化和科学化;“妙思”图书馆管理软件的更新,使图书馆管理由局域网向互联网拓展。2009年4月,视频监控管理系统的安装,使图书馆安全运行管理进入网络信息化阶段。

2011年12月，学校建立桐城派学术文献库。2013年12月，图书馆建立桐城派文献特藏室，2014年12月，建成全国唯一的桐城派特色文献资源库。2013年7月起，图书馆启动桐城家谱受赠工程，先后收藏缪山汪氏、皖桐璩氏、桐城费氏、桐城黄氏等家谱4套计50余册。桐城派文献库及特色文献资源库的建设，为搜集整理、保护传承地域优秀文化起到了基础性作用。桐城派特色文献资源库还列入首批国家公共文化服务体系示范区建设项目。围绕特色库建设，2014年1月，图书馆举办了由桐城市作家协会、博物馆、图书馆、文化馆领导及地方文化研究专家参加的软件平台设计预审会。2016年1月，举办了由省市公共图书馆、高校图书馆专家参加的专家评审会，特色库建设的工作既获得专家们的学术引领，又与地方文化机构高度合作。图书馆还分别与桐城派研究中心合作主办"惜抱人文讲坛"，与春笋文学社合作主办"桐城散文读写竞赛"等活动。

2008年10月，学校网站设立"图书馆"专栏，发布图书馆管理制度、借阅规则、新书信息、活动通知等。2012年5月，图书馆成立惜抱轩阅读推广协会，创办协会会报《好望角》。每年读书月开展"书香班级""优秀读者"评选活动。2012年6月，图书馆开展"师范院校女性阅读社会调查"。2012年10月，图书馆开展"优质服务月"活动，成效显著，当年获得学校颁发的"教学质量推进年先进科室"称号。2014年9月，图书馆门户网站正式上线，该网站全面展示了图书馆各类文献资源，建立与读者实时在线互动交流平台。多措并举让图书馆文献资源与服务规范走进读者之中，极大地提升了图书馆服务水平和服务效果。

自2011年起，学校积极开展以图书馆工作为主题的课题申报，先后获得8项省级科研课题、2项省级质量工程、1项校级教学研究项目的立项，且全部顺利结题。除此之外，还出版图书馆学专著1部。图书馆馆员发表省级以上学术论文合计22篇，其中，中文核心期刊4

篇。图书馆获得中国图书馆学会学术成果(论文)二等奖2次,省高校图工委科研成果二等奖1次;申报暑期大学生社会实践活动3次;参与残疾儿童阅读扶助、农村留守儿童阅读指导、农家书屋建设调研等活动。2015年1月,程大立、陈桐利、樊璠主持的《高校图书馆助残阅读活动实践与探索》项目获安徽省高校图工委“首届安徽省高校图书馆服务创新案例大赛”二等奖。

二、实验中心

2012年8月,章学渊接任实验中心主任,实验实训室管理员有9人。为了增强实验中心的技术力量,2013年10月,增加多媒体教学设备管理员1人。2015年8月,外聘机房和网络办公管理员1人到实验中心工作。

学校升格后,为了适应高校学科实验及专业教学的需要,不断增加实验室,添置、更换、升级实验设备。2012年10月,新建网络实验室,并更新60台清华同方计算机。2013年5月,拆除电子实训室和科技活动室,改建成学前教育专业实训室。2014年11月,新建计算机硬件维修实验室、企业网搭建与云安全实验室、综合布线实验室、汽车检测与维修实验室及录播教室。2015年,网络中心增加校园网用户认证计费系统和上网行为管理系统,增强学校网络安全管理能力;同时新建语言综合实训室和小学课堂教学模拟实训室,升级计算机机房为电子商务实训室、财务会计实训室及云课堂机房,升级校园网络带宽为600M。升级心理咨询室,每年为新生进行心理普测。

第十节　社会服务

学校升格后,继续坚持“以服务求支持,以贡献谋发展”,将职后教育培训作为学校发展的重要补充,积极参与社会服务,不断提升社会服务水平。

一、承担安徽省“国培计划”项目培训

自2011始，安徽省教育厅组织的“国培计划”项目公开招标，学校连续4年中标获得安徽省“国培计划”项目，对幼儿园教师和小学教师进行高端专业培训，受训学员超过1300人。2014年，学校完成“国培计划(2014)”，培训幼儿园转岗教师243人、保育员83人、小学体育教师43人。2016年、2018年，学校分别完成“国培计划(2014)”中小学综合改革试点项目——学前教育专业培训项目的各项任务，培训人次均为45人。

2011年、2012年，学校培训安徽省紧缺学科教师(小学体育、小学美术)152人。

二、承担安庆市小学、幼儿园教师培训及相关赛事

2010年暑期，学校培训安庆市小学骨干教师484人，涉及小学语文等6个学科和学前教育、小学班主任2个专项。2011年、2012年为安庆市中小学培训骨干教师、转岗教师520人。

2016年5月、2019年8月，学校分别成功举办“安庆市幼儿教师职业能力团体赛”。

2019年8月，由安庆市教育体育局主办，学校承办的主题为“致敬教育，礼赞祖国——共庆新中国七十华诞”的安庆市首届幼儿园园长研讨会，共有来自安庆市省级、市级示范幼儿园园长、安庆市幼儿教师职业能力大赛参赛幼儿园园长、桐城师范高等专科学校实践基地幼儿园园长、桐城师范高等专科学校学前教育专业教师等170余人参加。研讨会紧扣当前安庆市学前教育发展面临的新形势、新使命、新任务，从多角度对高质量的幼儿园教学、管理进行深入探讨。

2019年12月、2020年11月，学校连续两年举办安庆市学前教育

“双培项目”培训班，这是一次改革尝试，建立地方政府、高等学校与一线幼儿园“三位一体”的联动机制，创新幼儿园教师培养培训模式。

三、承担桐城市中小学继续教育培训

2016 年，学校与桐城市教育局开展中小学继续教育培训项目，培训 6228 人次。2018 年暑期，学校举办桐城市小学音体美转岗兼职教师培训班，采用集中培训、在岗研修、网络研修等相结合的过程性培训模式，培训小学教师 150 名。2019 年暑期，学校与桐城市教育局开展中小学继续教育培训项目，培训 3000 人次。

四、开办函授大专班、高等教育自学考试第二学历助学班

学校升格后，继续与蚌埠学院合作，开办函授大专班，120 名学员得以提升学历。2015 年，学校与安徽师范大学成教学院联合举办高等教育自学考试第二学历助学班，助考专业为安徽师范大学主考的学前教育与小学教育 2 个专业，层次为本科，290 多名在校学生参加培训，150 多名学生在校期间通过了本科课程的学习和考试。开展高等教育自学考试助考工作。学校自 2016 年开始承担初中起点小学教育全科培养任务，因全科生学历提升需求，高等教育自学考试学习服务中心招生规模不断扩大，且自考通过率在全省名列前茅。2016—2020 年，在线注册学生人数分别为 54 人、470 人、523 人、625 人、297 人。

五、教师资格证面试

学校从 2016 年开始承接安庆市中小学教师资格证面试工作，合计面试幼儿园、小学段 18823 人，2016—2021 年上半年分别面试 950 人、3546 人、4941 人、5008 人、4378 人、3084 人。

六、普通话水平测试

学校普通话水平测试站不仅面向本校学生，而且面向社会人员。

2010—2021年6月，普通话水平测试站共有27925人参加测试，其中，社会人员2891人。

七、服务经济社会发展

2011年12月16日，主题为"文化产业与中国经济转型"的北京大学企业家论坛在学校学生剧场举办。安徽省副省长谢广祥出席论坛并讲话，北京大学校长、中国科学院院士周其凤，国务院发展研究中心副主任侯云春，安徽省政协副主席李卫华，安庆市委书记朱读稳、市长肖超英，桐城市市长吴三九，北京大学安徽知名校友秦德文、卢家丰、邵国培，著名企业家、北大校友俞敏洪、黄怒波等出席论坛。央视著名主持人、北大校友张羽主持。

学校教师在教科研选题上注重与桐城地方经济社会发展需要相结合。2012年，琚诒忠、开健、陶运宗分别主持的三个项目:《边缘型旅游地开发研究——以安徽省桐城市为例》《桐城民俗文化产业化研究》《桐城派旅游文化研究》获得省级立项，并于2014年结题，项目为桐城地方经济、文化发展提供了决策依据。

2015年4月，学校主持召开主题为"高校服务地方经济社会发展"的研讨会，邀请安庆市、桐城市政府有关部门、行业企业代表参加，听取他们对学校转型发展、服务经济社会发展的建议。

八、扶贫工作

2016年开始，根据安庆市委、市政府扶贫攻坚决策部署，学校帮扶桐城市唐湾镇唐湾村，对接帮扶70户贫困户。学校成立以校党委书记朱宏任组长的帮扶指导组，明确联络员，落实"校包村，支部包组，党员干部包贫困户"，110位党员干部参与结对帮扶，同时根据上级要求安排副处级干部王胜利驻村担任第一书记。

2017年，拨付10万元用于唐湾村修筑道路。2018年，争取安庆市交通局支持资金 10 万元。2018—2020 年，分别安排 2 万元、10 万元、10 万元专项资金用于唐湾村集体经济的发展，分别帮助销售茶叶，实现农民增收 5.7 万元、8 万元、5 万元。2018 年，学校向唐湾小学捐赠价值 10000 余元的图书 560 册。2020 年，学校向唐湾小学赠送电脑 4 台、投影仪 2 台及每生一套的书包、文具，在学校图书馆等区域设立 5 个扶贫专柜销售扶贫产品。组织学生到扶贫村开展志愿服务及社会实践活动，组织旅游管理专业及艺术设计专业的教师对唐湾村的生态休闲旅游进行专业指导。

学校带着责任真扶贫，带着感情扶真贫，取得成效。截至 2017 年，唐湾村脱贫出列。2019 年，70 户贫困户全部脱贫。2018 年、2019 年，学校的帮扶工作经第三方评估，贫困户的满意度均达到 100%。2018 年 7 月，学校在 2017 年安庆市直单位脱贫攻坚工作成效考核中获“好”等次，桐城市委、市政府给学校发来感谢信。同年，王胜利在桐城市委组织部组织的第七批先期到村任职选派干部年度考核中获得“优秀”等次。

2017 年，根据《中共安庆市高等教育工作委员会　中央安庆市教育体育工作委员会　安庆市教育体育局关于确实做好支持岳西教育扶贫工作的通知》(教体财〔2017〕405 号)中提出的“支持职业培训　培养三类人才”的具体任务，学校运用师资培养、培训方面特色优势，帮助结对帮扶的岳西县安庆大别山科技学校培训音乐、美术专业教师。2017 年 5 月，学校为岳西县实施幼儿园骨干教师培训项目，培训 52 名幼儿园骨干教师。

第十一节　桐城文化的研究与传承

2011 年 4 月，学校在桐城派研究室基础上成立“桐城师范高等专科学校桐城派学术研究中心”(以下简称“桐研中心”)。桐研中心以“互相学习，坦诚相待，抱团发展”为宗旨，以桐城派与桐城文化传承及学术研究为主要方向，以开展桐城派与桐城文化学术研究及传承创新发展为主要任务。桐研中心办公室设在校图书馆，与“桐城派研究会”合署办公。占峰兼任首任桐研中心主任，程大立兼任桐研中心办公室主任。

2014 年 10 月，桐研中心全体成员大会推举程大立担任桐研中心主任，陶家韵担任桐研中心办公室主任。2015 年 12 月，程大立调出。学校任命陶家韵担任桐研中心常务副主任。

2016 年 9 月 9 日，校长沈波拜访全国知名桐城派研究专家、中国社科院研究员王达敏，并聘请王达敏担任桐研中心主任。

图 6-8　学校聘请中国社会科学院研究员王达敏为桐研中心主任

一、承办、协办、举办全国桐城派学术研讨会

2009 年 10 月 17 日至 18 日，由桐城市人民政府、安徽省桐城派研究会共同举办的，桐城师范学校承办的第四届全国桐城派学术研讨会

在学校召开。安徽省人大常委会副主任、安徽省桐城派研究会会长胡连松出席会议，安徽省桐城派研究会副会长、秘书长胡睿主持开幕式。来自北京、上海、江苏、湖北、湖南和安徽等地的专家学者40余人参加会议，大会收到论文32篇。这是学校第一次承办全国性的桐城派学术会议。

2012年10月30日至31日，由桐城市人民政府主办，安徽省桐城派研究会承办，学校协办，以“时代召唤、文化引领”为主题的第五届全国桐城派学术研讨会在学校学术报告厅召开。安徽省人大常委会副主任、桐城派研究会会长胡连松及安庆市、桐城市相关领导出席会议。学校主要负责人占峰、负责人杨雪松及部分教师参加本次研讨会。

2017年10月27日至29日，由学校主办的桐城派研究前沿问题国际学术研讨会在桐城金瑞古井大酒店召开。来自韩国成均馆大学、培材大学、首尔市立大学、启明大学，新加坡南洋理工大学，台湾师范大学、台湾海洋大学、香港树仁大学及中国社会科学院文学所、南京大学、北京师范大学等30多所高校与科研院所90余位学者参加此次会议。安徽大学桐城派研究中心给大会发来贺信。会议共收到论文57篇60余万字。此次桐城派学术研讨会系学校第一次单独主办的会议。

图6-9　2017年10月27日，桐城派研究前沿问题国际学术研讨会专家合影

2018 年 11 月 16 日至 18 日，由学校主办，中国社会科学院文学研究所近代文学研究室和桐研中心承办的桐城派研究青年学者学术论坛在学校召开，来自中国社会科学院文学所、南京大学、北京师范大学等 20 余所高校与科研院所 60 余位专家学者参加论坛，本次论坛收到论文 30 篇 40 余万字。

2019 年 9 月 20 日至 22 日，由学校主办，桐研中心承办的从传统走向现代的桐城派学术研讨会在桐城召开，来自中国社会科学院文学所、江苏省社会科学院、北京大学等 20 多所高校与科研院所及安庆、桐城地方 70 余位专家学者参加会议，会议收到论文 51 篇 50 余万字。

2020 年 10 月 10 日至 11 日，由学校主办，桐研中心承办的以"交流·合作·传承·创新"为主题的 2020 年桐城文化研讨会在桐城召开。来自中国社会科学院文学所、安徽师范大学、安庆师范大学等多所高校与科研院所和安庆、桐城、枞阳等地方学者 40 余人参加了此次会议。

图 6-10　2020 年 10 月 11 日，桐城文化研讨会专家合影

二、开展学术研究

桐研中心成立后，先后吸纳了10余位年轻硕士研究生进入桐研中心，桐研中心的研究力量不断加强，截至2021年6月，桐研中心共有教授2位，副教授3位，讲师5位。研究方向也更加明确，先后成立了桐城派文论研究小组、桐城派与中国近代教育研究小组、桐城民俗及桐城歌研究小组。

自2010年以来，桐研中心先后有20余项课题获省级以上立项，发表三类以上论文60余篇，出版学术专著2部、学术编著5部，参编学术编著2部。2013年12月，由程大立研究馆员申报的《中国近代教育转型时期桐城派"德行"教育研究》获全国教育科学规划2013年度教育部重点立项项目。2015年2月25日，《光明日报(理论版)》发表陶家韵的论文《马其昶的民生观》。2019年，开健申报的《"特色铸校"视野下桐城派文化传承与创新》获得安徽省教学成果一等奖。

三、桐城派教学融入人才培养

学校重视桐城派的传承和创新，并将其与学校人才培养紧密结合。2010年学校升格以后，在初等教育(文)专业开设《桐城派研究》《桐城文化概论》等地方文化选修课，编写教材《桐城派名家文选》《桐城派散文学》《桐城派知识系列讲座》。2014年12月，根据《桐城师范高等专科学校人才培养方案修订指导意见》，各系各专业均将优秀地域传统文化课程列入选修课。桐研中心成立了教学研究室，组织专门团队研讨制定课程计划和教学大纲，在不同系开设《桐城派与桐城文化》《桐城派散文鉴赏》《桐城歌艺术鉴赏》等选修课程。

2018年9月，桐研中心转换桐城派课程开设模式，以讲座形式代替课程教学，桐研中心成员结合自己的研究方向为学生开设"桐城派与桐城文化”相关专题讲座。

四、开设惜抱人文讲坛

为了传承桐城派文化，弘扬人文精神，加强与校外桐城派研究者的沟通和交流，桐研中心从 2012 年 10 月开始开设面向本校学生的惜抱人文讲坛。2012 年 10 月 23 日，首讲由桐研中心成员程根荣主讲，主题是“经典阅读与桐城派研究”。至 2020 年已举办 31 期。邀请全国知名教授、青年研究学者、本土研究专家及本校研究人员，为 5300 余名在校学生作专题讲座。

五、传承优秀地域文化

桐城歌是起源于安徽桐城的一种地方民歌，2008 年，安徽省桐城市申报的“桐城歌”经国务院批准列入第二批国家级非物质文化遗产名录。

为了保护和传承桐城歌，桐研中心在成立之初就将桐城歌研究列为自己的研究方向。2011 年开始，桐研中心成立桐城歌田野调查小组，深入桐城市各乡镇、村庄走访。采访桐城歌歌手，采集原生态桐城歌，全面调查桐城歌在上述地区流传和继承状况。2011 年 10 月，桐城歌田野调查小组撰写了《桐城歌保护和传承调研报告》，提出了桐城歌现状及保护和传承桐城歌的建议，并提交至桐城市政府相关部门。同时学校还邀请了省级非物质文化遗产传承人查月华来校，进入课堂教授学生唱桐城歌。

图 6-11　国家级非遗桐城歌传承人查月华、剪纸艺人薛海霞走进课堂

2015 年 9 月,桐研中心成立了申报安徽省非物质文化遗产教育传习基地项目组,与桐城市非物质文化遗产办公室合作以桐城歌为对象进行申报并获得成功。2016 年 6 月,学校入选安徽省首批非物质文化遗产教育传习基地。

图 6-12　安徽省非物质文化遗产教育传习基地牌匾

2018 年 1 月 6 日,由学校与桐城市文化委员会联合举办,桐研中心和桐城市文化馆承办的“桐城歌报告会暨桐城歌歌会”在学校举行。安庆市文广新局、安庆市文化馆、桐城市政协、桐城市文化委相关领导出席,桐城市文化艺术界人士,长期致力于非物质文化遗产传承保护的专家学者、传承人参加。

图 6-13　桐城歌报告会暨桐城歌歌会现场

六、为文化传承搭建资源平台

为了有效支持桐城派与桐城文化的传承创新工作，为专家学者学术研究建立资源基地，为文化传承搭建资源平台。桐研中心与校图书馆合作开展桐城派与桐城文化特色文献建设，分别建立桐城文化图书文献特藏室、桐城派与桐城文化特色文献资源库。该项目是地域优秀传统文化研究、高校图书馆文化传承和文化服务的高度融合，进一步扩大了桐城派和桐城文化的传播渠道和社会影响，满足广大社会读者多样化的阅读需求，对于推进桐城派和桐城文化的理论研究，加强桐城派和桐城文化的宣传，具有重要的意义。该项目的远期目标是建设全国桐城派文化传承与研究的文献资源中心，以提升学校特色建设和内涵发展水平。

通过文献征集、网邮零购和集中采购的方式，特藏室已有纸质图书文献 3400 余种 5600 余册。桐研中心与校图书馆建立桐城地方文献征集、捐赠机制，目前，已受赠文献 162 件(册)，包括桐城家谱 3 套。

桐城派与桐城文化特色文献资源库以桐城派与桐城文化为主题，设立桐城文派、桐城文化、桐城非遗、文化活动和相关资源 5 个子库，已上传学术论文 1000 篇、专著 100 部、音视频 520 分钟、图片 420 幅。

一期项目已成功地将地方特色文献数字化并实现互联网自由访问;二期工程已经启动,将实现文献资源扩充一倍、会员建制、大数据分析和推送等目标,向"互联+文献资源"服务模式发展。

为了促进桐城派与桐城文化特色文献资源库健康发展,更好地传承优秀地域文化,服务广大人民群众的文化需求,2014 年 2 月,学校与桐城市文化广播新闻出版局签署共建共享协议,并将特色库建设列入安庆市争创全国公共文化服务示范区建设项目。根据协议,学校将负责特色库平台建设、文献上传和网站更新、日常维护,桐城市文化广播新闻出版局负责资源采集、公众推广和社会服务工作。此举创新了高校与地方文化平台共建、文化资源共享的服务方式。

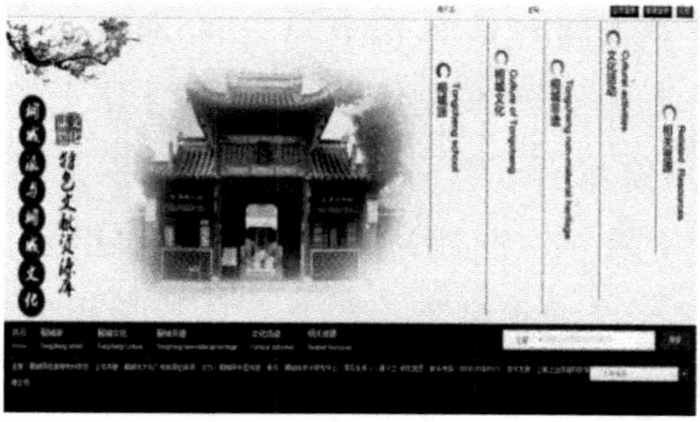

图 6-14　桐城派与桐城文化特色文献资源库首页

2014 年 8 月 25 日上午,安徽省教育工委书记、厅长程艺来学校调研,在听取学校汇报后,专门来到桐研中心视察。程艺参观后要求学校领导充分利用桐城派资源,扎实开展大学生教育和社会服务工作。

第十二节　人才培养评估工作

根据《教育部关于全面提高高等职业教育教学质量的若干意见》和《高等职业院校人才培养工作评估方案》要求,学校自升格后,至少有三届毕业生毕业前必须接受教育部组织的人才培养工作评估。

2012年4月，学校向安徽省教育厅呈送《关于申请参加2016年高职高专院校人才培养工作评估的报告》。2014年9月，学校举行庆祝教师节暨迎评促建动员大会，正式启动人才培养评估工作（以下简称“评建工作”），2015年12月，接受教育部委托的教育厅专家组评估，历经16个月。

一、成立评建工作领导小组

2014年9月，学校成立评建工作领导小组。朱宏任组长，吴登明、程玉梅、陈发明任副组长。同时，学校成立评建工作办公室。出台《桐城师范高等专科学校迎接人才培养工作评估实施方案》。9月22日，学校召开人才培养工作评估领导小组会议，确立“以评促建、以评促改、以评促管、评建结合、重在建设”的二十字评建工作方针。

2015年1月，学校召开教育类专业人才培养方案研讨会，邀请桐城市教育局教研室领导、校（园）领导、专家参加指导。同年12月，学校贯彻教育部《关于全面提高高等职业教育教学质量的若干意见》《关于大力推进教师教育课程改革的意见》，出台《关于对2012年版教师教育类专业人才培养方案进行修订的指导性意见》《关于进一步强化教学工作重心地位的意见》《深化教学改革加强大学生社会责任感教育培养方案和学分认定办法》，落实学校“质量立校、人才强校、文化兴校、特色铸校”办学理念和“规范管理，内涵建设，转型发展，特色培育”发展战略。

二、评建工作业务学习

2014年8月26日至27日，学校面向全体教职工召开评建工作专题培训会。安庆师范学院副院长张群教授、教务处副处长吴云助副教授就教学管理与专业建设作了专题报告。同年10月，陈发明带队赴安徽涉外经济职业学院、湖北郧阳师范高等专科学校，程玉梅带队赴南昌师范高等专科学校、马鞍山职业技术学院，吴登明带队赴阜阳职业技术学院、亳州师范高等专科学校考察学习，借鉴同类院校迎评促建的宝贵经验。同年11月、12月，朱宏带队赴池州职业技术学院、安庆职业技术学院考察交流学校转型发展及人才培养评估工作。

三、开展教学督导

2013年7月16日，根据《安徽省教育厅关于开展对口支援新建高职院校工作的通知》精神，为提升办学水平和人才培养质量，加强内涵建设，促进转型发展，学校与安庆师范学院签订《对口支援协议》。安庆师范学院通过骨干教师国培、省培等项目，培养学校专业带头人和骨干教师，有效提升了学校在科学研究、教育教学、管理等各个方面的水平和能力。

2014年10月，学校聘请安庆师范学院教授组建了教学督导队伍，对教学工作进行为期一年的专项督导，并为专家颁发“教学督导专家”聘书。

四、开展竞赛活动

在迎评过程中，学校加大校系两级课堂听课力度，保证课堂教学质量人人过关。针对不同课型，开展系、校两级观摩教学活动。同时为了调动各教学单位和广大教师积极参与评建工作的积极性，激励教师主动参与、展示成果，学校围绕评建工作开展了一系列竞赛活动，对获胜的教学单位和个人进行表彰和奖励。2015年2月，学校教学委员会根据《桐城师范高等专科学校教学名师、专业带头人、骨干教师、教坛新秀评选及考核办法》，通过评议、票决，评选出校级教学名师8人、专业带头人9人、骨干教师24人、教坛新秀21人。2015年2月，开健、金丹萍、梁艳丽在全体教师说课比赛中获一等奖；5月，学校对专业剖析及说课优胜系给予表彰和奖励，教育系获得一等奖。6月，学校开展校园二级网站评比活动，教育系、办公室分别获A组、B组一等奖。

五、人才培养工作预评估

根据教育厅的安排，学校接受人才培养工作评估的具体时间是2015年年底，比学校原准备2016年年底接受评估的时间提前了一年。2015年1月，学校修改并完善了《桐城师范高等专科学校迎接人才培养工作评估实施方案》，新的实施方案调整了评估时间、工作步骤和评建机制。同时学校决定在2015年5月底邀请省教育厅领导及有关专家进行预评估。

2015年5月13日至15日，以安徽工程大学校长刘宁为组长的高职院校人才培养工作评估专家组一行5人到校进行了为期三天的预评估。安庆市副市长黄杰、安徽省教育厅高教处处长储常连等领导出席了反馈会。

六、人才培养工作评估

2015年7月29日，沈波调任学校党委副书记、校长。沈波到校后，积极推进人才培养评估工作。10月26日，学校出台了《桐城师范高等专科学校关于进一步推进迎接人才培养工作评估的实施方案》。

11月25日，学校邀请安庆职业技术学院副院长谭维奇等6位专家来校指导评建工作。6位专家模拟评估，分成3个工作小组深入有关处（室）、系部，考察实训室、图书馆，查阅资料。开展听课、进行专业剖析、制度追踪和访谈活动；召开对接交流会与集中反馈会等。

12月14日至17日，受安徽省教育厅委托，以安徽机电职业技术学院党委书记张光胜为组长的专家组正式到校开展人才培养工作评估。安庆市副市长黄杰出席了欢迎会和汇报会。汇报会上，专家组听取了沈波题为《加强内涵建设，推进转型发展，努力开创桐城师专事业发展新局面》的工作报告。专家组认真审阅了学校《人才培养工作自评报告》《学校“十二五”发展规划》、学校人才培养工作数据状态采集平台和有关材料，考察了图书馆、教学楼、实验实训楼、艺术楼、桐城派学术研究中心、地方文献特藏室、运动场等教学、生活基础设施，详细查阅了有关原始资料，与学校领导、部门负责人、系部主任、教师、学生等33人进行了深度交流。专家组分别召开了2个专业的教师和学生专题座谈会，查阅了800余份课程试卷，600多份毕业设计和毕业论文，200余份国培、省培学生作业，选取了《桐城师范高等专科学校教学检查暂行规定》和《桐城师范高等专科学校教师进修培训实施办法》两项管理制度进行了跟踪调查。

12月17日上午，评估组在学校召开评估工作反馈会。评估组认为，学校人才培养工作取得了重要成绩，主要表现在：重视教育基本建设，教学中心地位确立；重视管理制度建设，教学运行正常有序；重视文化传承创新，文化育人环境优良；重视文明校园建设，学生综合素质稳步提升；重视服务地方社会，教师培训成效明显。评估组认为，学校升格5年来，安庆市委、市政府和桐城市委、市政府高度重视，在学校建设方面给予了大力支持，为学校发展提供了有力的保障，学校领导班子带领全体教职员工艰苦创业，不断加大办学投入力度，完善教育教学、实验实训等必要的教学条件，办学条件不断改善，办学实力逐步增强，人才培养质量稳步提升，为地方教育事业发展作出了卓越贡献。评估组还对学校的队伍建设、实践教学条件改善和教学改革提出了指导意见。

评估期间，安庆市委书记虞爱华看望了专家组一行，安庆市副市长黄杰出席了反馈会，校党委书记朱宏代表学校在反馈会上作了表态发言。2016年4月，省教育厅反馈评估结果，桐城师范高等专科学校人才培养工作合格评估获得通过。

第十三节　疫情防控

自 2020 年春节开始，新冠疫情肆虐中国部分地区。学校高度重视，密切关注，及时采取应对措施。第一时间成立以党委书记、校长为组长的疫情防控工作领导小组，按照“坚定信心、同舟共济、科学防治、精准施策”的总要求，遵循“依法防控，科学应对，分级负责，属地管理”的原则，研究部署和落实疫情防控工作。

2020 年 1 月 26 日，党委书记朱宏主持召开新冠疫情防控工作领导小组第一次会议，传达学习习近平总书记在中共中央政治局常务委员会会议上的重要讲话精神，研究部署学校疫情防控工作。截至 2021 年 6 月底，学校疫情防控工作小组召开校园疫情防控工作会议 11 次，学校师生未出现 1 例疑似或确诊病例，也未出现相关舆情事件。

新冠疫情发生以来，学校 120 多名党员干部职工主动参与社区防控和校园值班值守。同时，学校组织党员干部教职工（含退休）捐款献爱心，累计捐款 3.575 万元。

图 6-15　校领导朱宏、沈波检查疫情防控情况

2020 年 3 月 9 日，学校组织全体班主任、辅导员、学生和思政课教师收看教育部社会科学司、人民网联合举办的“全国大学生同上一堂疫情防控思政大课”。3 月 18 日，学校在校大门口安装热成像体温检测系统，同时积极筹措各类疫情防控物资。学校办公室逐日向教育厅、市高教工委和属地政府等报送相关信息。

为了贯彻落实教育部、省教育厅关于疫情防控期间高校及时组织线上开学工作的通知精神，最大限度地减小疫情对学生学习的影响，实现“停课不停学”的工作目标，学校成立以校长沈波为组长的线上教学工作领导小组，制定《桐城师范高等专科学校关于疫情防控时期开展线上教学的实施方案》《关于加强线上教学质量和督导工作的实施意见》，对疫情时期开展线上教学工作作出安排和部署。2020 年 2 月 9 日，学校开始线上教学。3 月 2 日，学校在以智楼一楼报告厅举行 2019—2020 学年度第二学期线上开学典礼，副校长程玉梅代表学校讲话。疫情期间网络课程共开课 101 门(含重复开课课程)，线上教师直播课开课 7 门，智慧树线上教学平台累计学习 29177 人次。学校成立线上教学技术支持团队，各系每周提交《线上教学周报》，督导室和教务处每周进行汇总，形成《线上教学周报》9 份。

学校在开展线上教学的同时，线上教学管理及质量监控研究协同推进，并取得成效。曹杏田的《线上教学质量督导体系研究》、殷波的《师范生线上自主学习能力培育策略研究》、叶翠的《慕课时代在线学习者积极性培育策略研究》获得 2020 年度省级质量工程重大线上教学改革研究项目立项。2021 年 3 月，3 个项目均通过验收。

2020 年 5 月中旬，学校一方面积极作开学准备，采购储备消毒物品、洗涤用品、口罩、红外体温测量仪等防疫物资，开展疫情防控开学报到的模拟演练和实战演练活动，制定“三案八制”，即《学生返校开学工作方案》《开学教学组织方案》《教育教学应急预案》《疫情报告制度》《师生晨午晚检工作制度》《因病缺课追踪制度》《复课证明查验制度》《学生出入校门管理制度》《宣传与健康教育制度》《心理咨询与干预制度》《责任追究制度》。学校另一方面向安庆市政府提出开学申请，申请得到批准后，学生分三批错峰到校。

学生到校后，校园实行相对封闭管理，进入校园须进行身份核验登记、查看健康码和体温检测。校内实行闭环管理，错时错峰安排学生在校的学习生活，严格控制聚集性活动。同时，学校建立与安庆市、桐城市卫生部门的联动机制，开展师生“晨午晚检”，建立“日报告”“零报告”制度及追踪制度、责任追究制度。实行校内 24 小时值班制度。学校聘请 2 名医生在校夜间值班，发现发热学生，及时隔离，值班人员穿防护衣护送学生去医院就医。

针对疫情对学生产生的影响，学校及时完善心理预警机制和心理健康教育指导服务体系，严防“疫后综合征”。学校开通 24 小时心理健康热线，提供心理健康咨询服务，建立寝室心理信息员、班级心理委员、系、学校四级心理健康网络，对寝室心理信息员、班级心理委员开展培训，精准摸排心理异常学生。学校组织 5 位心理咨询师分别联系指导 5 个系的学生心理健康，并建立学生心理健康教育工作机制。

2021 年 2 月，学校在全体教职工大会上，对方莉等 21 人进行表彰，并授予他们“新冠疫情防控工作先进个人”称号。

2021 年 5 月 11 日至 12 日、6 月 16 日，学校全体教职工在知情、同意、自愿的前提下，分别接种两针新冠疫苗。

第十四节　新校区规划、建设及搬迁

2010 年学校升格后，生源数量急剧上升，校园面积过小，周边已无拓展空间，为了改善办学条件，满足发展需要，2010 年 10 月，学校分别向桐城市人民政府、桐城市发展和改革委员会、桐城市国土资源局呈送《关于请示开辟桐城师专新校区的报告》《关于申请桐城师专校园整体搬迁建设项目立项的报告》《关于申请桐城师专校园整体搬迁建设项目用地指标的报告》，启动新校区建设工作。

2012 年 2 月，学校向桐城市人民政府呈送《关于请求协调解决学生数快速增长导致学生学习生活场地不足及加快启动新校区建设的报告》。同年3月,学校向安徽省教育厅呈送《关于请求帮助解决新校区建设用地的报告》,省教育厅回复同意桐城师范高等专科学校新征地1000亩用于新校区建设。

一、安庆、桐城两级市委、市政府的鼎力支持

新校区规划、建设得到安庆、桐城两级市委、市政府领导的鼎力支持,安庆市委副书记陶方启、组织部部长汪卫东、副市长黄杰,桐城市委书记王强、市长吴三九等两级市委、市政府领导多次到校进行专题调研。

2010年12月16日,桐城市市长吴三九主持召开中共桐城市政府第32次市长办公会议,听取学校有关工作汇报,并形成《会议纪要》。

> 根据学校要求和提出的意见,会议研究原则上同意桐城师专建设新校区,新校区建设的标准、方式、资金筹措和规划选址另行研究确定,并向安庆市政府和省教育厅汇报。
>
> ——摘自《中共桐城市政府第32次市长办公会议纪要》(2010年12月16日)

2012年1月,安庆市副市长黄杰到校调研,并就学校建设与发展进程中的有关问题召开现场办公会。

> 支持桐城师专因发展需要迁址建设新校区,应以桐城市为主落实建设资金、用地等问题;安庆市也应有相应的政策支持,具体方案须提交市政府常务会议研究决定。
>
> ——《关于桐城师范高等专科学校有关问题的会议纪要》(2012年2月27日)

2013年8月22日,安庆市委书记虞爱华主持召开十届市委第67次常委会会议。此次会议明确新校区建设责任主体、资金投入、启动、

完成建设时间。

> 会议决定启动桐城师范高等专科学校新校区建设，由市领导牵头，市高教工委、桐城市委、市政府和桐城师范高等专科学校等有关方面参与，成立桐城师范高等专科学校新校区建设工作协调小组。新校区按校园占地面积 1000 亩、建筑面积 20 万平方米的规模进行一次规划、分步建设，布点规划和建设规划报安庆市人民政府审定。桐城市政府为新校区建设责任主体，负责土地征迁、资金筹集、工程建设级质量安全等工作，同步推进主体工程和配套设施建设，采取“交钥匙”工程方式，建成后将新校区及其资产产权移交给桐城师范高等专科学校。安庆市政府根据实际投入情况给予一定的支持。要尽快启动前期工作，年底前正式开工，力争 2015 年底完工。
>
> ——摘自 2013 年 8 月 22 日《中共安庆市十届市委第 67 次常务委员会会议纪要》

2013 年 12 月 31 日，时任安庆市委书记虞爱华，安庆市委常委、秘书长宋圣军到桐城市主持召开专题会议，听取学校新校区规划的汇报，并对规划提出指导性的意见和建议。

2014 年 1 月，安庆市政府将新校区建设作为重点工程之一写进《2014 年安庆市政府工作报告》。同年 2 月，安庆市市长魏晓明主持召开市长办公会议，桐城师范高等专科学校新校区建设问题是议题之一。

> 要尽快提交市规委会、土委会研究。采取“交钥匙”工程方式，桐城市政府建好后移交给桐城师专。今年要完成工程总投资的 30%以上。
>
> ——摘自《中共安庆市人民政府市长办公会议纪要》(2014 年第 6 次市长办公会议)

2019 年 1 月 18 日，安庆市分管教育副市长王爱武到新校区施工现场视察并召开座谈会，同年 10 月 22 日，安庆市委常委、宣传部部长董磊，副市长王爱武视察新校区并召开座谈会。2021 年 6 月 4 日，安庆市委常委、组织部部长、统战部部长，市政协党组副书记胡红兵，市委组织部常务副部长韦文明到新校区视察。在党委书记王子龙、校长沈波、副校长吴登明陪同下，胡红兵一行实地参观新校区，听取新校区建设项目实施、招投标组织、搬迁筹备等有关工作的介绍。在规划、建设过程中，安庆市高教工委领导多次到新校区考察指导。

图 6-16　党委书记王子龙、校长沈波陪同安庆市委常委、组织部部长、统战部部长胡红兵一行视察新校区

新校区的规划、建设，得到多任桐城市委、市政府主要领导的重视和支持。2021 年 2 月 5 日，桐城市市长章周中召集东部新城指挥部负责人及相关部门负责人会议，现场研究解决新校区搬迁中的有关问题，并形成《会议纪要》，会议强调从工程质量安全、公共设施配套、项目招投标等方面给予支持。

二、新校区规划及主体工程建设

新校区整体规划占地面积1000亩，位于桐城东部新城科教政务区西北角，建筑总面积为32万平方米，拟满足1.3万名学生在校学习生活，新校区整体设计定位为“秀水泮宫、百年学府”，由合肥市规划设计研究院设计。2013年12月，新校区规划完成。新校区校园总体结构概况为“一水、三轴、四区”。一水：南北向贯穿校园的生态景观水系，三轴：一条南北向中央景观主轴、两条东西向景观次轴，四区：四大功能区分别为前校区、教学实验区、后勤服务区、体育运动区。

2017年11月，新校区开始建设，分两期进行。2018年10月，新校区建设全面启动施工。桐城市政府采用PPP模式的“交钥匙”工程，投资4.3亿元(不含地价)。一期建设单位为桐城市东部新城建设发展有限公司、桐城市中辰城市建设运营有限公司，施工单位为中煤第三建设(集团)有限责任公司。一期占地面积600亩，建筑面积16万平方米，主体建筑有大门楼、行政办公楼、主体教学大楼、图书馆、2幢实验实训楼、2幢艺术楼、11幢单体学生公寓、食堂、看台、配电房等。校园整体建筑装饰是以灰白色为基调的中式风格，体现现代大学的庄重大气，彰显桐城的人文独特气质。

因多种因素影响，新校区的规划几经变更，整体规划中的学术交流中心、体育馆、校医院及附属服务设施一期未建设，在一期建设中存在校园基本功能不健全等问题。2019年3月，学校向桐城市人民政府提交《关于请求解决桐城师范高等专科学校新校区建设有关问题的报告》，就新校区运动场地建设标准较低、基本功能不健全等问题请求桐城市政府解决。

2019年12月，新校区一期主体工程竣工验收。

三、附属设施、内部设施建设及整体搬迁

2020 年 7 月底，校长沈波带队走访安徽省高校后勤服务中心，后勤服务中心主任陈鹏、副主任周飞就高校后勤服务管理、新校区搬迁及项目招标等予以政策指导。同年 9 月中旬，沈波带队到刚搬迁的合肥职业技术学院和正在搬迁的安徽医药高等专科学校考察学习两所学校的搬迁工作经验。

2020 年 10 月，学校确定 2021 年 9 月 1 日新校区正式开学运行，其后新校区搬迁、建设力度加大。学校成立新校区搬迁工作领导小组，下设协调规划组、项目建设组、校园文化建设组、工作推进督察组、资产清理组 5 个工作小组，专题研究新校区搬迁工作，明确任务、倒排工期、逐项落实、责任到人。学校党委会、校长办公会多次召开专题会议，研究听取新校区建设搬迁等事宜，研究推进新校区建设搬迁项目 48 项。学校实行项目会审制，主要领导定期调度、分管校长周调度。同年 10 月 19 日，学校安排方铁桥、章学渊、胡中军组成工作组，进驻新校区现场办公，实行周调度，联系对接桐城市东部新城建设指挥部。各项目组多次外出考察学习。沈波带队到滁州城市职业学院考察新校区建设工作。

2021 年 2 月 5 日，校长沈波等校领导到桐城市人民政府请示新校区搬迁建设工作。同年 5 月，桐城市学校向安庆市政府呈送《关于新校区建设搬迁工作的报告》，请求市政府按照 2013 年 8 月安庆市委常委会精神，成立桐城师范高等专科学校新校区搬迁工作领导机构，协调处理产权移交、建设规划落实、搬迁经费筹措等工作，以确保 2021 年 9 月 1 日新校区正式开学运行。

2021 年 5 月 29 日，学校召开新校区搬迁动员大会，搬迁动员大会的召开标志着新校区搬迁工作正式启动。

学校研究决定新校区项目建设分步实施，遵循“必需、必要”的原

则，第一批立项 22 个项目，第二批立项 26 个项目。校园文化建设项目、信息化建设项目是新校区 48 个项目中社会关注度高、涉及面广、基础较薄弱、建设难度大的项目，学校重点推进，校长沈波多次召开专题会议研究、召开座谈会听取意见和建议，同时到其他高校考察学习。

学校桐城派研究中心牵头对新校区楼宇、道路、景观命名进行作品征集，2020 年 8 月 5 日，学校邀请张泽国、潘忠荣、李国春、唐红炬、汪茂荣、方宁胜 6 位本土专家学者召开座谈会，听取他们的意见和建议。同时，校园文化建设组就楼宇、道路、景观命名召开教职工代表座谈会并发放问卷。在此基础上，学校召开校长办公会议确定楼宇、道路、景观名称。学校大门由北京大学原校长周其凤题写，其他楼宇、景观用字均向校内教职工征集评选。

信息化项目是新校区建设难度最大的项目，老校区信息化工作管理分散、效用欠佳，存在"信息孤岛"现象。2020 年 11 月，学校邀请安庆市现代化教育技术中心主任江浩、安庆师范大学教授董甲东指导新校区信息化工作。2021 年 3 月，新校区搬迁建设项目专题会议明确新校区信息化工作要遵循"总体规划、适度超前、分步实施、重在应用"的原则。信息化建设团队先后到安庆师范大学、巢湖学院、阜阳幼儿师范高等专科学校考察学习。3 月 21 日，学校召开信息化建设项目论证会。

自 2020 年 8 月始，学校办公室编发《新校区搬迁工作简报》，至 2021 年 6 月，共计编发 17 期。

第七章　新起点　新征程——桐城师范高等专科学校

（2021.07—2024.09）

2021 年 5 月，安徽省委研究决定，王子龙同志任学校党委书记。6 月 4 日，学校召开领导干部会议，安庆市委常委、组织部部长、统战部部长、市政协党组副书记胡红兵，市委组织部常务副部长韦文明来校送任。7 月底，学校顺利完成整体搬迁工作，9 月 1 日在学苑路 199 号新校区如期开学。9 月 27 日，学校举行新校区启用仪式暨 2021 年秋季开学典礼。安庆市委常委、统战部部长陈明生，省教育厅二级巡视员汤仲胜，安庆市人大常委会副主任童学军，安庆市政协副主席洪爱敏，学校党委书记王子龙，党委副书记、校长沈波，安徽黄梅戏艺术职业学院党委书记王颖迪，安庆市人大常委会委员、教科文卫工委主任苏长斌，安庆市教体局局长胡海生，桐城市委书记徐雄，桐城市市长章周中，桐城市人大常委会主任江学潮，安庆医药高等专科学校党委副书记张仕庆，安庆职业技术学院副院长谭维奇，安徽黄梅戏艺术职业学院党委委员、办公室主任、宣传部部长刘盛，安庆市高教工委四级调研员吴宗亚等领导和嘉宾出席仪式。王子龙主持仪式。陈明生、汤仲胜分别讲话，沈波代表学校致辞，徐雄代表桐城市委致辞。2022 年 1 月 26 日，校党委书记王子龙、副校长程玉梅前往安徽省教育厅，汇报学校搬迁以来新校区运行管理情况，得到省教育厅领导的充分肯定，省教育厅领导希望学校以此为契机，进一步推动学校高质量发展。桐城市委、市政府给予学校新校区建设大力支持，根据桐政办秘〔2022〕54 号会议纪要，明确新校区建设用地办证。

由经开区对吕亭路以南、学苑路以西、唐湾路以东、望溪路以北围合域内未办理划拨手续的约270亩土地完善办证手续。

图7-1　新校区启用仪式暨2021年秋季开学典礼现场

站在新起点，学校发展开启了新征程。基层党组织体系不断完善，师资建设不断加强，干部队伍得到充实，招生就业取得新进展，办学层次实现新提升，合作办学实现新突破。学校教职工精神面貌焕然一新，综合实力和办学质量显著提升。学校的高质量发展得到了各级领导、社会各界及兄弟院校的关注和支持。

2021年8月25日，中共安庆市委书记张祥安来学校考察调研，校党委书记王子龙、校长沈波，桐城市委书记徐雄，安庆市委办公室主任齐申勇、政研室主任何传义、督查考核办主任徐金贵等陪同考察调研。张祥安充分肯定学校的办学成就，勉励学校要在做精师范教育的同时，主动对接桐城产业发展，构建应用型学科专业体系，培养适应地方经济社会发展需要的人才。深化产教融合，用服务地方争取地方支持，用地方支持增强服务地方的能力和水平。

图 7-2 中共安庆市委书记张祥安来学校考察调研

2023 年 6 月 16 日,安徽省委教育工委书记、省教育厅厅长钱桂仑来学校调研,安庆市委副书记胡红兵,省教育厅办公室主任卢鹏,校党委书记王子龙,桐城市领导刘存磊、杜进陪同调研。钱桂仑充分肯定学校各项事业取得的成绩,希望学校坚持立德树人根本任务,全面贯彻党的教育方针,优化专业设置,不断提升办学水平,为全面建设现代化美好安徽提供有力支撑。

图 7-3 安徽省委教育工委书记、省教育厅厅长钱桂仑来学校调研

2024 年 10 月 4 日，教育部政策法规司司长张文斌来校指导调研。校党委书记王子龙，党委副书记张敏丽，副校长程玉梅，校党委委员、副校长王宏伟，校党委委员、纪委书记汪志耿，校党委委员、宣传部部长伍建强及职能部门负责人陪同。张文斌对学校办学 120 年来所取得的各项成绩表示充分肯定，希望学校深入学习贯彻习近平总书记重要讲话和全国教育大会精神，继续传承弘扬教育家精神，深入贯彻中央决策部署，全面贯彻党的教育方针，落实立德树人，以学科建设为引领，着力加强教师队伍建设，持续提升人才培养水平，努力创建更高水平更高质量的高职院校，为地方经济社会发展作出更大的贡献。

图 7-4　教育部政策法规司司长张文斌来学校指导调研

2021 年 6 月 11 日，安庆市人大常委会主任周东明来学校考察调研，希望学校坚持“目标导向、问题导向、结果导向”，以“十四五”力争升本为目标，凝聚人心，推动工作，开拓思路，全力把学校建设好、发展好。市人大将通过人大执法检查、代表建议等多种形式和途径为学校发展提供支持和帮助。

图 7-5　安庆市人大常委会主任周东明来学校调研

2023 年 11 月 11 日，安徽省委教育工委委员、省教育厅副厅长解平一行来学校调研并指导工作。校党委书记王子龙，党委副书记、纪委书记张敏丽，校党委委员、宣传部部长、办公室主任伍建强陪同。解平充分肯定学校近年来的事业发展所取得的成绩，对学校在高质量育人体系建设方面的积极探索表示赞赏，希望学校进一步凝练办学特色，集聚资源强化优势特色学科专业建设，切实提升人才自主培养能力，为服务地方经济社会高质量发展作出更大贡献。

图 7-6　安徽省委教育工委委员、省教育厅副厅长解平来学校调研

2023年10月4日，十四届全国人大常委会委员、中国科学院院士、中国海洋大学副校长吴立新一行到校考察指导。

图7-7　吴立新来学校考察

2024年4月3日，中国科学院院士、首都师范大学校长方复全莅临学校考察指导，充分肯定学校的办学特色与百年师范的深厚底蕴，对深化校际合作、推进开放办学、优化专业结构、实现高质量发展，提出指导意见。

图7-8　方复全来学校考察

2022年5月13日，安庆职业技术学院党委书记童宏葵一行来学校交流考察。校党委书记王子龙，校党委委员、宣传部部长、办公室主任伍建强等陪同交流考察。

2023年7月12日，滁州城市职业学院党委副书记、校长汪上一行来学校交流考察。校党委委员、组织部部长、人事处处长王宏伟主持座谈会并陪同考察校园。

2023年8月11日，阜阳幼儿师范高等专科学校党委副书记、校长汤志一行来学校考察交流。校党委副书记、纪委书记张敏丽主持座谈会，校党委委员、副校长王宏伟及相关部门负责同志参加了座谈会。

2024年3月5日，六安职业技术学院校长葛向东、党委副书记李萍一行来学校交流考察。校党委书记王子龙主持座谈会，党委副书记、纪委书记张敏丽，副校长程玉梅参加座谈会。

第一节　党的建设

学校坚持以习近平新时代中国特色社会主义思想为指导，全面贯彻党的十九大、二十大精神，学习贯彻习近平总书记关于党的建设的重要思想，全面贯彻党的教育方针，落实立德树人根本任务。学校分别于 2023 年 3 月 16 日、2024 年 3 月 28 日召开了 2023 年、2024 年党的工作会议，校党委书记王子龙出席会议并发表讲话，围绕新时代党的建设总体要求，对党的工作作出部署安排，以党建引领学校高质量发展。修订完善《党委会议事规则》《校长办公会议事规则》，落实党委领导下的校长负责制。2022 年，学校领导班子在安庆市委考核中获优秀。

图 7-9　2024 年全校党的工作会议

一、基层党组织建设

学校贯彻落实《中国共产党普通高等学校基层组织工作条例》，加强党组织建设，设立党总支、教师党支部、学生党支部，配齐配强党务工作力量。截至2023年7月，完成小学教育系党总支、商贸与电子信息系党总支、学前教育系党总支、旅游与公共管理系党总支、艺术与设计系党总支、机关党总支6个党总支和26个党支部的选举、成立工作，组建党总支、党支部委员会，党建工作干部队伍达75人。2024年6月，学校马克思主义学院党总支成立。

各级党组织严格执行《关于新形势下党内政治生活的若干准则》，落实"三会一课"、民主生活会、组织生活会、双重组织生活、党员活动日等制度，制定《"对标争先"建设计划实施方案》《星级党支部建设方案》《党建"双创"工作实施方案》《党建"书记项目"暨品牌特色创建工作方案》，完善《党建工作任务考核办法》和《基层党建工作考核评价指标体系》。党建工作质量得到提升，党建引领学校事业高质量发展的作用明显增强。

二、干部队伍建设

2022年6月，校党委研究出台《关于进一步调整完善学校内设机构的意见》，开展内设机构调整和干部选拔工作。设立组织部、宣传部、统战部、教师工作部、学生工作部、保卫工作部；设立各系党总支委员会、机关党总支委员会；设立纪委办公室；教务处原所属实验中心、图书馆职能剥离；撤销督导室，设立质量监控办公室；设立财务处；撤销新校区建设办公室，设立国有资产管理处；撤销师训处，其职能一部分划归教务处，一部分划归招生就业处，启用图文信息中心。其他机构保持不变，群团组织按照规定设置。

2020年7月，校党委委员、纪委书记陈发明同志到龄退休，同年11月，张敏丽同志到校任校党委委员、纪委书记。2022年，学校提拔交流副县级干部6人，提拔交流中层干部26人，调整面达60%。伍建强调任校党委委员、宣传部部长、办公室主任，张力调任监察审计处处长，黄洪沫任图文信息中心主任，程爱兰任教务处处长，王斌任学生处处长，高先军任总务处处长。提拔交流 7 名副处级干部担任系党总支书记和系主任，程跃文、江向中、陈涛任学前教育系党总支书记、商贸与电子信息系党总支书记、小学教育系党总支书记，周琳任艺术与设计系主任、党总支副书记（主持工作），方皓文任小学教育系主任，徐伟任商贸与电子信息系主任，曹杏田任学前教育系主任。2023 年，校长沈波、副校长吴登明退休，张敏丽任党委副书记、纪委书记，王宏伟任校党委委员、副校长。2024 年 7 月，汪志耿调任学校党委委员、纪委书记。

三、思想政治建设

为了进一步加强高校思想政治教育工作，2020 年 12 月，学校成立思政部，刘久芳任主任。2024 年 6 月，在思政部基础上成立马克思主义学院，程小娟任马克思主义学院党总支书记，雷小丽任马克思主义学院院长。2020 年学校出台《桐城师范高等专科学校校、系两级领导听思政课、讲课制度》，2021 年学校出台《桐城师范高等专科学校加强新时代思想政治理论课教师队伍建设实施办法》，校领导常态化深入课堂讲思政课、听思政课，加强新时代高校思政课程和课程思政建设。2022 年 11 月 14 日，校党委书记王子龙以“新时代新征程 坚持和发展中国特色社会主义的政治宣言和行动纲领”为主题作报告，宣讲党的二十大精神。2022 年 11 月 18 日，学校邀请马鞍山师范高等专科学校党委书记喻长志来校作“思政课实践教学及课程思政初步探索”专题报告。2023 年 3 月 21 日，校党委书记王子龙以“中国青年的使命担当”为主题作报告。2024 年 6 月 12 日，校党委书记王子龙为师生作了一场题为《学习贯彻习近平文化思想 弘扬桐城派文化当代价值》的报告会，宣传习近平文化思想。

图 7-10　王子龙作“学习贯彻习近平文化思想 弘扬桐城派文化当代价值”主题报告

2024 年 6 月 19 日，学校举办“思政课程”与“课程思政”教学比赛，校党委书记王子龙，校党委副书记、纪委书记张敏丽，校党委委员、副校长王宏伟出席比赛现场。王子龙希望全校教师提高政治站位，深刻领会习近平总书记对学校思政课建设的重要指示精神，落实立德树人根本任务，坚持思政课建设与党的创新理论武装同步推进，将思政教育理念融入不同课程的教学中，推进思政课建设内涵式发展，进一步打造学校育德、育智、育心三位一体的“三元育人”思政品牌，持续增强思政协同育人合力，努力培养堪当时代重任的合格人才。

2023 年 11 月 10 日至 12 日，安徽省高校思想政治理论课教学指导委员会、安徽省高职高专分教学指导委员会、安徽省高校“形势与政策”课分教学指导委员会共同主办，桐城师范高等专科学校承办，中宣部《时事报告》杂志社安徽省教学服务中心协办的习近平文化思想“三进”研讨会暨全省高职高专院校“形势与政策”课集体备课会在学校召开。全省高职高专院校及部分本科院校马克思主义学院院长、教授等

150 余名代表参加会议。安徽省教育厅思想政治工作处处长王后林，安庆市委教体工委书记、教育体育局局长王良宜，全省高校思政课教指委“形势与政策”分教指委主任黄洪雷，全省高校思政课教指委办公室主任、高职高专分教指委主任董玉节出席会议并讲话。中宣部《时事报告》杂志社原总编辑曹勃亚，安徽省社科联秘书长韩修良，安徽农业大学黄洪雷教授，中国科学技术大学魏荣教授，皖西学院傅敏教授，亳州职业技术学院刘慧教授，安徽商贸职业学院杨卫宏教授分别作了主旨报告。校党委书记王子龙出席会议并致辞，作了题为《深入学习贯彻习近平文化思想　赓续桐城文脉打造教育特色》专题报告。

图 7-11　习近平文化思想“三进”研讨会暨全省高职高专院校“形势与政策”课集体备课会开幕式

四、党风廉政建设

按照省编办皖编办〔2011〕72 号文件规定，学校监察审计处与纪委合署，王胜利任监察审计处处长，张力于 2022 年 4 月任监察审计处处长。2022 年 6 月，学校出台《关于进一步调整完善学校内设机构的意见》(桐师专党〔2022〕10 号)，设立纪委办公室，与监察审计处合署办公。学校各基层党组织配备纪检委员和专职组织员。

2021 年 11 月 12 日，安庆市委常委、市纪委书记、监委主任耿延强来学校督导调研省委巡视整改工作。校纪委在市纪委和校党委领导下，发挥“监督保障执行，促进完善发展”作用，有力有序开展监督执纪问责工作。制定了《中共桐城师范高等专科学校委员会全面从严治党责任清单》，定期开展意识形态工作责任制落实、师德师风建设等专项检查。加强审计监督，修订《桐城师范高等专科学校内部审计工作规定(暂行)》，开展工程招投标领域问题专项整治，强化风险防控。

图 7-12 安庆市委常委、市纪委书记、监委主任耿延强来学校调研

五、主题教育

2023 年 9 月，根据省委、市委有关文件精神和部署要求，学校深入开展学习贯彻习近平新时代中国特色社会主义思想主题教育。以县处级以上领导干部为重点，同时精细化实施教职工党员、学生党员、退休党员主题教育。按照理论学习、调查研究、推动发展、检视整改扎实推进主题教育。确定正面典型案例“贯彻落实习近平总书记关于文化

传承发展的重要思想，加强对中华传统文化桐城派文化的研究，形成学校特色学术品牌”和反面典型案例“职业教育改革定位不够精准，在服务安庆社会经济发展、服务新兴产业发展方面调整专业结构力度不够”。撰写正面典型案例1篇、反面典型案例1篇，班子成员调研报告4篇。明确细化整改措施10项，整改目标9个，全部完成并销号。党委调研成果转化运用清单3个，提出对策举措15条，出台政策文件完善机制15个。

2024年4月19日，校党委书记王子龙主持召开校党委理论学习中心组学习(扩大)会议暨党纪学习教育启动部署会，深入学习贯彻习近平总书记关于党纪学习教育的重要讲话和重要指示精神，认真贯彻落实中央部署及省、市委要求，部署启动学校党纪学习教育工作，学校成立党纪学习教育工作专班，出台了《中共桐城师范高等专科学校开展党纪学习教育的工作方案》。5月17日，学校举办党纪学习教育读书班，校党委班子成员重点领学、精读精讲。围绕学习新修订的《中国共产党纪律处分条例》，组织开展集体学习3次、结合“六大纪律”交流研讨2次，邀请安庆市委党校专家来校开展专题辅导1次，校内32个基层党组织(6个党总支、26个党支部)结合实际制定党纪学习教育学习计划表，开展警示教育学习40余次。校党委书记王子龙带头讲“加强党的纪律建设 抓好党纪学习教育”专题纪律党课，校内各级基层党组织书记讲纪律党课32次。

第二节　教学改革与发展

通过不断深化教育教学改革，学校教育教学质量迅速提高，取得了一批标志性成果。根据教育部办公厅《关于推进师范生免试认定中小学教师资格改革的通知》(教师厅函〔2022〕36号)文件精神，学校学前教育(三年制)、小学教育(综合文科教育)、小学教育(综合理科教育)3个专业入选新增实施免试认定改革的高等学校专科师范类专业名单。学前教育师范专业认证高质量通过教育部专家组考评，获批安徽省“双高”计划建设单位，在省“双特色”建设中，小学教育专业群获批安徽省特色培育专业群。教学诊断与改进四个“显效”、六个“有效”通过专家组考评，办学条件通过省教育厅专家组考评，人才培养质量和专业结构不断优化，教科研成果不断增多。校党委书记王子龙主持的教学研究项目获得省教学成果奖一等奖。学校获批艺术设计类专业产教融合省级职业教育研究基地。大数据技术专业和旅游管理专业获批省级特色专业。学校获批省级技能大师工作室，获批省级一流核心课程项目，获批省级继续教育项目。高等职业教育质量年报获得省教育厅A级优秀等次。“1＋X”个税计算职业技能等级考试通过率在98％以上，获“全国十佳试点院校”称号。学校学生在2023金砖国家职业技能大赛云计算赛项国际总决赛中获得一等奖；学生舞蹈作品在教育部第七届全国大学生艺术展演中获得个人专项奖。学校学生获得全国职业英语挑战赛一等奖(第一名)；获得安徽省高等学校师范生教学技能竞赛小学科学组一等奖；获得第三届长三角师范生教学基本功大赛小学组科学学科一等奖，小学组英语学科一等奖。

表7-1　2021—2023年学校教师获安徽省教学成果奖情况一览表

序号	年份	主持人	项目名称	奖项	备注
1	2021	田红艳	《幼儿园教育活动设计与指导的理论与实践》	二等奖	石凤伟、倪志明、伯玲、杨思亮、金丹萍、杨季兵
2		汪庭才	《小学英语教育专业人才培养模式创新与实践》	二等奖	束庆娟、毕秀、倪洁、李婧璇、余艳琼、杨翠华、武焕丽

续表

序号	年份	主持人	项目名称	奖项	备注
3	2023	王子龙	《聚焦师范专业认证的“主线”与“底线”，构建学前教育专业高质量人才培养体系——桐城师专学前教育专业人才培养的创新实践》	一等奖	程跃文、石凤伟、曹杏田、金丹萍、杨思亮、宋晓燕、田红艳、丁彩云、汪秀、王芳芳、黄瑞、徐梦颖、殷波、伯玲、程耀辉、潘蓓蓓、陈方杰
4	2023	程玉梅	《“一目标、两贯穿、三结合、四协同、五并举、六工程”心理育人模式的探索与实践》	二等奖	王斌、曹杏田、杨思亮、汪若冰、殷波、程耀辉、陶功胜、郑玲玲、叶慧敏、胡文君、杨晗、蒋欢、程昊、倪甜甜、陈方杰、刘颖、胡中军

表 7-2　2021—2024 年学校学生参加国家级、省级大赛获奖情况一览表

序号	年份	赛事名称	参赛选手	获得奖次	备注
1	2021	长三角师范生教学基本功大赛	刘念	长三角地区一等奖	国家级
2	2021	安徽省高等学校师范生教学技能竞赛	曹小俊	长三角地区一等奖	国家级
3	2021	2021 年安徽省高等学校师范生教学技能竞赛	许凯文	一等奖	省级
4	2021	中国大学生计算机设计大赛安徽省级赛	韦康康、胡思雨	一等奖	省级
5	2021	2021 年安徽省高等学校师范生教学技能竞赛	李翠	二等奖	省级
6	2021	2021 年“外研社杯”全国大学生英语演讲大赛高职组比赛（安徽赛区）	端木维婷	二等奖	省级
7	2021	2021 年“外研社杯”全国大学生英语演讲大赛高职组比赛(安徽赛区)	黄庆凤	二等奖	省级

续表

序号	年份	赛事名称	参赛选手	获得奖次	备注
8	2022	第三届中华经典诵写讲“诵读中国”经典诵读大赛	吴晓、汪菲菲	二等奖	省级
9		安徽省大学生财税技能大赛	孙萌、洪苏梅、刘海龙、虞文娟	二等奖	省级
10		2022年安徽省职业院校技能大赛(高职组)学前教育专业教育技能赛项	郑姝洁、周文娜	团体二等奖	省级
11		长三角师范生教学基本功大赛	郭倩倩	二等奖	国家级
12		2022年全国大学生英语竞赛	朱悦涵	特等奖	省级
13		2022年全国大学生英语竞赛	汪晓雅	一等奖	省级
14		全国大学生英语竞赛(D类)	张紫怡	一等奖	省级
15		中国大学生计算机设计大赛安徽省级赛	张肖磊、张晓宝	一等奖	省级
16		2022年安徽省高等学校师范生教学技能竞赛	范汝君	一等奖	省级
17		第六届“招商银行杯”安徽省大学生主题演讲比赛	黄煜森	一等奖	省级
18		2022年安徽省高等学校师范生教学技能竞赛	张雨悦	一等奖	省级
19		2022年安徽省高等学校师范生教学技能竞赛	冯国敏	一等奖	省级
20		安徽省第四届“笔墨中国”汉字书写大赛(硬笔)	黄欣宇	一等奖	省级
21		安徽省第六届校园读书创作活动	汤晓是	一等奖	省级

续表

序号	年份	赛事名称	参赛选手	获得奖次	备注
22	2022	安徽省第六届校园读书创作活动	张馨文	一等奖	省级
23		2022年未来设计师比赛安徽赛区	胡佳欣	一等奖	省级
24		第十三届“外研社杯”全国高等职业院校英语写作大赛(安徽赛区)	余克难	二等奖	省级
25		2022年安徽省职业院校节能大赛(高职组)纳税申报与风险识别团体赛	杨海影、宗鑫、赵莹莹、张雅情	二等奖	省级
26		2022年安徽省职业院校技能大赛(高职组)学前教育专业教育技能赛项	李心怡、李恩会	二等奖	省级
27		2022年安徽省职业院校技能大赛(高职组)学前教育专业教育技能赛项	郑姝洁、周文娜	二等奖	省级
28		第六届“招商银行杯”安徽省大学生主题演讲比赛	张夏溪	二等奖	省级
29		安徽省大学生摄影作品大赛	袁阔	二等奖	省级
30		第十届“挑战杯”安徽省大学生创业计划竞赛	杨梦媛等	银奖(等同省级二等奖)	
31		2022年安徽省高等学校师范生教学技能竞赛	汪菲菲	二等奖	省级
32		2022年安徽省高等学校师范生教学技能竞赛	况铭晨	二等奖	省级
33		安徽省第十五届运动会高校部羽毛球比赛	陈浩、刘周凯	第四名(等同省级二等奖)	省级

续表

序号	年份	赛事名称	参赛选手	获得奖次	备注
34	2022	2022年“外研社杯”全国大学生英语演讲大赛高职组比赛(安徽赛区)	王行珂	二等奖	省级
35		安徽省第六届校园读书创作活动	胡斌	二等奖	省级
36		安徽省第四届“诵读中国”经典诵读大赛	黄煜森、李煜婕、张夏溪、张赛	二等奖	省级
37		安徽省第十五届运动会高校部足球比赛	杨鑫宇、魏义淑、王怡蒙等	二等奖	省级
38	2023	2023金砖国家职业技能大赛中国分赛区云计算赛项国际总决赛	肖武	一等奖	国家级
39		2023年“讯飞杯”全国高校英语口语大赛安徽赛区	王靖文、李玉瑶	一等奖	省级
40		2023年全国高校商业精英挑战赛国际贸易竞赛	汪美慧、汪杉杉、唐文晴、荣佳佳、程红胜、王莉言、吴雨晨、陈思奇	一等奖	省级
41		2023年安徽省高等学校师范生教学技能竞赛	汤晓是	一等奖	省级
42		2023年安徽省高等学校师范生教学技能竞赛	柯舒涵	一等奖	省级
43		2023年安徽省高等学校师范生教学技能竞赛	漆凤章	一等奖	省级
44		2023年安徽省职业院校技能大赛——手工艺术设计比赛	赵柏玉、陈伟伟	一等奖	省级
45		2023年第二届安徽省乡村振兴创新创业大赛“高校组A乡村美术创作”赛道	吕子晨	一等奖	省级

续表

序号	年份	赛事名称	参赛选手	获得奖次	备注
46	2023	2023年“国元证券杯”安徽省大学生金融投资创新大赛	李梦茹、王小了、张婷于	二等奖	省级
47		第五届中华经典诵读写讲大赛	黄欣宇	三等奖	国家级（硬笔）
48		2023年安徽省高等学校师范生教学技能竞赛	黄煜森	二等奖	省级
49		2023年安徽省大学生财税技能大赛(高职技能组)团体赛	赵心宇、郑雪宁、张丽丽、张雪雪	二等奖	省级
50		2023年全国高校商业精英挑战赛国际贸易竞赛总决赛	赵乾前、周丽欢、刘泽、井家欣、彭梦圆、陈一玟、杨文婧、王怡琦	二等奖	国家级
51		第五届“笔墨中国”汉字书写比赛安徽省预选赛	黄欣宇	一等奖	省级
52		外研社“国才杯”“理解当代中国”全国大学生外语能力大赛	李玉瑶	一等奖	省级
53		2023年安徽省高等学校师范生教学技能竞赛	王怡琦	一等奖	省级
54		2023年安徽省高等学校师范生教学技能竞赛	杨佳	二等奖	省级
55		2023年“中银杯”安徽省职业院校技能大赛(高职组)“乡村振兴数字运营综合技能”赛项	赵乾前、程宏岩、刘泽	一等奖	省级
56	2024	2024年全国大学生英语竞赛B类	李玉瑶	一等奖	省级
57		“生态先锋，绿色挑战”2023全国大学生环保知识大赛	程红胜	一等奖	省级
58		2024年全国大学生英语竞赛(NECCS)	邓思瑶	一等奖	省级

续表

序号	年份	赛事名称	参赛选手	获得奖次	备注
59	2024	2024年全国大学生英语竞赛D类	王闵姝	二等奖	省级
60		第七届全国大学生艺术展演大合唱《领航》	曹传昕、董莹等	一等奖	省级
61		2024年全国大学生英语竞赛(NECCS)	邓思瑶	一等奖	省级
62		2024年全国大学生英语竞赛D类	王闵姝	一等奖	省级
63		第七届全国大学生艺术展演独舞舞蹈	陆克丽	一等奖	省级
64		第七届大学生艺术展演活动	杜奕婷	一等奖（书法）	省级
65		第七届大学生艺术展演活动	刘颖	一等奖（书法）	省级
66		第七届大学生艺术展演活动	何佳璇	一等奖（书法）	省级
67		第七届全国大学生艺术展演声乐独唱	杨佳	一等奖	省级
68		安徽省高等职业院校技能大赛幼儿教育技能比赛	李煜婕、黄煜森	一等奖	省级
69		2024年中国大学生计算机设计大赛安徽省级赛数媒静态设计组	许锦星、孙梦黎、赵纪东	二等奖	省级
70		2024年中国大学生计算机设计大赛安徽省级赛微课与教学辅助组	刘茹、航一丹、刘京京	二等奖	省级

一、师范专业认证

2022年5月30日,学校邀请安庆师范大学专家来校指导师范类专业认证工作,开展“对标对表做好师范类认证专业自评自建阶段工作”专题讲座。6月24日,学校邀请淮北师范大学专家来校指导学前教育专业认证工作。9月15日,学校召开师范类专业认证工作协调会。10月14日、10月17日,学校师范类专业认证办公室分别组织学前教育系、艺术与设计系召开师范类专业认证工作协调会。教务处分别于11月11日、11月16日、11月17日分组召开认证自评报告研讨会。11月21日,学校在学前教育系会议室召开师范类专业认证工作交办会。

2023年5月5日,学校在演艺厅召开学前教育专业认证工作动员部署会,王子龙、沈波出席会议并作工作部署。5月24日至27日,根据教育部师范类专业认证工作安排,以江苏师范大学副校长钱进为组长一行6人组成的专家组对学校学前教育专业二级认证进行现场考查。5月25日,认证专家组组长钱进主持举行专家组见面会,专家组全体成员,安徽省教育评估中心负责人,校领导王子龙、沈波等,各处室、系部负责同志参加会议。专家组对学校学前教育专业实训室、学生公寓、一站式社区等进行了集体考察,同时依据师范类专业二级认证标准,围绕8个一级指标、39个二级指标,开展深度访谈、召开座谈会、听课看课、考察走访、查阅文件。5月27日,钱进教授主持召开专家组意见反馈会,专家组全体成员,安徽省教育厅高教处副处长高原,校领导班子成员,各处室、系部负责同志,学前教育专业教研室主任、教师代表参加会议。学校成为全省唯一的师范类专业认证通过教育部考评的高职院校。

图 7-13　教育部专家组进校开展学前教育专业认证现场考查工作

二、合作办学

合作办学有利于促进教育资源的整合与优化，学校通过专升本联合办学、中职联合办学和国际合作办学，提升办学层次，扩大办学规模，加强国际交流。

（一）专升本联合办学

2022 年 2 月 25 日，学校党委书记王子龙、校长沈波、副校长程玉梅赴安庆师范大学对接专升本联合培养工作，分别拜访了安庆师范大学党委书记许继荣、校长闵永新等。两校商议，实施专升本联合办学，根据省教育厅下达的 2022 年普通专升本招生计划，其中桐城师范高等专科学校与安庆师范大学专升本联合培养小学教育专业和学前教育专业各计划招生 50 人，共计 100 人。6 月 23 日，安庆师范大学校长闵永新率队，相关处室负责人随同，来学校就联合培养专升本学历教育工作进行调研考察，双方就联合培养专升本学历教育，举行了签约仪式。9 月 5 日，安庆师范大学副校长吴琼率教务处、学生处及教师教育学院负责同志来学校指导专升本联合培养工作。9 月 13 日，学校在其昶楼报告厅举行专升本联合培养 2022 级本科班开班仪式，106 名专升本联合培养的学生正式入校。2023 年，学校与安庆师范大学专升本联合培养本科班招生人数比 2022 年增加 100%，新生规模达到 200 人。

2023 年 4 月 6 日，安庆师范大学党委书记许继荣，党委常委、副校长吴琼一行来学校就两校专升本联合培养等合作事项进行交流，强调两校以专升本联合培养为纽带，进一步深化双方在人才培养、专业学科建设、社会服务和文化传承等领域的交流合作，携手发展，合作育人，为国家基础教育事业作出更大贡献。

图 7-14　安庆师范大学党委书记许继荣一行来学校调研指导

(二)中职联合办学

结合《安徽省教育厅关于做好高职专业学院、高职中专分校设置试点工作的通知》文件精神，为做好高职中专分校试点设置工作，学校分别与舒城职业学校和安庆工业学校开展合作办学。

2023 年 5 月 18 日，安庆工业学校党委书记、校长孙慷，校党委委员、副校长吴杰和舒城职业学校党委书记、校长高传文，党委副书记、副校长韦宗林等一行来我校，三方就校校合作事宜召开座谈会。2023 年 9 月，两校正式招收大专班学生。

（三）国际合作办学

2023 年 12 月 14 日，学校与俄罗斯阿尔泰国立大学举行在线交流会暨中外合作办学项目意向书云签约仪式。

2024 年 4 月 17 日，俄罗斯叶列茨基国立大学副校长格拉西莫娃·叶夫根尼娅·尼古拉耶芙娜，化学与生物学科和药理学系主任莫尔加切娃·纳塔利娅·维克托罗夫娜一行莅临学校交流访问。校党委书记王子龙出席座谈会，两校签署合作协议。

2024 年 4 月 23 日至 30 日，校党委书记王子龙率团出访俄罗斯、哈萨克斯坦有关高校，学习交流、洽谈合作、缔结友谊，与俄罗斯阿尔泰国立大学和哈萨克斯坦中亚经济技术学院、阿拉木图铁道运输技术学院、图兰大学签订了相关合作协议，为下一步深化合作奠定了良好基础。学校艺术与设计系、商贸与信息系、旅游与公共管理系和办公室有关负责人随团出访，学校国际合作办学开启了新篇章。

图 7-15 王子龙率团出访俄罗斯、哈萨克斯坦有关高校

三、教学诊断与改进

2022 年 6 月 30 日上午，学校召开学期工作总结暨教学诊改工作动员会，校党委书记王子龙、副校长程玉梅作工作部署，要求进一步提高认识，切实增强教学诊改工作思想自觉、行动自觉。明确任务，准确把握教学诊改工作的各项要求。落实责任，扎实有效推进学校的教学诊改工作。下午，学校召开教学诊改工作研讨会，邀请六安职业技术学院副院长张志刚来校作诊改工作专题指导。10 月 19 日，学校召开教学诊断与改进工作推进会，办公室、组织人事处、教务处、学生处汇报了当前学校、专业、课程、教师、学生五层面诊改工作进展。

2023 年 3 月 23 日至 25 日，校领导王子龙、程玉梅、伍建强及有关处室、系部负责同志赴马鞍山职业技术学院、安徽审计职业学院学习调研教学诊改等工作。7 月 3 日，学校召开暑期教学诊改工作部署会，部署暑期教学诊改工作。10 月 11 日，学校在明德楼第三会议室召开专业层面、课程层面第二轮教学诊改模拟汇报会。11 月 8 日，学校召开迎接教诊改复核工作动员会，全体教职员工参加会议。

2023 年 12 月 5 日至 8 日，安徽省高职诊改专委会诊改复核专家组对学校内部质量保证体系诊断与改进工作开展现场复核。12 月 6 日上午，诊改现场复核工作汇报会在学校音乐厅举行。专家组组长、六安职业技术学院院长葛向东，副组长、安徽商贸职业技术学院原院长李忠，以及安徽财贸职业学院院长刘银国、安徽审计职业学院院长胡孝东等 9 位专家出席会议，学校党委班子成员、中层干部、专业负责人、课程负责人、师生代表参加汇报会。校党委书记王子龙代表学校致辞，副校长程玉梅汇报了学校内部质量保证体系诊断与改进工作情况。12 月 6 日下午至 7 日上午，专家组分别与学校领导、职能部门负责人、专业带头人、课程负责人、专任教师、辅导员、相关部门工作人员、学生代表等进行深度访谈共计 114 人次，全面考查学校各层面的诊改工作情况。12 月 8 日上午，专家组组长葛向东代表专家组反馈了复核意见，校党委书记王子龙作表态发言。学校在诊改学校层面螺旋建立与运行、专业层面螺旋建立与运行、学生层面螺旋建立与运行、平台建设顶层设计四个维度取得了“显效”，其余六个“有效”，教诊改工作高质量通过专家组考评。2024 年，安徽省教育厅发布《安徽省教育厅关于公布安徽省第四批诊改试点高职院校诊改复核结论的通知》(皖教秘高〔2024〕33 号)，全省第四批职业院校诊改复核结果予以公布，学校顺利通过安徽省职业院校教学工作诊断与改进专家委员会专家组复核，诊改复核结论为“有效”。

图 7-16　学校内部质量保证体系诊断与改进复核汇报会现场

四、“双高”“双特色”建设

2023 年 1 月 10 日，安徽省教育厅发布《安徽省教育厅关于开展“双高计划”建设项目申报的通知》(皖教秘高〔2023〕5 号)，决定实施安徽省高水平高职学校和专业群建设计划(以下简称“双高计划”)。依据文件精神,为了扎实有效推进安徽省“双高计划”建设项目申报工作,1月17日,学校召开安徽省“双高计划”建设项目申报工作部署会,制定《桐城师范高等专科学校申报省“双高计划”项目实施方案》,决定申报高水平小学教育专业群。2023年7月,根据《安徽省教育厅关于开展“双高计划”建设项目申报的通知》(皖教秘高〔2023〕5号)文件,学校小学教育专业被列为2023年安徽省高水平专业群项目。

2024年5月,安徽省人民政府办公厅、安徽省教育厅相继颁发了《安徽省人民政府办公厅关于高质量建设特色高校特色学科专业的指导意见》(皖政办〔2024〕5号)、《安徽省教育厅关于开展安徽省特色高校特色学科专业建设项目申报工作的通知》(皖教秘高〔2024〕74号),决定在全省高校内开展特色高校、特色学科专业建设工作。10月,学校小学教育专业群获批安徽省特色专业群培育项目名单。

五、办学条件达标

按照教育部等五部门印发的《职业学校办学条件达标工程实施方案》(教职成〔2022〕5号)和安徽省教育厅颁发的《安徽省教育厅关于开展全省高职院校办学条件达标核查工作的通知》(皖教秘高〔2023〕79号),学校于2024年1月启动办学条件达标工作,具体由质量办牵头负责。其间,质量办邀请校外专家来校开展办学条件达标预核,召开培训会,学习相关文件。

2024年5月23日至24日,安徽省教育厅安排以安徽建筑大学原党委书记孙道胜为组长,安徽交通职业技术学院院长孙晓雷为副组长,安徽水利水电职业技术学院院长方贤文、安徽职业技术学院副院长张智清、安徽医学高等专科学校人事处处长彭顺等为成员一行7人的办学条件达标现场核查工作组来学校进行现场核查。24日上午,学校召开办学条件达标现场核查工作专家见面会,校党委书记王子龙出席会议并致辞，校党委委员、副校长王宏伟汇报学校办学条件达标工作情况。见面会结束后，核查组通过查阅资料、抽查实物、现场查看、问询核对等方式，对在校生规模、师资队伍、教学行政用房、教学科研仪器设备、图书等5项基本办学条件指标进行了梳理与现场核查。下午，召开办学条件达标现场核查工作专家组意见交流会，专家组副组长孙晓雷主持会议。孙道胜代表专家组反馈学校办学条件达标现场复核意见，学校党委书记王子龙代表学校作表态发言，安庆市政府党组成员、副市长唐厚明代表安庆市委、市政府讲话。学校顺利通过省厅的办学条件达标核查。

图7-17　办学条件达标现场核查工作专家见面会

六、专业调整

学校以发展新质生产力为导向，围绕安徽省十大新兴产业、未来产业，围绕安庆市、桐城市战略性新兴产业和支柱产业对人才的需求，以保障人才培养质量为根本，按照“服务地方、集群延伸、一体两翼、错位发展”的专业建设思路，不断加强专业建设，对师范类专业（国控专业）及高职类专业实施分类规划与建设、分类管理与考评等机制，实现专业规模、结构、质量、效益协调发展的局面。学校形成自主调整、专业论证指导、诊改促进优化的动态调整机制，发布《桐城师范高等专科学校专业设置管理办法（修订）的通知》，进一步加强学校专业建设与管理，规范专业设置程序，优化专业结构和布局，促进学校规模、结构、质量、效益协调发展。

2021年，学校及时调整发展战略，构建“校企合作、工学结合”的人才培养方案，实现专业群与区域经济社会发展及产业链的紧密对接，培育财经商贸类、电子信息类、文化创意类等5个专业大类17个专业，涵盖《普通高等学校高等职业教育（专科）专业目录》19个大类中的6个大类，以教育与体育、文化艺术、交通运输、财经商贸、旅游大类为主，实现专业群与区域经济社会发展及产业链的紧密对接。2023年，学校成功申报体育教育、网络营销与直播电商2个新专业，同年开始招生。2024年，学校成功申报财税大数据应用、智慧健康养老服务与管理、音乐表演专业，专业达到24个。

七、成立学校社会科学界联合会

2024年7月3日，学校召开社会科学界联合会成立大会暨第一次会员代表大会。省社科联党组书记、常务副主席李兵，省社科联秘书长、一级调研员韩修良，安庆市委宣传部副部长高炬莅临大会指导，校党委书记王子龙，校党委委员、副校长王宏伟，校党委委员、宣传部部长伍建强出席。学校社会科学界联合会第一次代表大会全体代表参加。大会选举王子龙担任学校社会科学界联合会第一届主席。学校是全省高职高专院校创建社会科学界联合会的第三家单位。

图 7-18　桐城师范高等专科学校社会科学界联合会成立大会暨第一次会员代表大会

第三节　群团工作

为了落实《中央统战部、教育部党组关于加强新形势下高校统一战线工作的意见》《中共中央关于加强和改进党的群团工作的意见》，学校不断加强统战工作和群团工作。

一、妇女联合会

2021 年 12 月 17 日，学校妇女联合会成立，第一次妇女代表大会在音乐厅召开。校党委书记王子龙，安庆市妇联主席焦玲，校党委委员、副校长吴登明，副校长程玉梅，校党委委员、纪委书记张敏丽，校党委委员、组织部部长、统战部部长王宏伟出席会议。妇联筹备小组成员和 35 名妇女代表参加会议。大会选举产生了桐城师范高等专科学校妇联第一届执行委员会，程小娟当选为校妇联主席。

图 7-19　桐城师范高等专科学校第一次妇女代表大会

二、工会、职代会

2021 年 5 月 29 日，学校召开第二届教职工代表暨工会会员代表第一次代表大会。安庆市总工会党组书记、常务副主席王宜宏出席大会开幕式，校领导沈波、吴登明、程玉梅、张敏丽、王宏伟，全体代表、特邀代表和列席人员参加会议。会议听取并审议通过校党委委员、组织人事处处长王宏伟作的工会委员会工作报告，审议通过《学校"十四五"规划》《校财务工作报告》，选举产生新一届工会委员会委员、经审委员会委员、女职工委员会委员，以及新一届工会主席、经审委主任、女职工委主任。

2023 年 11 月 22 日、2024 年 7 月 8 日，学校分别召开第二届第三次工会会员代表大会暨教职工代表大会、第二届第四次工会会员代表大会暨教职工代表大会。学校党委书记王子龙出席并讲话。大会审议表决通过了年度《学校工会工作报告》《学校财务工作报告》。

图 7-20　桐城师范高等专科学校二届三次工会会员代表大会暨教职工代表大会

三、团代会、学代会

为了加强老师与学生之间的联系，学校依托“团员代表大会和学生代表大会”，发挥团委、学生会的桥梁和纽带作用。按照要求，团代会每五年召开一次，学代会每年召开一次。

2023 年 9 月 19 日至 20 日，学校召开了共青团桐城师范高等专科学校第二次代表大会。校党委书记王子龙，安庆团市委书记项薇，校党委副书记、纪委书记张敏丽，校党委委员、副校长王宏伟，安庆团市委、安庆职业技术学院团委、安庆医药高等专科学校团委及桐城团市委相关负责人出席大会。

2020 年 12 月 14 日，学校召开第二次学生代表大会。校党委委员、人事处处长王宏伟参加开幕式。大会审议并通过《桐城师范高等专科学校学生会章程修订案(草案)》，并选举产生新一届校学生委员会委员。

2021 年 11 月 20 日、2022 年 12 月 9 日、2023 年 12 月 24 日，学校分别召开了第三次、第四次、第五次学生代表大会。

第四节　师资队伍建设

随着学校招生规模的不断扩大，师资紧缺问题日益突出，成为制约学校进一步发展的瓶颈问题。学校坚持人才优先发展战略，积极争取编制周转池，加大专任教师、辅导员引进力度，加强新进教职工培训，强化师德师风建设。

2022 年 11 月 11 日，学校邀请国家杰出青年基金获得者，教育部长江学者，入选国家“百千万人才工程”的上海交通大学讲席教授崔大祥来校为师生作了题为“做祖国建设需要的优秀人才”的专题报告。校党委书记王子龙主持报告会。校领导、部分教职工和学生代表参加此次报告会。

表 7-3　2021—2024 年学校教师获得荣誉称号一览表

时间	姓名	荣誉称号	授予单位
2021 年	陈娟、程小娟、琚诒忠、李蹊、孟莉、束庆娟、宋晓燕、吴小琳、伍红霞、项波、严丽莉、杨思亮、占芳芳、朱玲	优秀教师	桐城师范高等专科学校
2021 年	程小娟、宋晓燕、项波	优秀教师	安庆市教体局
2021 年	汪彪	先进教育工作者	安庆市教体局
2021 年	毛永贤、陶功胜、叶翠	优秀辅导员	安庆市教体局
2023 年	杨翠华、张亚芳、吴小琳	优秀教师	安庆市教体局
2023 年	胡晨晨	先进教育工作者	安庆市教体局
2023 年	毕秀、李婧璇、赵玲、倪洁、彭卉卉	优秀辅导员	安庆市教体局

续表

时间	姓名	荣誉称号	授予单位
2024 年	程小娟、伍红霞、曹杏田、孙禹慧、尹璐璐、李燕	师德标兵	桐城师范高等专科学校
2024 年	倪娟、王安、汪秀、唐小晶、程跃文、金丹萍、王雨辰、张波（音）、郑玲玲、周结春、朱妍林、束庆娟、倪洁、李蹊、徐伟、孙兰兰、倪凌、雷小丽、杨瑾娟	优秀教师	桐城师范高等专科学校
2024 年	王冰、董彪、方宇、陈涛、赵化时、刘颖、胡二庆、汪明珠、姚立新	先进教育工作者	桐城师范高等专科学校
2024 年	蒋欢、陶功胜、程耀辉、杨晗、江敏、吴小琳、张亚芳、陈方杰	优秀辅导员	桐城师范高等专科学校

一、教师招聘

2011 年，省编办根据学校当时的学生数（2000 余名）核定编制数 206 个。2021 年，学校学生数已有 6000 余人。学校积极做好紧缺学科人才及缺岗教师、辅导员等在编在岗公开招聘工作，2021 年完成 5 名专职教师和 6 名行政人员招聘，2022 年招聘专职教师 3 人。2023 年获批安徽省教师编制周转池 54 人，2024 年公开招录专职教师 31 人。

二、职称评审

根据安徽省教育厅、安徽省人力资源和社会保障厅《关于安徽省高校教师职称评审权下放工作实施方案（试行）的通知》（皖教人〔2017〕3 号）文件要求，学校成立了校职称评审委员会，程跃文同志任主任。2022 年 7 月，校职称评审委员会进行了换届，黄洪沫同志任主任。每年职称评审，由个人申报、系部审核，校职称评审委员会根据职称评审文件对申报材料进行审核评定、推荐。截至 2023 年，学校高级职称教师 62 名，教授 7 名。

三、师德师风建设

学校制定了《桐城师范高等专科学校师德师风建设问题专项整治工作方案》，组织教师学习习近平总书记关于“四有好老师”讲话精神、教育部关于高校“教师十不准”和“教师行为规范”文件精神、省教育厅关于师德失范行为处理办法等相关文件，严格过程性管理的日常考核。实施学工队伍“青蓝工程”、完善辅导员和学团干部“传帮带”以老带新机制。每年举办教师节专场庆祝活动，进行教师节亮灯仪式，全体校领导班子成员、全体教师、全体辅导员、全体中层以上干部参加教师节宣誓活动。2024 年 8 月 30 日，邀请党的二十大代表、全国模范教师、全国师德标兵、全国最美思政课教师、安徽师范大学马克思主义学院博士生导师路丙辉作师德师风专题报告会。制定《桐城师范高等专科学校课程思政实施方案》《桐城师范高等专科学校关于党政干部深入思政课堂听课、讲课制度》等，将课程思政实施情况纳入教学单位考核指标中，并将课程思政融入所有课程中。建立党政领导干部深入思政课堂听课、讲课制度。

图 7-21　路丙辉教授作师德师风专题报告会

四、绩效工资制度改革

学校现有的《桐城师范高等专科学校2012—2013学年度校内岗位津贴方案》为2011年制定，为了充分调动全校教职工的积极性、主动性和创造性，发挥绩效工资分配的导向和激励作用，根据《安徽省人民政府办公厅转发省人力资源社会保障厅、省财政厅〈关于其他事业单位绩效工资实施意见〉的通知》（皖政办〔2012〕7号），《安庆市属其他事业单位绩效工资实施办法》（宜政办发〔2012〕18号）及相关文件精神，结合学校实际，2023年制定《桐城师范高等专科学校绩效工资实施方案》，经过广泛征求教职工意见，由校党委会研究，学校教代会审议通过，2024年1月1日开始实施。

第五节　学生管理

随着搬迁新校区，学生学习、生活条件有了大幅度改善。学生规模不断扩大，学生管理工作更加细化，辅导员队伍建设不断优化，一站式服务逐步完善。新冠疫情防控管理放开之前，在校学生无一人感染。

一、体制机制建设

学校出台《关于进一步调整完善学校内设机构的意见》《桐城师范高等专科学校基层党组织党建工作任务考核办法》等文件，基层党组织设置到位，明确了各部门、各系工作职责，完善了党委统一领导、党政齐抓共管、部门分工合作、系（部）具体负责的“校系两级管理，以系为主”的学生工作体系。

依据《普通高等学校学生管理规定》（教育部令第41号）等文件要求，结合新时代、新形势下学生工作需要，“废、改、立”各项学生工作规章制度，规范学生学习、日常生活各环节。现有学生工作规章制度涉及日常管理、学生资助、心理健康和考核激励等方面共计39项。2023年7月，学校被授予首批“安徽省高校心理健康教育工作双十佳先进集体”称号。

二、辅导员队伍建设

学校定期举办辅导员论坛，开展交流、研讨活动。2022年举办了7期，2023年举办了6期。2023年8月，学校与安庆医药高等专科学校联合举办为期一周的辅导员素质能力培训。2023年9月18日至28日，学校组织辅导员参加“新角色 新班级 从新出发”百千万计划第三期课程线上培训。2024年3月14日至15日，学校联合安庆职业技术学院举办了2024年辅导员素质能力大赛暨第二期辅导员论坛。通过“以赛代练、以赛代训、以赛促学、以赛促建”，辅导员能力得到不断提升。2022年，胡二庆老师获安徽省高校辅导员素质能力大赛一等奖。

学校组织开展辅导员职业能力比赛赛前培训，帮助提高辅导员职业素质。2023年2月，举办校内辅导员赛前培训一次。2024年1月，与安庆职业技术学院联合举办辅导员赛前培训，邀请省级相关专家评委授课。2023年以来，与安庆职业技术学院联合举办辅导员素质能力大赛2次，两所学校全体专职辅导员同台竞技，交流提升。

表7-4　2021—2024年学校校级、市级优秀辅导员(含兼职)一览表

年度	校级优秀辅导员(班主任)	市(安庆市)级优秀辅导员(班主任)
2021	陶功胜、方健、赵玲、胡二庆、童星慧、叶翠、郑玲玲、毛永贤、雷小丽	陶功胜、叶翠、毛永贤
2022	胡二庆、方健、赵玲、雷小丽、郑玲玲	胡二庆、方健、赵玲、雷小丽、郑玲玲

续表

年度	校级优秀辅导员（班主任）	市（安庆市）级优秀辅导员（班主任）
2023	蒋欢、彭卉卉、程裕、韦良东、齐美义、江敏、许娇、赵玲、倪洁、毕秀、李婧璇	彭卉卉、赵玲、倪洁、毕秀、李婧璇
2024	蒋欢、陶功胜、程耀辉、杨晗、江敏、吴小琳、张亚芳、陈方杰	蒋欢、陶功胜、吴小琳、张亚芳、陈方杰

三、“五大”工程建设

学校实施“立德铸魂工程”，进一步完善青年大学习、主题团日理论学习制度。围绕习近平新时代中国特色社会主义思想等党的创新理论，开展系列宣讲活动。贯彻落实《新时代爱国主义教育实施纲要》，充分利用开学和毕业典礼、重大纪念日、主题党团日、升国旗等契机开展爱国主义教育。成立军事爱好者协会、国旗护卫队和大学生国防动员志愿服务团，组织开展学回信、红色教育主题宣讲、革命场馆参观等系列活动。

学校实施“启智固本工程”，强化学生日常管理，组织学习各项学生管理规章制度，落实学生学业预警、家校联系制度等，辅导员每学期对所带班级学生随机听课 8 次以上，每周走访学生寝室 3 次以上，每月至少召开 1 次班会。深入开展学风建设活动，举办优秀学生先进事迹报告会、校友讲坛等。2023 年 5 月 12 日，邀请安徽省特级教师、安徽省有突出贡献的中青年教育专家、安庆市政协秘书长、校友江兴代作了“教育：是一种情怀”主题报告，提升大学生对教师职业认同感。建立学业困难学生跟踪清单，制定有针对性的帮扶措施，建立起有效的学习危机干预机制和跟踪指导服务体系。

学校实施“健体强心工程”，落实“健康第一”的指导思想，引导学生走下网络、走出寝室、走向操场，积极参加阳光体育运动，掌握至少 2 项日常锻炼的体育技能，形成良好的体育锻炼习惯。

学校实施“以美冶性工程”，开设美育相关课程，将美育教育实践活动纳入“第二课堂成绩单”。建好中华优秀传统文化(桐城非遗、桐城文化)传承基地等美育实践基地，开展“桐城文化进校园”“高雅艺术进校园”等文化艺术活动。2024年5月22日，邀请当代著名作家石楠作“我的文学之路”专题报告，校党委书记王子龙主持报告会。2024年6月7日，学校举办首届安徽省高校师生书法作品巡回展(桐城师专站)，传承中华文化根脉，弘扬书法艺术，引导学生发现美、感受美，坚定文化自信，增强文化自觉。校党委书记王子龙、安徽省高校书法家协会主席庄华峰出席开幕式并致辞。

图7-22　著名作家石楠作“我的文学之路”专题报告

图7-23　学校举办首届安徽省高校师生书法作品巡回展

学校实施“偕劳心力工程”，构建以课堂教学和课程实践为主体的“第一课堂”，开设劳动教育必修课(不少于18课时)，开展“劳模工匠进课堂”专题讲座，开展“致敬劳动”摄影、“从博物馆里看劳动”、“维护劳动权益——大学生模拟法庭”等活动。构建以社会实践和志愿服务为主体的“第二课堂”，开展以学生课外活动为主体的劳动实践活动，包括团日活动、党建活动、主题活动、社团活动、劳动周活动、社会实践和志愿服务活动等，引导学生从理论到实践再到理论的升华。

四、平台建设

学校搭建信息化工作平台，2021年起，不断探索建设学生工作信息化资源共享平台。2021年9月，校园、宿舍门禁系统投入使用，辅导员可以实时线上查看学生在寝状态。2023年，学工平台正式投入使用，学工平台涉及迎新服务、宿舍管理、学工队伍、智慧资助、日常管理、第二课堂、毕业离校7个模块共20项功能，有效地提升了学生工作的效能，让学生“少跑腿”，实现“一键办”、“码”上办。

学校推进“一站式”学生社区建设，在学生宿舍区集中建设5个学生社区活动中心。2022年5月，学校启动了“一站式”学生社区综合管理模式建设。自“一站式”学生社区建设以来，学校党政领导、各级干部、辅导员、专业教师、思政教师等各种育人力量下沉社区，指导社区建设，开展各类活动，充分发挥了学生社区的育人功能，促进学生德智体美劳全面发展，成效明显。

学校建成“两站两服务平台”，2023年6月6日，安庆市军分区动员处、安庆市教体局、安庆市人社局、桐城市人武部领导一行来校，就“两站两服务”平台建设情况开展检查验收，检查组对我校“两站两服务”平台建设情况和武装工作给予了充分肯定，认定我校“两站两服务”平台建设达标。2021—2023年，学校在“一年两征”征兵工作中均提前、超额完成征兵任务，其中，2022年任务完成率为533%，排名全省高校第一；2023年学校获安徽省普通高校征兵工作绩效考评优秀等次。

五、资助育人建设

学校建立“校系班”三级评议评审制度。2021年秋季以来，国家奖助学金、校内奖助学金、社会资助、勤工助学等项目共计资助12673人次、发放补助2072.5万元，资助比例占学生总数的30%以上。全方位报道国奖、诚信自强之星41人，汇编奖学金获得者典型事迹材料600余篇。开展学业发展类、能力提升类活动12项，参与学生1200人次，表彰优异学生242人次，发放奖励3.715万元；汇编“励志感恩”心得体会4500余篇；举行奖助学金发放仪式，开展“资助圆梦 皖美未来”“资助大使宣讲”“资助两节课”活动等，让学生在活动中感悟社会责任和奉献精神。

表7-5　2020—2024年学校学生获国家奖助学金及社会奖学金情况一览表

学年	国家奖学金		国家励志奖学金		国家助学金		社会奖学金	
	人数	金额（万元）	人数	金额（万元）	人数	金额（万元）	人数	金额（万元）
2020—2021	4	3.2	118	59	958	316.2	4	2
2021—2022	5	4	138	69	1303	430.3	0	0
2022—2023	5	4	164	82	1397	461.22	0	0
2023—2024	5	4	185	92.5	1656	546.32	10	5

表 7-6 2021—2023 年学校国家奖学金获得者情况一览表

年份	姓名	系部	专业
2021	刘念	旅游与公共管理系	英语教育
	韩昭娟	小学教育系	小学教育
	赵慧	小学教育系	小学教育
	苗静静	艺术与设计系	音乐教育
	王东晴	商贸与电子信息系	大数据与会计
2022	周静	艺术与设计系	视觉传达设计
	范汝君	学前教育系	学前教育
	张园秀	学前教育系	早期教育
	王行珂	小学教育系	小学教育
	苏婉晴	小学教育系	小学教育
2023	吕萌	艺术与设计系	美术教育
	袁阔	艺术与设计系	艺术设计
	赵莹莹	商贸与电子信息系	大数据与会计
	王怡琦	旅游与公共管理系	小学英语教育
	解梦雨	小学教育系	小学教育

学校完善临时资助，在纾困解忧中体现人文关怀。对学生家庭突发困难和重大变故等根据实际情况给予一次性困难补助，对孤儿和无事实抚养人的学生进行学费减免，并给予每人 1000 元的春节补助，对省外建档立卡学生给予每人 500 元的车票补助，累计资助 124 人次、补助23.135万元。

开展走访慰问，形成家校共育合力。2021—2023 年，学校共组织 16 支走访工作组先后前往 16 地市走访慰问 190 户困难学生家庭，发放慰问金 6.72 万元。

第六节　招生就业

随着办学质量的提升，学校招生就业工作取得了新的突破。学校扩大招生区域，自 2002 年起，学校每年的招生规模突破 2000 人，生源质量大大提升。

2024 年 3 月 7 日，安徽省人社厅党组书记、厅长王炜率省人社厅流动管理处处长、一级调研员何实，省人社厅专技处处长、一级调研员陈莉，桐城市人社局局长王权等到学校调研高校毕业生就业情况。校党委书记王子龙，副校长程玉梅，校党委委员、宣传部部长伍建强等陪同调研。王炜对学校实施包保责任制、访企拓岗、校地对接、就业帮扶等措施促进毕业生就业，给予充分肯定，提出要全面推进构建高质量就业指导服务体系，努力为毕业生提供更多更好的就业机会，助力毕业生高质量充分就业。

图 7-24　安徽省人社厅党组书记、厅长王炜来校调研就业工作

一、招生与就业

2021年，学校共录取新生2034人，其中，分类考试招生录取350人，秋季高招录取1050人，初中起点五年制大专（定向培养乡村小学全科教师）录取204人，高职扩招录取83人，初中起点五年制大专（3+2，与舒城职业学校联合培养）录取345人，初中起点五年制大专（3+2，与安庆工业学校联合培养）录取2人。新生来自安徽省、河南省、江西省、贵州省、广西壮族自治区和甘肃省。录取率达100%，创历史新高。线上生源充足，在平行志愿录取时，六个招生地区的首次投档数均达到招生计划的100%，实现招生录取的大满贯。生源质量大幅提升。文科在安徽省平行志愿录取时最低分为472分，比安徽省文科最低控制线高272分，位列安徽省高职高专院校第六位，安徽省师范类专科院校第二位；理科在安徽省平行志愿录取时最低分为329分，比安徽省理科最低控制线高129分，位列安徽省高职高专院校第七位，安徽省师范类专科院校第二位。同时外省生源质量也稳中有升。

2022年，学校面向全国8个地区开展招生，增加了云南和四川两个省份，共录取新生2464人，创历史新高。初中起点五年制（定向培养乡村全科型教师）停招。在录取的安徽新生中，文科8人达本科线，高出投档线246分，投档最低分排名（74810）同比提升9196名；理科2人达本科线，高出投档线199分，投档最低分排名（202161）同比提升974名。文理科均位列安庆市属高职高专院校第一名、安徽省高职高专院校第七名（并列）。

2023年，在全国9个地区开展招生，增加了河北省，共计录取新生2593人，100%完成招生计划。在录取的新生中，普通类专业1770名，艺术类专业200名，体育类专业80名。招生专业新增体育教育和网络营销与直播电商2个专业。毕业生就业率达95.83%。在1304名三年制大专毕业生中，有695人被省内本科院校录取，升本率达53.3%，录取人数比2022年增加226人，录取人数和升本率均创历史新高。

2024年，招生专业24个，在9个地区录取新生2456人，100%完成招生计划。2024届毕业生就业率为93%，在1334名三年制大专毕业生中有764名学生成功升本，升本率约为57.3%。

表7-7　2021—2024年学校招生情况一览表

年度	招生类型	学制	招生数	班级数	备注
2021	高中起点三年制大专	3	1400	36(小学教育文5、小学教育理3、学前教育7、早期教育3、旅游管理1、酒店管理与数字化运营1、高速铁路客运服务1、小学英语教育3、商务日语1、小学科学教育2、大数据技术1、跨境电商1、软件技术1、大数据与会计2、音乐教育1、美术教育1、艺术设计1、视觉传达1)	18个专业
	高职扩招	3	83	1(小学教育和学前教育专业合班)	2个专业
	初中起点五年制大专(五年一贯制)	5	204	4(小学教育)	定向培养乡村小学全科教师
	初中起点五年制大专(3+2)	2	345	8(学前教育6、音乐教育1、美术教育1)	3个专业，培养地点：舒城职业学校
	初中起点五年制大专(3+2)	2	2	1(学前教育)	培养地点：安庆工业学校

续表

年度	招生类型	学制	招生数	班级数	备注
2022	高中起点三年制大专	3	2046	45(小学教育文6、小学教育理4、学前教育9、早期教育3、旅游管理2、酒店管理与数字化运营1、高速铁路客运服务1、小学英语教育4、商务日语1、小学科学教育2、大数据技术1、现代教育技术2、软件技术1、大数据与会计2、音乐教育2、美术教育2、艺术设计1、视觉传达1)	18个专业
	初中起点五年制大专(3+2)	2	288	6(学前教育4、音乐教育1、美术教育1)	3个专业,培养地点:舒城职业学校
	初中起点五年制大专(3+2)	2	24	1(学前教育)	培养地点:安庆工业学校
	专科起点两年制本科(专升本)	2	106	2(学前教育1、小学教育1)	2个专业,与安庆师范大学联合培养,地点在桐城师范高等专科学校
2023	高中起点三年制大专	3	2050	49(小学教育文6、小学教育理4、学前教育9、早期教育3、旅游管理2、酒店管理与数字化运营1、高速铁路客运服务1、小学英语教育4、商务日语1、小学科学教育2、大数据技术1、现代教育技术2、网络营销与直播电商2、软件技术1、大数据与会计2、音乐教育2、美术教育2、艺术设计1、视觉传达1、体育教育2)	20个专业

续表

年度	招生类型	学制	招生数	班级数	备注
2023	初中起点五年制大专(3+2)	2	322	6(学前教育 6、音乐教育 1、美术教育 1)	3 个专业,培养地点:舒城职业学校
	初中起点五年制大专(3+2)	2	24	1(学前教育)	培养地点:安庆工业学校
	专科起点两年制本科(专升本)	2	197	4(学前教育 2、小学教育 2)	2 个专业,与安庆师范大学联合培养,地点在桐城师范高等专科学校
2024	高中起点三年制大专	3	2100	49(小学教育文 3、小学教育理 3、小学科学教育 2、现代教育技术 2、网络营销与直播电商 2、大数据与会计 2、财税大数据应用 2、软件技术 2、大数据技术 2、小学英语教育 4、商务日语 1、酒店管理与数字化运营 1、旅游管理 2、高速铁路客运服务 2、智慧健康养老服务与管理 2、体育教育 2、视觉传达设计 2、艺术设计 2、美术教育 1、音乐教育 1、音乐表演 1、学前教育 5、早期教育 3)	23 个专业
	初中起点五年制大专(3+2)	2	212	4(学前教育)	1 个专业培养地点:舒城职业学校
	初中起点五年制大专(3+2)	2	51	1(学前教育)	1 个专业培养地点:安庆工业学校

续表

年度	招生类型	学制	招生数	班级数	备注
2024	专科起点两年制本科（专升本）	2	93	2(小学教育1、学前教育1)	2个专业,与安庆师范大学联合培养,地点在桐城师范高等专科学校

表7-8　2021—2024年学生参加职业规划大赛和创新创业大赛获奖情况一览表

年份	赛事名称	参赛选手	获奖等次
2021年	第七届安徽省“互联网+”大学生创新创业大赛暨中国国际“互联网+”大学生创新创业大赛	曹英杰、程铭、吴晓、郑浩	铜奖
		章旺生、郭宛棋、何思雨、汪箭	铜奖
2022	第十届“挑战杯·华安证券”安徽省大学生创业计划竞赛	杨梦媛、高佳鑫、叶宇辰、陈保成、周静、陈昱彤	银奖
		黄煜森、王梦莉、葛晓轲、李鑫	铜奖
		戚雅茹、李璇、朱冰冰、张夏溪	铜奖
		吕萌、王焱、周雪、汪菲菲、汪恒、涂彪、曹灿文、杨芳、吴梦梦	铜奖
		唐春子、梅嫣然、邱旻、丁晓雪、唐雨洁、刘晓婷	铜奖
		马雨欣、张佳佳、许香萍、武洋洋	铜奖
		刘彧贤、陈欣、刘冰艳、汪维健、张玉龙、吴浩洋	铜奖
	第八届安徽省“互联网+”大学生创新创业大赛暨中国国际“互联网+”大学生创新创业大赛	申海龙、徐雨露、张娜娜、王晓莉、赵悦	铜奖
	第十五届安徽省大学生职业规划大赛	周静	铜奖

续表

年份	赛事名称	参赛选手	获奖等次
2023	第二十届“振兴杯”全省青年职业技能大赛创新创效竞赛	朱功学	银奖
	第十六届安徽省大学生职业规划大赛	王影	铜奖
	第九届安徽省“互联网+”大学生创新创业大赛暨中国国际“互联网+”大学生创新创业大赛	常潇、付成涓、邱旻、陈怀富、吴紫洁、李梦茹	铜奖
		虞俊豪、朱功学、程成、汪文雅、王天晨、刘仕丹、任梦婷	铜奖
		曹英杰、张悦、王梦阳	铜奖
		汤雅萌、程碧瑶、李梦婷、郑淑雅	铜奖
		吕萌、王焱、周雪、曹灿文、陈舒帆	铜奖
2024	第十一届“挑战杯·华安证券”安徽省大学生创业计划竞赛	付晓燕、张睿、范汝君、杨敏芳、金璐、孔文雪	银奖
		常潇、连泉、李梦茹、许佳怡、朱功学、周星汛、夏晴、邱旻、邹杨	银奖
		江毕琴、王雅晴、操应琦	银奖
		郑玉玲、张忆函、屈静雪、李孝润、李丽、冀欣颖、王立悦、曾雨凡、张雨乐、李叶、邱心悦	铜奖
		庄梦茹、彭梦圆、刘祖儿、叶玉衔、范庆林、田道洁、马道成	铜奖
		张海鹏、曹诗语、黄研磊、汤晓是	铜奖
		韩博宇、叶娟娟、刘雨晴、王莫愁、陈楠、王心雨、张静怡、张臻浩、尚如意、杨会百合	铜奖

续表

年份	赛事名称	参赛选手	获奖等次
2024	第十一届“挑战杯·华安证券”安徽省大学生创业计划竞赛	李眉佳、徐美、宋云歆、李家琦、贾雨、许婧婧、秦硕	铜奖
		程碧瑶、汤雅萌、李梦婷、郑淑雅	铜奖
	第十七届安徽省大学生职业规划大赛	黄煜森	金奖
		李梦茹	银奖
2024	安徽省大学生创新大赛	朱雨婷、常潇、汤晓是、陈军豪、王杰、程梵、盛冬梅、夏思圆、肖武、陈怀富	铜奖
		连泉、李梦茹、许佳怡、朱功学、周星汛、夏晴、邱旻、邹杨	铜奖

二、高职扩招

为了贯彻落实教育部等六部委印发的《高职扩招专项工作实施方案》(教职成〔2019〕12 号)及安徽省教育厅等九部门印发的《安徽省2019 年高职扩招专项工作实施方案》(皖教高〔2019〕7 号)精神，按照《教育部关于职业院校专业人才培养方案制订与实施工作的指导意见》(教职成〔2019〕13 号)和《安徽省教育厅关于做好高等职业院校面向社会人员扩招工作的通知》(皖教秘高〔2019〕45 号)等文件要求，学校从 2019 年 9 月开始，面向社会人员(退役军人、下岗职工、农民工、新型职业农民等)扩大招生。首次招生专业为学前教育 180 人，旅游管理、会计、电子商务技术、大数据技术与应用各 80 人。高职扩招的培养模式采取线上和线下相结合的学习形式，学制三年。学生在规定学习年限内，修完教学计划规定的内容，符合毕业条件，学校进行学历电子注册并颁发专科毕业证书。2022 年，高职扩招停止招生。

三、访企拓岗

为了贯彻落实党中央、国务院关于高校毕业生就业工作的决策部署，加快健全高校毕业生市场化、社会化的就业创业工作机制，千方百计开拓更多就业创业岗位和机会，深入落实就业工作“一把手”工程，学校依据《教育部办公厅关于开展全国高校书记校长访企拓岗促就业专项行动的通知》《安徽省教育厅关于做好高校书记校长访企拓岗促就业专项行动的通知》等文件精神，制定“访企拓岗促就业专项行动”方案，确定校级领导、系级领导走访任务。2022 年，校领导共走访用人单位 106 家。2023 年，校系领导共走访用人单位 202 家，其中，校领导走访用人单位 115 家，系级领导走访用人单位 87 家，包括安庆市用人单位 115 家，校企对接，大力推进毕业生就业。

第七节　后勤管理及基础设施建设

为了做好新校区搬迁工作，学校 2021 年分三批立项 67 个项目。及时完成了新校区系列项目建设，为顺利搬迁提供了坚强保障。搬入新校区后，传统的后勤管理方式方法不能适应新环境、新要求，总务处不断创新管理方法，提高管理效能。

一、基础设施建设

2022 年，总务处按计划完成了系列项目建设。为了更好地满足学校招生规模，学校建设学生公寓二期 4 栋宿舍。投入 100 余万元加强配套设施建设和物资采购，完成了校园绿化区域道路硬化建设，校园绿化提升，新校区空调增补采购安装，宜采商城的办公设备采购，电梯维保洽谈和合同续签，校园内汽车停车棚建造，校园主干道路灯改造项目，国旗广场改造，校园东大门至惜抱楼、校园南大门至毓秀楼道路中间花坛绿化改造项目等。

二、食堂管理

学校食堂服务质量、食品卫生安全关系到师生的身心健康、学校的声誉和发展、社会的和谐稳定。总务处将食堂管理工作作为部门工作的重点，食品安全员常驻食堂，多层面全程监管，分工具体、责任明确、各司其职。完善细化食堂管理制度，按制度进行规范化管理。制定了《桐城师范高等专科学校膳食管理委员会章程》，细化和明确了膳食管理委员会职责，充分发挥膳食管理委员会的作用，让学生、老师参与到食堂管理中。一楼、二楼食堂均成功升级为“餐饮服务食品安全等级A级”食堂。

三、疫情防控

2021年，学校搬迁至新校区后，全国疫情防控形势依旧严峻复杂。校医室作为学校疫情防控措施落实的关键部门，按照科学精准防控原则，结合疫情形势和学校实际，扎实做好各类疫情防控工作，积极参与学校制定防疫工作相关职责、建立联防联控机制、建立工作应急预案、做好各类应急演练、师生疫苗接种、核酸检测、隔离转运观察、校园环境消杀病媒防治、防控知识宣传工作，同时严格落实日报告、零报告、因病请假及追踪等制度，并做好学生的门诊接诊，传染病防治，发热学生处置，防疫物资的采购、储存、管理、分发等工作。疫情期间，在学校增设新冠疫苗接种点，累计落实新冠疫苗接种2万余人次，核酸检测45万余人次，转运隔离500余人次。

2023年初，根据省教育厅文件要求，2月份开学前，建成健康驿站并投入运营。学校提供驿站场所，安排了23个病房，90张床位。并与桐城市人民医院签订医疗服务共建协议，市医院负责配备7名医护人员，实行24小时值班制，配备120救护车一辆，配备AED、心电图机、氧气机、消毒机及各类抢救药品等，满足师生就医和卫生防疫需求。健康驿站自运营以来，约接纳门诊 5557 人次，转诊 70 余人次，入站观察 300 余人次，开展各类医疗健康讲座 20 余场。组织新生入学体检及结核病筛查，带领结核病百千万志愿者全年开展活动 8 次，指导学生参加“大学生百千万肺结核志愿者团体培育计划”，并获得安徽省一等优秀团体。开展红十字救护员培训班 1 次，培训救护员 200 人，全员通过考核并取得救护员证书。完成红十字志愿服务 8 次，得到社会各界一致好评。给各类大型活动、军训、考试、运动会等提供全方位医疗保障。累计完成 2000 余名大学生医保报销审核工作。

四、国有资产管理

学校搬入新校区后，项目建设需求量迅速增加，为了进一步规范国有资产管理与招标采购工作，学校于 2022 年 7 月成立国有资产管理处。先后修订出台了《进一步规范学校招标采购工作管理实施意见》《桐城师范高等专科学校国有资产管理暂行办法》《桐城师范高等专科学校招标采购管理暂行办法》《桐城师范高等专科学校政府采购“微彩云”电子卖场暂行实施细则》等。对国有资产内容形式、资产管理职责、资产入账、招标采购及项目验收等各项内容都有了明确规定，做到了责任落实到位。强化招投标及资产管理方面的业务知识培训，提高招投标工作的业务能力。启用最新的高校智慧资产管理信息系统。2023 年，引入第三方会计师事务所对新校区资产进行了国有资产清查审计工作。

2023 年，围绕校区建设和学校运行，共开展 64 个项目的招标采购工作，其中进场交易项目 24 项，校内分散采购项目 40 项。除学生公寓二期建设项目外，累计预算资金 1540.91 万元，中标价格为 1288.276万元，节省资金 252.634 万元；学生公寓二期项目预算资金 6300 万元，中标价格为 5573.5735 万元。

五、健全财务制度

财务室根据上级财政要求，完成学校会计核算系统升级，自 2022 年 1 月 1 日起，正式启用新的财政支付系统，会计核算数据直接上传财政核算云平台，实现财政核算与支付数据同步，达到财政对相关数据的实时共享。同时，根据《安庆市全面实施预算绩效管理实施办法》，财务室完成了对 2021 年度项目绩效自评。

财务处根据新的财务文件精神要求，对《桐城师范高等专科学校财务报销实施办法》《桐城师范高等专科学校差旅费管理实施办法》进行了修订完善，制定《桐城师范高等专科学校收入支出管理制度》《桐城师范高等专科学校专项经费管理办法》等 4 个新的财务制度，规范财务运行，提升经费使用效率。

第八节　文化传承和社会服务

学校打造桐城派文化特色品牌，强化交流合作，桐城派文化传承发展工作得到学界高度认可。成立安庆市老年大学桐城师范高等专科学校分校及桐城师范高等专科学校老年大学，积极参与乡村扶贫和乡村振兴，服务地方经济社会发展。

2021 年 9 月 16 日，安徽省社科联党组书记、常务副主席洪永平来学校考察调研，校党委书记王子龙、校长沈波，省社科联、桐城市委及学校教务处、桐研中心负责人等陪同考察调研。洪永平认为学校发挥区域优势，以桐城派研究为切入点，传承地方特色文化，搭建交流平台，团结联系全国乃至国际上的桐城派研究学者是一项十分有意义的工作，勉励学校进一步弘扬中华优秀传统文化，不断转化研究成果，融入大学生思想建设，全面提高学校人才培养质量。

图 7-25　安徽省社科联党组书记、常务副主席洪永平来学校考察调研

一、文化传承发展

(一)桐城派文化

2021 年 10 月 29 日至 31 日,学校举办桐城派与中国古代文章学学术研讨会。来自中国社会科学院文学所、上海大学、安徽大学、江南大学、华中师范大学、福建师范大学、南京特殊教育师范学院、汕头大学、安徽师范大学、安庆师范大学、合肥学院、安徽省社会科学院、安徽省桐城派研究会、桐城派学术研究中心等 20 多所高校、科研院所与桐城地方近 60 位学者参加了此次会议。本次会议共收到论文 52 篇,60 余万字。

2021 年 11 月 10 日,学校和安庆市桐城文化教育发展基金会联合举办纪念方以智诞辰 410 周年学术研讨会暨首届桐城世家文化论坛,来自中山大学、苏州大学、安徽大学、广东省社会科学院、安徽省博物院、安徽文艺出版社、黄山书社、桐城市文旅体育局、桐城地方共 40 多人参加了本次论坛。

2023 年 4 月 14 日至 16 日，学校和安徽省桐城派研究会联合主办史料与方法：桐城派研究新进展学术研讨会。安徽省政协原副主席姚玉舟，河南大学原党委书记和校长、中国近代文学学会会长、安徽省桐城派研究会顾问关爱和，中国社会科学院文学研究所研究员、安徽省桐城派研究会顾问王达敏出席研讨会并在开幕式上致辞。桐城市委书记章周中，枞阳县委副书记李全棉，安徽省桐城派研究会副会长、法人代表张伯中，安庆师范大学人文学院副院长、安徽省桐城派研究会副会长汪孔丰出席开幕式。桐城市领导江学潮、殷锐、汪艾东，学校领导及中层以上干部参加开幕式。在 4 月 15 日闭幕式上，校党委书记王子龙为中国社会科学院文学研究所研究员王达敏颁发了桐城师范高等专科学校桐城派研究中心顾问聘书。

图 7-26　史料与方法：桐城派研究新进展学术研讨会开幕式现场

学校在桐城派文化传承发展中取得的成绩得到了学界的认可。2023 年 6 月 6 日至 10 日，中国社会科学院古代史研究所清史研究室主任林存阳一行来学校开展为期一周的以“桐城派文化传承创新与地方高校教育特色打造”为主题的调研。调研团队先后举办了两场座谈会，开展三次实地考察，并形成了调研报告，作为中国社会科学院主题教育活动成果。

2022 年 10 月 24 日，2023 年 3 月 13 日，2023 年 12 月 26 日，惜抱人文讲坛第 32、33、34 讲分别举办，学校邀请桐城文史专家张泽国副研究馆员主讲《桐城历史文化简述——桐城家风家训》，开健教授主讲《清末民国桐城才媛的现代转型》，安徽大学历史学院教授、博士生导师江小角主讲《吴汝纶西学思想及其影响》。2024 年 6 月 12 日，校党委书记、安徽省桐城派研究会会长王子龙主讲惜抱人文讲坛第 35 讲——《学习贯彻习近平文化思想 弘扬桐城派文化的当代价值》，王子龙紧扣习近平文化思想，以桐城派文化的当代价值为切入点，为同学们讲解阐释了学习贯彻习近平文化思想、契合习近平文化思想的桐城派文化的当代价值、推进桐城派文化传承与发展三个方面内容。

2022 年 11 月 1 日，安徽省桐城派研究会第三届会员代表大会在桐城召开。此次大会选举产生了第三届理事会理事、副会长、秘书长及有关组成人员。校党委书记王子龙担任安徽省桐城派研究会副会长。2023 年 12 月 23 日，安徽省桐城派研究会理事会年会暨纪念吴汝纶先生逝世一百二十周年学术研讨会在枞阳举行。此次理事会年会上，通过了王子龙代表研究会所作的“深入学习贯彻习近平文化思想 推动桐城派文化研究高质量发展”理事会工作报告。理事会推选王子龙为执行会长。2024 年 1 月，经安徽省委组织部批准，王子龙担任安徽省桐城派研究会会长。

(二)戏曲文化

2023 年 4 月 1 日，安徽省委宣传部、省教育厅、省文化和旅游厅联合举办的“2023 年校园大舞台——徽风皖韵进高校”活动在学校举行，安庆市黄梅戏剧院的演员们为全校师生呈现了一台精彩纷呈的戏曲文化盛宴。

2024 年 9 月 9 日，安庆市委宣传部、市文化和旅游局、市教体局在安庆市庆祝教师节慰问演出——文艺名家进校园活动中，给学校送来了一台精彩的黄梅戏演出。

图 7-27 文艺名家进校园活动走进桐城师范高等专科学校

二、老年大学

为了进一步落实好安徽省委、省政府“暖民心·老有所学”行动，充分发挥好高校服务社会发展职能，根据《安徽省教育厅等四部门关于省属公办高校加快举办老年大学的通知》（皖教秘职成〔2022〕53 号）和《安徽省普通高等学校老年大学建设指导标准（试行）》文件精神，经校党委研究、中共安庆市委老干部局审批，成立安庆市老年大学桐城师范高等专科学校分校及桐城师范高等专科学校老年大学。

2022 年 10 月 21 日，桐城师范高等专科学校老年大学暨安庆市老年大学桐城师范高等专科学校分校揭牌仪式在校举行。校长沈波主持揭牌仪式。安庆市委常委、组织部部长李明月，安庆市老教委常务副主任、市老年大学校长胡南亭，校党委书记王子龙，安庆市委教体工委书记、教体局局长胡海生，安庆市老年大学常务副校长苏斌，桐城市委常委、组织部部长储江共同为老年大学揭牌。11 月 26 日，桐城师范高等专科学校老年大学举行开班仪式。校党委书记、校老年教育委员会主任王子龙，桐城市委常委、组织部部长储江，桐城市政协副主席、教育局党委书记、局长刘决成，桐城市老年大学校长胡爱国，校党委委员、宣传部部长伍建强，校老年大学校长梁志斌出席仪式，校党委委员、组织部部长、统战部部长王宏伟主持开班仪式。桐城师范高等专科学校老年大学正式运行招生。

图 7-28　桐城师范高等专科学校老年大学暨安庆市老年大学桐城师范高等专科学校分校揭牌仪式

2024 年 8 月，桐城师范高等专科学校老年大学报送的《桐城人文地理》《桐城派与桐城文化漫谈》分别被认定为安庆市首批老年大学特色教材、特色课程。

三、助力乡村扶贫和乡村振兴

打赢脱贫攻坚战、全面建成小康社会后，要进一步巩固拓展脱贫攻坚成果，接续推动脱贫地区发展和乡村全面振兴。根据安庆市委要求，为了实现巩固拓展脱贫攻坚成果同乡村振兴有效衔接，对巩固拓展脱贫攻坚成果和乡村振兴任务重的村，继续选派驻村第一书记和工作队，健全常态化驻村工作机制。学校决定选派汪定贵、汪彪、阮铖三位同志为第八批驻村干部，为期三年。选派帮扶工作获安庆市考核优秀。2021 年 6 月 9 日，校党委书记王子龙在校党委委员、组织人事处处长王宏伟陪同下，送新选派的工作队赴唐湾村任职，并开展助力乡村振兴工作调研。2024 年 6 月，学校决定选派汪定贵、朱振芳、蒋欢三位同志为第九批驻村干部。6 月 25 日，校党委书记王子龙，校党委副书记、纪委书记张敏丽送第九批驻村工作队赴唐湾村。结合乡村振兴和党纪学习教育，王子龙每年为村两委和全体驻村干部上“七一”专题党课，宣传贯彻落实习近平总书记关于“三农”工作和乡村振兴战略的重要论述，凝心聚力全面推进乡村振兴。

附　录

附录一

大　事　记

1904 年

秋季，时任桐城公立中学堂总理的马其昶为了解决师资紧缺难题，从桐城公立中学堂遴选出 20 人，设立桐城公立中学堂师范班，学制一年半，开桐城近代师范教育之先河。

秋季，桐城公立中学堂选送房秩五、孙楚伯、吴竹其、史磊水、苏荫伯、张基 6 名学生到日本学习速成师范，开创桐城县派出留学生之先河。

1905 年

7 月，桐城公立中学堂选马光祖、张珽、汪仁晖、周大寿、陈树藩、施普、黄位堃、方体华、吴宣纶、胡渭北 10 人赴日本学习速成师范。

1917 年

1 月，桐城县立中学附设简易师范班，招生 60 人，学制一年。

1939 年

春季，孙闻园受命至桐城黄甲铺筹建安徽省立第二临时中学，附设简易师范科，招收初中毕业生，学制一年。

秋季，安徽省立第二临时中学附设简易师范科，招收高小毕业生 56 人，学制四年。

1941 年

秋季，桐城县立中学附设简易师范科，招收初中毕业生及同等学力者 41 人，编成 1 个班，学制一年。

1942 年

春季，桐城县立中学简易师范科招收学生 50 人，学制半年。

秋季，桐城县立中学简易师范科招收学生 55 人，学制一年。第一届简易师范科学生 40 人毕业。

1943 年

秋季，桐城县立中学简易师范科招收学生 51 人，学制一年。第二届简易师范科学生 44 人毕业。

1944 年

夏季，桐城县立简易师范学校筹建成功，方来同任校长，徐洁行任教导主任。招高小毕业生 101 人，学制四年。至 8 月，学校共招高小毕业生 51 人。

1945 年

8 月，桐城县立简易师范学校招新生 1 个班，学生 77 人。

1946 年

秋季，桐城县立简易师范学校招新生 1 个班，学生 54 人。

1948 年

8 月，桐城县立简易师范学校招新生 1 个班，学生 63 人。

1949 年

4 月，安徽省立第一女子师范学校部分师生返回桐城，与桐城县立简易师范学校合并成立“桐城县师范学校”。

8 月，桐城县师范学校合并至桐城县立中学，名为“皖北安庆行政区第一中学”。桐城县副县长杨在选兼任校长。

1951 年

7 月，筹建“皖北区桐城县乡村师范学校”。

9 月，皖北区桐城县乡村师范学校招录一年制中师速成班学生 30 人、三年制初师班学生 129 人。

10 月，皖北区桐城县乡村师范学校更名为“桐城县初级师范学校”，桐城县县长杨在选兼任学校校长，姚伯将任副校长，主持日常工作。

1952 年

9 月，桐城县初级师范学校招录一年制速成班学生 46 人、三年制初师班学生 235 人。

10 月，桐城县初级师范学校更名为“安徽省桐城初级师范学校”，桐城县县长杨在选兼任校长，姚伯将任副校长。

1953 年

8 月，安徽省桐城县初级师范学校 1000 平方米的两层砖木结构教学楼完工。

9 月，安徽省桐城县初级师范学校招录三年制初师班学生 400 人。

1954 年

2 月，张良才调任安徽省桐城县初级师范学校校长，姚伯将继任副校长。

7 月，姚伯将当选为桐城县第一届人大代表。

8 月，姚伯将当选为安徽省第一届人大代表。

9 月，安徽省桐城县初级师范学校招录三年制初师班学生 138 人、三年制小学教师轮训班学生 130 人。

1955 年

9 月，安徽省桐城县初级师范学校招录一年制速师班学生 37 人、三年制初师班学生 135 人。

1956 年

3 月，姚伯将担任桐城县第一届政协委员。

7 月，安徽省桐城县初级师范学校两年制和三年制小学教师轮训班学员奉令提前一年结业。

8 月，安徽省桐城县初级师范学校招录两年制师范速成班学生 104 人、两年制初师速成班学生 203 人，三年制中师班学生 100 人。

1957 年

6 月，安徽省桐城县初级师范学校升格为“安徽省桐城师范学校”。

9月，张良才调任桐城县文教局局长，兼任安徽省桐城师范学校校长。

9月，安徽省桐城师范学校招录三年制中师班学生105人、三年制初师班学生65人、一年制速成班学生37人。

1958年

8月，安徽省桐城师范学校招录三年制中师班学生123人、三年制初师班学生108人、四年制初师班学生54人。

12月，王琳担任桐城县第二届政协委员。

1959年

7月，桐城县文教局在城东郊乌石岗增办“桐城县初级师范学校”，招收初师班学生300人。

8月，安徽省桐城师范学校招录三年制中师班学生101人、三年制幼师班学生100人、三年制初师班学生100人、四年制初师班学生152人。

1960年

5月，桐城县初级师范学校(1959年新建)获安徽省人民委员会嘉奖，省长黄岩签署嘉奖令。

9月，安徽省桐城师范学校招录三年制初师班学生117人、三年制中师班学生88人。

1961年

7月，安徽省桐城师范学校初师班停办，并对初师教师进行分流和调整。

9月，安徽省桐城师范学校招录三年制中师班学生103人、一年制小学教师轮训班学生 47 人。

1962 年

3 月,安徽省桐城师范学校成立函授教学辅导站。

9 月,安徽省桐城师范学校招录三年制中师班学生 84 人、三年制小学教师轮训班学生 63 人。

1963 年

3 月,安徽省桐城师范学校招录一年制小学教师轮训班学生 27 人。

7 月,安徽省教育厅决定安徽省桐城师范学校停止办学,学生并入安庆师范学校,教师分流。

1970 年

3 月,桐城县"五·七"大学在桐城县孔城区古井公社团结圩创建。

3 月,桐城县人民武装部政委佟锦成兼任桐城县"五·七"大学革命委员会主任,姚松庭任第一副主任,朱冬云任副主任。

8 月,桐城县"五·七"大学搬迁至城关镇西门外三里街原县农业技术学校旧址。

12 月,桐城县"五·七"大学农机(第一期中型拖拉机培训班)、农学、卫生、拖训 4 个专业学生毕业。

12 月,桐城县"五·七"大学开办农机修配厂、印刷厂。

1971 年

2 月,桐城县"五·七"大学卫生班招收新学员 68 人,牧医班招收新学员 29 人。

3 月,桐城县"五·七"大学在桐城县招录农机班学员(第一期小型拖拉机培训班)53 人,学员学习一个月结业。

4 月,桐城县“五·七”大学在安庆市怀宁、太湖、岳西、潜山、枞阳、桐城等县招录农机班学员(第二期中型拖拉机培训班)25 人,电工班学员 32 人,学制半年。

9 月,张志高任桐城县“五·七”大学革委会第一副主任、支部书记。

10 月,桐城县初中物理教师“三机(拖拉机、电动机、柴油机)”培训班招收学员 60 人。

1972 年

2 月,桐城县“五·七”大学在安庆市、桐城县、怀宁县、枞阳县招录师范班学生 211 人,学制一年半。

3 月,桐城县“五·七”大学农机班(第二期小型拖拉机培训班)在桐城县招生 52 人,学制一个月。电工班招生 27 人,学制半年。卫生班(中医)招生 43 人,学制半年。

9 月,桐城县“五·七”大学农机班(第三期中型拖拉机驾驶员班)在桐城县招生 52 人,学习时间为四个月。卫生班(中医)招生 18 人,学制半年。

11 月,王旷调入学校,任桐城县“五·七”大学革委会副主任。

1973 年

2 月,桐城县“五·七”大学 1972 级师范班学员毕业。卫生班(中医)学员结业。

2 月,桐城县“五·七”大学招录 1973 级师范班新生 90 人,学制两年。

3 月,桐城县在职教师培训班学员 98 人在桐城县“五·七”大学开班。

4 月,全县初高中物理教师培训班在桐城县“五·七”大学开班,学员50人。

7月,中小学教师普通话培训班在桐城县“五·七”大学开班,学员80人。

9月,桐城县“五·七”大学电工专业(农村小水电站)培训班开学,学习时间为三个月。

11月,学校招录农机班(第四期中型拖拉机培训班)学员43人,学习时间为四个月。

1974年

2月,桐城县“五·七”大学1974级师范班学生开学,招录52人,学制两年。

9月,桐城县“五·七”大学举办全县初中民办教师培训班(语文、数学)。

1975年

2月,桐城县“五·七”大学师范班学生开学,招录160人,学制两年。

5月,桐城县教委批准桐城县“五·七”大学成立政教组、后勤组。

12月,桐城县“五·七”大学在县革委会主持下划定四界。

1976年

2月,桐城县“五·七”大学师范班学生开学,招录106人,学制两年。

3月,桐城县“五·七”大学中学物理教师测绘培训班开班,学员60人。

10月,安徽大学在桐城县“五·七”大学设政教专业大专函授教学点,招收2个班。

1977年

2月,桐城县“五·七”大学1975级、1976级师范班学生开学。

2月，桐城县“五·七”大学招录首届普师班学生113人，学制三年。

6月，安徽省教育厅厅长明克诚视察桐城县“五·七”大学。

9月，桐城县“五·七”大学赤脚医生培训班开班。

10月，黄志杰出席桐城县文化教育先进集体先进工作者代表大会。

10月，安徽大学政教系政教专业桐城教学点人员撤出。

12月，张志高调出，尹光中主持桐城县“五·七”大学党支部工作。

1978年

2月，桐城县“五·七”大学在桐城、枞阳、东至、贵池、岳西等县招录第二届普师班学生103人。

7月，吴福培调入桐城县“五·七”大学，任副校长、支部委员。

10月，张云高调入桐城县“五·七”大学，任第一副校长、支部书记。

12月，桐城县“五·七”大学第一幢教学楼奠基。

1979年

2月，桐城县“五·七”大学普师班1977级、1978级学生开学。

8月，桐城县“五·七”大学第一幢教学楼竣工并交付使用。

11月，程斯法调入桐城县“五·七”大学，任总务处主任。

1980年

1月，桐城县“五·七”大学普师班1977级学生毕业。

4月，中共安庆地区委员会、安庆地区行政公署授予江学煌安庆地区教育战线“先进工作者”称号。

7月，桐城县“五·七”大学普师班学生（高中学历两年制）29人毕业。

8月，桐城县“五·七”大学在桐城、怀宁、贵池三县招录民师班（两年制）学生154人。

12月，桐城县革命委员会授予江学煌“先进工作者”称号。

1981年

4月，安徽省人民政府正式批准学校恢复“安徽省桐城师范学校”名称。

7月，桐城师范学校普师班1978级97名学生毕业。

7月，江兴元担任桐城县第四届政协委员。

10月，1979级学生江兴代被评为安徽省“优秀学生干部”、全国“优秀学生干部”。

1982年

3月，桐城师范学校行政办公楼奠基。

3月，江兴代作为安徽省优秀学生干部代表赴京参加“全国三好学生、优秀学生干部”表彰大会。

7月，桐城师范学校普师班1979级200名学生、民师班1980级154名学生毕业。

9月，桐城师范学校招录普师班学生192人。

9月，桐城师范学校遵照教育部要求，使用上海版中师统一教材。

1983年

3月，桐城师范学校成立函授部。

5月，桐城师范学校贯彻落实《中等师范学校学生守则》。

7月，桐城师范学校民师班1982级99名学生毕业，小学在职教师进修班101名学生结业。

8 月，吴定国调入桐城师范学校，任副校长、支部副书记。

9 月，桐城师范学校招录中师函授生 123 人，招录普师班学生 104 人。

11 月，桐城师范学校行政办公楼竣工并交付使用。

1984 年

5 月，江兴元担任桐城县第五届政协委员，并担任文史资料征集委员会副主任。

7 月，黄志杰任桐城师范学校校长。

8 月，陈伯平任桐城师范学校副校长、支部委员，吴定国任专职支部书记。

8 月，桐城师范学校招录普师班学生 105 人。

10 月，桐城师范学校参加桐城县庆祝中华人民共和国成立 35 周年文艺汇演，《摘石榴》《骏马奔驰保边疆》两个节目获一等奖。学校表演队在桐城县庆祝中华人民共和国成立 35 周年大型行进演出中被评为第一名。

1985 年

2 月，桐城团县委授予学校团委“新长征突击队”称号。

3 月，桐城师范学校师生开展义务劳动，拓宽了教学楼前的百米大道。

3 月，桐城师范学校成立“五讲四美三热爱”领导小组。

4 月，桐城师范学校举办春季田径运动会。

5 月，桐城师范学校开始贯彻落实省教委“中师生基本功十项要求”。

6 月，安徽省人大常委会副主任苏桦到校视察。

6 月，桐城师范学校推荐 3 名学生参加高考，潘承玉被安徽师范大学录取。

6月，桐城师范学校与桐城县武警中队共同开展“军民共建文明单位”活动。

7月，吴定国调出学校，陈伯平主持支部工作。

8月，桐城师范学校第二幢教学楼竣工并交付使用。

8月，桐城师范学校招录普师班学生103人、民师班学生32人、师训班学生50人。

9月，桐城师范学校组队参加安庆地区中学生田径运动会，获师范组团体总分第二名，女子4×100米接力赛第一名，破18项安庆地区师范组记录。

12月，桐城师范学校成立教代会，黄志杰、陈伯平分别任主任委员、副主任委员。

12月，桐城师范学校700余米围墙竣工。

1986年

1月，黄志杰任校长兼党支部书记，陈伯平、吴福培任副书记、副校长。

2月，《采蘑菇的小姑娘》《我爱你，塞北的雪》两个节目在桐城县正月街头行进演出中被评为第一名。

3月，安庆地区行署授予学校“教育工作先进单位”称号，中共安庆地委、安庆地区行署授予学校“教育工作先进集体”称号，桐城县委、县政府颁予学校“团结奋斗，再展宏图”奖状。

6月，桐城师范学校1985级学生开展军事训练，桐城县县长郑之宽出席军训动员会并讲话。学校获县委、县政府、县人民武装部，安庆军分区颁发的“学生军训先进单位”奖旗两面。

6月，桐城师范学校1983级2班学生与南疆战场（对越自卫反击战）英雄通讯联谊，南疆英雄李士湘赠学校锦旗一面。

7月，桐城师范学校普师班1983级104名学生毕业。

9月，桐城师范学校招录普师班学生134人，中师函授班学生204人，卫星电视中师班学生185人。

9月，桐城师范学校中师函授班1983级109名学生毕业。

9月，省委派教育系统讲师团王贤进、张功华、王四七、周宏进驻学校支教一学年。

10月，省教委主任朱仇美视察学校。

10月，桐城师范学校贯彻国家教委〔86〕教师字006号《关于调整中等师范学校教学计划的通知》(简称“86方案”)精神。

11月，桐城师范学校举办第三届学生男子篮球大赛。

12月，桐城师范学校举办“元旦文艺汇演”“迎春书画展”。

1987年

1月，桐城师范学校师生服务部被县劳动局评为合格企业。

2月，桐城县委、县政府授予学校“文明学校”称号。

2月，桐城师范学校成立“推广普通话领导小组”，黄志杰兼任组长。

2月，吴福培任副校长，并增补为党支部副书记、教代会副主任委员。

4月，中共安庆地委、安庆地区行署授予学校“四化建设先进集体”称号。

4月，黄志杰当选为桐城县第九届人大代表。

4月，江兴元担任桐城县第六届政协委员，并担任文史资料工作委员会副主任。

5月，桐城师范学校成立“精神文明建设领导小组”。

7月，桐城师范学校普师班1984级105名学生毕业。

8月，全校教师分组到桐城、潜山、枞阳三县参加义务教育宣传活动。

8 月，桐城师范学校成立职称评审领导小组，桐城县成立县中专职称评审委员会，黄志杰任组长、主任。

9 月，桐城师范学校正式使用国家教委颁发的中等师范统一教材（第二版）。

9 月，桐城师范学校招录普师班学生 83 人，民师班学生 69 人，中师函授班学生 98 人。

9 月，中共安徽省委宣传部、省教育委员会、省教育工会联合授予学校“教书育人先进集体”称号。

10 月，安徽省中师语文教学研究会在学校召开。

10 月，安徽省卫生厅、省教委、省体委联合派员到校进行体育卫生工作检查验收，学校获得“体育卫生工作验收证书(良好)”。

10 月，赵正斌、章志宏参加 10 个省市、自治区、直辖市中师教学研究会年会，章志宏获省中师青年数学教师授课大赛一等奖。

11 月，桐城师范学校成立体卫工作领导小组，陈伯平任组长；桐城县总工会授予学校工会“先进单位”称号。

12 月，桐城师范学校大礼堂、学生食堂竣工并交付使用。

12 月，桐城师范学校举办“元旦文艺汇演”“迎春书画展”。

1988 年

2 月，桐城县委、县政府授予江学煌 “先进工作者”称号。

3 月，桐城师范学校贯彻执行《安徽省实施中等师范学校培养目标方案初稿(试行)》。

4 月，中共桐城县直属机关委员会授予江学煌“优秀共产党员”称号。

5 月，桐城师范学校组队参加省中专学校田径运动会，获女子团体总分第六名(奖旗)、道德风尚奖(奖旗)，学生余平凡、胡建武、余兆国、钟爱莲获个人奖。

6 月，安庆地区行署授予学校“勤工俭学先进集体”称号。

6 月，章小平被保送至安徽师范大学学习。

7 月，桐城县直机关党委授予学校党支部“先进党支部”称号。

7 月，桐城师范学校 1985 级普师班 99 名学生，民师班 36 名学生毕业。

9 月，桐城县委、县政府授予学校“勤工俭学先进集体”称号。

10 月，桐城师范学校购进 30 千瓦柴油发电机组 1 台。

10 月，桐城师范学校举办第五届男子篮球赛、第一届乒乓球赛。

11 月，焦发生调入学校，任专职工会主席。

12 月，桐城师范学校贯彻《安徽省中师学生学籍管理暂行规定(试行)》《安徽省教师进修学校函授学员学籍管理暂行规定(试行)》。

12 月，桐城师范学校举办“元旦文艺汇演”“迎春书画展”。

1989 年

4 月，桐城师范学校举办春季田径运动会。

6 月，开健被保送至安徽师范大学学习。

9 月，桐城师范学校开始执行国家教委《三年制中等师范学校教学方案(试行)》。

9 月，张恒元获国家教委、人事部、总工会授予的“全国优秀教师”称号。

10 月，安庆市政府、安庆军分区授予学校“关心国防建设好单位”称号。

10 月，桐城师范学校成立政教处，李雪磊任政教处副主任。

11 月，安庆市教委授予学校“德育工作先进集体”称号。

12 月，桐城师范学校教职工宿舍楼(1 号楼)竣工并交付使用。

1990 年

1 月,黄志杰辞去所兼县教委副主任职务。

3 月,桐城师范学校成立德育工作领导小组。

3 月,学校贯彻落实《安徽省中师生日常行为规范》。

4 月,黄志杰当选为桐城县第十届人大代表。

4 月,桐城师范学校举办春季田径运动会。

5 月,桐城师范学校在桐城县直机关青年职工"庆五四、迎亚运"环城赛跑中获团体第二名。

9 月,桐城师范学校招录普师班学生 121 人,民师班学生 81 人,中师函授班学生 58 人,高中学历补学教育理论课函授一年制学生 320 人。

10 月,桐城师范学校团委在当年度创建文明县城共青团工作竞赛中成绩优异,获桐城团县委嘉奖。

12 月,桐城师范学校学生公寓 1 号楼奠基。

1991 年

4 月,桐城师范学校举办春季田径运动会。

5 月,桐城团县委授予学校团委"基层团委工作竞赛先进单位"称号。

6 月,桐城师范学校举办"迎七一"歌咏会。

6 月,桐城师范学校普师班 302 班王先根被保送到安徽师范大学学习。

9 月,桐城师范学校招录普师班学生 120 人,民师班学生 35 人,高中学历补学教育理论函授一年制学生 457 人。

12 月,桐城师范学校学生公寓 1 号楼竣工并交付使用。

1992 年

3 月，桐城师范学校成立“社会治安综合治理领导小组”。

4 月，桐城师范学校组织学生代表队参加安庆市首届中专中技田径运动会，女子代表队获中专组团体总分第六名。

5 月，桐城师范学校教职工宿舍楼(2 号楼)奠基。

5 月，桐城师范学校组织学生参加《中国青年报》报社等 3 家单位举办的全国中学生硬笔书法大赛，获组织奖。

5 月，学校组队参加省中专中技第三届田径运动会，获“道德风尚奖”。

6 月，中共桐城县直属机关委员会授予江学煌“优秀共产党员”称号。

7 月，桐城师范学校 1989 级普师班 83 名学生、民师班 81 名学生毕业，招录普师班学生 155 人。

8 月，桐城县直党委授予学校“国防建设先进单位”称号。

9 月，桐城师范学校开办高等师范自学考试辅导班，招收政教、中文、英语等 5 个专业学员 92 人。

9 月，桐城师范学校函授班 67 名学生毕业，高中学历补学教育理论函授班 435 名学生毕业。

11 月，桐城师范学校铺设教学楼前百米水泥大道。

12 月，桐城师范学校获安庆市“国防教育先进单位”称号。

1993 年

3 月，桐城师范学校获桐城县“学雷锋先进集体”称号。

3 月，戴培祥、胡梦铎、王丽红担任桐城县第八届政协委员，王丽红当选为桐城县第八届政协委员会常务委员。

4 月，桐城县委、县政府授予学校“社会治安综合治理先进集体”

称号。

4月,安庆市教委授予学校“电化教育工作先进单位”称号。

4月,安徽省中专语文选修课教材《教育应用写作》编委会议在学校召开。

6月,桐城县委宣传部、县教委授予学校“寻伟人足迹,学雷锋精神”理想教育读书活动组织奖。

6月,桐城县职工读书自学活动现场会在学校召开。

6月,桐城师范学校举办桐城县初中教师大专学历全员培训班,招收学生119人。

6月,桐城师范学校学生公寓2号楼竣工。

8月,学校教职工宿舍楼(2号楼)竣工。

9月,桐城师范学校招录普师班学生163人。

9月,黄志杰当选为中国共产党桐城县直属机关第九次代表大会代表。

12月,安徽省绿化委员会、安徽省教育委员会授予学校“花园式学校”称号。

12月,桐城师范学校21户教职工迁新居。

1994年

2月,桐城师范学校科技综合楼动工,总造价100余万元,建筑面积2700平方米。

2月,桐城师范学校被评为桐城县“卫生先进单位”。

3月,桐城师范学校建立档案室,筹建校史陈列室。

3月,桐城师范学校被桐城县委、县政府授予“社会治安综合治理先进集体”称号。

4月,桐城师范学校获安庆市“文明学校”称号。

4月,桐城县委、县政府拨款67.5万元,为学校征地22.5亩,用于建设标准化操场。

4月，桐城师范学校被安徽省工会评为“职工读书自学活动先进集体”。

4月，桐城师范学校获安庆市“文明单位”称号。

5月，桐城师范学校建造朝夕亭、蘑菇亭、假山喷泉、园丁园等文化景点。

6月，国家教委师范司司长金长泽视察学校。

6月，桐城师范学校120名毕业生参加安庆市中师会考，总平均成绩名列前茅。

6月，陈乔珍被保送至安徽师范大学学习。

7月，桐城师范学校1991级普师班120名学生毕业。

7月，安徽省档案局授予学校“省级档案管理先进单位”称号。

8月，桐城师范学校招录计划内统招生和委培生共185人。

9月，安徽省人大常委会副主任蔡秉久、副省长杜宜瑾在省教委主任陈贤忠陪同下视察学校。

9月，桐城师范学校职工篮球队在桐城县教育系统庆祝“第十个教师节”篮球比赛中夺得冠军。

9月，《安庆教研》将学校教师38篇教育教学论文汇编成集。

9月，桐城师范学校捐资助学班60名学生、装潢班16名学生报到入学。

12月，桐城师范学校接受安徽省教委中师办学水平的全面评估。

12月，桐城师范学校被评为安庆市“卫生先进单位”。

12月，桐城师范学校出售24套公有住房给教职工。

1995年

1月，桐城师范学校兴建的32套教职工宿舍楼动工。

2月，桐城师范学校被评为县级“先进单位”。

4月，桐城师范学校承办全省师资培训、中师教育工作会议。全省各地市教委主任、中师校长参观学校并观看了学生基本功表演，桐城县委书记杨培金陪同。

4月，安徽省教委副主任柏守逊、安庆市人大常委会主任潘忠尧、安庆市委副书记王树勤视察学校。

4月，桐城师范学校在1994年全省中师办学水平评估中，获全省“一类师范”称号。

5月，桐城师范学校普师班302班的柏国栋被保送到安徽师范大学学习。

7月，桐城师范学校党支部获得桐城市“先进党支部”称号。

7月，桐城师范学校举办桐城县第二期小学校长培训班，234名小学校长参加了为期三个月的培训。

9月，桐城师范学校关工委被安庆市关工委评为“先进集体”。

9月，桐城师范学校任命江学煌为副校长，吴福培为督学。

9月，安庆师范学院张乃信院长一行到校参观。

9月，桐城师范学校招录普师班学生153人、中师函授班学生14人、捐资助学班学生41人。

10月，桐城师范学校普师班1994级2班在全省“争先创优”活动中成绩显著，被省教委、团省委授予“优秀班集体”称号。

11月，黄志杰获国家教委曾宪梓教育奖励基金会颁发的“中等师范学校优秀教师奖”。

12月，安庆市政协副主席汤传友率教育工作检查团到校指导工作。

12月，桐城师范学校语音实验室、计算机房、微格教室安装完毕。

1996年

5月，桐城师范学校教师王雨辰获安庆市“音苑园丁奖”。

6 月，汪秋霞被保送至安徽师范大学学习。

7 月，桐城县人事局、劳动局批准学校为“桐城县干部计算机应用能力培训”基地，第一期干部计算机培训班开课。

8 月，桐城师范学校招录普师班学生 128 人，捐资助学班学生 35 人。

9 月，桐城师范学校老教学楼、实验楼和办公楼的装修改造工程完工。

11 月，桐城师范学校通过省教委体卫工作验收组专家的检查验收，取得“双优”成绩。

12 月，桐城师范学校被评为安庆市“文明单位标兵”、“二五”普法“先进单位”、桐城县“八五”期间“档案工作先进集体”“建功集体”等。

1997 年

1 月，桐城市第二期干部计算机培训班在学校开班。

5 月，桐城师范学校普师班 1995 级 2 班的邹春秀被保送到安徽师范大学学习。

7 月，《安徽教育》第七期以“向管理要质量，以改革求发展”为题对学校作长篇报道，《安徽日报》《安庆日报》等发表了相关报道文章。

8 月，桐城师范学校招录普师班学生 126 人，民师班学生 37 人，捐资助学班学生 16 人。

9 月，桐城师范学校艺术楼基建工程破土动工，建筑面积 3200 平方米，总投资 250 万元。

12 月，六安地区测试员到校对普师毕业班学生进行普通话水平测试。

1998 年

3 月，杨红调任学校校长。

3月，方萍当选为桐城市第十二届人大代表，并被选举为人大常委会委员。

3月，王丽红、琚诒忠担任桐城市第九届政协委员。

4月，安徽省中师语文中心组在学校召开年会。

5月，余继飞被保送至安徽师范大学学习。

6月，桐城市文明委、综治委授予学校教工生活小区“安全文明小区”称号。

7月，赵正斌获国家教委曾宪梓教育奖励基金会颁发的“中等师范学校优秀教师奖”。

8月，学校学生谢川英到北京参加第五届全国青少年“爱祖国、讲文明”读书教育活动表彰会和全国“读书活动夏令营”活动。

8月，学校招录普师班学生145人，民师班学生78人，高中学历补学教育理论课函授一年制学生133人。

8月，学校举办桐城市小学音乐、美术教师培训班，共计70人参加培训。

1999年

1月，桐城师范学校召开第四届教代会第一次会议。

1月，杨红调任桐城市教委主任，兼任学校校长。

2月，高等教育自学考试小学教育专业大专班招录学员132人。

3月，安庆市综治委授予学校1997年至1998年“社会治安综合治理先进单位”称号。

5月，罗德泉任学校校长，陈伯平任校党支部书记、副校长，江学煌任副校长。

7月，桐城市委书记孙爱民、市长董宏业出席争创桐城师范高等专科学校现场办公会。

8月，杨雪松任学校副校长。

9 月，程玉梅获安庆市“师德标兵”称号。

9 月，段宝根被保送至安徽师范大学学习。

9 月 27 日至 10 月 3 日，桐城师范学校举办庆祝中华人民共和国成立 50 周年书画展。

10 月，桐城师范学校萃艺楼投入使用。

11 月 19 日至 21 日，以六安师范学校校长王祥生为组长的中师教学评估专家组一行对学校教学工作进行全面评估，学校获得“良好”等级。

11 月，桐城师范学校党支部改选，罗德泉任学校党支部书记，江学煌任副书记。

11 月，桐城师范学校工会换届选举，郑在新任工会主席。

12 月 9 日，桐城市人民政府向安庆市人民政府、安徽省教委呈交《关于桐城师范学校办学方向的报告》。

2000 年

1 月，桐城师范学校向省教委呈送《“关于桐城师范学校挂靠安庆师范学院开设大专班”的报告》。

1 月，罗德泉带队考察池州师范高等专科学校、芜湖师范高等专科学校、南京晓庄师范学校。

1 月，桐城市小学教师继续教育培训班开班，934 人入学面授。

2 月，安庆市创建安全文明校园检查组到校检查。

3 月，桐城师范学校被评为安庆市“优秀安全文明校园”。安徽电视台、《法制导刊》等 8 家新闻单位到校采访“创建安全文明校园”工作。

4 月，桐城师范学校与安庆师范学院签订《关于桐城师范学校挂靠安庆师范学院开设大专班的协议书》。

4 月，桐城师范学校首次获得安徽省“文明单位”称号。

5月，安徽省语言文字工作委员会主任吴玉霞到校检查指导语言文字规范化工作。

5月，中共桐城市委印发《关于创建桐城师范高等专科学校有关问题的决定》《关于成立桐城师范高等专科学校领导小组的通知》。

5月，汪磊被保送至安徽师范大学学习。

6月，桐城市人民政府向安庆市人民政府呈送《关于创建桐城师范高等专科学校的请示》。安庆市人民政府同意并向安徽省人民政府呈送请示报告。

7月，安徽省教育厅教计函〔2000〕20号《关于编号"省1536"转文办理情况的报告》原则上同意安庆市政府提出的在桐城师范学校基础上创建桐城师范高等专科学校。

7月，第二期小学校长提高班在校开班，147名小学校长参加。

7月，桐城师范学校装备多媒体教室，学生宿舍楼及校园水电改造工程完工。

8月，桐城师范学校选派罗德泉、周鸿等7名中青年骨干教师参加安徽师范大学研究生课程进修班学习。

9月，桐城师范学校首招高中起点三年制小学教育专业，共有310名学生报到注册。

9月，桐城师范学校特聘安徽师范大学外语系主任张诚到校教授大学英语课程。

10月，桐城师范学校开展"向方扣萍同学献爱心"活动，师生捐款7000多元。

11月，天城高级中学、范岗高级中学领导带队到校参观考察文明校园创建工作。

11月，桐城师范学校举办教职工多媒体技术培训班。

12月，桐城师范学校首次举办元旦文化艺术节。

12月，桐城师范学校举办全体教职员工参加的"迎接新世纪"元旦招待会。

2001年

2月,桐城市人民政府授予琚诒忠“先进工作者”称号。

2月,桐城师范学校与安庆师范学院继续签订《关于桐城师范学校挂靠安庆师范学院开设大专班的协议书》。

3月,桐城师范学校与蚌埠教育学院签订《蚌埠教育学院与桐城师范学校联合办学协议书》。

4月,桐城师范学校制定《桐城师范学校2001—2005年精神文明建设规划》。

4月,琚诒忠获得安庆市招生委员会等授予的“先进个人”、桐城市人事局等授予的“继续教育工作先进个人”称号。

5月,桐城市人民政府将学校认定为桐城市计算机应用能力培训基地教学点。

8月,桐城师范学校成立争创师范高等专科学校工作办公室,程斯法、张国富分别任主任、副主任。

9月,桐城师范学校成立蚌埠教育学院成人教育学院桐城教学点,开始大专函授教育。

10月,桐城师范学校出台《关于加强教学工作的决定》。

11月,桐城师范学校举行第十四届秋季田径运动会。

11月,桐城师范学校女生公寓楼(树惠楼)竣工,完成学生食堂及浴室的征地工作。

11月,桐城师范学校小学干部培训基地通过安庆市教委的检查验收。

12月,安庆市教委向省教育厅呈送《关于安排桐城师范学校初中起点五年制大专层次招生计划的请示》。

2002年

1月，桐城师范学校校长罗德泉陪同桐城市委副书记胡睿、副市长李玉萍到安徽省教育厅汇报争创工作。

1月，安庆市教委授予学校“干训工作先进基地”称号，同时授牌“‘十五’县级教育干训基地”。

1月，桐城师范学校召开第五届教代会第一次会议。

2月，桐城市小学教师继续教育在校进行。

3月13日，安庆市人民政府呈文请求安徽省人民政府对桐城师范学校的“争创”工作进行评估验收。

3月21日至23日，罗德泉带队到亳州师范高等专科学校学习考察。

3月22日，桐城师范学校召开实习学校校长恳谈会。

4月19日，安徽省人大常委会副主任季昆森在教育厅厅长陈贤忠、省政府副秘书长王坦陪同下到校视察指导争创工作。

4月，安庆市教委主任高开甲到校指导争创工作。

5月，桐城师范学校获安庆市“十运会”贡献奖、安徽省第五届“文明单位”称号。

5月，桐城师范学校任命梁志斌为学校副校长。

6月，桐城师范学校成立妇女委员会，程玉梅任主任。

7月，首届蚌埠教育学院函授班桐城教学点在校开班，188名学员参加。

9月，陈宝平、程玉梅获安庆市“师德标兵”称号，并出席表彰大会。

9月，桐城师范学校召开教师节暨教科研成果表彰大会。

9月，张耀庭当选为全国小学语文教学法研究会理事，其参评的论文获一等奖。

9月，桐城师范学校首届初中起点五年制大专班开班，141名学生报到注册。

10月，桐城市委副书记胡睿主持召开学校南侧拆迁工作协调会。

10月，安庆市教委授牌学校为“桐城市教育干训基地”“继续教育工作先进基地”。

11月，桐城师范学校举行第十五届秋季田径运动会。

11月，桐城师范学校召开学风建设恳谈会、教学工作分析会、艺术教育研讨会。

12月，桐城师范学校三年制专科班270名学生参加全国大学生英语四级考试。

12月，桐城市普通话水平测试在校举行，1450名学生参加测试。

12月，桐城师范学校举行元旦文化艺术节活动。

2003年

1月，罗德泉调出，任桐城报社副总编辑。

2月，占峰调入学校，任学校校长。

2月，琚诒忠担任桐城市第十届政协委员。

3月，卓晓静、胡睿、李晨、程天舒、何炜等桐城市领导出席在学校召开的申专工作协调会。

3月，方萍、占峰当选为桐城市第十三届人大代表。方萍被选举为人大常委会委员。

4月，桐城师范学校成立申专工作领导小组，占峰任组长。

4月，桐城市政府批准学校在教职工中融资1000万元。

5月，桐城师范学校2003届大专班45名学生参加“专升本”考试，31名学生被录取。

6月27日，占峰主持召开教职工招生宣传工作动员大会，学校首次实行全员定额招生。

6月，桐城师范学校首次组织全体教职工对中层干部进行测评。

7月18日，安庆师范学院院长汪青松率省级专家组到校考察申专工作。

7月，江学煌获安庆市“职业教育先进个人”称号。

7月，广州红太阳培训中心到校选拔优秀毕业生。学校举行毕业生欢送会，桐城市副市长陈玉莲出席并讲话。

7月，桐城师范学校教师参加安徽师范大学研究生院在学校举办的研究生课程进修班学习。

7月，桐城师范学校与广州建国人才教育发展有限公司签订《联合培养人才协议》。

7月，桐城师范学校成立财务稽核小组，对上一年度的财务进行稽核。

8月，桐城师范学校召开第五届教代会第二次会议。

9月，桐城师范学校任命陈宝平为副校长，江学煌、郑在新为督学。

9月，张耀庭、杨雪松分别获桐城市“优秀教师”“优秀教育工作者”称号。

9月，桐城师范学校首届高中班、初中起点五年制专科、中专幼师(含群众文化艺术)专业、中专计算机及应用专业分别招生164人、316人、274人、191人。全校在籍在校生1269人，学生首次突破1000人。

9月，桐城师范学校新食堂正式投入使用。

10月，郑在新、方萍分别当选为工会主席、副主席，程跃文当选为校团委书记。

10月，桐城师范学校通过安庆市教育局组织的中专学校合格评估。

11月，桐城师范学校被安庆市人事局认定为桐城市中小学教师第二轮继续教育专业课培训基地。

11月，桐城师范学校举行第十六届秋季田径运动会。

11月，安徽省教工委派占峰到池州师范高等专科学校挂职，任校长助理。

11 月，占峰陪同桐城市委副书记胡睿、副市长何炜拜访安徽省教育厅领导。

12 月，杨雪松、方萍、程根荣分别被授予桐城市“优秀教育工作者”“巾帼建功先进个人”“先进工作者”称号。

12 月，桐城师范学校新教学楼（毓秀楼）一期工程奠基。

2004 年

2 月，桐城团市委授予校团委“五四红旗团委”称号，授予程跃文“优秀共青团干部”称号。

3 月，安徽省语言文字工作委员会副主任王子鸣到校检查指导语言文字规范化工作。

3 月，全国高等学校信息咨询与就业指导中心同意学校设立 NIT 培训基地。

4 月，桐城市市长卓晓静主持召开学校争创工作领导小组会议。

5 月，安庆市教育局局长江兴代到校检查指导申专工作。

6 月，安庆团市委授予程跃文“优秀共青团干部”称号。

6 月，安庆市委副书记赵晓和在桐城市委书记董宏业陪同下视察学校。

6 月，桐城师范学校开展幼师专业学生与桐城市实验小学幼儿园教学互进展示演出活动。

7 月，桐城市委书记董宏业、副书记胡睿、副市长何炜等领导在校召开争创工作现场办公会议。

7 月，安庆市桐城师范高等专科学校筹建工作领导小组成立，安庆市委副书记方川林任组长。

7 月，桐城师范学校召开校级班子民主生活会。

7 月，程玉梅任校长助理。

8 月，桐城师范学校召开第五届教代会第三次会议，讨论通过《桐城师范学校“四制”改革实施方案(试行)》《桐城师范学校岗位津贴方案》等。

8 月,桐城师范学校举办新教师、新任班主任上岗培训班。

9 月,桐城师范学校表彰“优秀教师”“优秀班主任(辅导员)”,开健被授予安庆市“模范教师”称号。李卫生被授予安庆市“优秀教育工作者”称号。

10 月,桐城师范学校加挂“安徽省桐城经济技术学校”校牌,学校被定性为综合中专。

10 月,桐城师范学校新教学楼一期工程投入使用。

10 月,桐城师范学校党支部建立党员联系班级工作制度。

10 月,桐城师范学校成立业余党校,陈宝平任业余党校负责人。

10 月 27 日,安庆市桐城师范争创高专筹建工作领导小组第一次会议在校召开,安庆市委副书记方川林出席会议。

11 月,桐城师范学校召开招生就业工作表彰大会。

11 月,学校举行第十七届秋季田径运动会。

11 月,桐城市政协副主席吴连顺一行视察学校。

11 月,安庆市关心下一代工作委员会到校检查指导工作。

12 月,桐城师范学校获得安徽省教育厅授予的“语言文字规范化示范学校”称号。

2005 年

1 月,桐城师范学校在桐城黄梅剧院举行“青春师范”大型文艺汇演。

1 月,桐城师范学校惜抱楼(图书馆)工程奠基。

1 月,安庆市委副书记方川林一行到校督查申专工作。

1 月,张耀庭当选为中国教育学会全国小学语文教学法研究中心安徽分会会长。

2 月，桐城师范学校工会换届选举，孙亚当选为工会主席。

3 月，桐城师范学校新大门工程奠基。

3 月，桐城师范学校设立学生奖学金。

3 月，桐城师范学校制定学生见习、实习工作的有关规定。

3 月，太湖师范学校、徽州师范学校领导到校参观考察。

4 月，安庆市委副书记方川林等领导到校召开申专工作督查会。

4 月，安徽省桐城派研究会在学校挂牌。

4 月，中国教育学会全国语文教学法研究中心安徽分会第六届年会在学校召开。

4 月 25 日至 5 月 1 日，“桐城师范学校师生书法美术作品展”在桐城市博物馆举行。

5 月，桐城师范学校首次举行“青春美”大赛。

6 月，安徽省教育厅师范处处长储常连到校指导申专工作。

6 月，占峰带队到合肥幼儿师范学校、凤阳师范学校参观考察。

7 月，桐城市委副书记胡睿、副市长何炜带队到马鞍山师范高等专科学校、池州师范高等专科学校参观考察。

7 月，桐城师范学校承担枞阳县初中毕业生学业毕业考试阅卷任务。

7 月，桐城师范学校任命程玉梅为学校副校长。

8 月，桐城师范学校召开第五届教代会第四次会议。

8 月，桐城师范学校首次组织在编在岗人员免费体检。

9 月，桐城师范学校获安庆市“德育工作先进单位”称号。

9 月，桐城师范学校举办离退休教职工茶话会。

10 月，桐城师范学校成立中共桐城师范学校总支委员会，占峰、杨雪松分别任书记、副书记。

10 月 27 日至 28 日，安徽省教育厅组织以程桦任组长的专家组一行 5 人对学校争创工作进行省级评估。

11 月，桐城市政府批准学校再次融资 1500 万元。

11 月，淮北煤炭师范学院原院长、省高校设置委员会专家王彦坦教授到校指导申专工作。

11 月，占峰带队到安徽职业技术学院、阜阳师范学院、淮北煤炭师范学院考察学习。

11 月 27 日至 28 日，安徽省教育厅组织的高校设置专家组到校考察申专工作。

11 月，桐城市委书记董宏业、市长卓晓静在学校召开申专工作协调会。

12 月，桐城师范学校获得桐城市授予的“法制宣传先进集体”称号。

12 月 30 日，学校申办高等专科学校工作在全省院校升格评审论证会上获全票通过。学校被正式列入安徽省高校设置“十一五”规划。

2006 年

1 月，学校出台《关于对研究生学历教师进行奖励的规定》。

2 月，安庆市委常委、桐城市委书记董宏业，桐城市市长卓晓静在校主持召开争创工作领导小组会议。

3 月，桐城市委批准学校制定的《桐城师范学校工作人员申专任务分解表》。

3 月，安徽省人民政府将皖政秘〔2006〕33 号《安徽省人民政府关于请求批准桐城师范学校升格为桐城师范高等专科学校的函》呈送教育部。

4 月，占峰陪同桐城市委副书记胡睿、副市长何炜到教育部发展规划司、师范司汇报争创高专工作。

4 月，桐城师范学校成立桐城派研究室。

5 月，安庆市委副书记方川林到校主持召开申办高等专科学校工作督查会。

5月，占峰陪同桐城市副市长何炜、教育局局长杨红到凤阳师范学校、合肥幼儿师范学校参观考察。

5月，程跃文被安庆团市委授予"优秀青年志愿者"称号。

5月，占峰当选为桐城市第十二次党代会代表。

6月，桐城市市长卓晓静主持召开学校申专工作协调会。

6月，占峰陪同桐城市副市长何炜到教育部发展规划司、师范司汇报申专工作。

6月，桐城师范学校决定普通高中班停止招生。

6月23日，安庆市编制委员会办公室发文，核定桐城师范学校为副处级单位。

7月20日，安徽省教育厅厅长程艺到校视察指导申专工作。

8月，安徽省教育厅高教处处长储常连到校调研招生工作。

8月，桐城师范学校召开第五届教代会第五次会议。

9月，桐城经济技术学校接受省示范职业中专合格评估。

9月，桐城市政府召开桐城师范高等专科学校规划(修订)设计评审会。

9月，桐城市教育局局长杨红、书记胡朝华到校指导申专工作。

9月，桐城师范学校被授予安徽省教育系统"先进集体"称号。

10月，桐城市委组织部任命占峰为桐城师范学校校长(正科级)。

10月4日，教育部师范司副司长宋永刚视察学校并指导申专工作。

10月10日，安徽省教育厅原厅长、全国高等学校设置评议委员会专家陈贤忠到校指导申专工作。

10月，桐城师范学校召开争创迎检工作动员会，占峰同各部门负责人签订《争创高等专科学校工作责任书》。

10月，占峰陪同桐城市市长卓晓静、副市长何炜到井冈山向教育部发展规划司副司长宋明德汇报申专工作。

11月，桐城市委副书记胡睿、副市长何炜到校召开申专工作督查协调会。

12月，程桦一行受安徽省教育厅委派对学校申专工作进行考察评估。

12月，安庆市市长朱读稳主持召开市长办公会，听取桐城师范学校申专工作汇报，会议决定将申专工作列入安庆市国民经济和社会发展规划。

12月，教育部师范司司长管培俊到校视察指导。

12月，安徽省教育厅认定“桐城经济技术学校”为安徽省“示范中专学校”。

2007年

1月，安庆市人大常委会副主任方川林，安庆市委常委、宣传部部长胡南亭，副市长方祖中到校召开申办高等专科工作督查会。

1月，占峰、王雨辰担任桐城市第十一届政协委员，占峰当选为政协委员会常务委员、教科文卫体委员会副主任。

2月，程玉梅、杨雪松当选为桐城市第十四届人大代表，程玉梅被选举为人大常委会委员、副主任。

3月，桐城市委常委、宣传部部长王颖迪，副市长陈玉莲到校召开申专工作现场办公会议。

4月，张耀庭担任安徽省教育学会语文教学法专业委员会第九届理事会常务理事、副会长。

5月，桐城市委组织部发文，明确杨雪松、梁志斌、陈宝平为学校副校长（副科级）。

6月，占峰、杨雪松分别参加安庆医药高等专科学校、池州学院揭牌庆典仪式。

7月，桐城师范学校党总支表彰“先进党支部”“优秀党员”。

7月，安庆市首届小学英语骨干教师培训班在校开班。

7月，学校出台《桐城师范学校机构改革方案》，增设4个教学系部。

7月，凤阳师范学校校长陈立武一行到校考察交流。

7月，占峰、梁志斌陪同桐城市委常委、宣传部部长王颖迪，副市长陈玉莲考察牡丹江幼儿师范高等专科学校。

8月，桐城师范学校被正式列入国家“十一五”高校设置规划。

8月，桐城市市长卓晓静出席桐城市申办高专工作领导小组会议。

8月17日，桐城市政协副主席张青一行到校调研。

9月23日，教育部发展规划司副司长宋德民到校视察指导。

9月，占峰陪同桐城市市长卓晓静到教育部汇报申专工作。

9月，占峰获安庆市“优秀校长”称号。

9月，程跃文获桐城市“师德标兵”称号。

10月，桐城师范学校召开第六届教代会第一次会议。

10月，学校工会及教代会换届大会举行，孙亚连任工会主席。团委换届，周琳当选为团委书记。

10月，学校出台《桐城师范学校关于专业技术职务聘任的有关规定》。

11月，桐城师范学校与桐城市中医院签订《校医室共建协议》。

11月7日，由安徽省财政厅、教育厅组成的专家组对学校申报的中职骨干教师师训基地进行实地考察和评审。

11月，桐城师范学校学生孙小芳获安徽省“优秀共青团员”称号。

12月，桐城派书画院在学校挂牌，全国书法家协会理事、海军大校吴兆义到校揭牌。

12月，桐城师范学校获安徽省第八届“文明单位”称号。

2008 年

1 月，安庆市调整桐城师范高等专科学校筹建工作领导小组，安庆市委常委、副市长陶方启任组长，安庆市副市长方祖中任副组长。

1 月，琚诒忠受桐城市委组织部委派到企业挂职。

2 月，桐城师范学校网站开通运行。

2 月，占峰、陈宝平、程玉梅到教育部汇报申专工作。

3 月，桐城师范学校召开校级领导、中层干部集体述职述廉会议。

3 月，盛莉获安庆市第三届“教坛新星”称号。

3 月 5 日，桐城师范学校与马鞍山师范高等专科学校签订《合作办学协议》。

5 月，桐城市委常委、宣传部部长王颖迪，副市长陈玉莲到校督查申专工作。

6 月，桐城师范学校启动校园北边征地工作。

7 月，安庆市桐城师范高等专科学校筹建工作领导小组在校召开会议，安庆市委常委、副市长陶方启，安庆市副市长方祖中出席会议。

7 月，桐城市人民政府批准同意学校挂牌“桐城市教师进修学校”，杨雪松兼任校长。

8 月，桐城师范学校完成安庆市小学班主任、骨干教师共 390 人的市级培训任务。

8 月，安庆市普通话水平测试站在学校建成运行。

8 月，三向学馆作为办公楼启用。

8 月，桐城师范学校召开第六届教代会第二次会议。

9 月 4 日，安徽省副省长谢广祥率省财政厅、省发展和改革委员会等单位领导视察学校。

9 月，桐城经济技术学校作为省示范中职学校接受复评。

9 月，凤阳师范学校党委书记黄士俊一行到校考察交流。

9 月，杨雪松获安庆市“优秀教师”称号。

10 月，教育部师范司副司长宋永刚到校视察并指导申专工作。

10 月，徽州师范学校、淮北师范学校领导到校参观考察。

11 月，亳州幼儿师范学校、河南洛阳师范学校领导到校参观考察。

11 月，桐城师范学校出台《桐城师范学校学科带头人发展规划实施意见》。

12 月，雷小丽、严丽莉、陈方杰在安庆市第三届中等职业学校优质课大赛中均获得一等奖。

2009 年

1 月，占峰当选为安庆市第十五届人大代表。

2 月，马鞍山师范高等专科学校党委书记喻长志一行到校视察指导。

2 月，桐城市委副书记娄雪松到校视察指导。

2 月，安徽省教育厅师资处处长卢鹏到校视察指导。

3 月，占峰参加安徽省教育厅发展规划处召开拟升格学校校长座谈会。

3 月，亳州师范高等专科学校校长王正明、安庆医药高等专科学校校长曹艳平到校视察指导。

3 月，安庆市人大常委会副主任方祖中一行到校视察指导。

3 月，桐城派书画院书画家到校举办“庆祝中华人民共和国成立六十周年”笔会。

4 月，桐城师范学校召开申专工作动员会，提出在省内拟升格、更名学校中(含本科)“争一保二”的目标。

4 月，占峰等校领导分别带队到安徽师范大学等 12 所高校考察学习。

5 月，桐城师范学校出台《关于引进高学历人才的有关规定》。

5月，桐城师范学校邀请程桦、王世华、刘宁、陈啸、董武清、周之虎、李兴旺等教育厅高校设置专家，安徽工业大学原校长董元篪、安徽理工大学原校长张文祥两位教育部高校设置专家到校指导申专工作。

5月，凤阳师范学校、合肥幼儿师范学校、六安卫生学校领导到校考察交流。

5月，桐城市委常委、宣传部部长王颖迪，副市长陈玉莲到校督查申专工作。

5月，安徽省高师数学研究会授予学校“先进单位”称号。

6月，安庆市2009—2010学年度中小学教师继续教育工作会议在学校举行。

6月，占峰任桐城师范学校校长(副县级)。

6月，安庆市政协领导到校调研学校申专工作。

6月，安徽省教育厅组织以王世华任组长的专家组一行考察学校申专工作，安庆市委书记朱读稳、市长肖超英会见专家组一行。

6月，桐城经济技术学校(桐城师范学校)与桐城大胜集团签订《联合办学协议书》。

7月，学校党总支表彰“优秀共产党员”和“先进党支部”。

7月，学校承担望江县初中毕业生学业毕业考试阅卷任务。

7月，中国教育国际交流协会副秘书长杨孟和美非事务部副主任余有根到校实地考察“基层英语教师培训项目”执行情况并为志愿者颁发证书。

7月，凤阳师范学校黄士俊书记、陈立武校长一行来校考察交流。

7月20日至8月3日，学校举办的小学班主任、小学骨干教师培训班(共有549名学生)结业，安庆市教育局局长江兴代出席结业典礼并作专题报告。

7月，琚诒忠受桐城市文化局邀请参与首届中国桐城文化节筹备工作。

7 月，桐城市档案局专业人员指导学校档案建设工作。

8 月，桐城师范学校副校长陈宝平调出，任桐城实验中学校长。

8 月，桐城师范学校组织部分教职工到庐山参观考察。

9 月，桐城师范学校召开第六届教代会第三次会议。

9 月，桐城师范学校在安徽省拟升格的中专学校评估中排名第一。

9 月，桐城师范学校召开“如何在学校打造桐城派特色的亮点”专题座谈会，会上充分听取桐城派研究会专家们的意见。

9 月，中国农工党安徽书画院专家到校开展庆祝第 25 个教师节慰问联谊活动。

9 月，全国高等学校设置评议委员会专家、教育厅原厅长陈贤忠到校视察指导。

9 月，占峰获安庆市“师德标兵”称号，许华获桐城市“模范教师”称号。

10 月，安徽省人大常委会副主任胡连松在省人大内务司法工委主任梁热陪同下到校视察。

10 月，第四届全国桐城派学术研讨会在学校举行。

10 月，桐城师范学校创办“心语”心理咨询室。

10 月，合肥幼儿师范学校、淮北师范学校领导到校参观考察。

11 月，安徽省教育厅组织专家对拟升格的中专学校再次进行评估，学校排名第一。

11 月，占峰率队拜访教育部发展规划司、师范司领导，汇报申专工作。

11 月，安庆市委书记朱读稳、市长肖超英，桐城市市长吴三九在合肥稻香楼宾馆会见安徽省教育厅厅长程艺，研究桐城师范学校申专的相关问题。

11 月，安庆医药高等专科学校校长曹艳平、安徽科技学院院长刘宁到校指导。

11 月，全国高等学校设置评议委员会专家陈贤忠、董元篪、张文祥到校视察指导申专工作。

12 月，桐城师范高等专科学校筹备工作领导小组第五次会议召开，安庆市委副书记陶方启、安庆市副市长黄杰出席。

12 月，以教育部信息中心主任咸立亭为组长的全国高校设置委员会专家一行到校实地考察申专工作。安庆市副市长黄杰，桐城市副市长陈玉莲陪同专家组参观考察桐城文庙、六尺巷。

2010 年

1 月，学校派 6 个组分别到全国各地拜访近 70 位全国高等学校设置评议委员会专家。

1 月，芜湖机电学院党委书记陈其工到校视察指导。

1 月 21 日，第五届全国高校设置评议委员会第四次会议在广西南宁召开，学校升格为桐城师范高等专科学校的申请获高票通过。

1 月，中共桐城市委、桐城市人民政府向学校发来贺信。《安庆日报》在显著位置报道了桐城师范学校申专成功的消息。

2 月，学校召开申专成功庆祝大会。占峰获得桐城市人民政府颁发的嘉奖令。

3 月，学校领导到安庆医药高等专科学校、池州学院、铜陵学院考察学习。

3 月，经教育部和安徽省人民政府批准，桐城师范学校正式升格为桐城师范高等专科学校。

4 月，桐城市市长吴三九、桐城市委副书记娄雪松、副市长陈玉莲到校调研。

4 月，桐城市成立桐城师范高等专科学校揭牌庆典协调小组，娄雪松任组长。

4 月，安庆市副市长黄杰在安庆市委副秘书长、办公室主任江兴代陪同下到校视察指导。

5 月，桐城市人民政府奖励学校办公用车 1 辆(别克君威)。

5 月 8 日，学校举行桐城师范高等专科学校揭牌庆典仪式。张学平、宋永刚、李和平、朱读稳共同为桐城师范高等专科学校揭牌。

5 月，学校正式启用“桐城师范高等专科学校”公章。

5 月，安徽外国语学院院长洪祥生一行到校参观考察。

6 月，芜湖师范学校、舒城师范学校领导，河南省商丘市教育考察团到校考察。

6 月，占峰应邀到安徽黄梅戏学校、安徽外国语学院、安徽文达信息职业技术学院介绍学校申专工作经验。

7 月，桐城师范高等专科学校表彰“优秀共产党员”和“先进党支部”。杨雪松被评为桐城市“优秀共产党员”。

7 月，桐城师范高等专科学校组织中层干部述职述廉活动。

7 月，桐城师范高等专科学校撤销文科部、理科部、艺术部、中专部，成立人文系、理工系、艺术系、外语系。

7 月，安庆市小学骨干教师培训班在学校举办。

8 月，芜湖职业技术学院、池州职业技术学院、黄麓师范学校、安徽汽车工业学校、安徽化工学校领导到校参观考察。

8 月，占峰带队参观晓庄师范学院、南京师范学院、长沙师范学校、亳州师范高等专科学校、舒城师范学校、黄麓师范学校。

8 月，学校出台《桐城师范高等专科学校教育思想大讨论实施方案》。

8 月，桐城师范高等专科学校首次组织离退休人员体检。

9 月，学校表彰“优秀教师”“优秀教育工作者”“优秀班主任(辅导员)”。

10 月，学校召开主题为“畅想未来——‘十二五’规划的构想”务虚会。

11 月，安徽省教育厅原厅长陈贤忠教授到校作题为“桐城师专的昨天、今天和明天”报告。

11 月，程爱兰获桐城市第三届“十大杰出青年”称号。

12 月，陈涛到桐城团市委挂职，时间一年。

12 月，桐城市教师进修学校接受评估。

12 月，安徽省教育厅组织专家到校检查民生工程(学生资助工作)。

12 月，学校召开中层干部和部分教师参加的主题为“升格一年来的总结和思考”座谈会。

2011 年

1 月，桐城师范高等专科学校成立教学委员会。

3 月，学校出台《桐城师范高等专科学校教学科研制度(试行)》。

3 月，全国计算机等级考试在校设点，592 名学生首次参加考试。

3 月，桐城师范高等专科学校负责人分别带队到安徽职业技术学院、安徽水利水电职业技术学院、安庆职业技术学院、芜湖职业技术学院参观考察。

3 月，安徽省考试院，安徽省教育厅高教处、职成处、师资处领导到校视察指导。

3 月，根据安徽省编制办印发的《关于桐城师范高等专科学校机构编制的批复》(皖编办〔2011〕72 号)，核定学校机构和人员编制。

3 月，安庆市委副书记陶方启、组织部部长汪卫东到校调研。

4 月 2 日，桐城师范高等专科学校成立桐城派学术研究中心。

4 月，安徽省高教工委副书记张荣国到校视察指导。

4 月，占峰当选为安庆市第十次党代会代表。

5 月，桐城师范高等专科学校开展“永远跟党走”教育活动。

5 月，桐城师范高等专科学校举办毕业生文艺汇演活动。

5 月，学校出台《桐城师范高等专科学校质量工程建设实施意见》。

6月，桐城师范高等专科学校成立学术委员会。

6月，占峰出席合肥幼儿师范高等专科学校揭牌庆典仪式。

7月，桐城师范高等专科学校召开民主生活会和组织生活会。

7月，桐城师范高等专科学校表彰“优秀党员”“先进党支部”。

7月，桐城师范高等专科学校160位教师获高等学校教师资格。

7月，桐城师范高等专科学校启动高校教师职称评审、评转工作。

7月，桐城师范高等专科学校财务稽核小组核查财务工作。

7月，学校修订《桐城师范高等专科学校人才培养方案》。

7月，桐城师范高等专科学校表彰在课堂教学竞赛中获奖的人员。

7月，桐城师范高等专科学校组织教职工到桂林考察。

7月，安庆市小学骨干教师培训班在学校举办。

7月，桐城师范高等专科学校召开中层干部述职述廉会议和“重质量，谋发展”主题务虚会。

8月，桐城师范高等专科学校成立教育系，程跃文任主任。

8月，安徽省小学骨干教师培训班在学校举办。

8月，南京师范大学、安徽师范大学教授到校讲学。

8月，桐城师范高等专科学校举办青年教师、班主任培训班。

8月，安徽省教育厅后勤管理处副处长陈鹏到校检查指导。

9月，刘久芳、高先军被授予桐城市“模范教师”称号。

9月，安徽外国语学院院长洪祥生带队到校考察指导。

10月，教育部人事司原司长、全国高等学校设置评议委员会副主任、关工委副主任王茂根到校调研。

10月，桐城师范高等专科学校举行省部级教科研课题开题启动仪式。

10月，以合肥师范学院副院长吴昕春教授任组长的评估组对学校申报“中等职业学校骨干教师省级培训基地”进行评估验收。

11月，学校出台《桐城师范高等专科学校基层党组织党务公开实施方案》。

11月，安徽省教育厅科技处处长汤仲胜、职成处处长朱彤及师资处副处长卢鹏、金智分别到校视察指导。

11月，“国培”项目培训班在学校举办。

12月16日，主题为“文化产业与中国经济转型”的北京大学企业家论坛在校举办。安徽省副省长谢广祥出席论坛并讲话，北京大学校长、中国科学院院士周其凤，国务院发展研究中心副主任侯云春，安徽省政协副主席李卫华，安庆市委书记朱读稳、市长肖超英，桐城市市长吴三九，北京大学安徽知名校友秦德文、卢家丰、邵国培，著名企业家、北京大学校友俞敏洪、黄怒波等出席论坛。会议由央视著名主持人、北京大学校友张羽主持。

2012年

1月，安庆市副市长黄杰，政协副主席、教育局局长童学军到校视察指导。

1月，安徽大学党委书记黄德宽到校视察指导。

1月，程玉梅当选为桐城市第十五届人大代表，并被选举为人大常委会委员、副主任。

1月，杨雪松、胡立仁担任桐城市第十二届政协委员。杨雪松当选为政协委员会常务委员、教科文卫体委员会副主任。

2月，学校出台《桐城师范高等专科学校“教学质量推进年”活动实施意见》。

2月，“国培”培训项目开班，共有329名学前教育教师参加培训。

2月，桐城师范高等专科学校聘请1名英籍教师担任英语教育专业的口语教学工作。

2月，桐城师范高等专科学校召开新增专业评审论证会。

3月，南京师范大学、安徽师范大学、华东师范大学教授到校讲学。

4 月，学校出台《桐城师范高等专科学校落实“校系管理，以系为主”的管理体制实施意见》。

4 月，宿州学院党委书记桂和荣、铜陵学院党委书记储国定、芜湖职业技术学院院长徐建平、芜湖信息职业技术学院院长姚本先、阜阳职业技术学院院长邹斌到校视察指导。

5 月，学校修订《桐城师范高等专科学校人才培养方案》。

5 月，杨雪松带队参加安徽省教育厅组织的“国培”项目评审答辩会。

5 月，桐城师范高等专科学校学前教育专业、艺术设计专业获批中央财政支持高等职业学校提升专业服务产业发展能力建设项目，分别获得中央支持资金 200 万元。

5 月，安徽省人民政府省长李斌到校视察指导，安庆市市长肖超英陪同。

5 月，桐城师范高等专科学校召开毕业生“双选会”，170 多家用人单位参加。

6 月，桐城师范高等专科学校成立教学督导组。

6 月，桐城师范高等专科学校召开学术委员会会议。

6 月，桐城师范高等专科学校停止中专各专业招生工作。

7 月，桐城师范高等专科学校表彰“优秀党员”和“先进党支部”。

7 月，桐城师范高等专科学校启动老校舍加固工程，安庆、桐城两级市政府给予资金支持。

7 月，安徽省小学骨干教师培训班、安庆市小学骨干教师培训班在学校举办。

7 月，琚诒忠参与第二届中国桐城文化节筹备工作。

8 月，“国培”学前教育教师转岗培训班在学校开班，共有 360 人参加培训。

8 月，桐城师范高等专科学校成立组织人事处。

8 月，桐城师范高等专科学校召开党总支委员会会议，开展“保持党的纯洁性”主题教育活动。

8 月，桐城师范高等专科学校成立机关、人文系、理工系、外语系、教育系、艺术系 6 个党支部。

8 月，安徽省教师教育协作委员会成立，占峰任常务理事。

8 月，桐城师范高等专科学校开始实行专职辅导员制度，出台《桐城师范高等专科学校专职辅导员工作条例》，招聘 5 名专职辅导员。

8 月，桐城师范高等专科学校党总支召开支委工作培训会。

8 月，桐城师范高等专科学校召开青年教师、辅导员工作培训会。

9 月，桐城师范高等专科学校表彰“优秀教师”“优秀教育工作者”和“先进班集体”。

9 月，安徽城市管理职业学院副院长崔庆华，徽商职业学院院长张绍、副院长窦永林分别到校参观考察。

9 月，学校出台《桐城师范专科高等专科学校辅导员队伍建设实施办法》。

10 月 30 日至 31 日，主题为“时代召唤，文化引领”的第五届全国桐城派学术研讨会在校召开，安徽省人大常委会副主任、桐城派研究会会长胡连松出席会议。

11 月，桐城师范高等专科学校开展避险应急演练。

11 月，桐城师范高等专科学校举办第三届田径运动会。

11 月，桐城师范高等专科学校同安徽师范大学成教学院联合举办高等教育自学考试第二学历助学班。

11 月，桐城师范高等专科学校领导分别带队到安徽广播影视职业技术学院、安徽水利水电职业学院、合肥幼儿师范高等专科学校、亳州师范高等专科学校考察学习。

11 月，占峰任学校副校长（正处级）。

12 月，桐城师范高等专科学校开展廉政文化进家庭活动。

12 月，桐城师范高等专科学校召开“教学质量推进年”表彰大会。

12 月，安庆市副市长黄杰带队到校调研。

12 月，张波、张倩两位老师在安徽省首届高校体育教师说课比赛中分别获得一等奖。

12 月，桐城师范高等专科学校获得 2012 年全国高校校园文化建设“优秀成果奖”。

2013 年

1 月，桐城师范高等专科学校初等教育专业综合改革试点项目入选教育部专业和课程改革示范项目。

1 月，学校出台《桐城师范高等专科学校“优质教学资源建设年”实施意见》。

1 月，占峰、陈飞羽当选为安庆市第十六届人大代表。

2 月，安徽省教育厅装备中心主任徐世昌、宣传中心副主任鲍刚，安徽省教育厅教科院副院长徐贵亮、张守祥分别来校检查指导。

2 月 8 日，朱宏任学校党委书记。

3 月，安徽省教育厅组织专家组到校检查“国培”项目执行情况。

4 月，安徽省教育厅组织专家组到校督查央财项目落实情况。

5 月，占峰任学校党委副书记。

5 月，桐城师范高等专科学校召开“双选会”。

6 月，安庆市委副书记陶方启、副市长黄杰在桐城市市长吴三九陪同下到校调研。

7 月，杨雪松、梁志斌参加由中国国际教育研究中心组织的教育行业管理负责人到欧洲考察学习活动。

7 月，中共桐城师范高等专科学校委员会正式成立，隶属安庆市高等教育工作委员会管理。

8 月 7 日，吴登明任学校党委委员、副校长。

9月，程大立获得图书资料系列研究馆员专业技术资格，是学校首个具有正高级职称的教师。

11月12日，程玉梅任副校长，陈发明任校党委委员、纪委书记。杨琦、左为民、王胜利、童日进分别任学校办公室主任、组织人事处处长、监察审计处处长、总务处处长。

12月，张波在2013年全国高职高专院校体育教师教学技能大赛中获青年组二等奖。

2014年

1月，桐城师范高等专科学校正式落实“省市共建，以安庆市为主”的管理体制。

1月，桐城师范高等专科学校提拔王宏伟等12名副科级干部。

3月，安徽诚信会计师事务所受安庆市财政局委托对学校资产清查结果进行专项审计。

5月，占峰调离学校，担任安庆职业技术学院副院长。

5月，桐城师范高等专科学校承办全省高校学籍管理工作会议。

8月，安徽省教育工委书记、省教育厅厅长程艺到校调研。

8月，学校制定《桐城师范高等专科学校专业设置管理办法》。

8月，桐城师范高等专科学校举行人才培养工作评建专题培训会。

9月，学校举行庆祝第三十个教师节暨迎评促建动员大会。

10月，安庆市副市长黄杰主持召开桐城师范高等专科学校体制上划工作协调会。

10月，桐城师范高等专科学校聘请安庆师范学院教授担任教学督导员。

10月，吴登明、程玉梅、陈发明分别带队赴省内外高职高专学校考察学习。

11月，朱宏带队赴池州职业技术学院、安庆职业技术学院考察学习。

11 月，桐城师范高等专科学校教师江虹在铜陵市美术馆举办“以画为媒”画展。

12 月，桐城师范高等专科学校图书馆建成全国唯一的桐城派特色文献资源库。

2015 年

4 月，桐城师范高等专科学校召开安庆、桐城有关部门、行业企业代表参加的高校服务地方经济社会发展研讨会。

5 月 13 日至 15 日，以安徽工程大学校长刘宁为组长的高职院校人才培养工作评估专家组一行 5 人，对学校人才培养工作进行预评估。

7 月 29 日，沈波调任学校党委副书记、校长。安庆市委副书记、市高教工委书记陈冰冰出席学校干部大会并讲话。

10 月，学校印发《桐城师范高等专科学校关于进一步推进迎接人才培养工作评估的实施方案》。

11 月，彭凌娜、龙琪儿在安徽省第六届高等学校师范生教学技能竞赛中获特等奖。

11 月，学校修订《桐城师范高等专科学校章程》。

11 月，桐城师范高等专科学校调整成立学术委员会、教学委员会，梁志斌、沈波分别任学术委员会主任、教学委员会主任。

11 月 21 日，桐城师范高等专科学校召开一届一次教职工代表大会暨工会会员代表大会。陈发明、杨琦分别当选为学校工会主席、副主席。

12 月，桐城师范高等专科学校人事处首次开展“双师型”教师认定工作。

12 月 14 日至 17 日，受安徽省教育厅委托，以安徽机电职业技术学院党委书记张光胜为组长的专家组一行 8 人到校开展人才培养工作评估。

2016 年

3 月，黄应秋获安庆市“三八红旗手”称号。

3 月 23 日，北京大学陈平原教授、夏晓虹教授，安庆师范学院党委委员、文学院院长方锡球到校考察。

4 月 5 日，安庆市政府副市长黄杰带队到校调研指导工作。

4 月 29 日，桐城师范高等专科学校召开巡视工作动员会，安徽省委巡视高职高专第十四组第三小组组长金落实作动员讲话。

5 月，桐城师范高等专科学校团委获 2015 年安庆市“五四红旗团委”称号，艺术系团总支获安庆市“五四红旗团支部(总支)”称号。

6 月，桐城师范高等专科学校成为安徽省首批非物质文化遗产教育传习基地。

8 月，桐城师范高等专科学校人文系、理工系、外语系、艺术系、教育系分别改名为小学教育系、商贸与电子信息系、旅游与公共管理系、艺术与设计系、学前教育系。

8 月 23 日，安徽省委巡视高职高专第十四组第三小组组长金落实代表巡视组向学校党委书记和班子反馈巡视情况。

9 月，苏泽军当选为安庆市第十一次党代会代表。

9 月 2 日，安徽省委教育工委委员、副厅长解平在安庆教体局局长徐晓春陪同下，到校检查指导开学工作。

10 月 20 日，桐城市纪念红军长征胜利 80 周年图片展和专题讲座活动在校举行。

12 月，程玉梅当选为九三学社安庆市第八届委员会副主任委员。

12 月 27 日，桐城师范高等专科学校在桐城市梧桐体育馆举行“花开盛世，筑梦远航”迎新文艺汇演。

2017 年

1 月，程爱兰当选为桐城市第十六届人大代表。

3 月，程爱兰获得安庆市“三八红旗手”称号。

3 月 5 日，安庆市政协副主席、九三学社安庆市委会主委胡万宝带队到校考察调研桐城派与桐城历史文化。

3 月 21 日，由安庆市委组织部、宣传部、党校与高教工委组成的调研组到校专题调研思想政治教育工作。

4 月 10 日，桐城师范高等专科学校召开一届二次教职工代表大会暨工会会员代表大会。

4 月 26 日，桐城师范高等专科学校召开安庆市管高校 2016 年度综合考核动员大会，考核组组长、安庆市高教工委书记、教体局局长徐晓春一行出席会议。

4 月 27 日，日本一般社团法人、国际教育研修协会代表理事折茂稔先生、综合管理部中见葱先生到校考察、交流。

6 月，桐城师范高等专科学校获第十一届安徽省“文明单位”称号。

7 月，学校修订《桐城师范高等专科学校人才培养方案》。

10 月，桐城师范高等专科学校女子足球队在 2017 年安徽省大学生足球联赛中夺得乙组冠军。

10 月 27 日至 29 日，桐城派研究前沿问题国际学术研讨会在学校召开。

11 月 1 日，安庆市教体局副局长周泉带领督查组到校督查学生资助工作。

11 月 10 日至 12 日，张波、孟莉在安徽省第三届普通高等学校体育教师教学技能比赛中分别获一、二等奖。

11 月 17 日，安徽省档案局、教育厅对学校联合开展档案行政执法检查。

12 月，安庆市委组织部明确黄洪沫、苏泽军、程跃文行政级别为副处级。

2018 年

1 月，朱宏、程玉梅当选为安庆市第十七届人大代表，程玉梅被选举为人大常委会委员。

1 月，沈波、黄应秋担任安庆市第十五届政协委员。

4 月 27 日，桐城师范高等专科学校科学技术协会成立。科学技术协会第一次代表大会召开。

4 月 28 日，桐城师范高等专科学校召开一届三次教职工代表大会暨工会会员代表大会。

5 月，陈涛获安徽省“优秀共青团干部”称号。

6 月 1 日，共青团桐城师范高等专科学校第一次代表大会暨桐城师范高等专科学校第一次学生代表大会在校召开，陈涛当选为团委书记。

7 月，桐城师范高等专科学校在 2017 年安庆市直单位脱贫攻坚工作成效考核中获“好”等次。

10 月，桐城师范高等专科学校成立师范类专业认证工作领导小组，设立认证办公室。

11 月 4 日，桐城师范高等专科学校出台《师范类专业认证工作实施方案》，召开教职工动员会。

11 月 16 日至 18 日，由桐城师范高等专科学校主办，中国社会科学院文学研究所近代文学研究室和学校桐城派学术研究中心承办的桐城派研究青年学者学术论坛召开。

2019 年

1 月 7 日，安庆市教体局副局长王良宜带队到校检查实验室安全工作。

1月18日，安庆市副市长王爱武一行到校调研新校区建设。

1月24日，沈波带队参加在北京师范大学举行的北京师范大学与安庆市政府教育合作帮扶洽谈会。

2月15日，学校召开2018年度基层党支部书记抓党建述职评议考核会议。

3月18日，朱宏主持召开部署“严规矩、强监督、转作风”专项行动动员会。

4月1日，沈波主持召开师范类专业认证工作推进会。

4月17日，沈波出席浙江湖州举行的“会青”奖学金签约仪式。

4月25日，安庆市委第十综合考核组组长陈亚玲一行到校开展2018年度领导班子和领导干部综合考核工作。

5月18日，学校举行中共桐城师范高等专科学校委员会党校揭牌仪式暨第一期入党积极分子培训班开班典礼。

6月30日，沈波到安徽师范大学幼教集团、芜湖方特欢乐世界考察调研。

7月16日，桐城师范高等专科学校举行桐城市义务教育均衡发展转岗培训项目小学音体美教师培训班开班典礼。

7月25日至28日，桐城师范高等专科学校“红色基因传承与理想信念培养”主题教育培训在湖南长沙、韶山等地进行。

8月13日，以安庆市人大常委会副主任童学军为组长的高等教育法执法检查组一行到校检查高等教育法执法情况。

8月20日，由安庆市教育体育局主办，桐城师范高等专科学校承办的“致敬教育，礼赞祖国——共庆新中国七十华诞”安庆市首届幼儿园园长研讨会在学校召开。

8月21日，安庆市第三届幼儿教师职业能力团体赛在学校举办。

9月20日至22日，桐城师范高等专科学校召开从传统走向现代的桐城派学术研讨会。

9月30日，桐城师范高等专科学校举行庆祝中华人民共和国成立70周年教职工歌咏比赛。

10月22日，安庆市委常委、宣传部部长董磊，安庆市副市长王爱武，安庆市委高教工委书记、市教体局局长徐晓春，安庆市委高教工委专职副书记陈亚玲等一行到校调研。

11月20日，桐城师范高等专科学校旅游与公共管理系与安庆市4所小学（安庆市华中路第一小学、望江县金堤中心学校、太湖县新城第二小学、潜山县梅城中心小学）联合开展小学英语联片教研活动。

12月1日，安庆市学前教育“双培”项目在学校开班。

12月20日，桐城师范高等专科学校举办主题为“辉煌70载　奋进新时代”庆祝中华人民共和国成立70周年暨2020年元旦文艺汇演活动。

2020年

1月26日，朱宏主持召开学校新冠疫情防控工作领导小组第一次专题会议。

1月28日，沈波主持召开学校疫情防控工作领导小组第二次专题会议。

3月2日，桐城师范高等专科学校举行2019—2020学年度第二学期线上开学典礼，副校长程玉梅出席开学典礼并讲话。

3月18日，沈波主持召开校长办公会暨新冠疫情防控工作领导小组第三次会议。

4月29日，由张爱荣任组长的专家组一行对学校2020年春季学期学生返校复课条件进行查验。

5月7日，桐城师范高等专科学校召开2020年春季学期学生返校报到工作协调会。

5 月 11 日，桐城师范高等专科学校按照分批错峰原则组织学生返校入学。

5 月 13 日，安徽省委巡视高职高专第十五组巡视桐城师范高等专科学校党委工作动员会召开。

6 月 9 日，桐城师范高等专科学校获得第十二届安徽省“文明单位”称号。

6 月 10 日，安庆市高教工委专职副书记、市教体工委副书记陈亚玲带队到校开展 2019 年度市管领导班子和领导干部综合考核工作。

6 月，沈波带队到巢湖学院、安徽工业职业技术学院、安徽中医药高等专科学校考察交流。

6 月，雷小丽、陶功胜分别获得安徽省教育厅优秀专职思政课教师、优秀辅导员岗位津贴奖励。

7 月 28 日，桐城师范高等专科学校召开新校区建设重点工作推进会。

7 月 30 日，沈波带队到安徽省教育厅招生考试院、高校后勤管理中心、合肥规划设计院对接学校重点工作。

8 月 5 日，桐城师范高等专科学校召开新校区智慧校园建设工作座谈会及新校区楼宇、道路、景观命名专家座谈会。

8 月 26 日，桐城市委常委、宣传部部长洪长久一行到校督查全国文明城市创建工作。

9 月 8 日，朱宏走访慰问唐湾镇唐湾中心学校。

9 月 9 日，安徽省教育厅体卫艺处处长卢鹏一行到校督查校园传染病防控、食品安全等工作。

9 月 17 日，沈波一行到合肥职业技术学院和安徽医学高等专科学校考察。

9 月 25 日，以安徽黄梅戏艺术职业学院党委委员、宣传部部长刘盛为组长的安徽省教育厅高校安全稳定检查组到校检查安全稳定工作。

9月28日，桐城师范高等专科学校党委召开省委巡视反馈意见整改动员会。

10月11日，桐城师范高等专科学校党委召开巡视整改专题民主生活会。

10月10日至11日，桐城师范高等专科学校召开“交流·合作·传承·创新”桐城文化研讨会。

10月12日，桐城师范高等专科学校举办学习贯彻习近平总书记考察安徽重要讲话指示精神报告会，省委讲师团首批高端宣讲专家孙超教授主讲。

11月10日，张敏丽调任学校党委委员、纪委书记。

11月20日，合肥工业大学文法学院副院长任雪萍到校作“‘全员全过程全方位’培养社会主义接班人”报告。

11月26日，安庆市学前教育“双培项目”开班典礼在学校举行。

12月1日，安徽师范大学教科院教授孙德玉到校作“新时代幼儿教师的师德修养与专业成长”主题报告。

12月5日，2019级会计专业55名学生首次参加“1＋X”证书考试——业财一体信息化考试。

12月22日，安庆市教体工委书记、局长胡海生带队到校调研。

12月23日，桐城师范高等专科学校召开思政部成立大会。刘久芳、雷小丽分别任思政部主任、副主任。

12月24日，桐城师范高等专科学校召开新校区校园文化建设专题会。

2021年

2月5日，沈波一行与桐城市市长章周中商谈新校区搬迁建设工作。

2月24日，沈波带队到阜阳幼儿师范高等专科学校参观考察。

3月5日，桐城师范高等专科学校党委召开2020年度民主生活会暨中央巡视整改专题民主生活会。

3月22日，桐城师范高等专科学校召开党史学习教育暨新一轮深化“三个以案”警示教育动员部署会。

4月6日，黄山学院科研处处长汪洪峰带队到校交流访问。

4月9日，安庆师范大学马克思主义学院党委书记金文斌到校作“关于思政课程和课程思政建设的一些思考”报告。

4月15日，安庆市档案局局长曹艾群一行到校指导新校区档案室建设工作。

4月26日，安庆市委党史学习教育第一巡回指导组到校开展巡回指导工作。

5月11日至12日，桐城师范高等专科学校面向师生启动首批新冠疫苗接种工作。

5月19日，安庆市委综合考核组组长陈亚玲一行到校开展2020年度市属高校综合考核工作。

5月28日，桐城师范高等专科学校召开新校区搬迁动员大会。

5月29日，桐城师范高等专科学校二届一次教职工代表大会暨工会会员代表大会召开，王宏伟当选为工会主席，黄应秋、汪定贵分别任副主席。

6月4日，王子龙到学校任职党委书记。安庆市委常委、组织部部长、统战部部长、市政协党组副书记胡红兵出席学校干部大会并讲话。

6月11日，安庆市人大常委会主任周东明到校调研。

6月29日，桐城师范高等专科学校完成老校区学生宿舍物品搬迁工作。

6月30日，桐城师范高等专科学校举行庆祝中国共产党成立100周年表彰大会暨专题党课报告会。

7月29日，桐城师范高等专科学校整体搬迁至学苑路199号新校区。

8月25日，安庆市委书记张祥安到校考察调研。

9月，王子龙、沈波、程小娟当选为安庆市第十二次党代会代表。

9月1日，桐城师范高等专科学校在新校区首次举行新学期教职工大会。

9月8日至9日，沈波带队到皖西卫生职业学院、皖西学院、安徽医学高等专科学校考察交流。

9月16日，安徽省社科联党组书记、常务副主席洪永平到校考察调研。

9月27日，学校举行新校区启用仪式暨2021年秋季开学典礼。

9月30日，王子龙到唐湾村调研乡村振兴工作。

10月10日，程玉梅当选为九三学社第九届安庆市委会主任委员。

10月26日，桐城师范高等专科学校新校区首届田径运动会开幕。

10月31日，安庆市政协副主席胡万宝一行到校调研。

10月29日至31日，桐城师范高等专科学校召开桐城派与中国古代文章学学术研讨会。

11月10日，桐城师范高等专科学校召开纪念方以智诞辰410周年学术研讨会暨首届桐城世家文化论坛。

11月20日，桐城师范高等专科学校第三次学生代表大会召开。

11月27日，桐城师范高等专科学校召开安徽省第三届小学英语教育专业建设研讨会。

12月15日，安庆市政协副主席黄杰一行到校调研。

12月17日，桐城师范高等专科学校妇女联合会成立，第一次妇女代表大会召开。

12月31日，桐城师范高等专科学校举办“新起点 同奋进 共筑梦”2022年元旦文艺汇演。

12月31日，王子龙撰写的《牢记为党育人为国育才使命》在《安徽党校报》上发表。

2022年

1月，王子龙撰写的咨政报告《深入推进我省高职高专院校改革发展的建议》(刊发于《皖政参阅》)获省领导批示肯定，并批转安徽省教育厅厅长赵振华。

1月，王子龙当选为安庆市第十八届人大代表。

1月，程玉梅当选为政协第十六届安庆市委员会常委、副主席。

1月26日，王子龙、程玉梅拜会省教育厅领导，汇报学校新校区运行管理情况。

2月，学校2020级大数据与会计专业同学首次参加“1＋X”个税计算职业技能等级证书(中级)考试，通过率为100％，学校获考培工作“优秀组织奖”，并入选“1＋X”个税计算职业技能等级证书试点工作全国十佳试点院校。

2月25日，王子龙、沈波等到安庆师范大学对接专升本联合培养工作。

3月9日，桐城师范高等专科学校党校开办“‘一改两为’我做什么”专题辅导班。

4月5日，桐城师范高等专科学校举行首届师生迎春长跑活动。

4月27日，桐城师范高等专科学校举办首届“课程思政”示范课教学大赛。

4月28日，桐城师范高等专科学校举办首届“国风”弘扬中华优秀传统文化展演。

5月，桐城师范高等专科学校启动“一站式”学生社区综合管理模式建设。

5月13日，安庆职业技术学院党委书记童宏葵一行来校交流考察。

5月，桐城师范高等专科学校小学教育系学生曹小俊、旅游与公共管理系学生刘念、艺术与设计系学生许凯文在第三届长三角师范生教学基本功大赛中分别获得小学组科学学科一等奖、小学组英语学科一等奖、综合组音乐学科三等奖。

6月9日，安庆市在桐教育系统驻村第一书记工作经验交流会在校召开。

6月16日，安庆市纪委常务副书记、监委副主任茆磊一行到校调研指导纪检监察工作。

7月5日，桐城师范高等专科学校首次以线上直播的形式举行2022届学生毕业典礼。

8月20日，安徽省现代职业教育高质量发展研讨会暨安徽省高职诊改专委会工作会议在学校召开。

9月13日，桐城师范高等专科学校举行专升本联合培养2022级本科班开班仪式，106名学生参加。

9月26日，桐城师范高等专科学校召开学术委员会换届暨第二届学术委员会第一次全体会议。

10月21日，学校举行桐城师范高等专科学校老年大学暨安庆市老年大学桐城师范高等专科学校分校揭牌仪式。

11月1日，桐城市非遗保护中心来校举行桐城市非物质文化遗产保护项目“掐丝珐琅技艺”校园传习所授牌仪式。

11月6日，桐城师范高等专科学校在桐城市第九届教育系统职工篮球赛决赛中获得冠军。

11月7日，安徽省军分区动员局局长王贤纯一行到校调研征兵工作。

11月14日，王子龙作“新时代新征程 坚持和发展中国特色社会主义的政治宣言和行动纲领”主题工作报告。

11月18日，马鞍山师范高等专科学校党委书记喻长志来校作“思政课实践教学及课程思政初步探索”专题报告。

11月26日，桐城师范高等专科学校老年大学举行开班仪式。

12月9日，桐城师范高等专科学校第四次学生代表大会召开。

2023年

1月，程玉梅担任政协第十三届安徽省委员会委员。

2月8日，桐城师范高等专科学校与桐城市人民医院医疗服务共建签约仪式在市医院会议室举行。

2月，学校学前教育（三年制）、小学教育（综合文科教育）、小学教育（综合理科教育）3个专业入选教育部新增实施免试认定改革的高等学校专科师范类专业名单中。

2月25日，桐城师范高等专科学校2021级学前1班黄煜森、2021级早教3班张夏溪分别获第六届“招商银行杯”安徽省大学生主题演讲比赛决赛一等奖、二等奖，同时学校获优秀组织奖。

3月，桐城师范高等专科学校申报的体育教育专业（国控专业）获教育部审批通过，从2023年秋季开始正式招生。至此，学校招生专业数量再创新高。

3月10日，桐城师范高等专科学校江氏涓流继学助学金协议签订仪式在明德楼第五会议室举行。

3月21日，王子龙为学生代表作“中国青年的使命担当”主题报告。

3月27日，第十届安庆市高校心理情景剧大赛在学校举行，学校参赛作品《都挺好》获一等奖。

4月1日，安徽省委宣传部、省教育厅、省文化和旅游厅联合举办的“2023年校园大舞台——徽风皖韵进高校”活动在学校举行。

4月6日，安庆师范大学党委书记许继荣，党委常委、副校长吴琼一行到校调研，并就两校专升本联合培养等合作事项进行交流。

4月14日至16日，史料与方法：桐城派研究新进展学术研讨会在桐城市召开。

5月8日，桐城师范高等专科学校组织开展处室“说诊改”活动。

5月12日，安徽省特级教师、安徽省有突出贡献的中青年教育专家、安庆市政协秘书长、校友江兴代来校作“教育：是一种情怀”主题报告。

5月，桐城师范高等专科学校分别与舒城职业学校、安庆工业学校开展合作办学。

5月16日，桐城师范高等专科学校与桐城市融媒体中心举行战略合作协议签订仪式。

5月25日，桐城师范高等专科学校首届社团文化节举行。

5月24日至27日，江苏师范大学副校长钱进一行对学校学前教育专业二级认证进行现场考查。

6月6日至10日，中国社会科学院古代史研究所清史研究室主任林存阳一行到校开展为期一周的以“桐城派文化传承创新与地方高校教育特色打造”为主题的调研。

6月16日，安徽省委教育工委书记、省教育厅厅长钱桂仑来校调研。

6月29日，桐城师范高等专科学校参加泛长三角学前教育与托育服务产教融合共同体(职教集团)成立大会暨第一届常务理事会。

7月，桐城师范高等专科学校小学教育专业入选2023年安徽省高水平专业群项目。

7月，桐城师范高等专科学校被授予安徽省婴幼儿照护产教融合共同体常务理事单位，并被评为2022年度优秀考核站点。

7月，桐城师范高等专科学校完成6个党总支、26个党支部的选举、成立工作。

7月12日，滁州城市职业学院党委副书记、校长汪上一行来校交流考察。

7月26日，桐城师范高等专科学校获得首批安徽省高校心理健康教育工作“双十佳先进集体”称号。

8月11日，阜阳幼儿师范高等专科学校党委副书记、校长汤志一行到校考察交流。

9月16日至17日，2023金砖国家职业技能大赛云计算赛项安徽赛区选拔赛在学校举办。

9月19日至20日，中国共产主义青年团桐城师范高等专科学校第二次代表大会召开。

9月23日，桐城师范高等专科学校在安庆市教体系统合唱比赛中获得二等奖。

9月25日，桐城师范高等专科学校参加全国大家居行业产教融合共同体成立大会，并当选为副理事长单位。

10月4日，十四届全国人大常委会委员、中国科学院院士、中国海洋大学副校长吴立新一行莅临学校考察指导。

10月27日，王宏伟与桐城文化发展中心主任黄庭刚、圣博华康文化创业投资有限公司经理马爱军开展国际交流合作洽谈。

11月7日，2022级大数据技术专业学生肖武参加金砖国家职业技能大赛云计算赛项国际总决赛，获得一等奖，指导教师杨文松获得“优秀指导专家”称号。

11月10日至12日，习近平文化思想“三进”研讨会暨全省高职高专院校“形势与政策”课集体备课会在校召开。

11月11日，安徽省委教育工委委员、省教育厅副厅长解平一行到校调研指导工作。

11月22日，桐城师范高等专科学校召开第二届第三次工会会员代表大会暨教职工代表大会。

12 月 5 日至 8 日，安徽省高职诊改专委会诊改复核专家组对学校内部质量保证体系诊断与改进工作开展现场复核。

12 月 14 日，桐城师范高等专科学校与俄罗斯阿尔泰国立大学举行在线交流会暨中外合作办学项目意向书云签约仪式。

12 月 17 日，桐城师范高等专科学校当选为全国云计算大数据行业产教融合共同体第一届副理事长单位。

12 月 23 日，王子龙当选为安徽省桐城派研究会会长。

12 月 24 日，桐城师范高等专科学校第五次学生代表大会召开。

2024 年

1 月，《桐城师范高等专科学校绩效工资实施方案》开始实施。

1 月，陶家韵当选为桐城市第十七届人大代表。

3 月 5 日，六安职业技术学院校长葛向东一行来校交流考察。

3 月 7 日，安徽省人社厅党组书记、厅长王炜到学校调研高校毕业生就业工作。

3 月 14 日至 15 日，桐城师范高等专科学校联合安庆职业技术学院举办了 2024 年辅导员素质能力大赛。

4 月，桐城师范高等专科学校获得第十三届安徽省“文明单位”称号。

4 月 3 日，中国科学院院士、首都师范大学校长方复全莅临学校考察指导。

4 月 19 日，王子龙主持召开校党委理论学习中心组学习（扩大）会议暨党纪学习教育启动部署会。

4 月 23 日至 30 日，王子龙率团出访俄罗斯、哈萨克斯坦有关高校。

5 月 22 日，当代著名作家、安徽省作家协会第三届副主席、安庆市作家协会名誉主席石楠应邀作题为《我的文学之路》专题报告。

5 月 23 日至 24 日，安徽省教育厅办学条件达标现场核查工作组来学校进行现场核查。

6 月，桐城师范高等专科学校公开招录专职教师 31 名。

6 月，桐城师范高等专科学校在思政部基础上成立马克思主义学院，雷小丽任院长。马克思主义学院党总支成立，程小娟当选为书记。

6 月 7 日，首届安徽省高校师生书法作品巡回展（桐城师专站）开幕式在学校举行。

6 月 12 日，王子龙为师生作“学习贯彻习近平文化思想 弘扬桐城派文化当代价值”报告。

6 月 25 日，第九批驻村工作队赴唐湾村开展工作。

7 月，桐城师范高等专科学校在全市青年干部“宜青廉·青年说”宣讲大赛活动中获得优秀组织奖。

7 月 3 日，桐城师范高等专科学校召开社会科学界联合会成立大会暨第一次会员代表大会，王子龙当选为主席。

7 月 8 日，桐城师范高等专科学校召开第二届第四次工会会员代表大会暨教职工代表大会。

7 月 29 日至 8 月 2 日，桐城师范高等专科学校中层以上干部、骨干教师 50 人在浙江大学开展“党建引领高质量发展”专题培训。

8 月 9 日，程爱兰当选为安庆市知联会副会长。

8 月 30 日，安徽师范大学马克思主义学院路丙辉教授作师德师风专题报告会。

9 月 9 日，“与时代同行 与人民同心”安庆市庆祝教师节慰问演出——文艺名家进校园活动在学校举办。

10 月，桐城师范高等专科学校小学教育专业群获省厅评审通过为特色培育专业群。

附录二

独立办学后的历任主要校领导简介

方来同(1898—1970),男,安徽桐城人。国立武昌高等师范学校外语系毕业,曾在宣城师范学校、凤阳师范学校、安庆高级中学、安徽省立第二临时中学、安徽省立第七临时中学、安徽省立第八临时中学任职。先后担任安徽省教育厅督学、省教材编审组编审。1944年2月至8月,筹办桐城县立简易师范学校并担任校长。1949年4月至8月,担任桐城县师范学校校长。

程海曙(生卒年不详),男,安徽桐城人。1944年8月至1946年8月担任桐城县立简易师范学校校长。

尹　宽(1897—1967),男,安徽桐城人。1919年夏毕业于芜湖省立第二甲种农业学校。1946年8月至1948年秋,担任桐城县立简易师范学校校长。

张燕卿(1912—1974),男,安徽枞阳人。抗战初期,随安徽省财政厅厅长章乃器赴立煌县(今金寨县)抗日,从事整顿安徽财政工作。抗战胜利后,强烈反对国民党内战,拒任桐城县"戡乱委员会"委员,主张和平建国。1946年至1949年,辞职回枞阳创办四毅中学(今枞阳中学)并任校长。1948年秋至1949年4月,兼任桐城县立简易师范学校校长。

杨在选(生卒年不详),男,安徽无为人。1949年1月至1951年8月,任桐城县人民政府副县长。1949年8月至1950年2月,兼任皖北安庆行政区第一中学校长。1951年8月,任桐城县人民政府县长。1951年10月至1954年2月,先后兼任桐城县初级师范学校、安徽省桐城初级师范学校校长。

姚伯将(1914—?),男,安徽桐城人。毕业于复旦大学。曾任桐城抗日后援工作队队长,桐城工作团团长,《新桐城日报》编辑,桐城动员委员会干事,桐城中学辅导主任。1951年7月,任皖北区桐城县乡村师范学校第一副校长。1951年10月,任桐城县初级师范学校副校长,主持学校工作。1953年,任安徽省桐城初级师范学校副校长。1956年后,先后任桐城县政协副主席、桐城县人民政府副县长。

张良才(1921—2013),男,安徽桐城人。1947年9月参加革命。1949年5月加入中国共产党。1954年2月至1963年,任安徽省桐城初级师范学校校长、安徽省桐城师范学校校长,1957年9月至1963年为兼职。曾任桐城县政府财粮科长、县政府党组成员兼政府秘书、文教卫生局长、财税局长等职。

姚松庭(1932—2019),男,安徽桐城人。1950年参加工作。1970年3月,调任桐城县“五·七”大学革委会副主任、支部书记,主持学校工作。1971年9月,调离学校。其任职期间,曾获得县级“先进工作者”等多项称号。

张志高(1930—1997),男,安徽桐城人。1948年10月参加工作。1953年进入安庆干部培训班学习。1958年考入安徽水利电力学院学习,后留校担任院长办公室秘书。1971年9月,调任桐城县"五·七"大学革委会第一副主任、支部书记。1971年10月,任桐城县"五·七"大学革委会主任。1977年12月,调离学校。

张云高(1936—2020),男,安徽桐城人。1954年进入桐城县孔城食品站工作。1956年参军,历任文书、排长、连指导员、团宣传股股长。"文化大革命"开始后,到江苏淮阴"支左",任淮阴地委宿迁县革委会政工组副组长。1970年,调入淮阴地区公安处。1976年,回部队任营副教导员。1978年10月,任桐城县"五·七"大学负责人、支部书记,主持学校工作。后担任桐城县"五·七"大学第一副校长、支部书记、校长,安徽桐城师范学校党支部书记、校长。1984年7月,调离学校。

黄志杰(1937—2016),男,安徽桐城人。中专高级讲师。1955年毕业于安徽省桐城初级师范学校。1964年毕业于合肥师范学院中国语言文学系,同年分配至太湖师范学校任教。1970年调至桐城县"五·七"大学工作。1984年至1998年,任安徽省桐城师范学校校长。1986年至1998年,任学校党支部书记。1987年至1991年,兼任桐城县教委副主任。其任职期间,学校被评为安徽省"一类师范"。1995年,获国家教委曾宪梓教育奖励基金会颁发"中等师范学校优秀教师奖"。曾担任安徽省中专高级讲师、安庆市中专中级技术职务、安庆市中学特级教师评委。出版教材10余部,发表论文10余篇。

杨红(1957—2024),男,安徽桐城人。1980年毕业于徽州师范高等专科学校,同年分配至桐城县黄甲高中任教。曾任黄甲高中、天城高中校长。1998年3月至1999年5月,任安徽省桐城师范学校校长。后任桐城市教育局局长、党组书记。

罗德泉(1962—　),男,安徽桐城人。1984年毕业于安徽师范大学中文系,同年分配至马鞍山商业专科学校任教。1987年,调至桐城县政协办公室。1992年,调至桐城县委宣传部。1999年5月至2003年1月,任安徽省桐城师范学校校长。2003年2月始,先后任桐城报社副总编、桐城市直工委副书记、桐城市地方志办公室主任。

占　峰(1958—　),男,安徽桐城人。副教授。1982年毕业于安徽劳动大学。历任天城中学校长,安徽省桐城师范学校党总支书记、校长,桐城师范高等专科学校主要负责人、副书记、副校长,安庆职业技术学院副院长。其任职期间,安徽省桐城师范学校升格为桐城师范高等专科学校。多次当选为安庆市、桐城市党代表、人大代表,担任多届安庆市、桐城市政协委员。曾任中国高等教育教学委员会理事,安徽省高等师范教育指导委员会常务理事。出版专著1部,发表论文10余篇。曾获安徽省教育系统“先进个人”,安庆市“优秀校长”等称号。

朱　宏(1960—　),男,安徽潜山人。中央党校中共党史专业在职研究生。历任潜山县委委员、团县委副书记、书记,潜山县梅城区委副书记、区长,安庆市团委副书记、书记,市人大常委会委员。1998年8月至2005年12月,先后任枞阳县委副书记、县

长、书记、人大常委会主任。2005年12月至2012年12月，任安庆市委党校副校长。2013年1月至2021年5月，任桐城师范高等专科学校党委书记。

沈　波（1963—　），男，安徽芜湖人。1984年毕业于安徽师范大学历史系，同年分配至安庆石化第一中学任教。历任安庆石化三小校长，安庆石化一中教学副校长、常务副校长，安庆石化普教中心副主任，安庆石化一中常务副校长，安庆市第二中学党委副书记、校长，安庆市第一中学校长、党委副书记，安庆市教体局局长、教育工委副书记。2015年7月至2023年5月，任桐城师范高等专科学校党委副书记、校长。

王子龙（1968—　），男，安徽怀宁人。1990年毕业于安徽师范大学中文系，任池州师专中文系教师。历任安庆市人民政府副秘书长，太湖县委副书记，安庆市委宣传部副部长，安庆市旅游局党组书记、局长，安庆市文化和旅游局党委书记、局长，安庆市政协文化文史和学习委员会副主任，安庆师范大学兼职教授，安徽省桐城派研究会会长。曾任安庆市第十六届、第十八届人大代表，安庆市第十一次、第十二次党代会代表，安庆市政协第十五届委员会委员。2021年5月，任桐城师范高等专科学校党委书记。

附录三

独立办学后的部分校友简录

独立办学后的学校培养了众多优秀毕业生，他们在不同领域闪耀着自己的光芒。因版面限制，校友无法尽收，故在收录过程中设置了一定的标准，如中小学教师获得特级，省级及以上荣誉或者正高职称者，高校或科研机构任职为博士或副教授及以上者，公职人员为实职副处级及以上者。考虑 2000 年开始的国家就业政策的变化及校友的年龄结构，校史中也收录了行业中部分表现非常优秀的校友。收录校友的简介内容，绝大部分是校友本人提供的，也有从网上公开资料中收集整理的。校友排列，以毕业的先后时间为序。我们希望更大范围内收录校友，采取多种方式联系校友并收集资料，但仍有不少优秀校友未能收录，敬请各位校友谅解，我们会在以后校史编纂过程中逐步完善。

1944—2000 年

江鲲池（1933—2021），男，安徽桐城人。1944 年春，进入桐城县立简易师范学校学习。同年 12 月，因其年龄太小被劝退。1945 年 9 月，进入桐城中学学习。1948 年 12 月，进入安庆人民银行工作。后历任桐城县委秘书科科长，安徽省农委高级农经师，安徽省农村政策研究室研究员，安徽省关工委委员、副秘书长，安徽师范大学兼职教授，《江淮时报》副总编，安徽省老新闻工作者协会常务理事。曾撰写桐城县（市）烈士陵园纪念碑碑文。2007 年，江鲲池、张颖生夫妇不忘母校教育之恩，在学校发展的关键节点，将多年节俭积攒的工资 30 万元捐赠给学校，为艺术楼兴建助力。后艺术楼根据江鲲池先生的名字命名为“鲲池楼”。

程斯煌(1932—2009)，男，安徽桐城人。1945年，进入桐城县立简易师范学校学习。1952年9月，被招录进入中国人民大学统计专业专科班学习。1953年夏，毕业分配至国家统计局，从事编辑工作。1955年9月，进入苏联莫斯科经济统计学院计算机系学习。在苏联留学期间，受到周恩来总理的接见。1957年夏，苏联举办第六届世界青年联欢会，当选为中国青年代表团团员兼翻译。1960年，学成归国，入职国家统计局。曾任国家统计局计算中心副主任、高级统计师、全国统计系统计算机高级技术职称评委、国家统计局计算机安全领导小组组长。

戴昭任(1928—1954)，男，安徽桐城人。1949年肄业于桐城县立简易师范学校。1951年春，任芦墉村小学民办教师。1952年8月，转为公办教师，分配至晓棚乡季铺小学任教。1953年，转至晓棚小学任教。1954年7月上旬，连日暴雨，河堤岌岌可危。戴昭任主动投入防洪抢险战斗。7月9日夜，山洪来势更加凶猛，他奋不顾身地与洪水搏斗，抢救险段，被洪水吞没，为了人民的生命财产献出年轻的生命。戴昭任生前工作积极负责，埋头苦干，热爱学生，赢得群众的爱戴。戴昭任牺牲后，经安徽省人民政府批准，追认为“模范教师”“革命烈士”。

李格非(1934—　)，女，安徽桐城人。1949年，毕业于桐城县立简易师范学校，后分配至南关小学(后改名为实验小学)任教。先后任少先大队辅导员、团总支委员、工会主席、校长兼党支部书记、名誉校长。1963年，被评为桐城县优秀教师。1982年，被评为桐城县三八红旗手。1990年，获得安徽省政府授予的特级教师称号。

严云绶(1937—2021)，男，安徽桐城人。1954年，毕业于安徽省桐城初级师范学校。后保送至池州师范学校、合肥师范学校学习，毕业后留校担任辅导员，1986年晋升为教授。先后任合肥师范学院中文系助教，淮北市文化馆创作组长，安徽师范大学中文系教授、科研处处长、副校长、文学研究所所长等职。1993 年 2 月，任安徽省新闻出版局（省出版总社）副局长（副社长）。1997 年 4 月，任安徽省人民政府参事。主要研究文学理论、古代文论及明清小说。先后发表论文 70 余篇，出版著作 10 本、合编教材 2 本。其所撰的《金圣叹事迹系年》为第一部金氏年谱，填补了相关领域的学术空白。

操　鹏（1940—2023），男，安徽怀宁人。1955 年，毕业于安徽省桐城初级师范学校。1955 年，在《安徽文艺》上发表处女作反特小说《在和平的日子里》，成为中华人民共和国成立后安庆地区第一部公开出版的小说。1979 年，担任桐城县“五·七”大学语文教师。后调任桐城电大文科教师，桐城市政协文史委员会主任，中共桐城市委、市政府督察组成员。曾任中国作家协会安徽分会会员、中国近现代史史料学学会理事、安徽省桐城派研究会及皖江文化研究会常务理事等。先后编、著 10 余部作品，多篇报告文学及学术论文在全国获奖。

黄志杰（1937—2016），男，安徽桐城人。1955 年，毕业于安徽省桐城初级师范学校。1964 年，毕业于合肥师范学院中文系，同年分配至太湖师范学校任教。1970 年，调至安徽省桐城县“五·七”大学工作。1984 年至 1986 年，任学校校长。1986 年至 1998 年，任学校党支部书记、校长。1987 年至 1991 年，兼任桐城县教委副主任。其任职期间，学校被评为安徽省“一类师范”。1995 年，获国家教委曾宪梓教育奖励基金会颁发的“中等师范学校优秀教师奖”。曾任安徽省中专高级讲师、安庆市中专中级技术职务、安庆市中学特级教师评委。出版教材 10 余部，发表论文 10 余篇。

黄凤皋（1935—　），男，安徽至德（今东至县）人。1955 年，毕业于安徽省桐城初级师范学校，分配至至德县（今东至县）葛公区的高山小学任教。当时教学生活条件异常艰苦，但其热爱教育工作，坚持在山区教学，在对学生进行思想教育中，循循善诱，晓之以理，动之以情，受到当地干部群众的称赞。先后被评为东至县、安徽省社会主义建设积极分子。1956年，被评为全国先进生产（工作）者，出席全国青年社会主义建设积极分子大会，受到毛泽东主席等党和国家领导人的接见。后历任东至县教育局局长、卫生局局长。

杨怀志（1940—　），男，安徽桐城人。1960年毕业于安徽省桐城师范学校，后进入合肥师范学院中文系学习。1971年调入安徽省桐城中学，担任语文教师。1989年被评为安徽省特级教师。曾任安徽省第八届人大代表，安庆市第九届、第十届政协委员，桐城市第九届、第十届政协常委会委员兼文史委员会主任，桐城市第十二届人大常委会委员，桐城市文联副主席兼市作家协会主席。在教学之余从事写作，主要著作有长篇小说《明宫奇冤》（与他人合作），中篇小说《爱与恨的交织》《方逸事》和短篇小说《老马识论》等，学术专著有《＜古文辞类纂＞评注》《桐城诗派述论》，发表多篇研究桐城派的学术论文。

方汝文（1942—　），女，安徽枞阳人。1961年，毕业于安徽省桐城师范学校。中共党员。1961年8月开始从教，先后在东关小学、石河区高中、南演初中、桐城中学任教。1978年8月，调入桐城实验小学，先后任教师、教导主任、副校长、督学等职。曾任安徽省小学语文教学研究会理事、安庆市小学语文教学研究会副会长。1983年，当选为桐城县工会代表，出席安徽省工会代表大会。发表论文10余篇。1992年11月，入选《中国当代教育名人辞典》。1994年8月，被评为安徽省小学特级教师。

张绍月（1943—　），男，安徽桐城人。1962年，毕业于安徽省桐城师范学校。毕业后分配至桐城师范附属小学（即实验小学）任教，先后担任小学数学教研组组长、副校长、校长、名誉校长，兼任桐城县（市）、安庆市、安徽省小学数学教学研究会副会长、会长。因教学和工作成绩突出，曾获得全国优秀教师、国务院有突出贡献中青年专家、安徽省特级教师、安徽省家教教学名师等称号。多次被评为安庆市、桐城县

(市)优秀教师、先进工作者、优秀共产党员。1996 年,被桐城县政府“记功”“记大功”各一次。1984 年 12 月,当选为安徽省第四次党代会代表。

包菊黄(1942—),女,安徽桐城人。1963 年,毕业于安徽省桐城师范学校。曾任职于桐城县(市)实验小学,兼任安庆市小学语文教学研究会理事。一直致力于小学语文教改实验,作文教学尤具特色,形成“观察实践—构思表达—评议修改—讲评提高”四步作文教学模式。发表论文 10 余篇。1987 年,获得安庆地区先进工作者称号。1990 年,被评为安徽省小学语文特级教师。

苏泽胜(1952—),男,安徽桐城人。1970 年,毕业于桐城县“五 · 七”大学。历任安徽省农科院水稻研究所副所长、所长,国家水稻改良中心合肥分中心主任,国家农业部超级稻研究与示范推广专家组成员,安徽省水稻科技入户首席专家。1997 年,获得国家优秀留学回国人员称号。长期从事水稻品种资源和水稻育种研究,主持和参与培育水稻品种 8 个,获得国家品种保护权 3 个,获得安徽省科技进步一等奖 2 项,安徽省科技进步二等奖 3 项,安徽省科技进步三等奖 1 项,安徽省星火二等奖 1 项,农业部中华农业科技二等奖 1 项,三等奖 2 项。参与撰写著作 9 部,发表学术论文 40 余篇。

胡　睿(1951—),男,安徽桐城人。1970 年,毕业于桐城县“五 · 七”大学。1970 年 11 月,在桐城县革委会人保组清查档案办公室协助工作。1971 年 2 月至 1984 年 3 月,先后任桐城县糖烟酒公司政工干事,桐城县委办公室干事、副科长。1984 年 4 月至 1990 年 9 月,先后任桐城县人事局副局长、局长、党组书记。1990 年 10 月至 2006 年 5 月,先后任桐城县委常委、宣传部部长。2007 年 2 月,任桐城市委副书记兼宣传部部长,桐城市委副书记。2006 年 6 月,换届待安排。2006 年 8 月至 2011 年 2 月,先后任桐城市第十三届人大常委会党组副书记,第十四届人大常委会党组书记、常务副主任,主持人大常委会工作(正县级)。

2011 年 3 月，任安庆市委、市政府督察组成员。

许思启（1959—2014），男，安徽桐城人。1980 年，毕业于桐城县“五・七”大学。曾任桐城县（市）实验小学校长、党支部书记，兼任安徽省小学数学教学专业委员会副理事长、安庆市小学数学教学专业委员会会长、桐城市小学数学教学专业委员会会长，安徽省中小学特级教师评审委员会委员、安庆市名校长工作室成员、安庆市名师团成员等。先后主持多项省市级课题，发表各类教育教学论文 100 余篇，出版编著 10 余部，获安庆市级以上教学教研成果奖 30 余次。曾被遴选参加教育部全国千名中小学骨干校长培训，先后被评为安徽省小学特级教师、安徽省基础教育课程改革优秀教师、安庆市有突出贡献的中青年专家、安庆市优秀校长。

张将军（1963—　），男，安徽桐城人。1981 年，毕业于安徽省桐城师范学校。1981 年至 1989 年，在青草镇胜利中学任教。1989 年 8 月至 2010 年 3 月，先后任老梅乡（镇）党委委员、副乡长（镇长），肖店乡乡长，嬉子湖镇党委书记，太平街道党委书记，新渡镇镇长、党委书记（副处级）。2010 年以来，先后任桐城市政府党组成员，桐城经济开发区党工委委员、副主任兼任东部新城指挥部办公室主任，桐城市政协党组副书记、副主席。

王延寿（1963—　），男，安徽桐城人。1981 年，毕业于安徽省桐城师范学校。博士（学位），研究员（三级）。池州市首届“拔尖人才”。历任桐城县新店中学教师，池州师专教务处秘书、成教科科长、教务处副处长、成教处副处长（主持工作），学报编辑部主任，学报主编，校长助理，副校长，池州学院领导小组成员，池州学院党委（院长）办公室主任、党委委员，中共东至县委常委、东至县副县长（挂职），池州学院党委委员、副院长。主持和参与国家级、省级、校级课题 16 项，获得各种奖励 15 项。发表论文 70 余篇，出版学术著作（含合著）、教材 9 部，其中，《逐梦之思——一位挂职干部的知行感悟》《生活垃圾分类治理十二讲》《教育的探索与追求》社会反响较大。

叶国庆(1958—)男,安徽桐城人。1981年,毕业于安徽省桐城师范学校。毕业后至1999年,先后任石河区南演、蔡店、桃元、安全等初中教师、教导主任、校长,桐城县计生委秘书、办公室主任,党组成员、副主任。1999年1月至2010年,先后任孔城镇镇长、党委书记。从2010年开始,先后任桐城市人民政府党组成员,桐城市人大常委会党组成员、副主任,桐城市引江济淮指挥部副指挥长。2019年9月,任桐城市关工委常务副主任。曾获得全国计划生育“优秀工作者”,安徽省“计划生育先进个人”,桐城市“十佳廉政公仆”等称号。

洪梅艳(1956—),女,安徽怀宁人。1982年,毕业于安徽省桐城师范学校。历任怀宁县教育局普教科副科长、妇委会主任、副局长。曾被安徽省人事厅评为先进个人。

江兴代(1964—),男,安徽桐城人。1982年,毕业于安徽省桐城师范学校。硕士研究生学历。安徽省中学数学特级教师。现任安庆市政协党组成员、秘书长,安庆市政协机关党组书记。曾任安庆市郊区杨桥初中教师,郊区教委数学教研员、教研室副主任,郊区教委党组成员、副主任,郊区教委党组副书记、主任。2001年7月,任安庆市教委党委委员、副主任,教育工委委员、副局长,2004年4月,任安庆市教育工委副书记、主任,书记、教育局局长。2009年8月,任中共安庆市委副秘书长、办公室主任。2011年12月,任安庆市人民政府党组成员、秘书长,市政府办公室党组书记、应急办主任。中共安庆市委第九届、第十届、第十一届市委委员。安庆市第十二届、第十三届、第十六届政协委员。曾担任中国教育学会数学教育研究发展中心数学教研会理事长、华东师范大学兼职教授、安徽师范大学教育科学学院和数学与统计学院特聘硕士生导师、安庆师范大学兼职教授等。曾获得“全国优秀学生干部”、安徽省“有突出贡献的中青年专家”、安徽省“优秀教研员”、安徽省“自学成才奖”、安庆市“优秀县级干部”、安庆市“优秀教师”等称号，在省级以上期刊发表论文150余篇，主要著作有《追求理想的教育》《追求成功的教学》《教育超市》《新课程·新评价》《数学数学我爱你》《奥数教程》等20余部，多项教育教学科研成果在全国、全省获奖。首创“教育超市”这一均衡教育发展新模式，《人民教育》予以推介，在全国产生了较大影响。

何葆华(1963—　)女，安徽桐城人。1982年，毕业于安徽省桐城师范学校。毕业后先后在桐城县嬉子湖中心小学、桐城市实验小学、宁波市行知实验小学任教。获得全国跨世纪工程骨干教师，安徽省特级教师，安庆市优秀班主任等称号。

苏泽军(1963—　)，男，安徽桐城人。1982年，毕业于安徽省桐城师范学校。本科学历，副教授。曾任桐城师范高等专科学校商贸与电子系党支部书记、主任。2016年9月，当选为安庆市第十一次代表大会党代表。先后主持省级课题2项，参加校级课题6项，发表论文20余篇，参编教材2本。1998年，所带班级获安徽省优秀班集体称号，1998年、2009年分别获得桐城市先进工作者、桐城市模范教师称号。

汪　清(1963—　)，男，安徽桐城人。1982年，毕业于安徽省桐城师范学校。文学学士，历史学博士。安徽省史学研究会理事，安徽省中华传统文化研究会家谱研究中心副主任。先后在桐城鲟鱼学校、桐城天城高级中学、河南省商丘师范学院、合肥工业大学任教。在《史学月刊》《光明日报(理论版)》等刊物上发表论文30余篇，独著1部，译著1部，担任主编、副主编的著作各2部，参编著作2部，主持教育部人文社会科学规划项目若干项。

徐新东(1954—　)，男，安徽贵池人。1983年，毕业于安徽省桐城师范学校。中央党校专科学历。先后任池州市贵池区杏花村中学教师、团委书记，贵池县政府办公室秘书，贵池区人大常委会办公室主任，池州市贵池区人大常委会副主任、党组副书记，贵池区人大常委会主任、党组书记。

唐为贫(1963—),女,安徽桐城人。1983年,毕业于安徽省桐城师范学校。曾任桐城实验小学教科室主任、安庆市首届名师团成员、安庆师范学院小学数学班特聘授课专家、安庆市小学数学教学专业委员会理事、安徽省桐城师范学校初等教育专业兼职教师。先后获得安徽省首届教坛新星,安庆市模范教师、教研先进个人,桐城市师德标兵等称号。发表论文30余篇,获奖论文10余篇,参编著作3部。

吴惠平(1959—),男,安徽桐城人。1985年,毕业于安徽省桐城师范学校。现任上海市嘉定斌心学校执行校长。先后获得全国青年教师教研评比大赛青年教师明星、安徽省优秀教师、全国特色教育先进工作者等称号。曾任全国中语会课堂教学研究中心会员研究员、中语会阅读研究中心研究员,安徽省中小学校长工作室首席负责人、安徽省中小学教师资格评委会成员、安徽省教育教学评估专家库成员、安徽省中小学高级职称评审专家库成员、安庆市教科研专家库成员。主持教育部、省级课题3项,发表论文20余篇,出版专著4部。先后获得安徽省基础教育改革教育教学成果一等奖、安徽省教学大赛一等奖、全国教学大赛一等奖。

余志梅(1966—),女,安徽桐城人。1985年,毕业于安徽省桐城师范学校。现任桐城市实验小学数学教师,安庆市首届名师团成员。先后被评为桐城市课改先进个人、安庆市教研先进个人、安庆市首届小学数学学科带头人。参加多项省级课题研究并取得显著成果,在省级以上教育刊物上发表教育教学论文10余篇。多次承担桐城县(市)级、安庆市级观摩课教学任务,获得安庆市首届小学数学新课程优质课竞赛一等奖。

潘承玉(1966—),男,安徽桐城人。1985年,毕业于安徽省桐城师范学校。文学博士,二级教授,硕士生导师。现任绍兴文理学院浙江省越文化传承与创新研究中心执行主任,国家社科基金重大项目首席专家,明清文学与长三角文化史知名专家,兼浙江省稽山王阳明研究院副院长。曾任绍兴文理学院越文化研究院院长(正处长级)、浙江省社科重点研究基地越文化研究中心执行主任、绍兴市社科联副主席、《绍兴文理学院学报》执行主编。先后获聘浙江省“十一五”至“十四五”社科学科组专家,浙江省高校中青年学科带头人、浙江省151人才工程高层次人才,绍兴市领军人才。2006年起,多次应邀赴香港大学、台湾大学、成功大学、佛光大学以及日本九州大学等讲学。先后主持国家社科基金等项目多项,在《文学遗产》等刊物上发表论文100余篇,出版专著7部。获教育部全国高校人文社科研究优秀成果三等奖,浙江省第四届社科研究优秀成果奖一等奖等。

吴玉平(1966—　),男,安徽贵池人。1986年,毕业于安徽省桐城师范学校。大学学历。现任皖江江南新兴产业集中区管委会一级调研员,公职律师。先后任安徽省贵池市桃波中学、齐山中学教师,贵池市政府办公室秘书、科长,贵池发电厂副厂长(挂),贵池区政府办公室副主任,梅龙镇镇长、镇(街道)党(工)委书记,池州市招商局副局长、纪检组组长(其间,挂任安徽省江南新兴产业集中区管委会主任助理、池州市政府驻北京联络处副主任),江南新兴产业集中区党工委委员、副主任。

桂　锐(1966—　),男,安徽桐城人。1986年,毕业于安徽省桐城师范学校。现任安庆市组织部副部长、安庆市人大常委会社会建设工作委员会主任(兼)。毕业后先后在桐城县晴岚初中、石南初中任教。1991年,调入安庆市四棉厂任办公室主任。1993年,通过考试任职于安庆市委政策研究室,历任科员、副主任科员、科长。2005年,任市委政策研究室副主任。其间,在国家级、省级报刊上发表文章近百篇,多次获全省党委政研系统调查报告评选一等奖。其中,《关于桐城挂车河镇土地流转的调查报告》获得时任安徽省委书记王太华的亲笔批示,并转发全省各地参阅。2010年8月,任太湖县委常委、组织部部长。2013年6月,任安庆市委宣传部副部长。2014年1月,任安庆市委组织部副部长。2016 年 2 月，兼任市委非公工委书记。先后兼任市委群众路线教育实践等多个主题活动办公室专职副主任，全市学习教育活动多次被中央和省委简报推介。分管的农村党建、非公党建工作连续多年在全省会议上作经验交流发言。

黄　艳(1966—　)，女，安徽桐城人。1986 年，毕业于安徽省桐城师范学校。本科学历，中学高级教师。现任安徽省桐城市第二中学教师。曾先后在桐城县汪河初中、黄铺初中任教数学，并担任班主任、团支部书记。1999 年，调入桐城市第二中学任教数学，担任班主任。获得安徽省优秀教师、优秀班主任，安庆市优秀班主任，桐城县三八红旗手、优秀团干，桐城市模范教师等称号。被评为安庆市中学数学学科骨干教师、桐城市中学数学学科带头人、中小学艺术节优秀指导教师。2005 年，所带领的新课程实验组被评为安徽省华东版初中数学教材首轮实验工作先进集体。2006 年，获得桐城市教育局组织的中学数学青年教师优秀课一等奖。

疏　星(1964—2006)，男，安徽桐城人。1987 年，毕业于安徽省桐城师范学校。曾获得安庆市优秀共产党员称号。2006 年 7 月 10 日，时任桐城市同安小学校长的疏星为营救 2 名落水儿童，不幸牺牲。时任安徽省省长王金山专门批示："疏校长舍己救人的事迹要总结宣传。"他先后任职于五所小学，勤勤恳恳、任劳任怨，严于律己、宽以待人，爱校如家、爱生如子。安徽省人民政府追认其为"革命烈士"，安徽省教育厅、安庆市教育局分别授予英雄校长、舍己救人英雄校长称号，桐城市综治委追认其为"见义勇为"先进个人。

高青琳(1967—　)，女，安徽桐城人。1987 年，毕业于安徽省桐城师范学校。现任安徽省残联党组成员、副理事长。毕业后先后任教于桐城县毛河初中、合肥市二十中。1994 年 9 月至 2009 年 8 月，先后任安徽省残疾人康复研究中心工作人员、副主任、主任。2009 年 9 月至今，历任安徽省残联宣传文体处处长、办公室主任、康复处处长，安徽省残联党组成员、副理事长。其中，2011 年 5 月至 2013 年 5 月，挂任宜秀区委常委、区政府副区长。2013 年 8 月，获得国家体育总局全国群众体育先进个人称号。2017 年 5 月撰写的《关于我省残疾人扶贫工作的建议》被评为“优秀”咨政报告，并得到时任安徽省委副书记信长星的批示。

陈友萍(1967—　)，女，安徽贵池人。1987 年，毕业于安徽省桐城师范学校。正高级教师。现任池州市贵池区城西小学副校长。池州市拔尖人才，池州市小学数学名师工作室主持人，池州市第一至第八届小学数学学科带头人。先后在池州市刘街乡中心小学、棠溪乡中心小学、贵池区城西小学任教。曾在国家级、省级刊物上发表教科研论文 30 余篇，主持多项省、市级课题研究。曾获得安徽省特级教师称号。

高光柏(1967—　)，男，安徽桐城人。1987 年，毕业于安徽省桐城师范学校。现任桐城市民政局党组书记。曾任桐城县中义乡小学、初中教师，中义乡政府党政办副主任兼经委主任，中义乡副乡长、乡长、党委副书记、书记，桐城市司法局局长、党组副书记，桐城市依法治市办公室主任，范岗镇党委书记，双港镇党委副书记、镇长，孔城镇党委书记。从 2017 年始，任桐城市孔城镇党委书记(副县级)。2021 年 7 月至 2024 年 8 月，任桐城市民政局党组书记、局长。曾当选为安庆市第十次党代表，桐城市第十三届、第十五届、第十六届人大代表，中共桐城市第十三届市委候补委员、第十四届市委委员。2008 年，被安徽省司法厅记个人二等功。

郝卫兵(1968—　)，男，安徽怀宁人。1988 年，毕业于安徽省桐城师范学校。大学本科学历，正高级教师。现任怀宁县大洼学校党支部书记。安徽省“特级教师”，安徽省乡村中小学首席教师，安庆市名师工作室主持人，安庆市学科带头人，安庆市基础教育学科学术委员会委员，安庆师范大学硕士研究生校外指导教师，“国培计划”远程培训辅导教师。1988年8月，分配至怀宁县大洼初中（现更名为怀宁县大洼学校）任教。曾获得怀宁县优秀教师，安庆市模范教师、安庆市先进教研个人等称号。主持并参与省级课题研究3项、市级课题研究2项，在省级以上刊物发表论文多篇。

开　健（1968—　），男，安徽桐城人。1989年，毕业于安徽省桐城师范学校。硕士研究生学历，教授。毕业后被保送至安徽师范大学中文系汉语言文学教育专业学习。1993年7月，分配至桐城师范学校任教。曾任学校教务处副主任、主任和外语系副主任、教务处副处长、督导室主任。现任桐城师范高等专科学校学术委员会主任、社科联副秘书长，安徽省桐城派研究会理事，安徽大学桐城派研究中心兼职研究员，桐城师范高等专科学校桐城派研究中心研究员。发表学术论文10余篇，主持省级和校级教科研项目10余项，获省级教学成果奖一等奖1次、三等奖3次。主编《教师书写技能》《大学语文》等教材5本，其中，《教师书写技能》被评为"安徽省'十四五'高等职业教育首届规划教材"。曾获得安徽省教学名师，安庆市模范教师，桐城师范高等专科学校优秀教师、优秀教育工作者称号。

汪文忠（1969—　），男，安徽桐城人。1989年，毕业于安徽省桐城师范学校。硕士研究生学历。现任合肥大学语言文化与传媒学院五级副教授、硕士生导师，合肥大学党委办公室、校长办公室主任。合肥市E类人才。先后获安徽省委组织部嘉奖1次，第六届合肥市哲学社会科学二等奖1项、国家教学成果奖一等奖1项（参与）、安徽省教学成果奖二等奖1项（参与）。主持三类科研项目4项、二类教研项目1项。主编《漫步西方文化》，参编《文化合肥》、"大学生素质教育系列"丛书（6本）。在《改革》《南方经济》《外国文学》等刊物上发表学术论文30余篇。

张小康（1969—　），男，安徽桐城人。1989年，毕业于安徽省桐城师范学校。先后在新渡镇板桥小学、青草镇陶冲初中、桐城六中任教。

2000 年 7 月,毕业于安徽省教育学院。现任桐城八中高级教师。2005 年,获安庆市“皖烟杯”职工歌手比赛一等奖。2011 年,排练改编的女声小合唱桐城歌《哑谜歌》,登央视“星光大道”栏目。2014 年,获得安徽省“马、芜、宣”声乐、器乐邀请赛美声唱法专业组金奖。2017 年,获得香港国际声乐公开赛安徽赛区选拔赛一等奖。2018 年,获得香港国际声乐公开赛艺术歌曲公开组二等奖。2017 年,被评为安庆市非物质文化遗产项目桐城歌的市级代表性传承人。

都淑明(1955—2000),女,安徽桐城人。1990 年,毕业于安徽省桐城师范学校民师班。毕业后分配至鲁洪乡鲁洪小学任教,后担任教导主任。1997 年,调入吕亭镇平坦小学任教。1998 年,评聘为小学高级教师。2000 年 9 月 28 日上午 11 时 30 分,都淑明护送 3 名学生过马路,一辆超载超速货车抢道行驶,都淑明见状,只顾呼喊学生避让,学生得救,但自己却来不及躲闪,当场以身殉职。2002 年 4 月 25 日,在桐城市人民政府市长办公会议上认定都淑明因公牺牲,予以褒扬。

叶助胜(1970—　),男,安徽桐城人。1990 年,毕业于安徽省桐城师范学校。安徽省特级教师。现任桐城市大关教育集团校校长。毕业后一直在桐城市(县)大关镇所属小学任教。教育教学及教科研成果丰硕,所教学生在市级以上素质教育活动中获奖 30 余人次。在省级以上刊物发表论文 30 余篇,多次在地市级以上教科研活动中获奖。曾获得安徽省乡村首席教师,安庆市优秀教研个人、最让人感动的身边好老师、优秀班主任、教育先进工作者,桐城市先进工作者、道德模范、首届文都名师称号。

徐世庆(1973—　),男,安徽东至人。1991 年,毕业于安徽省桐城师范学校。现任东至县图书馆馆长,池州市书法家协会副主席。1992 年,加入安徽省书法家协会。2014 年,加入中国书法家协会。连续三届任安徽省书法家协会楷书专业委员会委员。2023 年 5 月,被安徽省书法家协会评为“送万福进万家下基层公益活动”先进个人,其作品十余次入选中国书法家协会主办的书法作品展。

葛徐栋(1970—　),男,安徽潜山人。1991年,毕业于安徽省桐城师范学校。中学高级教师。现任安徽省潜山市野寨中学年级部主任。曾获得安庆市中学语文骨干教师、安庆市教坛新星称号。获得安庆市第五届高中语文优质课评比一等奖(第一名)。所带2019届理科特长班45人,高考均达一本线,其中,42名学生被211以上院校录取,3名学生被清华大学录取。发表教育教学论文30余篇,参编《高考作文考场权威报告》《安徽诗文选读》《高考语文核按钮(安徽卷)》等,出版诗集《野人寨的风》。

吴新苗(1974—　),男,安徽岳西人。1992年,毕业于安徽省桐城师范学校。博士研究生学历,教授。现任中国戏曲学院科研处处长、学术委员会副主任,《戏曲艺术》主编,国家社科基金艺术学重大项目《新中国成立70周年中国戏曲史(北京卷)》首席专家,兼任中国戏曲学会理事、程长庚研究会副会长。主持并完成多个国家级、省市级项目。在《文艺研究》《新华文摘》《文学遗产》《人民日报》等报刊上发表论文80余篇。出版学术专著11部,获得中国出版协会全国优秀古籍图书一等奖,第35届田汉戏剧奖理论一等奖,第八届中华优秀出版物图书奖等。

高金山(1975—　),男,安徽桐城人。1993年,毕业于安徽省桐城师范学校。硕士研究生学历。现任广东省委改革办处长、一级调研员。曾任职于中国电力科学研究院、广州市委机关。在《经济学动态》《上海证券报》等报刊上发表论文、政策文章多篇。获得薛暮桥价格研究奖,成功申报国家级火炬计划项目,成功申建国家知识产权运用和保护综合改革试验。组织重大课题研究,编制经济社会发展规划和改革实施规划,推进重大工作立法和改革试点,有力推动经济社会高质量发展。

方明星(1975—　),男,安徽桐城人。1993年,毕业于安徽省桐城师范学校。博士研究生学历，教授。现任浙江金融职业学院现代文秘专业主任、教研室主任，浙江省专业带头人、浙江省职业教育创新团队负责人，《财经应用文写作》省级精品课程、《秘书综合实训》文秘国家资源库课程负责人。曾主持浙江省哲社规划课题、杭州市哲社规划课题多项。发表的论文被《新华文摘》全文转载，在《当代电影》等刊物上发表多篇有一定影响力的学术文章。出版《动画艺术成人思维与儿童思维对接研究》等专著。

徐观兵(1974—)，男，安徽岳西人。1993 年，毕业于安徽省桐城师范学校。高级教师。现任岳西县响肠中心学校副校长。安徽省普通话水平测试员、英特尔未来教育项目主讲教师和安徽省教育学会小学数学专业委员会理事。获得第六届中国贫困山区优秀校长、安徽省教坛新星称号。

程爱兰(1973—)，女，安徽桐城人。1993 年，毕业于安徽省桐城师范学校。硕士研究生学历，教授。无党派人士，安庆市知联会副会长。现任桐城师范高等专科学校教务处处长，职称评审委员会、教学委员会委员。曾当选为桐城市第十六届人大代表。安徽省教学名师、安徽省高水平专业群——小学教育专业群带头人，安徽省中小学教师培训专家，中小学教师资格考试面试考官。曾获得安庆市三八红旗手、桐城市第三届十大杰出青年等称号。出版专著 1 部，主编、参编教材 5 部，主持省级教科研项目 14 项，发表学术论文近 30 篇。获得安徽省教学成果三等奖 2 次。

占淑红(1974—)，女，安徽桐城人。1993 年，毕业于安徽省桐城师范学校。1993 至 1996 年，在桐城县毛河中学任教。1996 年至今，在桐城二中担任语文学科教学工作。安徽省名师工作室初中语文领衔人，入选安徽省新时代中小学名师名校长培养计划(2023—2025)。2008 年，获得安徽省教坛新星称号。2009 年，获得安庆市模范教师称号。2019 年，获得安徽省最美教师称号。

方　芳(1975—　)，女，安徽桐城人。1993年，毕业于安徽省桐城师范学校。中学高级教师。现任安庆市人民路小学碧桂园校区副校长。安庆市基础教育学术委员会成员。曾获得安徽省十佳青年教师，安庆市劳动模范、小学语文十佳教师、学科带头人、骨干教师、教坛新星等称号。曾获得全国教学课评比一等奖、安徽省青年教师教育教学技能大赛一等奖。

杨龙发(1976—　)，男，安徽枞阳人。1994年，毕业于安徽省桐城师范学校。硕士研究生学历。现任大连市人民政府经济合作交流办公室对口支援二处处长。曾任安徽省枞阳县钱桥镇大塘小学副校长、新化小学校长，大连市人民政府办公厅对外协作与联络处主任科员，大连市人民政府经济合作交流办公室经济合作一处副处长、交流联络处副处长，贵州省六盘水市投资促进局党组成员、副局长。曾获得大连市国内招商引资工作先进个人、优秀公务员、市直机关优秀共产党员、优秀党务工作者，辽宁省固定资产投资项目(招商)推进先进个人等称号及“担当作为好干部(记二等功)”推荐人选。2024年，获得“全国民族团结进步模范个人”提名。其任大连市人民政府经济合作交流办公室对口支援二处处长期间，所在处室被大连市委、市政府评为“大连市第七届记二等功公务员集体”，被辽宁省委省政府评为“辽宁省脱贫攻坚先进集体”。

陈乔珍(1974—　)，女，安徽桐城人。1994年，毕业于安徽省桐城师范学校。本科学历。现任安徽省桐城中学历史教师、安徽省中小学优质课评选高中历史学科省级评审专家、安庆市历史学科带头人。1994年6月，被保送至安徽师范大学历史系学习深造。毕业后一直在桐城中学任教。曾获安徽省优秀教师，安庆市优秀教师、安庆市优秀班主任、安庆市名班主任、安庆市最喜爱的老师等称号。曾获得安徽省普通高中历史新课程优质课大赛一等奖。主持省市级课题多项，发表论文多篇。

储德银(1976—　),男,安徽岳西人。1994 年,毕业于安徽省桐城师范学校。博士生导师,教授。现任安徽财经大学党委常委、副校长。中组部国家"万人计划"哲学社会科学领军人才、中宣部文化名家暨"四个一批"人才,安徽省"皖江学者"特聘教授、安徽省学术和技术带头人、安徽省高水平导师、安徽省教学名师、安徽省高校应用经济学科拔尖人才和国家社科基金重大项目首席专家。先后主持国家社科基金项目 5 项,教育部人文社会科学青年项目等省部级科研课题 10 余项。在《经济研究》《经济学(季刊)》《中国工业经济》等期刊上发表论文 80 余篇,论文被人大复印报刊资料《财政与税务》等全文转载 20 篇。获得安徽省社科成果奖二等奖、三等奖和财政部第六次、第七次全国优秀财政理论成果三等奖等省部级科研奖励 5 项,以及国家教学成果奖二等奖、安徽省教学成果奖特等奖、一等奖和二等奖等省级及以上教学成果奖 8 项。兼任国家社科基金评审专家、教育部人文社科基金项目评审专家、中国财政学会理事、中国税务学会理事、中国税务学会学术委员会委员和安徽省经济学会副会长。

王凯红(1975—　),男,安徽桐城人。1994 年,毕业于安徽省桐城师范学校。本科学历。现任怀宁县委常委,县政府党组副书记、常务副县长。毕业后先后任桐城市吕亭镇杨湾中学教师、团支部书记、教导主任、副校长。从 2003 年始,先后担任桐城市委办公室秘书、副科级督查员兼调研科长、督查室副主任(主持工作)、副主任、保密办主任,中共桐城市委办公室支部副书记,桐城市龙腾街道党工委副书记、办事处主任,桐城市黄甲镇党委书记,桐城市人民政府党组成员、副市长,怀宁县委常委、县政府副县长。

储著炎(1975—　),男,安徽岳西人。1994 年,毕业于安徽省桐城师范学校。硕士生导师,副教授。现任安庆师范大学黄梅剧艺术学院副院长,兼任安庆市戏剧家协会副主席,安庆市党外知识分子联谊会副会长,中国长三角高校戏剧影视学科联盟理事。先后在岳西县石关中学、东营中学任教。2003年，毕业于安徽师范大学，获文学学士学位。2008年，毕业于首都师范大学，获文学硕士学位。2011年，毕业于中央民族大学，获文学博士学位。主要从事戏曲史论和评论、地方戏曲文化的教学与研究工作。近年来，主持和参与国家及省部级教科研项目10余项，参编著作5部。先后获安徽省教学成果特等奖1项，一等奖1项，二等奖2项。

倪爱珍(1976—)，女，安徽桐城人。1994年，毕业于安徽省桐城师范学校。文学博士，四川大学博士后。现任江西省社会科学院文学与文化研究所所长、“中国叙事学”特色学科带头人、博士后合作导师，江西师范大学博士生导师。主要研究文学理论和陶瓷文化。入选江西省“百千万人才工程”、宣传思想文化系统“四个一批人才”、“巾帼建功标兵”。兼任中国中外文艺理论学会叙事学分会常务理事、江西省文艺学会会长、江西省文艺评论家协会副主席。主持国家社科基金重点项目2项，其他国家级、省部级项目6项，参与各类项目40余项，，在《文学评论》《文艺理论研究》等期刊上发表论文50余篇，4次获得江西省社科优秀成果奖。出版专著2部。

王淑华(1976—)，女，安徽岳西人。1994年，毕业于安徽省桐城师范学校。上海师范大学对外汉语学院文学博士。现任上海大学文学院中文系副教授，主要研究方向为语言测试与语言教学。主持教育部青年项目、上海市哲社青年项目和一般项目等7项。在《汉语学报》《上海大学学报》《湖北社会科学》《语言文字应用》等刊物上发表论文20余篇，出版专著《面向中文信息处理的现代汉语动名组合问题研究》。

胡新民(1974—)，男，安徽枞阳人。1994年，毕业于安徽省桐城师范学校。硕士研究生学历。先后在枞阳县官埠中心小学、马鞍山市第四中学任教。2006年，毕业于华南师范大学音乐学院(声乐方向)，并留校任教，主要从事声乐教学、演唱及其研究工作。所授学生多人多次在国内、外重大声乐比赛中获奖。曾多次成功举办个人独唱音乐会并多次参加多类重大演出活动。曾在《艺术品论》《音乐创作》《南京艺术学院学报》等刊物上发表《高师基础声乐课科学思维构建》《“联觉”在声乐教学中的运用探究》《以师范性测评促进教的改革》等论文多篇。

刘江华(1977—　),男,安徽岳西人。1994 年,毕业于安徽省桐城师范学校。省委党校硕士研究生学历。现任滁州市投资促进局局长,市工商联主席。安徽省政协第十三届常务委员,滁州市政协第五届、第六届、第七届常务委员,滁州市政协经济委员会副主任,民进安徽省经济委员会副主任。曾任岳西县五河初级中学教师、总务主任、教导主任,民进安庆市委会副科长、科长,2009 年,任滁州市招商局副局长。2016 年,挂职担任滁州市琅琊区副区长。2019 年 1 月,任滁州市工业科技投资发展有限公司董事长、总经理。2019 年 8 月,任滁州市投资促进局局长。2022 年 2 月,任滁州市投资促进局局长、市工商联主席。

朱　虹(1976—　),女,安徽宿松人。1995 年,毕业于安徽省桐城师范学校。硕士研究生学历。现任《中央社会主义学院学报编辑部》副编审。曾参与《中共中央加强社会主义协商民主建设的意见》“政党协商”部分的调研起草,参与全国政协重点课题“加强新时代中华儿女大团结研究”,主持中央社会主义学院智库及地方社院委托的多项课题研究。在《政治学研究》《当代世界与社会主义》《学习时报》等报刊上发表论文 20 余篇,参编《中国参政党参政议政案例选》《社会主义协商民主研究》等著作 10 余部。

疏　波(1976—　),男,安徽桐城人。1995 年,毕业于安徽省桐城师范学校。大学本科学历。现任桐城市教育局党委书记、局长。曾任桐城市(县)团委青少年宫主任,桐城市唐湾镇镇长助理(挂职),桐城市团委学少部长,桐城市青联秘书长(副科级),共青团安徽省桐城市委副书记,桐城市民宗局局长,桐城市委统战部副部长、市民族宗教事务局局长(兼),桐城市文昌街道办事处党工委副书记、办事处主任、党工委书记。1999年,获得全省优秀青少年宫主任称号;2002年,获得全省优秀共青团干部称号;2015年,获得全省民族团结进步先进个人称号。2018年,获得桐城市委、市政府全市先进工作者称号。

周向荣(1975—　),男,安徽宿松人。1995年,毕业于安徽省桐城师范学校。现任合肥市行知学校副校长。2024年,担任合肥市(教育)名师工作室主持人、瑶海区首批初中数学名师工作室主持人。曾获得安庆市第三届教坛新星、瑶海区第三批拔尖人才、合肥市学科带头人、全国青少年文明礼仪教育标兵、2019年度中国数学教育"优秀教师"等称号。2024版沪科版初中数学教材核心编写人员,曾获得全国初中数学优秀课比赛二等奖、安徽省初中数学优秀课比赛一等奖、合肥市初中数学教师基本功大赛一等奖、全国信息技术与学科整合优质课比赛一等奖等。先后在省级以上期刊上发表论文7篇,其中1篇被中国人民大学书报中心《初中数学教与学》全文转载。

房　正(1977—　),男,安徽枞阳人。1995年,毕业于安徽省桐城师范学校。硕士研究生学历。副教授,硕士生导师。现任职于中国计量大学艺术传播学院,浙江省美术家协会会员。2004年,毕业于安徽师范大学美术学院,同年入职中国计量大学艺术传播学院。研究方向为数字艺术与绘画。多次参与省级及以上展览,作品被《浙江日报》《艺术百家》、四川美术馆等登载或收藏。

杨　翼(1977—　),男,安徽宿松人。1995年,毕业于安徽省桐城师范学校。本科学历。现任安庆市纪委监委第七纪检监察室主任。曾任安庆市人民检察院助理检察员、检察员、反贪局侦查一处处长。

姚小兆(1976—　),男,安徽桐城人。1996年,毕业于安徽省桐城师范学校。省委党校硕士研究生学历。现任安庆市委办公室副主任。毕业后先后在桐城市中义乡小学、初中,文昌街道初级中学任教。2004年12月,通过公开选拔,进入中共安庆市委政研室,历任副科长、科长。2017 年 8 月，任安庆市委办公室综合室主任(副县级)。2020 年 4 月，任安庆市委办公室副主任。从教师转行后主要从事于政务文稿、党委信息文书法规的起草审核等工作，致力于服务市委中心工作和日常运转。多次获得省市表扬奖励，2024 年获个人三等功。

陈宗权(1979—　)，男，安徽枞阳人。1996 年，毕业于安徽省桐城师范学校。博士研究生学历。曾任教于枞阳县会宫小学、拔茅中学、云南曲靖师范学院。中国国际共运史学会理事、四川省政治学会常务理事。现任西南财经大学党委宣传部部长、马克思主义学院教师。主要从事党的建设、国际政治的教学和研究。承担《习近平新时代中国特色社会主义思想概论》《中国特色社会主义理论与实践研究》等课程的教学。主持国家社科基金等项目 10 余项，获得四川省优秀教学成果奖等省、校级荣誉多项。在《马克思主义研究》《社会科学研究》等期刊上发表论文 10 余篇，出版专著 1 部。

周海荣(1978—　)，女，安徽枞阳人。1996 年，毕业于安徽省桐城师范学校。现任西南财经大学马克思主义学院副教授。曾在枞阳县老庄中学任教。2010 年，获华中师范大学法学硕士学位。2015 年，获武汉大学哲学博士学位，后进入西南财经大学马克思主义学院任教。在社会科学文献出版社出版专著《资本逻辑下的休闲困境研究》，在《社会科学》《马克思主义哲学研究》等期刊上发表论文 20 余篇。主持国家社科基金项目 1 项，省部级项目 1 项，中央高校科研项目 8 项，参与国家社科项目、教育部社科项目数项。主要从事价值哲学、休闲哲学的研究。

齐杏发(1977—　)，男，安徽枞阳人。1996 年，毕业于安徽省桐城师范学校。政治学博士。曾任中共深圳市龙岗区委副主任科员等职。现为华东师范大学政治学系副教授，主要从事政治学基础理论、当代中国政府与政治、政治与金融交叉学科的研究。参加国家社科基金重大项目 2 项，主持省部级项目等各类社科项目 7 项。在《政治学研究》

《管理世界》等期刊上发表论文 10 余篇，出版教材 2 部，专著 1 部。

陶安永（1976—　），男，安徽枞阳人。1996 年，毕业于安徽省桐城师范学校。安徽大学公共管理硕士。现任合肥滨湖科学城办公室副主任。1996 年 8 月至 2004 年 11 月，任枞阳县金社初级中学教师。2004 年至今，先后任庐阳区委办公室科员、合肥市委办公室社情民意处处长、合肥市委督查室主任、合肥市委办公室秘书三室主任、合肥滨湖科学城办公室副主任。

姚　祎（1977—　），男，安徽枞阳人。1996 年，毕业于安徽省桐城师范学校。哲学硕士。现任安徽科技学院继续教育学院教务科长。主持安徽省教育厅科研课题 5 项，发表论文 20 余篇。曾获评全国成人高等学历继续教育课题"研究标兵"称号。

吴海龙（1977—　），男，安徽枞阳人。1997 年，毕业于安徽省桐城师范学校。现任职于铜陵学院。安徽省高校优秀青年人才支持计划人选，安徽省哲学社会科学盲审专家，兼任《贺州学院学报》《宁波工程学院学报》《高校辅导员学刊》《铜陵学院学报》审稿专家。主持安徽省哲学社会科学规划项目 2 项，主持市、厅级项目 9 项，参与国家社科基金等各类科研课题 10 余项，发表论文 20 余篇。指导国家级大学生创新创业训练项目 1 项，省级大学生创新创业训练项目 1 项。获安徽省教学成果奖三等奖 1 项。先后获高校毕业生就业工作先进工作者，安徽省高校优秀辅导员，铜陵学院先进工作者、优秀党务工作者等称号。

聂咸群（1976—　），男，安徽岳西人。1997 年，毕业于安徽省桐城师范学校。现任岳西县教育局党委书记、局长。先后在岳西县徐良初级中学、店前初级中学任教。曾担任徐良初级中学、店前初级中学教导主任，店前中心学校副校长，毛尖山中心学校支部书记、校长，县实验小学支部书记、校长，县政府教育督导室副主任、教育局党委委员，县招商局党组副书记、副主任（主持全面工作）、党组书记。曾获得安庆市模范教师、安庆市优秀班主任、安徽省优秀教师等称号。

朱振国(1977—　),男,安徽枞阳人。1997 年,毕业于安徽省桐城师范学校。现任安徽省纪委监委驻省委统战部纪检监察组副组长(正处长级)。曾任职于安徽省政府信访局。多次被抽调参与省管干部问题线索的审查调查工作,牵头处置党员、干部违规违纪问题线索数十件。起草的《关于对各民主党派省委会机关公职人员开展监察监督的工作方案》《安徽省开展民主党派机关公职人员监察监督情况的调研报告》等,得到省纪委主要负责同志批示肯定,中央纪委国家监委内网 3 次刊登相关内容予以宣传。

邹春秀(1978—　),女,安徽桐城人。1997 年,毕业于于安徽省桐城师范学校。博士研究生学历。现任安徽师范大学文学院中国古代文学专业硕士研究生导师、中国诗学研究中心兼职研究员、大型公益国学机构“浦江学堂”兼职教师。曾主持国家社科基金青年项目 1 项、安徽省教育厅人文社科项目 2 项,安徽省级质量工程项目 1 项,并参与多项国家社科基金项目,在《北京大学学报》《民族文学研究》《求是学刊》等期刊上发表论文多篇。

程艮凤(1978—　),女,安徽桐城人。1997 年,毕业于安徽省桐域师范学校。安徽省“特级教师”。现任安徽省桐城市实验小学办学集团校校长。先后获得安徽省第三届教坛新星、安徽省江淮好学科名师提名、安徽省最美教师、安徽省江淮英才培养计划基础教育教学“优秀校长”,安庆市学科带头人、安庆市模范教师、安庆市劳动模范等称号。曾当选为安徽省第十三届人大代表。受聘担任安庆市名校长工作室主持人、安庆市名师团成员。获得安庆市优质课竞赛一等奖和全国基础教育资源应用课例一等奖,承担对外观摩示范课教学 30 余节。主持省级立项课题 3 项,发表论文 30 余篇。

朱长春(1978—　),男,安徽枞阳人。1997 年,毕业于安徽省桐城师范学校。现任枞阳县政务公开办公室主任。2005 年 2 月,考入枞阳县司法局。2007 年 12 月,调入枞阳县人民政府办公室。2019 年 6 月始，任枞阳县数据资源管理局党组成员、枞阳县政务公开办公室主任。

章志海(1979—　)，男，安徽枞阳人。1997年，毕业于安徽省桐城师范学校。现任孝感市社科联党组书记、副主席。曾在枞阳县云岭中学(期间在安徽教育学院专升本脱产学习2年)、枞阳县牛集高级职业中学任教。2005年，通过招考进入民盟安庆市委会工作，先后担任办公室副主任、主任。2013年，考入湖北省孝感市人民政府研究室，任湖北省孝感市人民政府研究室党组成员、副主任。

贺俊春(1979—　)，女，安徽岳西人。1997年，毕业于安徽省桐城师范学校。现任湖北省社会主义学院教务处副处长(主持工作)。主要从事统一战线理论研究与教学工作，主讲课程获得湖北省干部培训好课程奖，研究成果多次在全国社院系统理论研究成果评比中获奖。

胡　兵(1979—　)，男，安徽枞阳人。1997年，毕业于安徽省桐城师范学校。法学博士。现任中央党校(国家行政学院)培训部办公室副主任。2004年至2007年，在安徽教育学院脱产进修。2008年至2011年，攻读中央党校研究生院思想政治教育专业硕士。同年参加国家公务员考试，就职于中央党校培训部。

吴小平(1979—　)，女，安徽枞阳人。1997年，毕业于安徽省桐城师范学校。现任民建铜陵市委会专职副主委。曾先后任教于枞阳县长沙中心学校、田间中学。2005年，通过招考进入民建铜陵市委机关工作。2015年，任民建铜陵市委办公室主任。2016年，加入中国民主建国会。2023年，任民建铜陵市委专职副主委。2016年，当选为铜陵市铜官区人大代表。2021年，担任铜陵市政协委员。先后获得安徽省宣传政协工作好新闻优秀奖、民建安徽省委优秀会务工作者、铜官区优秀人大代表、铜陵市委党校中青班优秀学员、铜陵市优秀政协委员等称号。

周　宽(1981—　)，男，安徽枞阳人。1998年，毕业于安徽省桐城师范学校。硕士研究生学历。现任长沙市中学历史教研员。曾获得全国优质课大赛一等奖、湖南省论文评比一等奖、湖南省微课比赛一等奖等。参与多项省级课题研究，在《中学历史教学参考》《中学历史教学》等期刊上发表论文多篇。

余继飞(1982—)，男，安徽岳西人。1998年，毕业于安徽省桐城师范学校。硕士研究生学历。现任职于北京外国语大学，担任北京外国语大学教育数字化转型核心企业外研在线运维部负责人，AWS和华为云等公有云运维专家，负责保障线上业务（覆盖全国70%高校及50%基础学段用户）的稳定可靠运行。

梅　凯(1978—)男，安徽桐城人。1998年，毕业于安徽省桐城师范学校。高级教师。现任桐城市文昌教育集团校副校长兼城郊第一中心小学支部书记、校长。曾获第七届全国新世纪小学数学教学设计与课堂展示大赛特等奖、第十届全国新世纪小学数学教学设计与课堂展示大赛一等奖，安庆市小学数学第七届课堂教学优质课二等奖，微课《乘法分配律的应用》获中央电教馆优秀成果奖、首届全国新世纪小学数学微课大赛二等奖、桐城市首届微课大赛一等奖。在《小学教学参考》等期刊上发表论文10余篇。多篇论文获奖，其中《运用“红色资源”推进大中小学思政课一体化建设研究和实践》获省一等奖，主持并完成省级课题《薄弱学校整校推进教师信息化教学能力的策略研究》。先后获得安庆市优秀教师、安庆市先进教研个人、安庆市骨干教师，桐城市先进教育工作者、桐城市首届教学能手、桐城市教坛新星、桐城市骨干教师、桐城市学科带头人等称号。

龙鹏飞(1980—)，男，安徽桐城人。1999年，毕业于安徽省桐城师范学校。安徽省“特级教师”，安徽青年“五四奖章”获得者。现任安庆市宜秀区罗岭中心学校教师、安徽省乡村名师工作室首席负责人、安庆师范大学国培项目授课专家、“彩虹桥”项目负责人。曾获得2017年全国“教书育人楷模”候选人、全国“教育信息化创新应用新闻人物”、安徽省“十佳乡村好青年”等称号。主持的宜秀区政协龙鹏飞委员工作室获得“全国优秀委员工作室”称号。曾当选为安徽省第五次、第六次少代会代表，中共安庆市第十一次、第十二次党代会代表。所领衔信息化创新项目“彩虹桥”获得全国基础教育信息化应用典型示范案例、中国家庭教育知识传播激励计划典型案例，安徽省基础教育教学成果奖一等奖，安徽省“国培计划”典型工作案例。

王彩云(1982—)女，安徽岳西人。1999 年，毕业于安徽省桐城师范学校。现任安徽省安庆市岳西县思源实验学校教研副主任，岳西县班主任学科教研员、岳西县初中名班主任工作室主持人，安徽省班主任基本功大赛评委。2017 年，获得安徽省第三届中小学校青年教师教学竞赛一等奖。2020 年，获得第九届长三角地区中小学班主任基本功大赛综合奖(初中组)一等奖。2021 年，入选全国中小学班主任基本功展示交流活动典型经验名单。安庆市十六届政协委员。曾获得安徽省十佳青年教师、安庆市名班主任、安庆市先进教研个人、岳西县先进工作者称号。

段宝根(1981—)，男，安徽桐城人。1999 年，毕业于安徽省桐城师范学校。博士研究生学历。现任苏州朗睿生一物医药有限公司计算化学研究员。中国科学院化学研究所高分子化学与物理专业毕业。发表论文 10 余篇。

程结南(1979—)，女，安徽潜山人。1999 年，毕业于安徽省桐城师范学校。安徽省“特级教师”。现任北京市朝阳区第二实验小学教师，北京联合大学外聘教师，程结南特级教师工作室主持人。曾担任安徽省线上教学资源建设小学语文审核专家、安徽省中小学教师资格考试面试考官，安庆市第二届、第三届学科带头人，安庆市名师大讲堂讲师、安庆市第五届名师工作室主持人。先后获得安庆市教坛新星、模范教师、最美教师、巾帼建功标兵，安庆市第二届、第五届先进教研个人，潜山县优秀教师、优秀教育工作者等称号。先后担任潜山县第十一届、第十二届政协委员，潜山市第十三届、第十四届政协常委。在

《小学教学参考》等刊物上发表论文 30 余篇。

2000 年后

汪正梅(1980—),女,安徽枞阳人。2001 年,毕业于安徽省桐城师范学校。家庭教育高级指导师。现任广东省深圳市富源学校首席教师。深圳市宝安区少儿阅读推广人、儿童阅读种子教师,宝安区在线教学优秀课例获奖教师。富源学校校园十大风云人物。参与广东省深化新时代教育评价改革试点项目、宝安区教育科学“十二五”课题研究,带领团队创建国际班,首倡并践行民办学校“转型升级、差异化发展、小班化教学”。承担语文教学整体改革全国示范课。宝安区“教坛阅读之星”,多次被评为校级优秀班主任、优秀学科教师。

汪玉燕(1982—)女,安徽宜秀人。2001 年,毕业于安徽省桐城师范学校。本科学历。现任怀宁县稼先学校副校长。中国科学技术协会科学家精神宣讲团成员,怀宁县学科带头人,怀宁县骨干教师,怀宁县“独秀讲堂”公益阅读推广人。先后任职于安庆市育才学校、安庆市外国语学校、怀宁县凉亭乡中心学校。先后获得安庆市先进教研个人、优秀教师,安庆市读书活动优秀指导教师,怀宁县教坛新星等称号。曾获得安庆市第四届青年教师教学竞赛一等奖,怀宁县语文优质课大赛一等奖、怀宁县主题班会优质课一等奖。主持省、市级课题 2 项,参与省、市级课题 5 项,多篇论文在省、市级刊物上发表,多个教学案例获市级奖项,指导学生读书创作作品获省级奖项。

周耐龙(1981—),男,安徽安庆人。2001 年,毕业于安徽省桐城师范学校。现任无锡天牛智能装备有限公司董事长、安徽天牛智能装备有限公司董事长、沙市轻机械有限公司董事长。2006 年,创立无锡市浩帆热熔胶涂布设备有限公司,专注于热熔胶涂布技术的研发与制造。后扩展至水胶、油胶、无溶剂等涂布设备,并于 2014 年研发出高效节能气浮烘箱干燥技术。2017 年,创立无锡市天牛智能装备有限公司，并在江阴市建立首个涂布机生产制造基地。2020 年，于芜湖市成立安徽天牛智能装备有限公司，次年建成第二个生产基地。2022 年，在合肥市中心成立合肥方不圆科技有限公司，专注于涂布机核心部件的研发。2023 年，成功收购湖北沙市轻工机械有限公司，成为天牛智能的第三个涂布机生产基地。其率领团队先后完成热熔胶涂布机、无溶剂涂硅机、气浮烘箱类涂布设备的进口替代工作，打破了国外技术垄断。产品在国内市场上占据主导地位，市场份额超过半数。

刘文俊(1982—　)，男，安徽枞阳人。2001 年，毕业于安徽省桐城师范学校。硕士研究生学历。注册会计师。现任兴业银行合肥分行党委委员、行长助理、工会主席。曾任兴业银行合肥分行投资银行部副总经理，胜利路支行行长，兴业银行合肥分行办公室总经理，兴业银行人力资源部员工管理处处长。曾获得第三届全国会计知识大赛安徽赛区团体一等奖、安徽省创业设计大赛优秀奖等。曾获得安徽省优秀学生干部，兴业银行合肥分行优秀员工、优秀共产党员、十周年及十五周年功勋行员等称号。

何　炜(1984—)，男，安徽枞阳人。2002 年，毕业于安徽省桐城师范学校。现任安徽天君信息科技股份有限公司总经理。2005 年开始创业，其创办的天君信息科技股份有限公司是国家级高新技术企业、合肥市大数据企业、高新区瞪羚企业，具备信息化领域多项一级资质，是中兴通讯在安徽省的独家省代，联合三大运营商协同构建智慧城市运营和 5G 智能制造，助力产业数字化升级。2017 年、2018 年，获得华为技术有限公司颁发的优秀行业“拓展精英奖”。

张　伟(1983—　)，男，安徽枞阳人。2002 年毕业于安徽省桐城师范学校。本科学历。现任广州市新环球教育董事长，睿森教育董事长兼执行董事，广州市民办教育协会副会长。毕业后经学校推荐到广州任教。2008 年，创办鸿程教育，后创立 K12 专业中高考教育辅导品牌——新环球教育。2010 年至 2020 年，新环球教育 5 次被评为优秀办学单位。新环球教育先后获广州市番禺区民办学校优秀单位、番禺区社区教育先进单位，广州市 AAAA 社会办学机构、广州市优秀办学单位、全国青少年校外培训教育机构、广州市 430 优质办学单位、民办教育协会副会长单位等称号。个人先后获广州市番禺区优秀教师、民办教育优秀举办者称号。

张美连(1983—　)，女，安徽枞阳人。2002 年，毕业于安徽省桐城师范学校。本科学历。新环球教育及睿森教育创始人。现任新环球教育及睿森教育总校长。毕业后经学校推荐到广州任教，先后担任学科带头人、年级主任、政教主任等职位。2008 年，开始先后创办鸿程教育、新环球教育及睿森教育。曾多次被评为广州市番禺区优秀教师。

王小中(1976—　)，男，安徽桐城人。2003 年，毕业于安庆师范学院桐城师范学校大专班。现任安徽兴湃至美生活服务股份有限公司、桐城市兴湃林业投资发展有限公司、安徽易家园网络科技有限公司董事长兼总经理。2008 年 8 月，创立安徽兴湃物业。2016 年 8 月，安徽兴湃至美生活服务股份有限公司在全国中小企业股份转让系统成功挂牌上市，成为安徽省首家新三板上市服务公司，目前正在做美国纳斯达克上市工作流程的准备。曾先后任安徽省青年委员会委员，桐城市青年委员会常委会委员、桐城市第十三届政协常委、桐城市工商联(总商会)第十届执委会常委。先后获得安徽省爱岗敬业先进个人，安庆市十大优秀物业经理人，桐城市首届劳动模范、扶贫工作先进个人、十大创业青年、2017 年度十大经济新闻人物等称号。

张　树(1982—　)，男，安徽桐城人。2003 年，毕业于安庆师范学院桐城师范学校大专班。本科学历。现任桐城市政府党组成员、副市长，市委办公室主任。曾任桐城市委组织部科员，范岗镇樟枫村党总支第一书记，范岗镇党委组织委员，桐城市委政研室副主任，范岗镇党委副书记、镇长，范岗镇党委书记，桐城市委办公室主任。曾获得安徽省优秀选派干部称号。

林绪祥(1981—　),男,安徽合肥人。2003年,毕业于安庆师范学院桐城师范学校大专班。华东政法大学金融管理本科。现任上海六感科技有限公司副总经理。主导公司创新数字化产品的研发和市场推广。获得2021上海市科技企业家创新领导力研修班优秀学员称号。

孙小江(1982—　),男,安徽宿松人。2003年,毕业于安庆师范学院桐城师范学校大专班。现任安徽艾特巴机械制造有限公司董事长,上海能路机械设备有限公司董事长、总经理。毕业后短暂从事教育工作。2007年,成立上海能路机械设备有限公司,主营市政工程配套设施生产与销售。2017年,成立安徽艾特巴机械制造有限公司,主营下水道设备的引进、研发、生产等业务。特别在下水道非开挖修复领域有一定技术突破。其产品遍布国内各大城市,2024年远销欧美及东南亚国家。

王　恩(1980—　),男,安徽桐城人。2003年,毕业于安庆师范学院桐城师范学校大专班。本科学历。国家二级职业指导师。现任广东花城工商高级技工学校校企合作与就业中心主任。先后任广州市花都区崇文学校招生主任、语文教师,广州白云工商技师学院就业部部长。获得广州市市属技工院校优秀班主任、先进个人、优秀教师、优秀职业导师称号。2012年、2017年分别新开发全国首个3D打印技术应用专业、口腔义齿制造专业。2018年,3D打印技术应用正式编入《全国技工院校专业目录(2018年修订版)》。曾担任广东省3D打印技术专业师资培训班讲师。在《中国校外教育》等期刊上发表论文10余篇。

程华龙(1982—　),男,安徽望江人。2003年,毕业于安庆师范学院桐城师范学校大专班。本科学历。小学高级教师。现任深圳市南山区深圳大学城丽湖实验学校语文教师、小学部语文科组长。南山区基础教育系统“名师工程”教科研骨干、南山区学科技术导师。曾获得深圳市优秀少先队辅导员、深圳第七届童话节创作大赛指导教师奖、深圳读书月优秀指导教师，深圳市罗湖区优秀班主任(2次)，南山区优秀少先队辅导员、优秀教师等称号。曾获得深圳大学城片区同课异构比赛一等奖，深圳市南山区小学语文录像课评比一等奖，罗湖区第二届优秀班主任专业能力大赛三等奖、小学青年教师教学设计一等奖。参与国家级课题《小学语文核心素养结构化分级标准研究》。

操江涛(1980—　)，男，安徽桐城人。2003年，毕业于安庆师范学院桐城师范学校大专班。硕士研究生学历。现任安徽中医药高等专科学校学生处就业指导中心主任、创新创业学院副院长。全国普通高校就业创业指导师、全国大学生创业培训讲师(ETP)、安徽省职业生涯规划和创业大赛评委、芜湖市启明星就业指导专家组成员。第七届“创青春”中国青年创新创业大赛全国赛创业导师、农业农村组评委等。曾获得2013年度安徽省优秀创业培训师称号。2017年，被遴选为第三批中国青年创业导师(团中央)。2022年，被评为芜湖市“创业芜优”之城导师。担任已出版教材《创新创业基础》《新编高等数学》的副主编。

吴训华(1978—　)，男，安徽宿松人。2003年，毕业于安庆师范学院桐城师范学校大专班。本科学历。现任宿松县招商中心党组成员、副主任。先后任宿松县千岭乡竹墩村委会副主任，千岭乡综治办副主任、民政办主任、司法所所长，千岭乡党委组织委员、政法委员、常务副乡长(其中，2011年3月至2011年6月任副科级县委组织员)，宿松县程岭乡常务副乡长、党委副书记。

朱百成(1982—　)，男，安徽岳西人。2004年，毕业于安庆师范学院桐城师范学校大专班。高级规划工程师。现任科大智能科技股份有限公司智能物流规划工程师及技术负责人。曾在东莞燕岭学校任教，担任政教主任及语文科组长。2009年，在合肥井松自动化科技有限公司担任项目经理，从事项目规划工作。2016年，任职于科大智能科技股份有限公司。

王　敏(1982—　),男,安徽枞阳人。2004年,毕业于安庆师范学院桐城师范学校大专班。中学高级教师。现在马鞍山市成功学校任教。先后获得马鞍山市教学能手、优秀青年教师、第六届骨干教师,全国中学生数理化学科能力竞赛优秀指导老师称号。2011年、2014年,分别获得马鞍山市物理优质课大赛一等奖。主持1项、参与3项市级课题研究。其中,市级课题《初中物理实验教学中的问题发现与改进策略的研究》获马鞍山市第九届教育科研优秀成果评选一等奖。2020年2月,学生居家学习,受安徽省教科院邀请参加面对全省初中学生线上授课。2023年,参与沪科粤教版初中物理教材审读试教。2022年8月,在《物理教师》上发表论文《在物理习题教学中培养学生的学科思想》。

丁耀平(1987—　),男,安徽桐城人。2008年,毕业于安徽省桐城师范学校。本科学历。现任广东德胜科教集团总经理。毕业后从池州市一事业单位走上自主创业之路。现投资8家岭南青少年宫、3家教培中心,服务广东学子。2015年,获得安徽省大学生创业大赛十周年"双创之星"称号。在创业过程中一直默默帮助家乡贫困学子,现兼任桐城关爱女孩网名誉理事。

蒋海燕(1988—　),女,安徽岳西人。2008年,毕业于安徽省桐城师范学校。曾在岳西县菖蒲初中担任英语教师,后在一培训机构任教并担任办公室主任和教务主任。2015年开始创业,成立了岳西县马承尚智教育培训中心有限公司。公司现有员工28人,校区面积1300多平米,每年招收培训学生3000余人次。所带团队2019年在岳西县创业大赛中获得三等奖,2021年被岳西县妇联授予县"三八红旗先进集体"。培训中心多次被县教育局评为"优秀年检机构"。

罗　健(1987—　),男,安徽安庆人。2009年,毕业于安徽省桐城师范学校。硕士研究生学历。现任职于安徽瑞祥安全环保咨询有限公司，从事安全评价方面的安全技术服务工作。化工安全类注册安全工程师、化工机械专业工程师、电气工程专业工程师。2015 年，在安庆华茂佰斯特纺织科技有限公司从事产品研发工作。2018 年 8 月，任职于安徽瑞祥安全环保咨询有限公司。

陈大梁（1990— ），男，安徽怀宁人。2012 年，毕业于桐城师范高等专科学校。本科学历。现任空军某旅汽车一班班长，空军一级上士。毕业后曾就读中国政法大学法学系。2012 年、2014 年、2016 年，分别获得“优秀士兵”称号，2022 年，获得“四有”优秀革命军人称号。2019 年，在中华人民共和国成立 70 周年阅兵活动中获得个人三等功。

李豫皖（1991— ），女，安徽太和人。2013 年，毕业于桐城师范高等专科学校。本科学历。一级教师。现任职于安徽省阜阳市太和县县直幼儿园。2018 年 9 月至 2020 年 5 月，支教于阮桥镇中心幼儿园。2020 年 5 月，参加中国万人援疆援藏计划，支教于新疆维吾尔自治区和田市皮山县。曾获得阜阳市优秀援疆教师、安徽省最美青工，县骨干教师、学科带头人、优秀教师、教坛新星等称号。多次获得国家、省市级专业技能大赛、微课大赛、优质课大赛一等奖。发表《浅谈陶行知思想下的幼儿乡土教育》等多篇论文。

杨君志（1992— ），女，安徽滁州人。2013 年，毕业于桐城师范高等专科学校。硕士研究生学历。一级教师。现担任上海市嘉定区卢湾一中心实验小学年级组长、《道德与法治》教研组长。曾参加江桥学区大中小学校思政教育一体化建设，担任上海市级、片级公开课教学任务；参加沪滇教育对口支援工作，承担沪滇远程同步课堂教学任务。热爱志愿事业，参加上海国际电影节、上海国际艺术节、上海樱花节等各项志愿活动。主持上海市级“德育”德尚课题 1 项，多次参加区级课题研究，多篇论文获奖。读研期间，先后获得上海大学百优团员、青年马克思主义者培养工程优秀学员、优秀学生、优秀毕业生等称号。曾获得嘉定区事业单位年度考核“优秀”，嘉定区“嘉奖”等奖励。

占慧慧(1993—　)，女，安徽庐江人。2013年，毕业于桐城师范高等专科学校。现任合肥市庐江县城东小学教师，庐江县小学道德与法治名师工作室及庐城镇中心教研组成员。先后获得教学优胜奖、教坛新星、优秀教师等称号。连续8年义务辅导家乡近200名留守儿童，被誉为"爱心姐姐"，事迹被《安徽日报》等媒体报道。先后获得合肥最美女性、安徽省最美家庭、合肥市优秀志愿者、庐江县感动庐江十大人物及庐江好人等称号。

汪鹏飞(1993—　)，男，安徽岳西人。2013年，毕业于桐城师范高等专科学校。大学本科学历。先后任望江县太慈镇拦河小学校长，岳西县温泉辅导小学办公室主任，现任岳西县温泉镇斯桥小学校长，小学一级教师。获得安庆市抗洪抢险先进个人、青年志愿者优秀个人，望江县青年志愿者优秀个人、最美望江人、抗洪抢险先进个人、优秀班主任，岳西县骨干教师等称号。先后2次参加市级课题研究并担任主要成员。曾获得安庆市论文评选二等奖，第二届安庆市乡村教师信息化教学应用大赛三等奖。

王金凡(1991—　)，男，安徽滁州人。2013年，毕业于桐城师范高等专科学校。后通过专升本考试，就读于滁州学院汉语言文学专业。现任职于南京康轩文教图书有限公司华东分公司，并担任总经理。2013年10月，入职南京康轩文教图书有限公司。2015年10月，任华东渠道部经理。2016年，先后获得春季超额达成奖、全国二等奖。2017年10月，任华东分公司安徽营业区经理。2018年，获得春季营业区人均增长全国第三名，同年获得公司优质员工奖。2019年春季，带领营业区获得全国人均增量第二名，同年年底带领营业区获得全国年度绩效第一名。2020至2022年，华东分公司连续三期全国第一。2023年，组织皖台两岸幼教交流营，2024年组织线下皖台幼教交流论坛——庐州论坛，国台办官网专题报道。

翟成成(1991—　)，男，安徽合肥人。2013年，毕业于桐城师范高等专科学校。本科学历。现在包河区教育体育局办公室挂职锻炼。包河区第六批骨干教师、包河区首届青年教学骨干、合肥市第五批骨干教师。2016年9月，入职合肥市华山路小学，担任语文教研组长、办公室副主任。先后获得2017年包河区生本智慧课堂教学评比一等奖，2018年合肥市信息技术大练兵课堂教学展示评比二等奖，2019年全国语文名师发展联盟教学观摩大赛现场说课比赛特等奖，2020年包河区中小学幼儿园信息技术应用课堂教学评比一等奖。主持区级课题多个，参与国家级课题《基于小学图书馆阅读课程体系建设研究》研究。在《小学教学设计》等刊物上发表论文多篇。先后获华山路小学首届最美华山人、包河区优秀班主任、合肥市暑假读一本好书优秀指导教师等称号。

鲁庆阳(1991—　)，男，安徽滁州人。2013年，毕业于桐城师范高等专科学校。本科学历。现任滁州市明光市场监督管理局一级科员。曾挂职明光市普贤村党总支第一书记、联村扶贫工作队队长，安徽省第八批乡村振兴选派干部。2024年7月，获得滁州市第八批乡村振兴"优秀选派干部"。

张　雨(1991—　)，男，安徽合肥人。2013年，毕业于桐城师范高等专科学校。现任合肥高新区创新实验小学教育集团第二小学家校共育中心主任。获得第十七届"语文报杯"全国小学生作文大赛优秀指导一等奖、第五届"我与名师同台"全国课堂教学比赛二等奖、全国创新课堂大赛一等奖、全国创新优秀案例二等奖，合肥市蜀山区课堂教学评比一等奖。"智慧课堂环境下小学语文'3＋X'教学模式实践探索"获得安徽省基础教育教学成果一等奖。在省级教育刊物上发表论文多篇。先后获得合肥高新区"优秀班主任"称号，所带班级获得合肥市蜀山区"先进班集体"称号。

方源盼(1993—　)，男，安徽岳西人。2014年，毕业于桐城师范高等专科学校。现任西藏自治区山南市扎囊县融媒体中心(广播电视台)副主任、副台长。2014 年 8 月至 2016 年 8 月,参加大学生志愿服务西部计划西藏专项志愿者,在西藏自治区山南市扎囊县教育(体育)局服务。2016 年 9 月至 2022 年 7 月,先后在西藏自治区山南市扎囊县教育(体育)局教研室、扎囊县委宣传部网信办任职。曾先后获得全国高校毕业生基层就业卓越奖、西藏自治区新时代文明实践工作先进个人、山南市“四讲四爱”活动先进工作者、扎囊县创建全国文明城市先进工作者等称号。

余程平(1993—),女,安徽宿松人。2014 年,毕业于桐城师范高等专科学校。硕士研究生学历。现任职于巢湖学院。毕业后考入阜阳师范大学,2016 年获计算机科学与技术学士学位。后考入安徽大学,2020 年获计算机科学与技术硕士学位。在攻读硕士学位期间,获安徽大学优秀助教称号。参与安徽省高校自然科学研究重点项目 2 项,发表核心论文 2 篇。

宁　晨(1993—),男,安徽合肥人。2014 年,毕业于桐城师范高等专科学校。现任安徽医学高等专科学校辅导员。2019 年,毕业于合肥工业大学继续教育学院,获得艺术设计本科学历、艺术设计学士学位。2023 年,毕业于合肥工业大学,获得全日制艺术设计研究生学历、艺术设计硕士。

刘　进(1994—),男,安徽池州人。2015 年,毕业于桐城师范高等专科学校。现于池州市传媒中心从事记者工作。2017 年 9 月,通过公开招考进入池州市石台县广播电视台从事播音员与记者工作。2023 年 6 月,通过公开招考进入池州市传媒中心工作。采写的稿件先后在央视新闻直播间、安徽新闻联播等中央、省级媒体播出,曾两次获得安徽新闻奖二等奖。

王雪洁(1994—),女,安徽滁州人。2015 年,毕业于桐城师范高等专科学校。现任南京外国语学校仙林分校麒麟科创园学校年级语文教研组长,学校“名班主任工作室”主要成员。毕业后通过专升本考试，就读于滁州学院。2018年，通过南京市教师编制招考，入职南京外国语学校仙林分校麒麟科创园学校。先后获江宁区优秀班主任、江宁区优秀辅导员称号。其所带班级获江宁区特色班集体称号，班级的沈崇诲英雄中队获得南京市三星章、江宁区二星章称号。曾获得江宁区主题教育征文活动一等奖，在学校赛课中多次获得一等奖。

何燕燕（1996—　），女，安徽怀宁人。2016年，毕业于桐城师范高等专科学校。硕士研究生学历。现任皖西学院外国语学院专职辅导员。在校期间曾担任班长、校团委副书记等职务。2016年，考入黄山学院旅游管理专业学习。2018年，考入安庆师范大学教师教育学院特殊教育专业学习，攻读硕士学位。拥有礼仪培训师证书、导游证。曾获得安徽省优秀团员、安庆市优秀团员等称号。2019年，参加马拉松女子比赛并获奖。

附录四

教职工当选为党代表、人大代表一览表(截至2024年9月)

序号	当选时间	姓名	届次	代表类别	时任职务	备注
1	1954.07	姚伯将	第一届	桐城县人大代表	副校长	
2	1954.08	姚伯将	第一届	安徽省人大代表	副校长	
3	1987.04	黄志杰	第九届	桐城县人大代表	校长	
4	1990.04	黄志杰	第十届	桐城县人大代表	校长	
5	1998.03	方　萍	第十二届	桐城市人大代表	教师	人大常委会委员
6	2003.03		第十三届			
7	2003.03	占　峰	第十三届	桐城市人大代表	校长	
8	2006.05	占　峰	第十二次	桐城市党代表	校长	
9	2007.02	程玉梅	第十四届	桐城市人大代表	副校长	人大常委会委员、副主任
10	2007.02	杨雪松	第十四届	桐城市人大代表	副校长	
11	2009.01	占　峰	第十五届	安庆市人大代表	校长	
12	2011.04	占　峰	第十次	安庆市党代表	主要负责人	
13	2012.01	程玉梅	第十五届	桐城市人大代表	分管负责人	人大常委会委员、副主任(2014.01免)
14	2013.01	占　峰	第十六届	安庆市人大代表	党总支书记、主要负责人	
15	2013.01	陈飞羽	第十六届	安庆市人大代表	教师	
16	2016.09	苏泽军	第十一次	安庆市党代表	理工系党支部书记、主任	

续表

序号	当选时间	姓名	届次	代表类别	时任职务	备注
17	2017.01	程爱兰	第十六届	桐城市人大代表	小学教育系主任	
18	2018.01	朱　宏	第十七届	安庆市人大代表	党委书记	
19	2018.01	程玉梅	第十七届	安庆市人大代表	副校长	人大常委会委员
20	2021.09	王子龙	第十二次	安庆市党代表	党委书记	
21	2021.09	沈　波	第十二次	安庆市党代表	党委副书记、校长	
22	2021.09	程小娟	第十二次	安庆市党代表	教师	
23	2022.01	王子龙	第十八届	安庆市人大代表	党委书记	
24	2024.01	陶家韵	第十七届	桐城市人大代表	桐城派研究中心副主任	

附录五

教职工担任政协委员一览表(截至 2024 年 9 月)

序号	担任时间	姓名	届次	层次	界别	时任职务	备注
1	1956.03	姚伯将	第一届	桐城县	教育界	副校长	
2	1958.12	王　琳	第二届	桐城县	教育界	副校长	
3	1981.07	江兴元	第四届	桐城县	教育界	教师	
4	1984.05		第五届	桐城县	教育界	教师	文史资料征集委员会副主任
5	1987.04		第六届	桐城县	教育界	教师	文史资料工作委员会副主任
6	1993.03	戴培祥	第八届	桐城县	教育界	教师	
7	1993.03	胡梦铎	第八届	桐城县	教育界	教师	
8	1993.03	王丽红	第八届	桐城县	侨眷	教师	政协委员会常务委员
9	1998.03		第九届	桐城市		教师	
10	1998.03	琚诒忠	第九届	桐城市	教育界	教师	
11	2003.02		第十届	桐城市		教师	
12	2007.01	占　峰	第十一届	桐城市	教育界	校长	政协委员会常务委员、教科文卫体委员会副主任
13	2007.01	王雨辰	第十一届	桐城市	共青团界	艺术系主任	
14	2012.01	杨雪松	第十二届	桐城市	教育界	桐城师专负责人	政协委员会常务委员、教科文卫体委员会副主任
15	2012.01	胡立仁	第十二届	桐城市	科协界	职工	
16	2018.01	黄应秋	第十五届	安庆市	教育界	师训处副处长	

续表

序号	担任时间	姓名	届次	层次	界别	时任职务	备注
17	2018.01	沈波	第十五届	安庆市	教育界	校长	
18	2022.01	程玉梅	第十六届	安庆市	九三学社界	副校长	政协常委会委员、副主席
19	2023.01	程玉梅	第十三届	安徽省	九三学社界	副校长	

后　记

安徽省教育厅师范处组织编写安徽省师范百年丛书(中师部分),在全省范围内选取了5所中师学校撰写校史,《桐城师范高等专科学校校史》有幸成为其丛书中的一本。学校从2016年4月开始启动《桐城师范高等专科学校校史》的编写工作,至2024年10月付印,历时8年余。2024年11月适逢学校办学120周年,《桐城师范高等专科学校校史》成为学校办学120周年高质量发展大会的一份贺礼。

不忘历史才能开辟未来,善于继承才能勇于创新。为了客观、全面、真实地反映桐城师范高等专科学校120年来的办学历程,编写组在学校党委的精心部署和大力支持下,心怀对校史文化的敬畏之心,以扎实严谨的治学态度开展校史的编写工作。

《桐城师范高等专科学校校史》记述了学校1904年至2024年9月的办学历史。编写工作大致分三阶段进行。第一阶段为材料查阅整理、遴选分类阶段。因学校有120年的办学历史,经历了附设、独办、合并、停办、易址等过程,资料收集极其困难。为了挖掘学校在不同发展时期的教学、科研、后勤、管理、社会服务、文化传承等方面的资料,编写组先后前往安徽省档案馆、安庆市档案馆,桐城市档案馆、教育局、图书馆,桐城中学查阅资料,对学校老领导、老教师、老校友等有关人员进行走访。

第二阶段为编写大纲确定阶段。为了确保《桐城师范高等专科学校校史》的科学性与合理性,编写组先后3次邀请地方志编写专家潘忠荣与校史编写人员座谈讨论，给予指导。此外，校史编写人员还到徽州师范学校学习校史编纂经验。在此基础上形成编写体例。根据校史资料、学校实际情况，校史编写人员还召开了学校二级机构成员、老教师、语言文字专家等多层次会议，进行正式和非正式讨论、研究，听取意见建议，按照编写原则，遵照编写体例，经多次修改、几易其稿，最终制定出《桐城师范高等专科学校校史》的编写提纲。

第三阶段为编写阶段。校史编写工作由程玉梅副校长主持并负责文稿统筹，陶家韵、程小娟协助完成统稿工作。蔡迎年、赵平、雷小丽、程根荣、程小娟、周丽、唐小晶、陶家韵、杨季兵、胡二庆等参与编写，他们均为学校在职教职工，编写校史是利用休息时间加班加点进行的。本着对历史负责、对学校负责的态度，为了确保校史的准确性、严谨性、科学性，每稿形成后，编写组便将校史稿送给学校相关教师、领导进行审阅。其间，我们还召开了学校教师座谈会、二级机构负责人座谈会、校友座谈会、曾经在学校工作过的校领导座谈会、退休教职工座谈会等，在广泛征询意见后，再进行修改。校史稿共计形成10余稿，我们认为，学校历史是一代代桐师人用汗水和智慧创造的，他们是学校历史的主人和功臣，校史编写人员只是学校历史的记录者。从一定意义上说，校史是全体桐城师范高等专科学校人集体智慧的结晶。

校史编写是一件意义深远、责任重大的事情，学校党委高度重视历史文化传承，建设校史馆、桐城派研究陈列馆。校长沈波召集校史编写人员座谈，听取汇报，参与讨论，专业指导。党委书记王子龙审定书稿并撰写序言。在新校区办学三年以来，学校建设与高质量发展成为校史的压轴之作。退休教师王守信、张耀庭、茅云禄，已调离学校的程大立等为本书的编写提供了资料或图片，原任校长罗德泉、占峰，政教处原主任李雪磊为本书的编写提出了许多宝贵的指导意见。校史的整个编写过程得到桐城市地方志办公室原主任潘忠荣先生的悉心指导。学校各院系各部门对校史的编写给予了大力支持，桐城市档案馆和学校档案室等对校史的编写提供了很多方便。在此，谨向所有给予关心、指导、支持、帮助的领导、老师、校友等致以衷心的感谢。

需要说明的是，《桐城师范高等专科学校校史》附录三中关于《独立办学后的部分校友简录》部分，因篇幅限制，对耕耘在各条战线的桐师校友不能一一简录，还因信息不畅，无法知晓有些校友在各自岗位上作出的不平凡业绩，所以我们仅收录了120余位校友，简介了他们的业绩。

尽管编写组成员已经尽了最大努力，但是本书离我们的理想要求还有一定的差距，甚至还有较多的不完善：年代久远、社会变迁导致的档案保存不善，岁月、人事变更导致的具体事件不详，老同志的生卒年月无从考证，部分校友无法联系，领导职务变化难以准确修正，历史修编本身固有的一些难题，等等。因编写者水平有限，错误或疏漏难免，在此我们恳请广大师生、校友和各位读者不吝赐教，以期在后续编修中日趋完善。

抚今追昔，编史明志。衷心祝愿桐城师专人在推进高质量发展的宏伟征程中，不断弘扬优良传统，赓续文脉，继往开来，凝心聚力，远谋近施深化改革，夙兴夜寐教书育人，续写桐城师范高等专科学校更加灿烂辉煌的新篇章！

《桐城师范高等专科学校校史》编写组

2024年10月